青いバラ

最相葉月

岩波書店

日本のバラの父　鈴木省三に捧ぐ

問い

世の中には、真面目な顔をして話題にすると、どうにもこうにもけむたがられてしまう問いというものがあるようだ。

それはたとえばこの世に神は存在するのか否か、なぜ人を殺してはいけないのか、精子と卵子が受精してからどの段階を生命の始まりとするのか、クローン人間をつくることがなぜいけないのか、といったことである。こういう物議を醸す話題のことを英語ではコントラヴァーシャル・イシューと呼んでいて、ディベートの恰好のテーマになっている。

だが、この国の多くの人々は意見の衝突を避けるためか、それともたんに考えるのが億劫であるためか、そんな問いにあまり正面切って答えたがらない。ひとたび話題にすると、そんなくだらないことを聞くのはやめてくれと拒絶反応を示す。なぜ、何もわからないうちに互いの考え方を交換しあうことをやめてしまうのだろう。不愉快だということは、自分の心の中に、そのことへの関心が少なからずあるからではないかと思うのだけれども。

「青いバラができたとして、さて、それが本当に美しいと思いますか」

老人はそういって穏やかに笑っていた。あの日、私は愚問を発してしまったのだろうか。時間が経つほどに恥ずかしさがこみ上げてきた。たしかに、青いバラができたとして、それは本当に美しいのだろうか。

この世に青いバラはないといわれる。そして、そのことを私はなぜか知っている。いつの間にそんなことを知ったのかと記憶をたぐり寄せるのだが、どうしても思い出せない。子どもの頃、母に聞いたのだろうか。それとも童話か少女漫画で読んだのだろうか。キクにもユリにもチューリップにも青はないが、バラに青がないのは特別なことだと知っていた。青いバラはない。だからどうだということなど考えもせず、ただ、知っていた。

あらかじめ知っていることなどありはしないはずだ。だが、その老人の家を訪れる数か月前に、遺伝子操作で青いバラができるかもしれないという新聞記事を読んだとき、これは禁忌にふれることではないかと思ったのだった。研究を行っているのはオーストラリアのベンチャー企業と日本の洋酒メーカーで、花を青くする技術はすでに特許も取得しているという。まずは青いカーネーションを発売し、次は、日持ちがして病虫害に強い花も売り出す予定だとあった。青いバラという言葉には不可能という意味があるが、もうまもなく実現できるだろうといっている。世界中で遺伝子組換え植物を批判する消費者運動がピークに達するのはその一年後の一九九九年で、新聞の論調は批判的な社会背景には一切ふれず、好意的に事実を伝えるものだった。それだけに、なおさら違和感をぬぐえなかったのである。

たとえば、九七年二月にクローン羊ドリーの誕生が発表されたとき、欧米の多くの人々が神の領域に踏み込む嘆かわしい事態だとヒステリックに批判したが、それとは異なる感情だった。私は、人間が自然に手を加えることを無条件に否定する立場にはない。人間はこれまでにも自分たちの都合のいいように植物や動物を改良してきたのだから。おいしい米が食べられるのも、キュウリが昔ほど苦くなくなったのも品種改良の成果だ。照明や気温を調整して花をだまし、季節はずれに開花させることだってできる。放射線をあてて染色体を驚かし、これまでになかった色やかたちの花をつくらせるということもやってきた。

キク、カーネーションと並んで世界の三大切り花とされるバラにこれまでにはなかった色彩の新品種を加えることで、切り花市場の拡大と活性化を狙う。そして、それは人々の長年の夢を実現させることだ。そういわれたならば、それを否定する理由を探すのはむずかしい。ほかの農作物と同じように、花は数百年にわたり世界中の育種家によって交配が繰り返され、多くの人々に愛されてきた。ましてや、口にする食べ物ではないのだから、安全性という面でも抵抗は少ないだろう。私はエコロジストではない。反科学主義者でもない。科学技術の進歩の恩恵にあずかり、日々を送る普通の人間だ。

だが、バラを青くするのは少し待ってほしい、と思ったのだ。理由はうまくいえない。バラが自分にとって特別な花だというわけでもない。ただ、遺伝子を操作してバラを青くする前に、少し考える時間をもらえないだろうか。

＊おことわり　本文中の参考文献で、特に明記していない執筆者、あるいは「引用者訳」とあるもの以外の翻訳者名や出版社は、巻末にまとめて記しました。引用については新字新かなで表記しています。また、本文中に登場する方々の肩書・役職名は取材当時のもの、敬称は略させていただきました。なお、バラの名前については原則として園芸品種は便宜上〈　〉で表し（会話内を除く）、植物学上の種や変種、園芸品種の系統の出発点となった種間雑種については、特に括弧はつけずにそのまま表記しました。

ロサ・ダマスセナ

ミスター・ローズとの対話　1

Rosa damascena Miller
ロサ・ダマスセナ

中近東原産．一季咲きの系統はロサ・ガリカとロサ・フェニキアの自然交雑種といわれる．花は八重咲き．花径は6〜8 cmの中輪．花弁は二十数枚と多い．花色はピンクまたはピンク・ローズ．樹高は1.5 mほどで，枝は多くの棘と腺毛に覆われている．ダマスク系の強い芳香が特徴．16世紀頃ヨーロッパに渡来したとされるが，紀元前に移入したという説もある．英名はDamask rose.

「バラが満開ですよ」

待ちわびていた開花の知らせを受け、千葉県八千代市の老人の家を訪ねたのは、一九九八年五月十二日のことだった。二度目の訪問だった。家の十数メートル手前から鼻先をくすぐるような甘い香りが漂っていた。町は、もう数十年も前からこの香りとともに季節の変化を感じていたのだろう。インターホンを押すと、最初のときと同じように玄関口から夫人に「庭からどうぞ」と導かれた。柔らかい初夏の土を踏みしめ、背丈ほどある緋色やピンク、桜色などさまざまな色をしたバラの花道を抜けてつるバラのアーチをくぐると、書斎の椅子に腰かけていた老人は、おう、と右手を上げて立ち上がり、踏石に置かれた靴を履いて庭に下りた。

バラの鮮やかな明るい色ばかりに視線を奪われていたが、足元を見れば、ムラサキツユクサが紫の小さな花をつけていた。広い庭ではないが、手入れの行き届いた温かみのある色合いの草花がほどよい間隔で植えられていた。

老人は、使い込んで黒光りのする剪定《せんてい》ばさみを右手にもち、左の人差し指で一つずつその名を教えてくれた。四季咲きの庚申《コウシン》バラに、真紅の〈日光〉、桜色の〈芳純〉や〈晴世《はるよ》〉〈ラ・フランス〉、そして、ロサ・ダマスセナ。垣根の外には白く小さな平咲きの野バラが咲いていた。バラといえば百貨店の包装紙に描かれているような剣弁高芯《けんべんこうしん》型の幾何学的なフォルムの品種しか知らなかった私は、バラがこれほど多様な姿かたちをしたものであることに驚いた。

茶褐色の山折れ帽と深緑色のベストは草木の緑によく映えた。八十五歳の高齢とはいえ、身長百七十センチあまりのがっしりとした体躯、鼻筋の通ったその顔立ちは日本人離れしている。おそらく若い頃はダンディな二枚目だったのではないかと思われた。

老人の名は、鈴木省三《せいぞう》といった。二十歳でバラ育種家としての道を志し、以来六十年以上の年月をバラに捧げてきた鈴木は、心臓に病を抱え、足も不自由になったこの頃では現場に出ることもなく、京成バラ園芸の非常勤顧問として、妻の晴世とともに静かな生活を送っていた。

鈴木が生涯に作出したバラは、百二十九品種あった。一九六三年にドイツのハンブルク国際コンクール銅賞を獲得した〈天の川〉を皮切りに、七〇年オランダ・ハーグ国際コンクール銀賞の〈かがやき〉、七二年にニュージーランド国際バラコンクール南太平洋金星賞を受賞し、鈴木省三と京成バラ園芸の名を世界のバラ界に知らしめた〈聖火〉、八二年イタリア・ローマ国際バラコンクール金賞を受賞した〈乾杯〉、そして、八八年に日本人初のＡＡＲＳ〈オール・アメリカン・ローズ・セレクション〉賞を受賞した〈光彩〉など、バラ界の頂点に立つ数多くの新品種を発表した。百を超える品種を作出し、これほど海外の賞を受賞した育種家は世界中でも稀だ。育種家の権利の保護がまったく整備されていなかった日本にも植物特許法が必要だとする運動を起こし、海外の育種家たちの応援も受けながら、七八年の種苗《しゅびょう》法改正に尽力した。

だが、優れた花の育種家にナイトの称号や勲章を与えるヨーロッパに比べ、日本では育種家の地位は決して高いとはいえない。日本で鈴木省三の名を知るのは、おそらく園芸の愛好者ぐらいだろう。バラに限らずほかの植物についても、育種家の名が話題になるのは、ガーデニング・ブームといわれるここ数年でもめったにない。鈴木の場合は京成バラ園芸という企業の社員であるため、鈴木の新品種はすなわち京成バラ園芸の商品であり、カタログを見ても、苗木に作出者である鈴木の名が記されることはなかった。花店では、蛍光オレンジの〈パレオ90〉や明るいローズ色の〈レーザー〉といった切りバラが人気だが、花は見たことがあっても、それが鈴木の作品だと知る者はほとんどなかった。

鈴木を〝ミスター・ローズ〟と最初に呼んだのも、海外のメディアである。八六年十一月、鈴木がニュージーランドのティマルにオールドローズの蒐集家トレヴァー・グリフィスを訪ねた際、地元紙「ザ・ティマル・ヘラルド」の一面に大きな写真入りでミスター・ローズと紹介されたのだった。ニュージーランド国際バラコンクールで金メダルを授与された〈聖火〉の作出者として。海外のバラ育種家で、セイゾウ・スズキの名を知らぬ者はなかった。一方、国内で授与されたものは、園芸文化賞と園芸学会功労賞、そして、松下幸之助花の万博記念賞。その評価が園芸界の外へ出ることはなかった。

実のところ私は、二度目の訪問となったこの日になっても、鈴木に取材の目的をうまく伝えることができずにいた。評伝を書きたいとか、バラの育種や栽培方法について教えてほしいとか、さまざまな理由を挙げることはできただろう。そのほうが、鈴木にとっても対応しやすかったに違いない。だが、私はそのような具体的な内容を告げることはできなかった。鈴木に会ったその時間、その場所を出発点として、なぜ自分が青いバラが遺伝子操作によってつくられるというニュースに違和感をもったのか、その理由を考えたいと思ったのである。遺伝子操作によって青いバラをつくることと、六十年以上の鈴木の育種家人生を対極にあるものと想像していた。鈴木に会えばなんらかの答えにたどりつけると期待感を抱き、遺伝子操作をすることへの反論を求めていたのかもしれない。

しかし、一週間前に初めて会ったときの鈴木の答えは、予想に反するものだった。

「まだ実際にできていないから何ともいえないな。僕はコバルトブルーのバラができたとしても、バラが美しいという感覚とはちょっとずれているように思う。ラ・ビ・アン・ローズ、バラ色の人生という言葉がありますが、コバルトブルーの人生ってなんだか冷たい感じがするんじゃないかな。あなたは、青いバラができたとして、それが美しいと思いますか」

青いバラは美しいか――。たしかにそんなふうに考えてみたことはなかった。青いバラを求めるといっても、その青とはどんな青なのか。空の青なのか、海の青なのか、万年筆のインクの青なのか、もっと薄い水色なのか。花弁は一重か八重か、とがった剣弁、それとも丸弁か。香りはどうだろう。これまでにかいだことのない新しい香りなのだろうか。それとも、香りはないのだろうか。この世にないものが美しいかどうかなど、どうやって想像すればいいのだろう。

だがあの日、鈴木は椅子にじっと腰掛けたまま腕を組み、窓外のつるバラに視線を向けてこうもいった。

「もう僕は、コバルトブルーのバラは狙っていないね」

それもまた、予想に反する一言だった。鈴木も、青いバラをつくろうとしたということなのだろうか。

——それは、青空、それともパステル・モーブのことですか。

私は驚きを隠すように居ずまいを正して、鈴木が作出した品種の中で、青いバラを意識して作出されたのではないかと思ったラヴェンダー色の品種を挙げてみた。

「あれぐらいが限界だった。昔、常陸《ひたち》大宮の国立放射線育種場で放射線育種もやりましたけどね。ブルーは狙ったけど、なかなか……。やっぱりバラというのは美しくないとまずいと思うんだ」

〈青空〉と〈パステル・モーブ〉の一方の親は、〈スターリング・シルバー〉というバラだった。〈スターリング・シルバー〉とは、一九五七年にアメリカのグラディス・フィッシャーという女性育種家が作出した薄いラヴェンダー色のバラである。当時はバラ界待望の青バラと呼ばれ、その後、真の青いバラを目指して、世界中の育種家が交配の親として盛んに利用した品種だった。

　鈴木が七三年に発表した〈青空〉と八九年の〈パステル・モーブ〉の親に〈スターリング・シルバー〉が使われているのを知ったとき、私は、鈴木もまた青いバラへの夢をもった一人であったのではないかと想像したのである。だが、少なくともこれまでの著作を読む限り、鈴木が青いバラを目指して育種を行っていたという記述はなかった。京成バラ園芸の関係者の中には、鈴木が青いバラに関心をもった話など聞いたことがないという人もいた。

　交配によってバラの新しい品種が生み出されるまでにかかる年月は、早くて五年、普通で十年といわれる。海外の育種会社の中には、初めに五十万から百万粒の種を播《ま》くところもあるが、鈴木が京成バラ園芸の研究所長だった頃は、最初に播く種の数はせいぜい四、五万粒だった。温室の中で育てると、発芽して二、三か月で花が咲く。その段階で弁質や色のいいものを選抜し、その年の終わりまでに二百から百までに減らしていく。そのままでは根が病気に冒されるため、今度は根の丈夫な野バラの台木に接《つ》ぎ木して、最低でも三年間は様子を見てさらに選抜する。市場で売り物にするには、数年かけて商品として安定させなくてはならない。たった一つの目指すバラのために、何年もの年月を必要とする。

　時間がかかるということは、それだけ経済的、人的負担も大きい。ましてや、青いバラを目指すとなれば、それはゴールの見えない道を目隠ししたまま、コースから大きく逸脱していることを怖れつつ、ただ延々と走り続けるようなものだ。広大な土地と豊かな資産、それに時間の余裕があるならともかく、日本の普通の企業の経営感覚からは考えられないことだろう。

しかし、鈴木はそれを狙った。そして、今はもう狙っていないという。その鈴木が、青いバラができたとしてそれが美しいかと問いかけるのは、あくまでも自分の美的感覚に合わないから狙わないということなのだろうか。それとも、心のどこかで青いバラを断念しきれない自分自身を納得させるための言葉だったのだろうか。鈴木にとって青いバラとは何だったのか――。それを確認しようと、私は再びこの家を訪れたのだった。

庭に咲くバラに一つひとつ顔を寄せて香りをかいでいると、鈴木は、あとでいくつか切ってあげましょうといって書斎へと引き返した。部屋へ上がる足元はおぼつかなく、身体の状態が芳《かんば》しくないことが察せられた。

「人工交配の最初の最初というのは、園芸植物にとってはとても大事なことなんですが、よくわかっていないんですね」

鈴木は書斎の椅子に腰掛けると、世間話などすることもなくいきなり話し始めた。

「チューリップが一番最初じゃないかと僕は思うんです。十七世紀にオランダを中心に投機が行われて価格が跳ね上がりましたし、全財産をなげうってまでチューリップを栽培していたようですから。ただ、バラについてはなんといってもナポレオン一世妃だったジョゼフィーヌが最初なんですよ」

六畳あまりの鈴木の書斎には、足元から天井まで植物図鑑やバラ研究書で埋め尽くされた大きな書棚があった。そして、この日のためにあらかじめ用意してくれたのだろう、中央のテーブルには、ジョゼフィーヌが支援していた植物画家ルドゥテの『バラ図譜』の複製本が置かれていた。世界中で入手希望者を募ってから印刷に八年をかけ、複製といえども百万円は下らないとされる大判の稀覯《きこう》本だった。

青いバラを人工交配によってつくろうという試みがいつ頃を起源とするのか、正確なことはわかっていない。だが、ジョゼフィーヌに始まった人工交配の営みの中に、これまでになかった新しい色のバラ、青いバラや当時はまだなかった形状のバラをつくろうという希望が芽生えてきたとしてもおかしくはない。

「青いバラが不可能を意味するというのは、今に至るまでいろんな努力をしてきた人々がいたということです」

鈴木はそういった。そして、世界中の育種家たちは、なんとか自分の手で青いバラをつくろうと交配を続けてきたが、バラには青い色素が含まれていないため交配でつくり出すことは無理だったのだと説明した。

だが、二十一世紀を目前にして、青いバラができるかもしれないという。遺伝子を操作すれば青いバラができるのではないか。それは人々の長年の希望が叶うということなのだろうか――。

この日、あくまでも青いバラにこだわり、再び〈青空〉や〈パステル・モーブ〉に言及しようとする私に、鈴木はいった。

「今となるとね、何と何をかけたとか、新しい品種をいくつつくったかなんてあまり関係ないんですよ。いろいろなことをやってきたけれども、それはもう過去であってね。今はもっとやりたいことがたくさんあるんだ。ほかの人が全然手をつけないものでね」

——それはどういうものですか。

「それはちょっと内緒だね」

鈴木は、いたずらっぽく微笑《ほほえ》んだ。

——気になりますね。

「気になってるんだ、僕も。佐原に京成バラ園芸の研究所が移ったんだけど、僕の考えていることと研究所のやろうとしていることとはずいぶん違うから。会社はどうしても儲けないといけないから、切り花用の品種をつくらないといけないんですよ。ただ、このあいだ佐原に行って原種をいくつか見たとき、やっぱりまたやりたくなった。今までのブリーディングの過程で捨ててしまったものの中に、大事なものがあったのかもしれないと思ったんです。種を五万粒播いて、四万九千粒以上は捨ててしまうんだから。選抜しなかったものも育ててみて、それ自体がよくなくても、その次の世代や次の次の世代の親として役立ったかもしれない。やっぱり、生きているうちにもう一度、海底をさらってみたいじれったいんだ……」というと、鈴木は静かに息を吐いた。

一九六七年に京成バラ園芸初の新品種として〈聖火〉を発表して以来、最後の品種となる九二年の〈正雪《まさゆき》〉〈恋心〉〈紅姫〉まで、毎年コンスタントに、多いときは十数品種も新しいバラを発表してきた鈴木にとって、引退して五年あまりの年月は、これまでの育種家人生とは異なる日々だった。鈴木が何十年もかけて日本中を探し歩いて集め、あるいは世界中から取り寄せてとりわけ大事にしていた原種園は、八千代から佐原の研究所へ移転してしまった。その佐原の研究所は後進のもの、もう自分が口を出せる場ではなかった。鈴木は、母校に苗を寄贈してまわったり、地元のバラ会の講師やバラ展の審査員をしたり、自伝を少しずつ書きためたりして時を過ごした。つるバラの香りの系統図を作成したり、香りの分析を親しい研究者に依頼したりした。その探求心は衰えることがなかった。助手や編集者、色素や香りの研究者を呼び寄せ、バラ談議を楽しんだ。時折訪れるファンたちから指導を請われることもあった。それは、社会に多くの功績を残した人物の晩年として、平穏で恵まれたものといえるだろう。

だが、鈴木の表情は、満たされた者のそれではなかった。目線はどこか遠くを彷徨《さまよ》い、苛《いら》立《だ》ちを抱えているようでもあった。

「本当の青いバラはできないことはわかっているけどね、それに近いダークブルーやグレイで表そうという気持ちはあるんです」

——青いバラに近いバラ、ということですか。

「うん……ただ、もう今は自分で育種をやっていないからね。でも、いろんな文献を読んでいると、また自分でやらなくちゃいけないって思って、今、道具をそろえているところなんです。でも自分では少し無理だから、若いボランティアの子に頼もうと思ってね」

そして鈴木は、これはまだあなたにしか話してないんだけどね、と付け加えた。

一週間前、コバルトブルーのバラは狙っていないと鈴木はいった。だがこの日、青いバラは無理だが、それに近い色で表そうという気持ちはあるといった。知り合いの医者に勧められて、扱いやすいプラスチックのシャーレをすでに注文したという。授粉用の筆や受精体も用意した。咲き誇るバラたちに心躍らされて、思いつきで夢物語を口にしてみたというわけではないことは充分に理解できた。青いバラが美しいかという問いの意味を確かめるために再び訪ねたにもかかわらず、鈴木はたった今、もう一度青いバラに挑戦したいと決意を語った。この一週間の変心をどう解釈すればいいのだろう。

「どこまで続くかわからないけど、若い人が考えているのとは違う方向でやってみたいんだ。結果が拍手喝采を浴びるようなものでなくてもいいんです、僕は。会社には悪いけど、それで儲けてどうこうというのではないんですよ。やっぱり一つの夢でね。今咲いているこの花が終わる頃、また始めてみたい。グラハム・トーマスだってもう九十いくつらしいからね」

鈴木は己《おのれ》を鼓舞するように、オールドローズが再び現代によみがえることを信じて種を守り続けたイギリス人のバラ研究家の名を挙げ、笑みを浮かべた。

書斎を辞すとき、鈴木は自分の品種である〈芳純〉とロサ・ダマスセナを手伝いの女性に切らせ、私のコートのポケットに入れるよう渡してくれた。その瞬間、強い香りが漂った。

正面玄関まで見送ってくれた夫人に、奥様のお名前のバラがありますねというと、晴世夫人は、「社長がつけろとおっしゃってくださったみたいなんです。本人はその気はなかったみたいですよ」と笑った。

　タクシーが都心の短いトンネルに差しかかったとき、私は薄手のコートのポケットに入れていたバラを取り出し、右の手のひらにのせた。ぼんやりとした暗い橙《だいだい》色のナトリウムランプのもとで見るバラは、平板な黄褐色となり生気を失っていた。そのバラはただ、花冠《かかん》だけだった。棘がないどころか茎も葉もなく、萼《がく》の下の、やがては実になるはずの花托《かたく》の下で切り取られていた。花冠ごと鼻に押しつけ深く息を吸うと、甘酸っぱい香りが鼻孔の奥を痛いほど突いた。バラ色ではない、ただ強い香りを発するだけのこのものが、果たしてバラなのだろうか。一週間は香りを楽しめますよと、鈴木は、私がけがをしたり洋服を傷つけたりせぬよう、そのように切ってくれたのだったけれども。

　ロサ・ダマスセナ。ブルガリアで栽培され、香料用の精油をとる、まさに香りの源となるバラの系統だった。クレオパトラがバラの花弁をひざの深さまで部屋に敷き詰めて恋人アントニオを誘《いざな》ったという逸話が残っているが、男も女もどこか殺伐とした今の世に、そのような情景はどうも絵空事のように思えた。でも、たった一輪でこれほどならば、さぞかし男は咽《む》せるほど香りに酔い、花弁の絨毯《じゅうたん》の向こうに横たわる悪女に惑わされただろう。花店やスーパーに並ぶほとんど香りのない最近のバラに慣れすぎて、バラが香りの女王と呼ばれる高貴な花であったことなど、私はすっかり忘れていた。香水や化粧品、入浴剤などよりもっと、自然の香りがこれほど甘ったるく人工的に感じられるとは……。そもそも私の中に、バラの香りの記憶などなかったのではないだろうか。

トンネルを抜けると、春のうららかな日射しに包まれ、バラは一瞬にして色彩を取り戻した。それは、その強い香りには似つかわしくない繊細な淡い桜色をしていた。太陽光線のもとで見るバラと、ナトリウムランプのもとで見るそれとではまったく別ものだ。

ある色素研究者は、ナトリウムランプは黄色の単色光で、その濃淡でしか色は見えないのだからあたりまえだといった。あたりまえ、科学的にはあたりまえなのだろう。色とは光の反射の産物とはわかっているつもりだったが、花を美しいと思うその手がかりの一つだったはずのものが、トンネルを車で通り抜けるという数十秒の間に、こうも簡単に変容してしまうとは。では、人は、花の何を美しいと思っているのだろう。色、かたち、香り、たたずまい、それとも、短い命……。

第一章

イメージの系譜

神話

「ブルー・ローズ」を英和辞典でひくと、「不可能、ありえないもの」とある。聖書や神話、民間伝承、文学など西欧文化の中で表現される言葉のイメージをまとめた事典の決定版、ジャン・シュヴァリエとアラン・ゲールブランの『世界シンボル大事典』(原著一九八二)には、「青いバラは不可能なことのシンボル」とあった。英文学者アト・ド・フリースがまとめた『イメージシンボル事典』(原著一九七四)にも、やはり「不可能」とある。なぜ、いつ頃、青いバラという言葉が不可能を意味するようになったのか。なぜありえないものといい切るのか。その出典や根拠は、残念ながらいずれにも明確にされていない。

ただ、たしかに、青いバラをめぐっては、数々の物語、不思議な逸話や奇談が語り継がれている。ないものを求めることは人間の欲望の原型なのだろうが、青いバラが人々を駆り立てるのは、たんにこの世にないものだからという単純な説明で済まされるものではないように思える。青いバラを題材にした伝説や神話、物語は数多くあり、青いバラという言葉そのものに、あまりにも多くのイメージが託されているためだ。

その中でおそらく最も古いと思われる物語が、ギリシア・ローマ神話にある。

春と花の女神フローラ(ギリシア神話のクローリス)が愛するニンフ(森や泉の精)を失ったとき、オリンポスの神々に、ニンフを不死の花に変えてほしいと頼んだ。フローラの願いをきいた神々は、ニンフの死骸をバラに変えた。すると、ヴィーナス(アフロディテ)がそのバラに美を与え、西風ゼフィールス(ゼピュロス)が風で雲を飛ばしてアポロ(アポロン)の光の祝福が届くようにし、三人の女神たちは美と優雅と喜びを、酒の神バッカス(ディオニソス)は香りを与えた。そして、最後にフローラが花弁に色を与えると、ニンフは香り高く美しい花へと生まれ変わった。しかし、フローラは、冷たく死を暗示する不吉な色だからと、青色だけは与えなかった。青いバラが存在しないのはそのためだった——という話だ。

古代より原種のバラが多く自生していた中近東では、紀元前から花弁を油で煮立ててつくる香油や湯で煮立てたバラ水が香料として珍重されていた。紀元前七世紀頃から、それがギリシア、ローマへ伝わり、貴族や高官たちがおしゃれのために使用していたといわれる。紀元前八世紀のホメーロスの二大叙事詩『イリアス』『オデュッセイア』にはすでにバラに関する記述が見られ、これらとヘシオドスの『神統記』『仕事と日々』に始まるギリシア神話は、その後の詩人や戯作家たちによって脚色されたり、時にはまったく新しい創意工夫が凝らされて、ローマ帝国の紀元一、二世紀にその大枠がまとめあげられた。

この神話に表現された青いバラは、死を暗示する。そして、ギリシア、ローマ文化においては、青という色にはあまりいいイメージはなく、夜や死、すなわち、遠い彼方、彼岸の色として捉えられていたということもわかる。なによりも驚くのは、この神話がつくられた時代にすでに、バラには青色がないことが人々に意識されていたということだ。

この青いバラの神話は、西洋文化史の研究者で伝説や民族伝承の蒐集家でもあった春山行夫の『花の文化史』に収められたものだ。春山は生涯に三度、『花の文化史』と題する同じタイトルの本を出版している。昭和二十九〜三十二年に出版された新書判の三巻本は随筆風、昭和三十九年に出版されたものでは資料性が高まって文化史的なものとなり、昭和五十五年に出版された最後の本は約九百ページにも及ぶ書函《しょかん》入りの豪華本となった。元値は一万二千八百円だが、植物専門の古書店の間では十万円を下らない価格で流通しており、植物愛好者の間で春山の著作は貴重なバイブルとなっている。

このギリシア・ローマ神話のエピソードは、その二作目に収められている。春山の本は、今なお園芸雑誌や単行本に資料として引用されることが多く、時折この神話も紹介され、青いバラが存在しない理由に神秘的なイメージを与え続けているようだった。

千一夜物語

青いバラはまた、世界各国で翻訳されている『千一夜物語《アラビアン・ナイト》』にも登場する。

『千一夜物語』はその編纂のかたちもさまざまで、全編に登場する物語もあれば、編者によってまったく異なる物語が収録されている場合もある。ここでは、マルドリュス版フランス語訳(一八九八〜一九〇四)の最終章「大団円《めでたしめでたし》」に至る直前の第九九八夜から一〇〇一夜「ジャスミン王子とアーモンド姫の優しい物語」を紹介する(岩波文庫版・豊島与志雄ほか訳)。

回教の国に、英知ある老齢の王がいた。王には光り輝く七人の王子がおり、なかでも七番目のジャスミン王子はどんな花も色香を失うほど美しく、また、快活で豪胆だった。ある日、ジャスミン王子が笛を吹きながら王の水牛の見張りをしていると、修道僧が通りかかり、乳を少し搾ってほしいと願う。王子が乳を差し出すと、修道僧は、自分は愛の使者としてここに来た、そして、王子こそその贈り物にふさわしい、というのだった。なんでも、隣の国に美しく心優しきアーモンド姫と呼ばれる王女がいて、ある夜見た夢のために苦しみ憂いの日々を過ごしているという。修道僧はジャスミン王子がアーモンド姫のもとに導かれることを祈りつつ、去ってゆく。すると、まるで愛の矢が放たれたかのように、ジャスミン王子はまだ見ぬアーモンド姫を夢見て恋に落ちてしまうのである。

一方、アーモンド姫の夢に現れたのは、ジャスミン王子にそっくりの麗《うるわ》しい若者。王女は恋の憂いに悩み、身もだえしてしまうほどだった。ある日、庭で心を鎮めていたところに、侍女が、隣の国から美しい一人の笛吹がやってきていて、その甘い言葉に乙女たちが魅了されていると伝える。それを聞いたアーモンド姫は、侍女の説明する笛吹の姿が夢に見た若者と似ていることに気づいて陶然となり、若者に愛の手紙を送る。

手紙を読んだジャスミン王子は、縁結びの天使に導かれてアーモンド姫の家の庭にやってくる。

するとアーモンド姫は鷓鴣《しゃこ》のような動作で、夜とともに庭にやってまいりました。彼女は青い着物をきて、青い薔薇《ばら》の花を手に持っていました。そして柳の葉のようにふるえながら、可愛らしい頭をその木のほうに上げました。

二人は、共に、この人こそが夢にまで見た人だと気づき、互いが優しい友情と真実の愛情の絆で堅く結びつけられたと感じたのである。

二人の愛はアーモンド姫の父に知られることになり、兄弟たちにも妨害され、別の人と結婚させられそうになる。だが、二人にそんなことは障害でもなんでもなかった。婚礼の日、部屋で一人になったアーモンド姫をジャスミン王子が連れ去り、互いに手を取り合ってその国から永遠に姿を消したのである。そして、父や兄弟、その国の人々の前からまるで「樟《しょう》脳《のう》のように消え失せ」てしまい、誰も二人を見つけることができなかった――。

『千一夜物語』は、古代の伝説の王シャハリヤールに、大臣の娘シャハラザードが毎夜物語を語ってみせるという構成になっている。シャハリヤールは妃《きさき》の不貞を知って処刑してからというもの、再び女に裏切られるのを恐れて毎晩処女と一夜を共にするたびに相手の首をはねていた。シャハラザードは、自分の番になったとき、王に物語を語ることを願い出た。そこで第一話「商人と鬼神との物語」をしたところ、一晩では終わらない。続きはまた明日、と語り続けるうちに三年も経ってしまい、最後に「ジャスミン王子とアーモンド姫の優しい物語」を語り終えたときには、シャハリヤールはシャハラザードの産んだ三人の子の父親となっていた。王はシャハラザードの優しさと子どもたちへの愛を知り、怒りは鎮まり、残虐な行為を悔い改めて、めでたしめでたしとなる。

『千一夜物語』の青いバラは、ギリシア・ローマ神話にあった死のイメージとは違い、愛や幸福の象徴となっている。しかし、その幸福をつかんだ瞬間、二人は、二人の幸福を理解しない人々の前から跡形もなく樟脳のように消え失せてしまうのである。

岩波文庫版の解題によると、『千一夜物語』の原型は、十世紀アラビアの著述家マスウーディーの『黄金の牧場』と、九八七年に発行されたイブン・アン・ナディームの図書目録『アル・フィフリスト』の記述から、ペルシアの民話集『千物語』だとされている。物語の最古の部分がここででき上がっており、これに航海者の外国のみやげ話や、商人や貴人の物語、古代エジプトやギリシアの伝説、十字軍遠征時代の物語などが付け加えられて、十六世紀までに完成したという。

ただ、ヨーロッパ中に知られるようになったのは、フランスのアントワーヌ・ガランがこの全体の四分の一にあたる部分を翻訳し、一七〇三年から一三年にかけて全十二巻本として刊行してからである。これが大変な人気となって受け入れられ、十九世紀になると十数か国語に次々と翻訳され、世界中の子どもから大人にまで普及していった。

ノヴァーリス

ギリシア神話の死のイメージ、『千一夜物語』の夢見る恋人のもつ花、しかし、その幸福を手にした二人が消え去ってしまうという禁断のイメージ。これだけでも、青いバラという言葉が後世の人々に与える影響は大きいだろう。だが、まるでこれらのイメージをあわせもつかのような青い花をモチーフとした小説がある。ドイツ・ロマン主義の詩人ノヴァーリスの『ハインリヒ・フォン・オフターディンゲン』(一八〇二。邦題『青い花』青山隆夫訳)である。

物語は、主人公の青年の夢から始まる。

テューリンゲン方伯の宮廷に暮らす青年ハインリヒは、ある日、甘美な空想に耽《ふけ》るうち、眠りに落ちる。そこは、荒涼とした見知らぬ土地だった。海原を歩き、戦争の只中《ただなか》や人込みにまぎれ、恋人と別れて暗い森を歩いていくと、やがて岩をくりぬいてつくられた洞窟にたどりついた。中は黄金色に輝き、静寂に包まれている。ハインリヒは洞窟の中の池に入って泳ぐうちに、眠気に襲われて次から次へと夢を見た。気がつくと、泉のほとりの柔らかな芝生の上にいた。空は雲ひとつない。このときハインリヒを引きつけたのが、背の高い一本の淡い青色の花だった。

青年は青い花に目を奪われ、しばらくいとおしげにじっと立っていたが、ついに花に顔を近づけようとした。すると花はつと動いたかとみると、姿を変えはじめた。葉が輝きをましく、ぐんぐん伸びる茎にぴたりとまつわりつくと、花は青年に向かって首をかしげた。その花弁が青いゆったりとしたえりを広げると、中にほっそりとした顔がほのかにゆらいで見えた。この奇異な変身のさまにつれて、青年のここちよい驚きはいやが上にも高まっていった。

と、そこで母の声がして、ハインリヒは夢からさめてしまう。だが、この夢のことを忘れられないハインリヒは、青い花を求めて旅に出ることを決意する。それは、母とともにアウグスブルクにいる祖父に会いに行くという旅のかたちを借りたものだった。

不思議にみちたあの花が目の前に浮かんで見え、青年はたったいま背にしたテューリンゲンを、奇妙な予感を抱いてふりかえった。自分はこれから向かっていく世界からの長い遍歴を終え、いつかまた故国へもどってくるだろう。つまり自分はそもそも故郷へ向かって旅をしているのだ、という気がしたのだ。

途中、ある村で出会った鉱夫に鉱山業という職業の神聖さを教えられたハインリヒは、その鉱夫に連れて行かれた洞窟で、世界を旅した隠者に出会い、自分の人生がすべて記された書物を偶然見てしまう。しかし、結末は欠けていた。

ハインリヒと母親がアウグスブルクに到着すると、ハインリヒはそこで紹介された詩人の娘マティルデと恋に落ち、結婚を許される。

まるであの青い花を目の前にしたときの夢の中にいるみたいだ。マティルデとあの花との間にどんな特別のつながりがあるというのだろう。花のうてなからぼくに向かって頭をかしげたあの顔、そうだあれこそマティルデの清らかな顔だったのだ。

夢にまで見た青い花の少女はマティルデだったのかと歓喜におぼれ、夜の明ける頃ようやく眠りについたハインリヒは、再び奇妙な夢を見る。それは、マティルデを乗せた小舟が川を下るうちにくるくると回転して渦にのみ込まれてしまい、それを追いかけようと川に飛び込んだハインリヒもろとも見知らぬ土地に漂着しているという夢だった。

第二部では、マティルデと死別したハインリヒが、第一部で出会った隠者の娘に出会い、彼女に導かれて森の中にある廃墟へと連れて行かれる。「ぼくたちはどこに行くの」と問うハインリヒに、娘は「いつも故郷へ」と答える。

廃墟で出会った老人は、かつて出会った鉱夫に似た医師ジルヴェスターだった。そこで、ハインリヒは、自分の父もまた、このジルヴェスターに道をたずねた一人だったことを知る。ジルヴェスターは庭園の花を愛《め》で、植物とは大地が直接に語りかけてくれる言葉だと教えるのだった。

「ことに植物のさまざまの性質を念入りに観察していると、あきることがなかった。植物というものは、大地がじかに話しかけてくれる言葉で、新しい葉、風変りな花のひとつひとつが、あふれ出てきた秘密なのだが、あまりの愛とよろこびから、動くことも言葉であらわすこともできずに、もの言わぬしずかな植物となったのだ」

そして、『青い花』は未完のまま終わる。

二部構成から成るこの物語は、ハインリヒという青年が、旅での経験を通じて詩人としての自己の内面に気づき、成長していくまでの数々のエピソードによって構成されている。旅に同行している商人がハインリヒに語る不思議な物語や、旅の途上で出会う老いた鉱夫の物語などが入れ子構造になっていて、時として複雑な迷路に放り出されたような気がしてしまう。第二部のジルヴェスターとハインリヒの会話は、ハインリヒが言葉をもって宇宙の真理を追求していくという、詩人としての自己に覚醒する重要な一節になっている。

ノヴァーリスが生きた十八世紀後半は、アメリカに独立戦争が起こり、フランス革命後ナポレオンが台頭してフランス帝国の覇権が拡大するなど、欧米に政治的な大変動が起こった時代である。イギリスでは蒸気機関が発明され、紡績機が考案されて機械制工業が拡大し、さらに鉄工業・石炭業が発展した。また、酸素と結合することで物が燃えるのだとする近代的「燃焼理論」が唱えられたり、電池が発明されたのもこの頃だった。科学技術は人々の生活のリズムやスピード感覚、人生の価値観に影響を与えていた。

ノヴァーリスは二十五歳のときに婚約者を病気で失い、その後、傷心のままフライブルク鉱山学校に通っていた。そこは、銀の産地として有名なザクセンのフライブルクにあり、ヨーロッパ各地から学生が集まる自然科学研究のメッカでもあった。当時の時代背景や日常生活の変化が若き文学者に影響を与えなかったわけはなく、ノヴァーリスはひたすら勉学読書に励み、魔術や中世ユダヤ教の神秘思想(カバラ)、錬金術、占星術などに没頭し、小説の構想を練っていた。ゲーテの『ヴィルヘルム・マイスターの修業時代』を熟読し、その散文的な記述に飽きたらず、もっと詩的で神秘的な物語、とりわけメルヘンの大切さに気づき始めていたという。

ノヴァーリスがこの鉱山学校時代に構想し、これもまた未完に終わっている長編小説に『ザイスの弟子たち』という作品がある。古代エジプトの女神イシスの神殿があったといわれるザイスで、自然と人間の関係についての対話を繰り返し、黄金時代を取り戻そうと論じ合う秘教集団の師と弟子たちが描かれた物語である。この中には、未完の同書を解釈するための鍵になるといわれている「ヒヤシンスとバラ」という一篇のおとぎ話が挿入されている。語り手は、バラとヒルガオを鬢《びん》に飾った一人の弟子だ。

旅の魔術師の話を聞いたヒヤシンスと呼ばれる少年は、恋人のバラを置き去りにして、万物の根源が住んでいる神秘の国、聖なる女神のヴェールを掲げようと旅に出る。だが、放浪の末にたどりついた女神の神殿に足を踏み入れたとき、少年は天なる芳香に包まれてまどろんでしまう。夢の中で、ヒヤシンスはとうとう女神に出会い、輝くヴェールを掲げたところ、恋人のバラがヒヤシンスの腕の中に飛び込んできた――という物語だ。

これをもって、青い花がバラを意味するというわけではないが、後に『青い花』の執筆へと向かうノヴァーリスの構想過程を垣間見《かいまみ》ることができる。

『ザイスの弟子たち』が中断したのは、友人のティークに勧められてヤーコプ・ベーメという十七世紀初頭の代表的な神秘主義思想家を知り、ベーメの著作にのめり込んで、新たに構想を練り直す必要性を感じたからだったという。

二十世紀に入って発見された『青い花』の構想メモには、錬金術や魔術、賢者の石、占星術、記憶や色彩といった言葉が散見される。たとえば、一八〇〇年一月に記された「小説の構想6」には、「太古の時代。占星術、本草学、錬金術、記憶。世界の慌ただしさの中で王冠を獲得せんとする争いの必然性について等々」とあり、ノヴァーリスがベーメを通じて、十六世紀の医師であり大錬金術師であるパラケルススへ、さらに錬金術の本質へ関心を寄せていったことがわかる。

めまぐるしく変化する近代市民社会への転換期にあって、革命に絶望した空虚からもう一度自らの心性を見つめ直し、内面の真実こそを探り当てようとする文芸の動きが、ロマン主義だった。ドイツでは、シュレーゲル兄弟が刊行した「アテネーウム」誌が嚆矢《こうし》といわれ、そこに寄稿していたのがノヴァーリスやティークだった。『青い花』はノヴァーリスが二十九歳で病死した後、シュレーゲルとティークが編集した作品集に収められた。

絶対的な愛

つかもうとして手を伸ばせば消えてしまう絶対的な愛を求めて旅をし、最後に自分の最も大切なものを知る――。その象徴としてのロマン派の青い花のイメージは、その後、フランスのロマン主義へも受け継がれていく。

詩人テオフィル・ゴーティエが一八三五年に発表した『モーパン嬢』(田邊貞之助訳)は、理想の美と絶対の愛をめぐる書簡体の長編小説である。副題に「二重の愛」とあるように、この物語の主人公マドレーヌ・ド・モーパンは男装の美少女(美少年)である。

日頃から男たちの私生活、男たちの会話に興味をもっていたモーパンは、騎士の姿に扮して、〝男性なるもの〟を探究する旅に出たところ、理想の愛を追求する詩人ダルベールとその愛人ロゼットに出会い、どちらからも愛されてしまう。二重の三角関係に陥ったモーパンは、ついに二人ともと関係を結んだ後、彼らの前から姿を消してしまう。

そして、世の中の誰もが恋愛を二束三文で扱い、男装の自分さえも、男でも女でも誰かを完全に愛することはできないのかと嘆くモーパンは、こう書き記すのである――。

理想よ、黄金《こがね》色の芯をつけた青い花よ、あなたは春の空のもと、やわらかな夢想のかぐわしい風にふかれて、真珠の露にぬれながら咲きいでる。そして、仙女の絹の編物よりもはるかに細い毛根を、あたしたちの魂の奥ふかく張りめぐらし、その数限りないけば立った先で、一番清らかな滋味を吸おうとする。甘くもまた若い理想の花よ、あなたを引抜こうとすると、心は隅々まで血を吹き、折れた茎から赤い汁がしたたって、あたしたちの涙の湖へ一滴ずつ落ちてくる。

『モーパン嬢』の序文に記された「真に美しいものは、何の役にも立てないものばかりだ。有用なものはみんな醜い」という挑発的な言葉は、次世代のボードレールやフローベールら「芸術のための芸術」派だけではなく、現代に至るまで多くの芸術家たちに影響を与えてきた。

ボードレールはその代表作『悪の華』(一八五七)の冒頭で「完全な詩人　フランス文学の練達な魔術師　心から敬愛する師でありまた友である　テオフィル・ゴーティエに」と献辞を捧げているほどである。また、バルザックも『モーパン嬢』を大絶賛し、一八四三年には、この〈青い花よ……　甘くもまた若い理想の花よ……〉の一節をエピグラフとして「ラ・プレス」紙に短編小説『オノリーヌ』(堀口大學訳)を連載した。

これは、恋愛など知らぬまま、十九歳でボーヴァン伯爵と望まぬ結婚をした銀行家の一人娘オノリーヌをめぐる愛の悲劇で、その夫妻の話をボーヴァン伯爵の秘書だったモーリスが作家たちに語って聞かせるという物語構造になっている。

モーリスは、ボーヴァン伯爵に、夫を愛せずに出奔したオノリーヌを秘かに監視するよう命ぜられる。オノリーヌの家の隣に住んだモーリスは、素性を悟られないよう、花の育種にのめり込むあまり頭のおかしくなった園芸家のふりをして徐々に近づいていく。そして、互いの庭を行き来できるように、囲いに扉をつけてはどうかとオノリーヌに提案するのである。モーリスはオノリーヌに告白する。

「じつは、僕、青いダリアと青いばらを作ってみたいと思っています。僕は青い花が大好きです。青こそは優れた魂の愛好する色ではないでしょうか？」

実は、モーリスは監視を命じられた身でありながら、次第にオノリーヌに恋心を抱いていき、オノリーヌも自分を愛し始めていると思い込んでいた。オノリーヌもその気持ちに気づいてはいたが、心の中にモーリスを招き入れることはなかった。なぜなら、オノリーヌの求めたものは伯爵でもモーリスでもなく、絶対的な理想、絶対的な愛そのものだからだった。かつて夫を裏切り愛人のもとに走ったものの、一文なしにさせられたばかりか、妊娠したまま置き去りにされた経験をもつオノリーヌにとって、そのような愛がほかにも存在するとはどうしても認めがたいことだったのだ。それは、一度は絶対的な愛を信じて疑わなかった者の悲劇でもあった。そして、モーリスが別の女性と結婚したとき、オノリーヌはモーリスにこう告げるのである。

「あなたの奥さまが、速やかに母とおなりになるように！　家政の平凡な雑事の中へ彼女を突き落としてあげてください。わたくしが信じて生きて来たような天上的な完璧なもの、理想の神秘な花を彼女がその心中に培《つちか》ったりすることの邪魔をしてあげてください」

バルザックは、万物に共通する物質「絶対」の研究に打ち込む人物を主人公にした長編『「絶対」の探求』をはじめ、無限の美や理想の愛を求めて彷徨《さまよ》い挫折してしまういささか偏執狂的な人物を主人公にした小説を多く残しているが、『オノリーヌ』の場合もまた同じ、絶対を求めた者の悲劇だった。

また、テオフィル・ゴーティエの友人だった、同じくフランス・ロマン派の詩人ジェラール・ド・ネルヴァルは、ギリシア神話の青いバラの死のイメージ、つかもうとして手を伸ばせば消えてしまう「青い花」の絶対的な愛のイメージをもつ詩を書いている。

「十三番目」が回帰する……それはなお第一の
そしてつねに「唯一の女」……あるいは唯一の時
なぜならおまえは、おお！　最初の、それとも最後の「女王」？
そしておまえは「王」、「唯一」の、それとも最後の恋人？……
愛するなら、揺籠《ゆりかご》から棺の中まで愛してくれた人

おれ一人愛した人は、いまも優しく愛してくれる
それは「死神」――あるいは「死んだ女」……おお恍惚！　おお業苦！
彼女が持つバラは、〈たちあおい〉。（後略）

（「アルテミス」）

これは、一八四四年から五五年に編まれた詩集『シメール』の一節である。ネルヴァルは幼い頃に母親を亡くし、不遇な青年期を送っていた。ゲーテの『ファウスト』を翻訳して世に出たが、女優との恋に破れ、才能の枯渇に悩み、精神の病にかかって入退院を繰り返していた。恋人が病没してからは放浪の旅に出て、神秘思想や薔薇《ばら》十字文書、錬金術にふれた。その狂気の高まりと比例して才能は研ぎ澄まされていくが、最後は人通りのない裏道で縊死《いし》体となって発見された。二十世紀になってプルーストやアンドレ・ブルトンによって再評価されるまでは、ほとんど顧みられることのなかった作家である。

『シメール』は、ギリシア神話や聖書にイメージを借り、まるでクロスワードパズルのように謎の多い言葉ばかりちりばめられている。あえて、括弧つきで〈たちあおい〉と訳しているのは、原文に込められた二重三重の意味を想起させるためだったようだ。訳者・篠田知和《ちわ》基《き》は旧訳では同じ個所を〈彼岸の薔薇《たちあおい》〉と意訳している。新訳で逐語訳にしたのは、あえて謎解きを試みるためと、原文と対照しやすくするためであるといっている。

この〈たちあおい〉は青いバラを意味するという。フランス文学者の山中哲夫は次のように解釈している。

立葵《たちあおい》は、Rose trémière という。trémière は d'outremer(群青《ぐんじょう》の)がなまったものだといわれている。すなわち、〈青い薔薇〉。この世にありえない神秘の青い薔薇も、現実にはわれわれに馴染《なじ》みの花である立葵にすぎないのだが、ネルヴァルにとってはたんにそれだけのものではなかった。群青は彼方《かなた》の海の色である。d'outremer のなかにハイフンを入れた d'outre-mer は、「海の彼方の」という意味をもつ。海の彼方からやってきた青い薔薇は、いみじくも引用詩の訳者が訳しておられるように、〈彼岸《ドゥートル＝メール》の〉薔薇であるのだ。d'outre-mer は d'outre-tombe(墓の彼方)を言い換えたものにほかならない。そしてなおもつけ加えるならば、d'outremer が変化した現在の trémière という形容詞は女性形しかもたない。彼岸にいるのはつねに女性なのだ。

(『花の詩史』)

ネルヴァルの青いバラは、女、そして、死、だった。

ベルギーには、フランス・ロマン派のヴィリエ・ド・リラダンやアメリカ・ロマン派のエマーソンらの影響を受けて神秘主義を探求する、モーリス・メーテルリンクがいた。メーテルリンクはノヴァーリスの作品に共鳴し、そのいくつかの著作のフランス語訳を行っていた。かの有名な童話劇『青い鳥』(堀口大學訳)を発表したのは一九〇八年。『青い花』の刊行から約百年が経っていた。

クリスマスイブの日に、兄チルチルと妹ミチルの眠る小屋に妖女が現れ、「これからわたしの欲しい青い鳥を、さがしに行ってもらわなけりゃいけないよ」と告げる。物語は、青い鳥を探す二人の夢をたどる。思い出の国では青い鳥を見つけるが、籠《かご》に入れると黒くなってしまう。二人は森や墓地を歩き、恐ろしい経験もする。夜の御殿でつかまえた青い鳥は死んでしまった。最後に訪れた未来の王国でつかまえた青い鳥は、今度は赤くなってしまう。一年探し続けたがあきらめて家に帰ると、隣のおばあさんが、自分の娘が病気になって、チルチルの鳥を欲しがっていると伝える。すっかり鳥には見向きもしなくなっていたチルチルは、籠の鳥が青くなっているのを見て驚く。

なんだ、これがぼくたちさんざんさがし回ってた青い鳥なんだ。ぼくたち随分遠くまで行ったけど、青い鳥ここにいたんだな。

病気の娘は元気になり、二人のところに御礼をいいにやってくる。だが、チルチルが青い鳥にえさをやろうと娘の手から鳥をとろうとした瞬間、青い鳥は逃げてしまう。チルチルは舞台から観客に訴える。

どなたかあの鳥を見つけた方は、どうぞぼくたちに返してください。ぼくたち、幸福に暮すために、いつかきっとあの鳥がいりようになるでしょうから。

探していた幸せは自分の足元にある。だが、それもつかめばいなくなってしまう。青の幸福を夢見ることが、人を旅立たせる。だが、それは、決して到達しえないという悲しみを抱えている。しかし、それでも人は旅に出る。そして、本当に大切なものを自分の心の中に見出す。だが、やがてまた誰かに導かれて、見果てぬ夢を探す旅に出る。そして……『千一夜物語』以来の果てしない夢の物語は、こうして童話劇となって世界中の子どもたちから老人の心にまで、切なさの種を植え付けていったのである。

錬金術

こうして挙げてきた物語は、青いバラのイメージをつくるごく一部分にすぎない。それぞれが単独にあるのかもしれず、一つの物語で形成されたイメージがほかの創作に影響を与え、またそれが別のものに新しい解釈を与えたり、まったく両端に離れた二つのものに波及したりする場合もある。

実は、マルドリュス版『千一夜物語』は一八九八年から一九〇四年、つまり、ノヴァーリスの『青い花』の約百年後に出版されたのだが、その成立には疑問がある。「ジャスミン王子とアーモンド姫の優しい物語」は、他の翻訳者の版には存在しない。マルドリュスは自分の翻訳こそ本当の完訳だといい切っているが、翻訳を行うための底本となる原典の決定版がないものをなぜ完訳といえるのかと、アラビア学者から批判を受けている。これはマルドリユスに限らないが、写本そのものの真偽が問題とされたり、口伝されるときに話者の創作が紛れ込んだり、翻訳者の個人的な都合が加味されたりしているため、この壮大な物語の起源をたどろうとすることは、ほとんど困難だといわれている。

一九九四年に『必携アラビアン・ナイト　物語の迷宮へ』(西尾哲夫訳)を発表したアラブ中世史家ロバート・アーウィンのように、マルドリュス版は発表された当時の文芸思想にぴったり合ったもので、世相を大いに反映していたと指摘する声もある。たしかに見知らぬ奇妙な老人に導かれて愛する人にたどりつくという「ジャスミン王子とアーモンド姫の優しい物語」の物語構造は、ノヴァーリスの『青い花』との符合を思わせる。また、マルドリュス訳はフランス文学に多大な影響を与え、ステファン・マラルメやポール・ヴァレリー、アンドレ・ジイドらは賞賛をもってこれを評価したという。メーテルリンクはこれを「人類のかつて知った最も確からしい真理に最も近い生活が展開するのを見た」と絶賛している。

アーウィン曰《いわ》く、それは、「遅れてやってきた「世紀末」趣味の作品であり、阿片《あへん》の幻想、使いきれぬ金銭財宝、失われた楽園、哀調を帯びた絢爛豪華、賛美を凝らした小部屋につながれたハーレムの美女が渾然《こんぜん》となった幻想の東洋の絵姿」であり、これまでの翻訳にはない新しい要素や物語はマルドリュスの想像の産物だとしている。アラビア語の誤訳も多く、アラビアン・ナイト研究者の間では、とても学問的とはいえないとまで批判されているという。

「ジャスミン王子とアーモンド姫の優しい物語」がマルドリュスの創作だという確証はないが、もし、そうだとすれば、ここに青いバラを登場させたマルドリュスの意図はなんだったのだろうか。

ノヴァーリスの『青い花』からメーテルリンクの『青い鳥』(そして、マルドリュス版『千一夜物語』)までの約一世紀は、まさにヨーロッパの近代化の百年だった。農村経済社会から工業化社会へ、近代への大転換期にあって、人はどのように自然と向き合い、何を心の礎《いしずえ》とし、何を求めていけばいいのか。時に、似非《えせ》科学と揶揄される錬金術ではあるが、錬金術が近代科学技術へと移行しようとする時代に、ノヴァーリスらは、自然と自然を逸脱しつつある人間の関係を考察するにあたって、自然神秘思想や錬金術や伝説に思考のアイデアを求めた。その象徴こそが青い花だったのである。

十六世紀から十七世紀にかけてガリレオやケプラー、ニュートンなどが現れて科学革命といわれるまでは、錬金術は秘術であったために、あることをほのめかすのに別の言葉や物事を使用することが多かった。物質を黄金にしたり万病を治す最も重要な物質が賢者の石であり、不死永生の象徴が不死鳥(フェニックス)、物質から精神への変容を表すのが、バラだった。

ロンドンの大英博物館に所蔵されている錬金術の巻物『リプリー・スクロウル』(一五八八)には、白バラと赤バラを一つの床の上で充分に接合し、自然の土の成分である諸元素から黄金のバラを生み出そうとする営みが描かれている。これは十七世紀頃になって錬金術が衰退の途にさしかかり、その秘密を固持するようにいくつかの秘密結社が現れたとき、薔薇十字結社の紋章となって現れる。このバラの花弁数の五弁の五は、男を意味する奇数の三と女を意味する偶数の二の結合を意味したといわれている。『モーパン嬢』に表れた両性具有のイメージも、こうした錬金術の影響を受けたものだろう。

青い花と錬金術の関係については、心理学者のカール・グスタフ・ユングも言及している。ユングは晩年、錬金術師たちが書き残した図版と精神療法を受ける患者たちが自然に描く絵の間に関連のあることに気づき、錬金術関係の文献や図版の研究に打ち込んでいた。一九四四年に発表されたその代表作『心理学と錬金術』(池田紘一・鎌田道生訳)の中で、こう記している。

ロマン派のあの「青い花」はこの(引用者注・錬金術の黄金の)「薔薇」の最後の感傷的な名残りであろう。「青い花」はなるほど真にロマン派らしく、崩壊した中世の回廊附修道院を懐古してはいるが、同時にその愛らしい世俗性のゆえに控え目な新発見でもあった。

そして、ユングは、長い散歩の途中で道端に青い花を見つける夢を分析した。その夢は、ノヴァーリスが描いたハインリヒの旅そのものだった。

それは恰《あたか》も、知識によって得られた世界像と現実的世界像とが苦痛に充ちた分離を経験することになる少年時代に、いやむしろ、そのような分離がまさに始まったばかりで、眼《ま》差《な》しはすでに背後に向けられて過ぎ去ったものを見つめ始めていた少年時代に心のうちに芽生えたロマン主義的・叙情的なものを、やさしく想い出させるとでもいった風情である。事実それは、安全な道を奪われ、人間的幸福に与《あずか》っているという感情を失ってしまった者に過去のある場所を示し、そこでならお前は心の友や同胞に出会うことができ、お前のうちで伸び展《そだ》ってゆきたいと願っているあの芽を見出すことができるのだと話しかけている無意識の親しげな合図、神秘な合図のように見える。

だがユングは、「青い花」の夢を見る者はまだ、この清純な花に隠されているもう一つの意味、すなわち、過去の忌まわしい錬金術がもっていた側面にも結びつくものだということに気づいていないと書く。卑金属を黄金にしようとする欲望のために、科学的な真理にたどりつこうとする本来の錬金術は時に人を狂わせ、時に詐欺師に成り下がらせ、時に瀆神的な方向へ向かわせ、十四世紀にはカトリック教会から禁止を命ぜられた。

だからこそノヴァーリスらは、言葉によって「王冠」、すなわち真の黄金の意味を探そうとしたのではないだろうか。科学技術の進歩を引き金として急激に変容する社会にあっては、個人が自分自身の人生を自覚的に生きようとしなければ、それはたんに流されるだけの凡庸な生であり、個人の凡庸な生が集合した社会とは、死んでいるも同然なのだから。

だが、彼らが真の黄金を手にしたのかどうかはわからない。いずれも未完であったり結末が不安定なものであるだけになおさら、読者は放り出されたまま虚空にたゆたうしかないのである。

ドイツ・ロマン主義と日本の浪漫主義の関係についてはすでに多くの評論がなされているのでここでは詳しく言及しないが、明治維新を経て近代化の中にあった日本においても、与謝野鉄幹・晶子や泉鏡花らを中心に浪漫主義が開花した。また、後に日本浪曼派を立ち上げる保田與重郎は、昭和七年に創刊した同人誌「コギト」昭和九年五月号の編集後記で、創刊メンバーの一人である詩人の「田中克己はノヴリスの著名な作品を翻訳している」と予告し、翌六月号から、田中訳の『ハインリヒ・フオン・オフテルデインゲン』を掲載している。すでにこれが原文か英訳で読まれて翻訳が期待されていたのだろう。さらに、その十二月にはノヴァーリスに影響を受けた太宰治が、檀一雄、中原中也、山岸外史《がいし》らと共に同人誌「青い花」を立ち上げている。田中が『ハインリヒ・フオン・オフテルデインゲン』を『青い花』という題名で第一書房から単行本を刊行するのは昭和十一年のことなので、物語のモチーフである青い花がそのまま書名に採用された背景には、太宰らの動きが影響したのではないだろうか。同人誌「青い花」は一号限りで廃刊となるが、太宰らメンバーの多くは、その後、保田や亀井勝一郎らの日本浪曼派へ合流し、戦前戦中の日本の文学運動の主流となっていく。

自然と人間が向き合った太古の昔に神話が生まれ、物語が生まれ、錬金術が生まれた。さらに、ノヴァーリスの『青い花』を一つの起点として、革命後のヨーロッパ近代に生まれたロマン主義が青い花を一つのシンボルとして引き継ぎ、そこにこの世には存在しない青いバラが重ね合わされていった。

ユングは、「シンボルは自然の産物」であり、「世界はシンボルを介して語る」といった。私は、現代の人々が青いバラについて語るとき、たとえそこに託されたさまざまなイメージの起源を知らずとも自然と受け継がれていく魂のようなものの存在を感じないではいられないのである。たった一人の作家や詩人たちの心の色や花であったものが、物語の姿をとることによって子どもから老人まで、多くの人々の心に棲み始める。むしろ、そうした起源とはまったく無関係なところで、人々に青いバラのイメージが形成されていくと考えるほうが不自然だろう。

拡散するイメージ

二十世紀に入ると、青いバラは時として、読者や観客をとまどわせる謎かけの暗号、モチーフとして登場する。それは、演劇や映画、テレビといったメディアを通じて人々の心に少しずつ浸透していく。

一九四四年に発表されたテネシー・ウィリアムズの自伝的戯曲『ガラスの動物園』(小田島雄志訳)では、〝ブルー・ローズ〟は倉庫勤めをする文学青年トムの姉ローラのニックネームである。不況下のセントルイスの町を舞台に描かれたこの物語は、青春の苦悩に苛《さいな》まれる作者自身を思わせる文学青年を語り部に、昔の夢に執着し子どもの生き方に過度に介入する母親と、脚を引きずるように歩き、婚期が遅れて臆病な姉との疲れた生活、そして家族の孤独が描かれている。

ローラがブルー・ローズと呼ばれたのは、トムの職場仲間のジムが、ローラが罹《かか》っていた胸膜炎《きょうまく》(プルーローシス)を聞き間違えて、ブルー・ローズと呼んだためだった。つまり、ちょっとしたアクシデントにすぎなかった。だが、内気で恋など経験したことのないローラは、そんな些細なきっかけで、心を揺り動かされてしまう。

舞台では、「ローラ、だれか好きになったことはないの?」という言葉とともにスクリーンに青いバラが映し出される。ジムは美しさの象徴としてローラをブルー・ローズと呼んだものの、それはローラを待ち受けるさらに深い孤独と不安を暗示していた。現実社会とうまく接点がもてず孤立していく彼女の、つかまえられそうでつかまえられない愛。ジムはガラス細工のコレクションをしているローラに出し抜けにいう。

「ねえ、ローラ、きみの悩みの種はなんなのか、ぼくの考えを言おうか? インフェリオリティ・コンプレックス! 知ってる? 自分を過小評価すること、つまり劣等感!」

必ず人間には長所があると励ますジム。彼は、ローラが自分の美しさに自信をもつようにとこういった。

「ふつうの人は言ってみれば――雑草だ、だが――きみは――そう――きみは――ブルー・ローズだ！」

そして、スクリーンに再び、青いバラが映写される。

しかし、ジムは自分には婚約者がいることを告白し、ローラのもとを去る。同じとき、文学者を夢見るトムはトムで、惰性的な日常にみじめになり、家出を企てる。母親にこんな言葉を浴びせかけられながら。

「おまえはどこにいたってなんにも知ろうとしないんだ！　夢の世界に生きてるんだからね、幻想をつむぎ出しながら！　（中略）そう！　そんなら月の世界にでも行くんだね――自分勝手な夢を追って！」

『ガラスの動物園』がテネシー・ウィリアムズの自伝的戯曲といわれるのは、精神的な病から生涯サナトリウム暮らしとなった姉ローズへの想いが込められているからだとされる。ウィリアムズ家はもとはテネシー州の名門だったが、曽祖父の代に没落し、父親が靴会社のセントルイス支店の販売部長だった関係でセントルイスに住んでいた。父親は酒乱で母や子どもたちを怒鳴り散らし、姉ローズも十八歳で大学をやめさせられて社交界にデビューするが、それも失敗し、精神の病に陥る。入退院を繰り返すうち、父親に殺される妄想を抱いたローズは、父親に強制的にロボトミーと呼ばれる脳外科手術を施されるのである。

ロボトミーは、つい半世紀ほど前まで行われ、発案したポルトガルの神経学者アントニオ・E・モーニスが一九四九年にノーベル生理学医学賞まで受賞した手術である。統合失調症になった患者の眼球とまぶたの間から眼窩《がんか》上辺奥の前頭葉にアイスピック状のものを差し込み、左右に動かして切り込みを入れるという恐ろしい手術で、従順で無気力になるため一見回復したように見えるが、実際の障害は治っていない。テネシー・ウィリアムズは姉のこの手術の現場に居合わすことができず、姉を救えなかった呵責《かしゃく》に生涯苛まれた。そして、廃人のようになった姉ローズをサナトリウムに入院させ、一生面倒を見続けたという。

『ガラスの動物園』は、その後の多くの戯曲や文学作品、漫画などに影響を与えた。たとえば、代表作『日出処《ひいずるところ》の天子』で有名な漫画家の山岸凉子は、九一年に『ブルー・ロージス』という短編を描いている。『ガラスの動物園』でローラが集めていたガラスの動物、角が一本生えた仮想動物ユニコーンの人形の角が折れる瞬間の象徴的なシーンで始まるこの作品は、三十歳になるまで恋愛に臆病で、自分に自信が持てなかったイラストレーターの主人公が、ある男性と出会って、別れ、そして、時を経て少しずつ自分を好きになって成長していく物語である。

デヴィッド・リンチ

映画の中で青いバラを象徴的に扱った作品としては、九二年に映画化されたデヴィッド・

リンチの劇場版『ツイン・ピークス　ローラ・パーマー最期の7日間』がある。同名のテレビドラマが大ヒットしたのを受けて、小さな田舎の町で起こった美女ローラ殺人事件が発生するまでの前日談として製作された作品である。

舞台はワシントン州ツイン・ピークスという小さな製材の町。ある日、その湖に売春婦の死体が浮かんだ。地元の警察は中途半端な捜査をしただけで片づけようとしたが、現場検証に出かけたFBI捜査官チェスター・デズモンドとサム・スタンリーは、この事件が普通の殺人事件と違うことに気づいた。だが、その鍵をつかんだデズモンドは謎の失踪を遂げてしまう。

時を経て、ツイン・ピークスの高校に通う美しいローラ・パーマーが登場する。学校では清純な女子高生にみえるローラは、複数の男性と付き合いながら夜はクラブに通って麻薬を吸い、売春をするという二重の生活を送っていた。ローラは、親友のドナに、自分がボブという恐ろしい悪魔の男に犯されている恐怖を告げる。

やがてローラは、自分を襲うボブが、自分の父親ではないかと徐々に気づいていく。二重生活とボブへの恐怖から逃げ出せないローラは、同じように売春をしている娘と乱交パーティを開いて、暴行され置き去りにされる。それを見つけたローラの父親、すなわちボブは、ローラをさらに暴行し殺してしまう――。

青いバラが登場するのは映画の冒頭のほんの一瞬だが、事件に関する重要なキーワードとなっている。現場検証に向かおうとするデズモンドとスタンリーの二人の捜査官の前に、赤いドレスを着て女装した男が現れるシーンである。デヴィッド・リンチ自ら演ずる上官ゴードン・コールはこの男を「自分の母親の妹の娘のリルだ」と紹介する。リルは金髪のかつらを被《かぶ》り、しかめっ面をし、足踏みをしている。ポケットがついたドレスの脇は、違う色の糸で縫い合わされ、胸には青いバラを模したブローチが留められていた。

それらはすべて事件についての暗号だった。デズモンドとスタンリーは解読する。しかめっ面は現地の警察が快く思っていないということ、ポケットに入れられた手は何かが隠されているということ、足踏みは足を使う捜査になるということ、脇を縫う糸は麻薬を意味すること。そして、最後に残ったのが、青いバラの謎だった。

デズモンド　服に何がついていたか、気がついたか。
スタンリー　青いバラ。
デズモンド　そのとおり。だが、説明はできない。
スタンリー　できない？
デズモンド　そうだ
スタンリー　（沈黙）　　　　　　　　　　　（関美冬訳）

デヴィッド・リンチの映画はメタファーや謎かけが多用されることで有名だ。リンチ・フリークたちはそれぞれのホームページで、この青いバラの謎を推測し合った。超自然的な出来事を示す暗号ではないか、いや、自然界には青いバラは存在しないから、「ありえない」事件という意味ではないか。それとも、物語に登場するUFOに関係する事件のことではないか、等々。謎は謎のまま明らかにせず、観客の想像にまかせるリンチだが、そんな勝手な想像の一つとして提示するならば、ギリシア神話の死のイメージがあることはもちろん、『ガラスの動物園』とのいくつかの符合も指摘することができるだろう。

たとえば、『ツイン・ピークス』の主人公の名は『ガラスの動物園』と同じローラである。テネシー・ウィリアムズの姉ローズが父を恐れたように、『ツイン・ピークス』のローラもまた、父親に襲われ殺されることを恐れ、その妄想に精神を苛まれていく。たんなる暴力というよりは、近親相姦、誇大妄想、多重人格、精神分裂、といったさまざまなキーワードがちりばめられ、単純な構造とはいい難い。複雑な洞窟を行きつ戻りつするのは、『千一夜物語』や『青い花』『青い鳥』の物語構造とも似ている。

一九四六年モンタナ州ミズーラで生まれたデヴィッド・リンチは、父親が米国農務省所属の研究者だったために、幼い頃から各地を転々とする暮らしが続いていた。普通の幸福な家庭だったとリンチ自身はいっているが、リンチのロング・インタビューを行ったクリス・ロドリーによれば、リンチ作品の主人公たちのアウトサイダー的な資質は、彼自身のこうしたよそ者感覚、土地や環境への敏感な態度からきているのではないかという。

リンチが子ども時代を過ごしたのは、ゴールデン・フィフティーズ、まさにアメリカの輝ける高度成長の時代だった。スピード化、電化製品やプラスチック製品の普及、映画やテレビといったエンターテインメントも花盛り。だが、一方で矛盾は蓄積されていた。環境破壊に核兵器開発、医学研究の名のもとに人権に関わる臨床試験が繰り返された。

母方の祖父母がブルックリンにいたため、リンチは子どもの頃からよくニューヨークに行った。地下鉄の轟音と匂いと風に恐怖を覚えた。祖父のアパートの住人はギャングに車を盗まれないよう毎晩タイヤの空気を抜いていた。ニューヨークで感じた恐怖は、リンチの将来の創作に大きな影響を与えたという。

「皮一枚めくれば別の世界があって、掘れば掘るほどいろんな世界が出現するってことを学んだ。子供ながらにそれを知っていて、でも、証拠が見つけられなかった。ただ、感覚でつかんでいたんだ。青い空や花はいいものだけど、すべてのものにはもう一つ別の力——激しい痛みや腐敗も伴うってことをね。科学者みたいなもんだ。彼らは何かの表面からスタートして、掘り下げていく。原子未満の領域まで下りていき、その世界は非常に抽象的なものになっていく。彼らはある面で、抽象画家にも似てるよ。どちらもずっと奥まで行ってしまっているから、会話を成立させるのが難しい」

（『映画作家が自身を語る　デイヴィッド・リンチ』廣木明子・菊池淳子訳）

リンチは物心ついたときから絵ばかり描いていたが、父親が科学者だったために漠然と自分も科学者になるのだろうと思っていたという。画家を志すようになったのは、友人の父親である画家が、絵に人生を捧げる姿を見たときだった。また、リンチは、自らの画集でこういっている。

精神分析医が好んで行きたがるある領域が表面下に存在する。そこは不快な場所であるかもしれず、多くの人々はそこに属する類《たぐい》のものを表面に浮かび上がらせる事を好まない。しかし、認めようと認めまいとに関わらず、誰の潜在意識も数知れぬ恐怖で満ち溢れている。全てはそこにあってただ我々が来るのを待っている。

（『デビッド・リンチ　Paintings & drawings』梅宮典子訳）

青いバラが象徴する事件《ブルー・ローズ・ケース》とは、怨恨や金銭目的といった犯罪ではない、精神領域に踏み込まなくては解明されない事件を指すのだろうか。話題にすることを好まない、まさに、コントラヴァーシャルな問題の象徴。リンチは青いバラをそう捉えているようだ。ちなみに、この映画はリンチのファンたちをも不愉快にさせるとして酷評され、興行的には大失敗だったという。

そんなデヴィッド・リンチも九九年に発表した『ストレイト・ストーリー』では、作風を一変させた。主人公の老人が病気で倒れた兄に会うために五百キロの長い道のりを芝刈り機でただ旅するだけの、まさにまっすぐな物語である。

主人公の老人の名はアルヴィン・ストレイト。十年前に兄とひどい仲違《なかたが》いをしてしまい、それ以来、一切口をきいていなかった。十三年前に妻を亡くし、今は娘のローズと二人暮らしである。吃音のあるローズには四人の子どもがいた。だが、知人に子どもたちを預けたときに、火事で次男が大やけどを負ってしまい、それがローズの責任とされて、別れた夫が裁判を起こして子どもたちを引き取っていった。それ以来、ローズの吃音はひどくなり、あまり喋らなくなった。今は、青い鳥の巣箱を作って、屋根まで青いペンキを塗りながら、鳥のやってくるのをただただじっと待っているのである。

兄の住むザイオンという山の名には、聖書における約束の地、天国や理想郷という意味もある。ザイオンへ向かう旅の途中で、アルヴィンは家族に嫌われて家を飛び出した少女や兄弟喧嘩ばかりする双子のエンジニア、親切な神父らに出会う。戦争中、仲間を誤って撃ってしまったアルヴィンの悲しい過去も明かされる。

そして、ついにアルヴィンが兄に会えたとき、映画は静かに幕を閉じる――。

二人の老人は、この世から樟脳のように消え失せてしまうかのように、静かに画面に吸い込まれていった。そして、場内が再び明るくなったとき、愛するジャスミン王子とアーモンド姫を見失った王国の人々のように、青い鳥を見失ったチルチルとミチルのように、観客である私たちの物語は――おそらくデヴィッド・リンチの物語も――ここで大団円を迎えるのではなく、これからもなお紡がれ続けなければならないことに気づくのである。

青いバラにまつわる物語はこのほか、中国やロシアにもある。中国の物語は『竹取物語』に似て、美しい王女が青いバラを探し出した人とならば結婚すると難題を投げかける、いわゆる難題求婚譚《たん》である。ある青年は白いバラを青く染めてもってきたり、ある青年は陶器のバラを青く染めたりしたがいずれもだめだった。最後に、王女が秘かに恋をしていた詩人が、青いバラなどこの世にはないと白いバラを差し出すと、王女は「これは青いバラです。私には青バラに見えます」といって二人が結婚するという話である。また、ロシアの物語は、青い森に棲む青バラの精の話で、青バラの精は住民を苦しめる悪魔だったが、十六世紀にまだ王子の頃のイヴァン皇帝が退治し、ようやく森に平和が訪れたというものだ。

このような神話、伝説をはじめ、詩、小説、戯曲、映画、漫画、テレビにおいて、青いバラは、死、恐れ、不安、希望、愛、永遠の夢といった多義的な意味をさまざまに与え、与えられてきた。こうして書いた端から、いや、青いバラには、青い花には、もっとこんな物語がある、あるいは、その話にはもっと別の解釈があるといった声が次々と聞こえてくるのだろう。

そして、人々はこのような物語からなかなか解き放たれない。話し手がいったん青いバラの話を始めたとたん、聞き手と話し手の間にはあたかもあらかじめ了解事項でもあったかのように、青いバラについてのイメージがかたちづくられてしまう。それが共通のイメージであるのかどうかは、双方ともわかりはしない。でも、おそらく同じようなイメージを抱いているのだろうと想像している。青いバラ、といっただけで……。

つかもうとしてつかめないものを求めようとすることは、禁断の森に踏み入ることを意味するのだろう。そして、いつしか不可能という意味を持たされたとき、青いバラは、数多《あまた》の人々の想像力を喚起する、実に魅力的な花と化したのである。

「不可能」の花

論争

青いバラを欲しいと思う人がいたから、青いバラにまつわる物語ができたのか。それとも、物語に引き寄せられて、青いバラを欲しくなったのか。辞典に不可能と記されるほど確固とした意味を持たされたからには何か理由があるのだろう。実際に青いバラを求め、つくろうとした人々のエピソードは物語の数よりも多い。しかし、たんにバラには青い品種がなかったからという以外に特別な理由などないとする人もいるだろう。人間の欲望とはそれほど複雑ではなかったりするものだ。そして、過去の経験からあまり学ばず、同じことをまた繰り返す。

青いバラに魅せられた人物としてたどることのできる最古の名は、十二世紀アンダルシアのセビリアで活躍したアラブ系の植物学者イブン・アルアッワームである。欧米で刊行されている複数のバラ図鑑には、青いバラに憑《つ》かれた人物として彼の名が登場する。自分の庭には青いバラがあると主張して人々に自慢していたが、後にあれはバラではなくハイビスカスの一種だったと結論づけられるなど、イブン・アルアッワームにまつわるエピソードにはかなり眉唾な部分もある。実際に青いバラをつくろうとしたこともあったらしく、一九九九年にフランスで出版された『Le Roman des roses』の「青いバラの神秘」と題する章には、その方法が紹介されている。彼の著書『Kitāb al felāhah(農学の書)』からの引用だ。同書はアンダルシアの農学者や植物学者の研究をまとめた三十五巻本で、五百八十八種類の栽培植物の栽培方法について記したものである。

インディゴ(藍)を使えば青いバラを手に入れることができるだろう。白バラ、おそらくロサ・モスカータがいいが、その根と茎の表皮をめくり、すり鉢ですりつぶしたインディゴの粉末を茎の表皮に近い白くなった部分に注入する。その部分をきつくしばり、再び土に植え、水をやればいい。

(引用者訳)

もし現在、町中の花店で青いバラの切り花が売られていれば、それは、植物用の青インクを吸わせて花弁の色を変えているか、花弁に直接塗料を吹きつけたと考えて間違いないだろう。ホテルなどで花のデコレーションをする際によく用いられる方法だ。アルアッワームのいうように、白バラの導管《どうかん》に藍の色素の粉末を導入して再び土に植えたとして、果たして花弁が青くなるのかどうかはわからないが、青い色のバラをつくりたいという発想が、すでに彼の生きる十二世紀にあったということなのだろう。化学、ケミストリーの語源がアラビア語の錬金術アル・キーミヤアであるように、当時のアラビアでは、錬金術や医学、物理学が相当な発達をみせ、ガラスや製紙、美術品などの製造工場などもできていた頃だ。もう何百年も前から、青いバラは自然ではなく、人工の、それも人間のストレートな欲望の対象としてあった花なのである。

青いバラを咲かせるのではなく、すでにあるバラを青くするエピソードはほかにもある。十八世紀、外国産の植物をイギリス中に流通させたスコットランドの種子販売商ジェームズ・ゴードンである。ゴードンは、小さな種子からシャクナゲやツツジのような木を上手に育てたり、中国産のイチョウを初めて育てたことでも有名な人物だ。ゴードンは、青いバラを欲しがる人々に対してこういった。

　青いバラをつくりたければ、緋色のバラをアンモニアと中性洗剤に漬ければいい。
（A・M・コーツ『花の西洋史』白幡洋三郎・白幡節子訳）

本人が何かに書き残した言葉なのか、それとも伝聞なのかは確認できない。ただ、ゴードンの周りには園芸関係者や愛好者たちが集まっただろうし、薬用植物を集めて実験室で化学的な合成方法で薬をつくる薬種商の庭師もしていた彼は、ある程度の科学知識もかじっていただろう。花としての本来の姿を傷つけてしまうとわかりきっていることをあえていうことで、この世にない花を求めようとする欲望の愚かさを伝えたかったとでもいうのだろうか。それとも本気でバラを青くするつもりだったのだろうか。

さらに話題は尽きない。一八四九年にロンドンで創刊された「ノーツ・アンド・クウィリーズ(N&Q)」という雑誌がある。英文学、歴史、政治評論、事件、新刊本の書評などの情報を集めたダイジェスト版、知識人向けの今でいう総合雑誌で、ここには、青いバラに関する論争が時折登場している。

論争の発端は、一八五五年四月に出された「N&Q」第十一巻二百八十五号の記事だった。青いバラを話題にするとどんなことになるか、百五十年前のこの記事にすでに明確になっている。ペンネームW・Wを名乗る記者がここで紹介するのは、ミスター・ページという著名なアメリカ人園芸家が書いた「青いバラ」と題する記事だ(以下、引用者訳)。

パリの園芸家が人工的な交配によって、青いバラをつくることに成功した。素晴らしい科学的な交配技術の結果誕生した黄色のバラ、濃い紫のバラ、斑《ふ》入りのバラに次ぐ、四番目の快挙だ。

バラは、経済的にみると、ちょっと馬鹿にできないほどの価値がある。パリ園芸家協会が提示した賞金額だけをみても、青いバラをつくった人物は大金持ちになるだろう。かつて、クレオパトラは恋人アントニオのために部屋にバラを敷き詰め、ネロ皇帝は祭りのたびに大量のバラを用意させた。だが、今やバラは一万二千種類もあって、ワシントンだけでもあらゆるところで栽培されている。誰でもどこでも手に入れることができるだろう。バラの人気は決して衰えないだろう。青いバラをつくった人物だって、うまくやればロンドンの著名な銀行家たちのように裕福な暮らしができるはずだ。にもかかわらず、いまだにその園芸家は姿を現さない。

W・Wは何の他意もなく、ちょっとユニークな話題だからと採り上げたのではないだろう。物議《コントラヴァーシャル・イシュー》を醸す話題だと十分自覚して掲載したに違いない。案の定、読者は黙ってはいなかった。読者の一人、W・ピンカートンは、早速、翌五月号に批判文を投稿した。

何がどうあれ、私は、「N&Q」誌が今後、自然現象をおとぎばなしのように持ち上げて語ることのないよう監視していなければならないようだ。何度もいうが、スペインがムーア人に支配されていた昔から、青いバラができた云々《うんぬん》の寓話はある。しかし、郊外を荒らし回っている青いエプロン姿の自称園芸家の奴らが、青いバラや青いダリアができたら多額の賞金が得られるなんて噂をふれ回るものだから、われわれのような科学的な知識の土台にたつ園芸家は、みんなでその愚かさを嘲笑《あざわら》うしかないのだ。

植物を栽培していると、いろんな疑問が解けたような気になってくるものだが、それでも自然には越えられない一線というものがあるのだ。その道の権威、デカンドールはこういっている。「黄と青は、花の基本的な色だが、それらは互いに互いを排除し合ってしまう。黄色い花は赤や白に変化することはあるが、決して青にはならない。一方、青い花は赤には変化するが、黄色には決してならない」とね。

つまりはこうだ。黄色のバラがあるということは、青いバラはないということ。もし、それができるんだったら、バーナムがとっくの昔に間違いなく完成させていたはずだ！

紳士のための権威ある雑誌であるはずの「N&Q」が、くだらない非科学的なゴシップ記事を掲載したことにピンカートンは怒っている。バーナムとは育種家の名前だろうか。青いバラは、やはりコントラヴァーシャル、物議を醸す話題だった。

ところが、別の読者が次の六月号に登場した。ペンネームはギリシア語で「*φιλανθον*《フィランソス》」（花を愛する人の意か？）とある。「「N&Q」誌の貴重なページを大半の読者には関心のないだろう話題に費やすことは本意ではないが……」などと慇懃《いんぎん》な前置きをしつつ、それでも、前号のピンカートンの投稿には一言コメントを述べておかずにはいられないと反論する。

科学的な園芸家は、青いバラや青いダリアをつくることを嘲笑っているとピンカートン氏はいっているが、それは大きな間違いだ。青いバラや青いダリアに挑戦している人はいるし、なかなかできないのも事実だ。だが、それが馬鹿げているとか、不可能だという理由はどこにもない。

バラに関していえば、もう何年かすれば、青の系統と呼べる色のものをつくり出せる可能性はあるだろう。なかなか青くなる兆しがないとか、交配種は授粉しにくいといったことはあるが、ある特別な条件を整えてやれば交配種でも充分種をつけるのだ。

科学的に考えれば、園芸家たちは決して青いバラや青いダリアを目指すことを絶望視しているわけではない。ピンカートン氏は園芸にはほんの初心者のようだから、明らかに間違った考えを開陳してしまったのだろう。ここでは、デカンドールに敬意を表しつつも、三つの例外を挙げておきたい。一つめはパンジー。二つめはヒヤシンス、三つめはバーベナである。パンジーについては明白だろう。ヒヤシンスは、色はちょっとくすんでいるが。バーベナは数年間の育種交配の結果、最近になって黄色と青色の素晴らしい品種がつくられたところだ。つまり、園芸は今、長足の進歩を遂げつつあるというわけだ。

〝人間は、自分にはできないことはないと思っている。〟

最後の一節はローマの詩人ホラティウスの言葉で、原文はラテン語で記されている。さらに反論というのか、一方的な終結宣言とでもいうのだろうか、ピンカートンはこう返した。

ギリシアの擬古典的な箴言《しんげん》をかさに着て、あのなんとかという投稿人は青いバラができるなどと主張している。でも、彼は、まだまだ時間がかかるだろうといっている。それなら私が正確な期日をお知らせしてみよう。動物協会が世界初の不死鳥を展示したならば、その同じ日に、植物協会も世界初の青いバラを発表するだろう。ともかく、青いバラについてこれ以上スペースを無駄に費やすのは、青い馬や緑色の人間について語るのと同じくらい不自然で馬鹿げている。

と、こんな調子で問答は続く。青いバラのことなど話題にしないに限るというイメージが生まれたのはこの頃だろうか。このやりとりから明らかなのは、十九世紀半ばには、青いバラを目指して交配を行っていた育種家がいたということと、それに関心を寄せる人々がいたということだ。

植物採集の時代

だが、その育種家たちの話をする前にまず、バラの育種改良に貢献した野生種をヨーロッパへもち帰った植物採集家たちの話をする必要があるだろう。

もともと中近東、中国、日本、南欧等に自生するバラは、帝国の繁栄と崩壊、戦争、貿易などのさまざまな交流の歴史とともに移動し、ヨーロッパへもたらされた。七世紀半ば、東はインドから中央アジア、西は北アフリカ、イベリア半島にまで勢力を拡大したサラセン帝国の支配期には、中近東を原産とするバラがヨーロッパにもち込まれた。精力的にもち帰られたのは十一〜十三世紀、イスラム教徒から聖地奪回することを目的として派遣されたヨーロッパの十字軍遠征時代で、彼らによってその後の育種改良に有用な多くの野生種がヨーロッパへ運ばれた。それらは、ロサ・ガリカやロサ・ダマスセナが枝変わりしたり自然交配して栽培されていたものが中心だったようだ。ただし、それらのバラは一年に一回しか咲かない一季咲き性で、しかも、チューリップのように草ではなく樹木であるため、成長して花が咲くまでに時間がかかり、病気や虫に弱くて栽培はむずかしかった。

また、中世期のキリスト教では、バラがあまりにも官能的な甘い香りのため、邪悪な心へ誘うとして一般の人々の栽培が禁じられた。ギリシア・ローマ時代から、バラには熱病や口のできものうがい薬、汗止めや魔よけなどの薬効があると知られていたが、フランスで神学と哲学を教えていたドミニク派の僧アルベール・ル・グランが十三世紀に発表した魔術書によると、アラビアやユダヤの秘法の動物や植物、鉱物を利用した魔術の中にはバラを利用したものもあったといい、バラはたんに観賞するためだけの花ではなかったのである。再びバラの美しさが賛美され、さまざまな美術作品に採り上げられるようになるには、十四〜十六世紀のルネサンス期まで待たねばならなかった。

そして、バラの改良を進めていくためには、誰かが中近東のバラとは異なる性質をもつバラの種や苗をもち帰ることが必要だった。

十六世紀までは、珍しい植物を取り寄せたり海外の植物を収集するのは、もっぱら植物学者が中心だったが、十七世紀に入ると、オランダやイギリスなどの東インド会社によって派遺された植物学者や医師のほか、植物学とは関係のない園芸家や愛好者、貴族お抱えの造園業者、聖職者などが、薬草などの有用植物を求めて中国やインドを中心に植物採集をした。この時代の特筆すべき事件がチューリップ・バブルである。

チューリップ・バブルは、十七世紀前半のオランダ黄金時代を舞台に繰り広げられた経済事件だった。一六〇二年に東洋貿易を行うオランダ東インド会社が設立されて海外へ進出し、北海沿岸や国土の三割弱を占める海抜以下の干拓事業を推進させていた頃で、首都のアムステルダムは世界の貿易・金融の中心でもあった。さらに、フランスのように社会階層や職業形態の明確な国ではなく、南部からの移民で人口が増加し、チャンスさえあれば誰でも金持ちになれるという流動的な社会であったため、ブームになりかけていたチューリップに投機して、一儲けしようという人々が相次いだのである。当初は育種栽培を活気づけるものだったはずが、色とりどりのチューリップを求めて、球根一つが豪邸の値段よりも高い一万フロリン(約一万ドル)で取引されるような狂気の沙汰が繰り広げられ、次第に物がなくとも投機できるという先物取引の対象となった。ところが、突然理由もなく、一六三七年のある競売会場での取引を境に大暴落。全財産を失った人々は、二束三文と化した球根の山を前に途方に暮れてしまった。

だが、これをきっかけにしてヨーロッパで花の栽培技術が進歩したことは確かであり、フランスやイギリスで、金融業者が株式会社を組織して、有価証券取引所を設立するきっかけともなった。

十八世紀になると、薬種商や金持ちの商人なども植物採集に加わり、資金援助するパトロンたちも現れ、規模が大きくなっていく。中でもキュー植物園の経営に携わったジョーゼフ・バンクスは植民地拡大へ向かう大英帝国海軍の航路網を利用して植物採集の要員を派遣し、七千種もの植物を紹介したともいわれる。資料の記録のために、植物学者や博物学者がチームを組むこともあった。また、十九世紀に入って各地に園芸協会や植物園が次々とつくられ、園芸雑誌の出版も相次ぎ、海外に植物採集家を派遣できる有力な園芸商会もできた。

つまり、ヨーロッパ諸国の植民地戦略とともに海外の植物はヨーロッパへもち帰られ、その後の園芸種の育種改良へ、さらに園芸が国家産業として発展していく大きな契機となったのである。バラについていえば、彼ら、時にプラントハンターと呼ばれる人々の植物採集の結果、中近東ばかりではなく中国や日本のバラの血が流入したことによって、ヨーロッパで新しいバラを作出するために画期的な転機がもたらされた。

現代の園芸用バラの育種改良に大きな影響を与えた中国原産のバラには、次の四系統があるといわれる。十八、九世紀に相次いでヨーロッパへもち帰られたもので、最初に開花させた四人の栽培家の名がつけられている。主として春から秋頃にかけて何度も花を咲かせる四季咲きの性質を伝えた総称、庚申バラと呼ばれる系統と、紅茶、ティーの香りや、花弁が外側に反り返る剣弁の性質を伝えた系統である。

一つめは、スレーターズ・クリムソン・チャイナ。一七九二年にイギリス東インド会社の船長がカルカッタの庭園で見つけた濃紅色の半八重咲きの庚申バラの一系統で、ロサ・センパーフローレンスだといわれている。これを船長が本国にもち帰り、東インド会社総裁でアマチュアの栽培家だったギルバート・スレーターに託して増やして開花させた。

二つめは、パーソンズ・ピンク・チャイナ。一七九三年にイギリスに紹介され、リックマンスウォートのパーソンズが開花させたためこの名がついた。八重咲きの薄いピンクの花弁で寒さに強く、十世紀頃から中国で栽培されていた庚申バラの一品種〈オールド・ブラッシュ〉ではないかといわれている。ヨーロッパの人々は、初夏から冬まで咲き続けることに驚いて、これをマンスリー・ローズと呼んだ。

三つめは、一八〇八、九年にイギリスの園芸家ヒューム卿が東インド会社を通じて中国広《カン》東《トン》の種苗商から手に入れたもので、ヒュームズ・ブラッシュ・ティーセンティド・チャイナと呼ばれている。これは、庚申バラとロサ・ギガンティアの雑種だという説と、ロサ・ギガンティアの栽培型だという説などがあり、品種名はわかっていない。ロサ・ギガンティアの素晴らしい紅茶の芳香を受け継いでいるためティー・ローズ系といわれた。

さらに、四つめは、一八二四年に、英国王立園芸協会のパークスが広東の種苗商から入手したパークス・イエロー・ティーセンティド・チャイナである。翌年にはパリにも送られた。香りの高い大輪の黄バラで、その後の育種改良に多大な影響をもたらしたが、これも品種名はわかっていない。

現在までに刊行されているバラの解説書の多くには、以上、四人の名のついた系統のバラが、ヨーロッパの園芸用の現代バラに多大な影響を与えたものだと記されている。これは、バラの遺伝研究のパイオニアといわれるイギリスのチャールズ・C・ハーストが一九四一年に発表した「園芸用バラの起源と進化の記録」をきっかけとするものである。いずれも野生種そのものではなく、野生種同士が自然交配したか、自然交配して生まれた新たな品種同士がさらに自然交配したり、再び野生種と交配したりといった進化過程の品種だ。ただ、これら四種類だけがヨーロッパにもたらされたと考えることには無理があり、現在はＤＮＡ解析などによってその起源が徐々に解明されつつある。

また、日本の野生種も、十八世紀末から十九世紀にかけてヨーロッパにもたらされた。江戸時代に日本を訪れたオランダ東インド会社の医師、ツュンベリーやシーボルトらである。

ツュンベリーは、一七七五年にオランダ東インド会社から長崎商館の医師として派遣されたスウェーデン人である。帰国後に記した『日本植物誌』(一七八四)の日本版の解説は、作家・中井英夫の父で、第二次世界大戦中インドネシアのボゴール植物園の園長をつとめた東大名誉教授・中井猛之進《たけのしん》が記しているが、それによると、ツュンベリーはスウェーデンのウプサラ大学にいた頃には現代植物学の祖リンネの弟子だったという。同書の中でツュンベリーは、西洋の植物体系にのっとって、ハマナスを学名ロサ・ルゴサ、ノイバラをロサ・ムルティフローラと名づけて紹介している。いずれも耐寒性、耐湿性、耐病性に優れた種である。実際の育種に利用されたノイバラについては、一八〇四年に中国産の園芸品種がまずイギリスに導入され、日本産のノイバラは一八六二年にフランスのリヨン市場で種子が取引されたという。

シーボルトもオランダ東インド会社より派遣されたドイツ人医師で、ヨーロッパの園芸発展に多大な貢献をした。妻のおたき(滝)の名をとり、アジサイの学名をハイドランジア・オタクサとしてヨーロッパに紹介したことはあまりにも有名だ。バラの中では特にハマナスを愛し、ツッカリーニとの共著『日本植物誌』(一八三五〜七〇)では、日本のバラとしてはもっぱらハマナスに言及し、紅色の花弁をもつ一重の香りのよいバラで、栽培種には淡い紅や白の種類もあることや分布について記録している。

このように、ヨーロッパの植民地政策を背景とした多くの植物採集家の旅によって、中国や日本原産のバラがヨーロッパにもたらされ、十九世紀フランスを中心とするヨーロッパでバラ育種がブームを呼ぶのである。

育種の始まり

バラに関する書物をひもとけば、必ずジョゼフィーヌの名が登場する。バラの研究者たちはみな、ジョゼフィーヌの功績なくしてバラの歴史は語れないという。

一八〇二年にフランス、マルメゾン離宮の庭に広大なバラ園をつくったジョゼフィーヌは、ナポレオン一世の後継者が産めずに離婚させられた後、マルメゾンで余生を送りながら、国の内外から三百種近くのバラを集め、園芸家や植物学者を支援した。その園芸主任アンドレ・デュポンは初めて人工交配によって新品種を誕生させ、以後二百年あまり現在に至るまで、バラは植物育種の歴史をたどることのできる最大規模の花となったのである。しかも、フランスの宮廷で栽培されたという歴史は、バラに花の女王という高貴さや、権力者とその悲劇の象徴としてのイメージを与えるのに充分なものだった。園芸用のバラの起源を研究したハーストは、ジョゼフィーヌ以前、すなわち一八〇〇年以前のバラをオールドローズ、以後をモダンローズと呼び、区別した。

フランスで育種熱が高まっていたことは、一七九一年のカタログには二十五品種しかなかったバラが、一八二九年のカタログでは実に二千種以上となっていることでも明らかである。それまでのヨーロッパのバラにはなかった四季咲き性や耐寒性、耐暑性、耐病性、房咲き性などの性質は、大変な魅力だった。当初育種家たちが注目していたのは、中国の庚申バラと紅茶の香りをもつティー・ローズ系のバラで、これらをなんとか育種に利用できないかと考えた。特に一年中花が咲くという四季咲きの性質は、なんとしてでもとり入れたい長所だった。

その中で、転機となるバラを作出した育種家は、フランスのジャン・ラフェイである。パリ郊外のベルブゥにあったラフェイ家の庭は決して広いとはいえないが、羨ましい限りにたくさんのバラと栗の木に囲まれていた。ラフェイが本格的に育種活動を開始したのは、フランスでバラの栽培が普及し始めた一八二〇年頃からで、王侯貴族の名をつけた新種のバラを三十九種発表している。ラフェイが精力的に行ったのは、中国の庚申バラと十六世紀以前に中近東から持ち込まれたロサ・ガリカやロサ・ダマスセナ、その後ヨーロッパでそれらと自然交配で生まれた在来種などとの交配だった。三七年には最初に四季咲きの雑種の作出に成功し、これを〈プリンセス・エレーヌ〉と名づけた。庚申バラとヨーロッパの在来種の交配から生まれた大輪、多花性、四季咲きをとり入れたこのバラは、育種史上の重要な転機となり、以後ハイブリッド・パーペチュアル・ローズ系と呼ばれて、その後五十年あまりもてはやされて一時代を築いた。

ただし、ハイブリッド・パーペチュアル・ローズ系は、四季咲きといってもその九割以上が六月か七月にしか花を咲かせず、完全な四季咲きとはいえなかった。このため育種家たちは方向を転換し、ハイブリッド・パーペチュアル・ローズ系とティー・ローズ系の交配に情熱を燃やしていく。

この育種に最初に成功したのが、一八六七年、フランスの育種家J・B・ギヨーが作出した〈ラ・フランス〉だった。ハイブリッド・ティー・ローズ系と呼ばれる現代バラの系統第一号品種である。交配親は、ハイブリッド・パーペチュアル・ローズ系の〈マダム・ビクトール・ベルディエ〉とティー・ローズ系の〈マダム・ブラビー〉で、当初はハイブリッド・パーペチュアル・ローズ系とされていたが、イギリスの著名な園芸家ヘンリー・ベネットが、これは従来の品種とは違うと指摘し、ハイブリッド・ティー・ローズ系と名づけられたのだった。全米バラ協会では、ハーストの説と異なり、この一八六七年をモダンローズ誕生の年としている。

栽培用バラの系譜

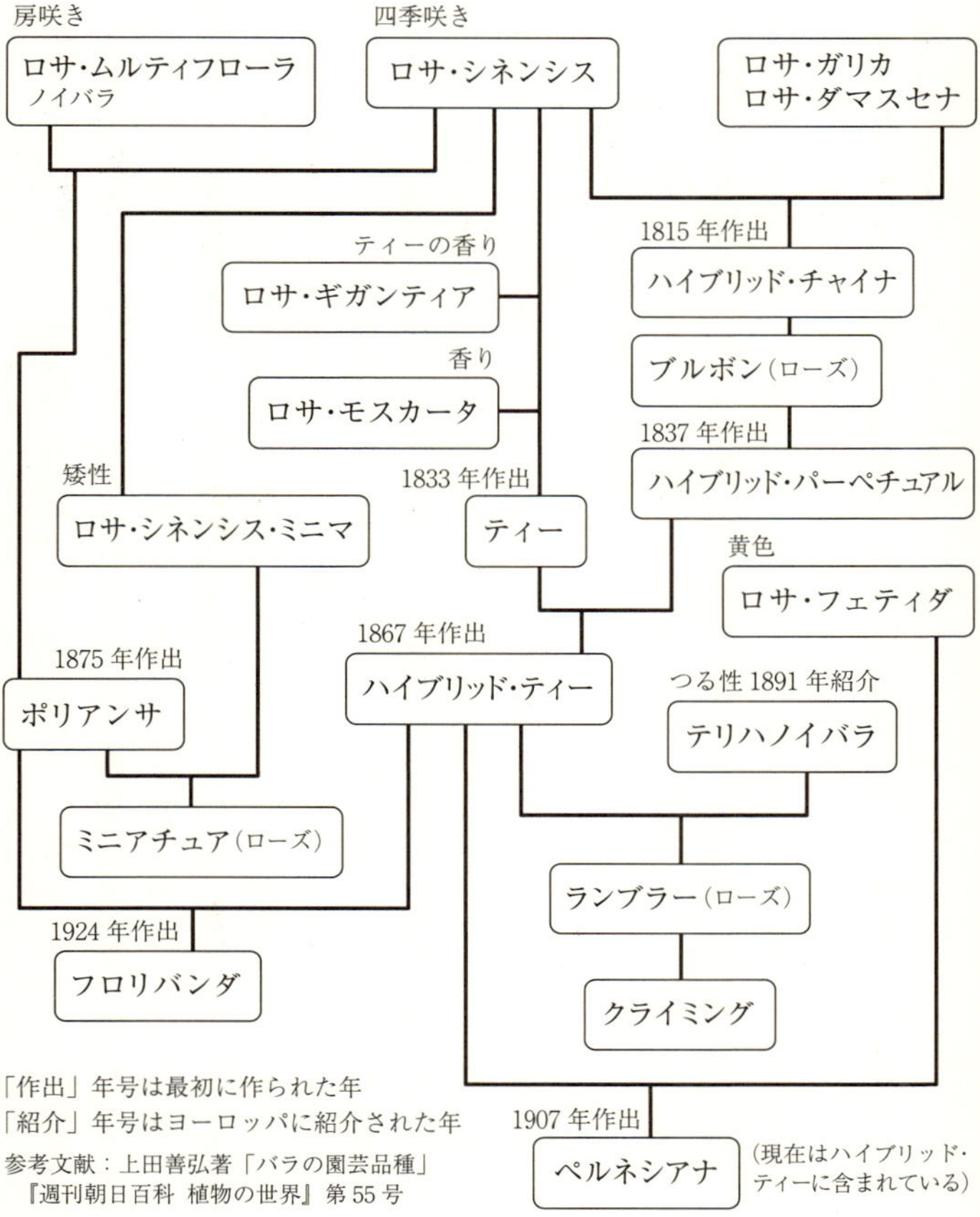

「作出」年号は最初に作られた年
「紹介」年号はヨーロッパに紹介された年

参考文献：上田善弘著「バラの園芸品種」『週刊朝日百科 植物の世界』第 55 号

一八六七年とは、パリ万国博覧会が開催され、会場となったシャン・ド・マルスの庭園では温室の植物や色とりどりの花々が展示され、機械工業や繊維工業とともに園芸がフランスの産業の一つとして捉えられた、園芸元年ともいうべき記念の年だった。〈ラ・フランス〉という名には、そんな近代国家フランスの栄光の象徴としての想いが込められていた。そして、ハイブリッド・ティー・ローズ系の高貴で整然とした大きな花冠や葉のかたち、香り、そして、四季咲き性、耐寒性、耐暑性、耐病性を備えた優れた性質は、その後時を経て現代の花店で多く見かけるバラにつながっていくのである。

さらに、バラは改良に改良を重ね、育種家たちの新品種作出への意欲はますます高まった。ギヨーは引き続き日本のノイバラと中国の庚申バラの一種〈ヒメバラ〉を交配し、七五年には一つの枝にたくさんの花が咲く房咲きの新種〈パケレット〉を作出した。ポリアンサ・ローズ系の第一号といわれる品種で、これがのちのミニアチュア・ローズ系、フロリバンダ・ローズ系と呼ばれる現代に馴染みのある房咲き性のバラにつながっていく。

また、九一年になってヨーロッパに紹介された日本の野生種テリハノイバラは、中国原産の庚申バラ系統のバラやハイブリッド・パーペチュアル・ローズ系、ハイブリッド・ティー・ローズ系と交配されて、つる性のランブラー・ローズ系を生み出した。また紅色の花弁が美しく、果実が紅熟するところからトマト・ローズとも呼ばれた日本のハマナスも、その香りと耐寒性を伝える重要な交配品種として、二十世紀に入ってハイブリッド・ルゴサ系という現代バラを生み出していくのである。

バラの育種が盛んだったのは、フランスだけではない。ランカスターとヨーク両王家の間で戦われた十五世紀のバラ戦争以来、英国王室の象徴ともなっていたバラは、イギリスにおいても国民の生活に深く浸透していた。七六年には愛好者や育種家、業者を中心として英国王立バラ協会が設立され、当時すでに数万人の会員を擁するまでになっていた。また、十六世紀に移民たちによってバラが持ち込まれたアメリカでも、さまざまな植物の園芸協会が設立されていった十九世紀になると、バラは最も長く人気のある「ヨーロッパの花」としての地位を確立していった。

愛好者が増えれば、さらに新しい品種が求められ続ける。ハイブリッド・ティー・ローズ系には黄色がなかったが、フランスの育種家ペルネ・ドゥシェが一九〇〇年にその作出に成功した。黄色のハイブリッド・ティー・ローズ系第一号のバラ〈ソレイユ・ドール〉である。ドゥシェはこのために「リヨンの魔術師」などと呼ばれたが、それは決して魔術などではなく、中近東から渡ってきた黄色の野生種ロサ・フェティダの園芸品種〈ペルシアーナ〉とハイブリッド・パーペチュアル・ローズ系のバラの交配を何度も繰り返すという地道な努力と芸術的センスがもたらした結果だった。

青の元祖

ラフェイが作出したハイブリッド・パーペチュアル・ローズ系は、〈プリンセス・エレーヌ〉以降、一八三九年の〈マダム・ラフェイ〉、四〇年の〈クイーン・ビクトリア〉〈ミセス・エリオット〉、四二年の〈レーヌ〉といずれもラヴェンダー色の香り高いバラだった。青いバラを目指して育種交配を行っていた証拠ではないものの、ラフェイがラヴェンダー色にこだわりをもっていたことは明らかだった。ラフェイの時代の育種家たちが、青いバラを目指して育種を行っていたことを裏付けるいくつかのエピソードもある。

たとえば、現在もなおヨーロッパで栽培され、青いバラの元祖といわれる〈カーディナル・ド・リシュリュー〉という濃い紫のロサ・ガリカ系のバラがある。この育種を行った人物には二つの説があって、一つは、オランダのファン・シアンが作出したものをラフェイに贈り、それがフランスに四〇年に紹介されたという説、もう一つは、ベルギーのルイ・パルマンティエがロサ・ガリカ系のバラと中国の野生種間で交配した種をさらに交配し、なんらかの経路をたどってフランスに入ったという説である。

前者が現在定説とされているものだが、それは、このバラが、ラフェイから文豪バルザックに贈呈され、バルザックがこれを公表して、英国とベルギーの園芸協会から総額五十万フランの賞金を得たことになっているためである。バルザックは、〈カーディナル・ド・リシュリュー〉を青いバラとして売り出せば一儲けできることはわかっていたが、あまりに多忙であったため断念したのだという。真偽のほどは明らかではないが、こうしたエピソードなしに語れないところこそ、青いバラの元祖といわれる所以《ゆえん》なのだろう。当時は交配親がまったく秘密とされていたため記録が残っていないが、〈カーディナル・ド・リシュリュー〉はその後、現代に至るまで、青いバラと呼ばれる品種の作出に多大な影響を与えていく。

カーディナル・ド・リシュリューとは、十七世紀初頭、フランスの宰相として国王ルイ十三世を補佐した枢機卿の名で、フランス中央集権国家の基礎を築いた人物である。デュマの『三銃士』にも登場する英雄だが、彼の名をつけたのは、バラを公表したバルザックだったのだろうか。

当時のバルザックは、経営していた印刷会社を破産させ、そうでなくとも借金まみれなのに、友人の保証人になったがためにさらにとんでもない借金を背負っていた。家賃が六百五十フランの時代に、一八四〇年の負債総額は二十六万二千フランにもなっていた。五十万フランもの賞金を手にしていたのなら負債も一掃されるはずだが、その形跡は見当たらない。ラフェイが〈カーディナル・ド・リシュリュー〉を捧げたのが事実か否かはわからないが、四三年には、バルザックは青いバラと青いダリアをつくろうとする青年の登場する『オノリーヌ』を書き始めている。いずれにせよ、バルザックにあまりにも似合いすぎるエピソードであることは確かだ。

ところで、バラとちょうど同じ頃にヨーロッパで話題になり、バラと同様、あるいはそれ以上に人々を夢中にさせたのがダリアである。

ダリアは中央アメリカに自生し、十七世紀にマドリッドで出版された『新スペインの動植鉱物誌』で初めてヨーロッパに紹介された花だった。新スペインとはスペイン領だったメキシコのことで、実際にダリアがスペインに渡ったのは一七八九年、メキシコの植物園長ヴィンセンテ・セルバンテスがマドリッドの宮廷植物園のカヴァニレス神父に種子を送ったのが最初といわれる。マドリッドを起点として、以後ヨーロッパ中に広まって人気を得ていくのだが、この花の美しさを最初に認めたのは、やはり、マルメゾン宮殿にいたジョゼフィーヌだったという。ジョゼフィーヌは、バラの育種交配を奨励する以前はダリアへの熱愛と独占欲があった。ところが、彼女に内緒で侍女の一人が愛人の貴族に頼んでマルメゾンの球根を安値で買い、自分の庭に咲かせて自慢してしまった。これがジョゼフィーヌの逆鱗にふれ、侍女や貴族は破門され、宮殿の園丁も解雇されてしまう。ジョゼフィーヌはそれ以降、ダリアへの興味を一切失って、バラに熱中するようになるのである。

花が大きくて美しいダリアはその後、フランス、イギリスを中心に大流行し、温室栽培や育種交配の方法も工夫され、品評会も盛んに行われた。流行のきっかけは、一八三八年に出版された、イギリス人園芸技師ジョーゼフ・パクストンの『ダリア栽培の実際』で、これがフランス、ドイツ、スウェーデンで翻訳されて話題になった。続いてパリで『流行の花ダリア』『庭園の人気者ダリア』といった栽培書も出版され、ざっと千二百種以上の品種が作出された。花壇一つが現代に換算して約一万二千ポンド(約二百万円)で取引され、一本のダリアが一粒のダイヤモンドと交換されたこともあったという。

当時のイギリスは、ビクトリア女王のもと植民地政策が進み、産業革命を成し遂げようとしていた頃である。五一年の万国博覧会は、ダリア好きのパクストンが設計したガラス張りの巨大な鉄骨造の殿堂クリスタル・パレス(水晶宮)で開催されたが、海外から集めた椰子《ヤシ》類やランなどの熱帯植物にまじってダリアの陳列台が特別に設置され、大変な人気を博したという。園芸が国家産業の一つとして重視されていくきっかけとなる大イベントだった。この年に音楽家ピエール・デュポンが発表した『歌謡集』の中には「青いダリア」という歌が所収され、その序文を記した詩人ボードレールは、こんな一文も残している。

願わくは彼ら、探し求め、なおも探し求めんことを、彼らの幸福の限界を絶えず遠くへ押しやらんことを、あれら園芸術の錬金術師たち！　彼らの野心的な問題を解く者に、六万フロリン、十万フロリンの賞金を提供せんことを！　私はといえば、私の黒いチューリップと私の青いダリアを、もう発見してしまっている！

比類のない花よ、ふたたび見出されたチューリップよ、寓意的《アレゴリック》なダリアよ、行って暮らし花咲くべきところがもしあるなら、それは彼処《かしこ》、かくも穏やかでかくも夢みがちな、かの美しい国ではないだろうか？（中略）

夢だ！　いつもいつも夢だ！　そして魂が野心的であり繊細であればあるほど、夢によってますます魂は可能から遠ざけられる。

（「旅への誘い」阿部良雄訳）

もっとも、「旅への誘い」が初めて「現在」誌一八五七年八月二十四日号に発表されたときは、「比類のない花よ」の部分は「不可能な花よ」となっていたという。『オックスフォード・イングリッシュ・ディクショナリー』によれば、ブルー・ダリアという言葉には青いバラと同様「到達しえない」という意味が与えられているが、青いダリアがそんな意味をもつようになったのは、当時、これほど大人気を博して人工交配が盛んに行われたダリアでも、青色はつくれなかったためではないだろうか。

ただ、ダリアには香りがないことが大きな欠点となっていて、その花言葉もフランス革命の頃に栽培され始めたためか「不安定」。その後、「華麗」とか「エレガンスと威厳」といった意味も加わったが、十九世紀末にバラの育種に新たな展開が見られて品種が多様化するにつれ、バラの人気には及ばなくなっていく。

一方のバラは、その香りの芳醇さや姿かたちの美しさも相まって、一八三七年にハイブリッド・パーペチュアル・ローズ系が生まれた頃からは、青いダリアや黒いチューリップと同様に、青いバラをつくった人には賞金が与えられるといった類の風聞が飛び交っていた。

この頃になると、ラフェイはイギリスのハートフォードシャーに園芸場をもつバラ園芸業者のウィリアム・ポールに、「売れ線を狙ってバラを栽培するのは、そろそろやめにしたいと思っています」と手紙を書いている。どんなに自信をもって発表してもすぐに次から次へと新種を求められて消えていってしまう。青いバラもまだできない。ラフェイは晩年には、十七世紀末からフランスで栽培され、茎に腺毛の生えた珍しいモス・ローズに傾倒していたが、ポールへの手紙にも「本当に自分が納得のいく美しいバラだけを提供させていただきたい」「まもなくモス・ローズ系が園芸界で重要な位置を占める時代がくるでしょう」と心の内を綴った。

青いバラは一向にできる様子がない。青いバラはどうやってもできないということではないか、青いバラはもう不可能なのだ――そんな失望が深まっていったとしても、なんら不思議ではない。青いバラという言葉を不可能の象徴として人々が使用し始めたのは、どうやら冒頭に紹介した「N＆Q」誌の問答があった頃から数十年の間のようである。「エジンバラ・レビュー」誌の一八八八年一月号には、青いバラという言葉を隠喩的に用いた文章が掲載されている。それは、ポーランド王室のエレーヌ・マサルスカ王女の伝記が刊行されたことを紹介する記者のコメントだった。

ビルノ(引用者注・リトアニアの首都ビリニュス)の司教の姪、エレーヌ・マサルスカは、あらゆる意味において典型的なポーランド人である。彼女はほかに心から魅せられた人物がいたにもかかわらず、上流階級というだけの理由でならず者のシャルル・ドゥ・リーヌ侯と結婚した。だから、どんなに彼女の後半生が悲劇的だったとしても、離婚結婚を繰り返した恋多きエレーヌ・マサルスカの人生を、私たちは青いバラを追い求める人として思い起こさざるを得ないのである。

(引用者訳)

そして、一九〇四年にロンドンとニューヨークで刊行された『センチュリー・ディクショナリー』第六巻に、「ブルー・ローズ」は「an impossibility」、すなわち、「不可能」と記載された。とうとう青いバラは、求めても得られない、手にすることのできない不可能の花と定義されたのである。一九〇四年とは奇《く》しくも、一八九八年から始まっていたマルドリュス版『千一夜物語』の刊行が終了した年でもあった。

この辞典はアメリカのエール大学教授でサンスクリット語の専門家だったウィリアム・ホイットニーが編纂したものだ。ホイットニーは、アリストテレス以来の論理学的アプローチや十九世紀の主流だった生体論的アプローチに異議を唱え、「言語とは恣意的な契約に基づく社会制度」だとして、スイスの言語哲学者ソシュールらに大きな影響を与えた言語学者だ。全八巻にも及ぶ大辞典の中のたった一つの言葉にすぎないが、「青いバラ」の意味をこの「エジンバラ・レビュー」誌の記事を参考文献に挙げて紹介したのがホイットニーであったことに、「青いバラ」という言葉が負わされた宿命のようなものを感じずにはいられない。

だが、言葉の定義など育種家たちには知ったことではない。ナポレオンではないが、彼らの辞書には、青いバラが不可能だとは書いていなかった。育種家たちは青いバラを求めることをやめようとはしなかった。

一九〇九年には、とうとうこれぞ青いバラだと銘打って新種のバラが登場した。ドイツのT・C・シュミットが作出した〈ファイルヘン・ブラウ〉である。英名は〈バイオレット・ブルー〉、スミレの青という名をもったこのバラは小さな花が房咲きになったつるバラで、花弁は開花した当初は紫で、次第にラヴェンダー色に変化していく。一時は関心を集めたものの、どうみても青いバラとはいえなかったようだ。棘がなく接ぎ木しやすいために、後に台木として使われるにすぎなくなっていった。この〈ファイルヘン・ブラウ〉はその後、フランスのターバットが改良して二一年に〈ヴィオレッテ〉として発表されるが、つるバラとしてはあまり好評を博せなかった。三二年にはチェコスロバキアのJ・ベームが〈ジェネラル・ステファニーク〉というハイブリッド・パーペチュアル・ローズ系のバラを出すが、これもラヴェンダー色で、青とはいえなかった。

やはり、青は不可能なのだろうか……。

マグレディ伝説

さらに、絶望に追い打ちをかけるような事件が起こった。アイルランドの名家マグレディ家の青いバラ事件である。青いバラには秘かな憧れがあるが、手を出さないほうがいいという禁忌のイメージは、マグレディ家のこのエピソードによって増幅されたといっていいだろう。

実は、これは、私が青いバラを取材し始めた頃からたびたび耳にし、バラ愛好者の雑誌にも何度か紹介されていたエピソードだった。青いバラと聞いて眉をしかめる人々はきまってこの伝説を口にし、そのナンセンスさを非難した。だが、何を根拠にその話をしているのか原典がわからず、結局それにたどりつくまでに二年以上を要してしまった。

それは、J・H・ニコラの『ローズ・オデッセイ』(一九三七)という本に記された、実に興味をそそられる事件である。ニコラは、一八七二年に創業されたアメリカ最大のバラ生産販売会社ジャクソン・アンド・パーキンス社の育種家、リサーチ・ディレクターである。北フランス、リールの綿花加工工場を営む家庭に生まれ、ソルボンヌ大学卒業後、家業を継げという父親の要求で綿花の輸出国であるアメリカ、ニューオリンズに渡った。ニューオリンズは、フランス系移民が多く、バラと酒とジャズの町といわれたところで、娼婦はそれとわかるように胸にバラをつけ、故国への郷愁を誘っていた。ニコラは家業は継がずに、好きなバラに関連する仕事をやろうとジャクソン・アンド・パーキンス社へ入社し、バラ専門家、育種家としての研鑽を積んだ。そして、バラの新種ができるとそれをフランス政府に贈った。後にアメリカとフランスの懸け橋となった功績を称えられ、フランス政府からレジオン・ドヌール勲章や農事功労賞を贈られるまでになった人物である。

『ローズ・オデッセイ』は、ニコラがヨーロッパのバラ育種家を訪ね歩き、彼らのバラに対する考え方や育種手法、エピソードを集めた旅行記である。事件とは、北アイルランドのポータダウンで、代々バラの栽培と育種を行っている名家マグレディ家を訪ねたときのエピソードだ。

マグレディ家の初代は、一八七〇年頃にバラの栽培を始めたサミュエル・マグレディ一世で、八〇年にバラを中心とした園芸会社サミュエル・マグレディ・アンド・サン社を設立した。当初はまだ育種を行っていなかったが、九七年以降二代目のサミュエル・マグレディ二世が新品種づくりに励むようになった。二世は新奇な品種を求めるというよりは、伝統的な色を好み、完璧なかたちの美しさを求めようとした育種家で、一九一九年に作出された〈ミセス・ヘンリー・モース〉は最も有名な品種である。年間に一万七千粒の種を育てて五十万本のバラを生産し、バラだけではなく、種や球根、果物、温室野菜のカタログも発行していた。

マグレディ家を訪れたニコラは、三代目のサミュエル・マグレディ三世から、バラの色に妥協を許さなかった父、マグレディ二世についてこんな逸話を聞き出している。息子のマグレディ三世がバラの育種を始めてまだ間もなくというから、一九二〇年頃の話だろう。あるとき、マグレディ三世は父の仕事を手伝っている最中に、真っ青な花をつけた一本のスポーツ（突然変異の花色をもつ枝）を見つけた。三世は驚いて、このスポーツを繁殖させることに成功すれば、青いバラは切り花市場で大人気となり、マグレディ家のビジネスにとっても重要なものになるに違いないと胸をふくらませた。

ところが、父はそう考えなかった。息子が咲かせようとしていた青いバラのことを耳にした父は息子を呼びつけ、すぐにそのバラをすべて焼き捨てるように命じたのである。

「もし、マグレディ家が青いバラなんかを売り出したら、将来バラ好きな人々の趣味が堕落してしまう。マグレディ家はその責任をとれない」（引用者訳）

三世はやむをえず全部焼き捨てざるをえなかった――。

この話には後日談がある。二世が亡くなった後に、ニコラがマグレディ三世のところを訪れると、三世の叔父ウォルター・ジョンストンが、「マグレディ二世は息子がつくった青いバラを焼き捨てるように命じたけど、自分は息子に内緒で棘のないバラをつくろうとしていたんだ」と教えた。そこで、ニコラとマグレディ三世が二世の倉庫やオフィスを調べてみたところ、本当に、棘のないバラを目指して父親が交配を行っていた記録が出てきたのである。棘があるからこそ人々の無尽の想像力をかき立てたバラなのに、その棘をなくすということもまた、人々の夢の堕落にはならないか。本来のバラの姿を変えようとしたのは、父もまた同じだったのではないか、というわけである。

マグレディ二世には明らかに、青いバラにまつわるさまざまな伝説の呪縛、禁忌へ踏み込むことへの恐れがあった。

ニコラの『ローズ・オデッセイ』は日本では翻訳されていない。だが、マグレディ家のエピソードは日本にも上陸し、バラの愛好者の間では有名である。元環境庁長官でバラ研究家として海外の育種家との交流もあった財団法人日本ばら会副会長の青木正久や、バラ研究家の大瀧克己らによって執筆された、昭和三十年出版の『ばら』という図鑑でも紹介されている。

また、雑誌では、「太陽」が昭和四十四年六月号で「薔薇」という特集を組んだときに紹介されている。この特集では、白洲正子がブルガリアの薔薇祭を紹介し、淀川長治《ながはる》が「映画とバラ」、森茉莉が「エロティシズムと魔とバラ」という小文を寄せているが、ウィリアム・ブレイクの研究者だった文学者の並河亮が「薔薇を創った人々」と題するエッセイの中で、このエピソードに言及している。

さらに、バラの愛好者たちが愛読する日本ばら会の会報でも、青いバラが話題になると、執筆者らはたびたびこのエピソードにふれている。日本ばら会は個人のバラの愛好者や園芸、種苗、造園会社なども業者会員として参加しており、会報は栽培管理方法だけではなく、バラの歴史や文学作品など毎月充実した内容で構成され、愛好者の重要な情報源だった。プロ顔負けの知識と実力をもつ愛好者の多いバラの世界にあって、誰かがこうした雑誌や特集記事に注目しないはずもなく、実際に青いバラと呼ばれる品種が輸入されたときに、あるいはバラ観賞会やデパートで開催されるバラ展などの交流の場を通じて、青いバラを焼き捨てたマグレディ家のエピソードが語り継がれていったのだろう。ニコラの原典を読まずとも、青いバラをつくるのは縁起が悪い、悪趣味だという認識は、このエピソードから広まっていったようだ。

だが、ニコラがこうも書いていることを知る人は、何人いるだろうか。

私は、青いバラについて言及することを恐れている人々がいることを知っている。だが、本当の青いバラが出現したら、私たちはみんなだんだん好きになるだろう。私の祖父は、かつて最初の黄色のガーデンローズが出現したとき、ある地方で大騒ぎになり、黄色のバラなんかバラではない、それは、神を冒瀆するものだなどと罵しり、呪いさえしたものだと話した。でも、今、この愛らしいパステル調の黄色のバラがないとしたら、私たちはどうすればいいのだろう。（引用者訳）

青バラ第一号

青いバラとは、触れようとした瞬間に絡め取られる棘のようなものだった。憧れているだけならまだいい。実際にそれをいったん手にしようとしたならば、踏み込んだ瞬間囚《とら》われ、抜け出すにはよほどの突破口を見つけなければならない。それにもかかわらず、その後も育種家たちはあえてイバラの道を行った。結局、マグレディ家がたどった青いバラへの道も、棘なしバラの後日談に終わらず、具体的な新品種として徐々に結実し、世に現れていく。青いバラを焼き捨てたマグレディ二世の孫、サミュエル・マグレディ四世が、これまでマグレディ家が作出してきたバラを交配親にして、青いバラの元祖と呼ばれるバラをつくったのである。

それは、一九四四年に作出され、第二次世界大戦後に発表された〈グレイパール〉だった。〈フラウ・カール・ドルシュキ〉という純白のバラやマグレディが作出した〈ミセス・チャールズ・ランブロウ〉というクリーム白色のバラ、ラフェイがバルザックに贈ったといわれる濃い紫の話題のバラ〈カーディナル・ド・リシュリュー〉、さらにマグレディが作出した複数のバラの複雑な交配から誕生したとされている。初めは〝ザ・マウス〟と呼ばれるほど評判が悪かったが、これが後に青いバラづくりの交配親として重要な品種となっていく。

現在、〈カーディナル・ド・リシュリュー〉が青いバラの元祖といわれるのも、この〈グレイパール〉からさかのぼっていった結果である。もっとも、〈グレイパール〉が発表された段階では交配親は発表されておらず、〈カーディナル・ド・リシュリュー〉が関与しているかもしれないということも知られていなかった。〈グレイパール〉がしばらく青いバラの元祖といわれたのもこのためだ。〈グレイパール〉の評判はすぐに日本のバラ愛好者にも伝播し、五六年に発行された図鑑にも記されている。

現在バラ界の話題は〝青いバラ〟でにぎわっている。そして今までにあらわれたいわゆる〝青いバラ〟なるものは実に青でなく、藤色からラベンダーである。これらのものを〝青いバラ〟と称している世の中だから、あえて青バラ第一号といってもさしつかえないかもしれない。

ともかく、よくもこんな色が出たものだと当時の人をおどろかせた変わりものである。無名の実生《みしょう》をのぞいて他の品種にはいずれも似ても似つかぬ品種ばかりであるのに、どうして灰色の品種が出たのだろうかと思われる。

（『原色薔薇洋蘭図鑑』）

マグレディ四世は、自著『ファミリー・オブ・ローゼズ』の中で、祖父の有名なエピソードにふれ、祖父が当時焼き捨てたのはラヴェンダー色のバラで、それでも当時としては珍しい色だったので、「あのバラを焼き捨てていなければ、青いバラへの育種の分野で祖父は人の三十年先を行っていたはずだ」と述べている。

だが、マグレディ家がこれまでに生み出したバラの数々は、第二次世界大戦後に、青を目指したバラづくりの交配親として他の育種家たちに重宝がられていた。

一九四八年には、アメリカのバラ生産販売会社ジャクソン・アンド・パーキンス社の育種家ユージン・S・バーナーが、〈グレイパール〉と〈ピノキオ〉というラヴェンダーピンク色のバラを交配して、〈ラヴェンダー・ピノキオ〉を作出し、その後三十種類以上のラヴェンダー色のバラを生むスタートを切った。五四年には、育種家たちが立て続けに青いバラと呼ばれるものを発表した。その第一番目となったのはサミュエル・マグレディ四世本人で、この報は八月二十四日付AFP通信によって世界中に打電された。他国に先がけて輸入された日本では、「ジャパン・タイムズ」と朝日新聞がこれを伝えた。なんでも、イギリスのサウスポート市で開かれる花の展示会に世界初の青いバラが出品されるという。青いバラを発表するのは「北アイルランドのポータダウンに住む園芸家サミュエル・マッグレディ氏」で、十年の歳月と約千五百ポンド(約百五十万円)の金額を費やして苦心の末仕上げたもので、ちょうど展示会には花が真っ盛りになる予定だ、とあった。この青いバラが何という品種だったのかは明記されていないが、時期的には三世作の〈チャールズ・P・キラム〉を母バラ、〈ミセス・サム・マグレディ〉を父バラにした〈ロイヤル・タン〉だったのではないだろうか。続いて、五六年に正式発表されることになっていた次の青いバラ、〈ライラック・タイム〉も、ドイツのウィルヘルム・コルデスの〈マゲンタ〉も輸入された。

さらに、一九五四年には、フランスのフランシス・メイヤンが〈プレリュード〉を発表した。この〈プレリュード〉も、マグレディ家が二六年に作出した〈チャールズ・P・キラム〉を父バラの一つとしている。オレンジ赤の〈チャールズ・P・キラム〉は、退色するときに花弁の端が青黒くなっていくブルーイングという現象を起こす。作出年代からいうと、ちょうどマグレディの祖父が焼き捨てた頃と一致しているため、当時できた青いバラの遺伝要素が引き継がれている可能性があるのではないかと推測する育種家もいた。

真の青いバラへの序曲を意味するとして名づけられた〈プレリュード〉の登場は、育種家だけでなく、バラ愛好者たちをも騒然とさせた。無類の植物好きで数々の園芸関係の本を出版していた鎌倉書房の社長、長谷川映太郎はこのバラに興味をもった一人で、毎日新聞昭和三十年十月三十日夕刊の「茶の間」欄に「青いバラ」というタイトルのエッセイを執筆している。

それによると、長谷川はその夏、〈プレリュード〉を見るためにフランスを訪れた。だが、〈プレリュード〉の評判はどこへ行っても芳《かんば》しくない。

パリのバラ展で会った育種家のジャン・ゴジャールは、まわりに同業者がいるにもかかわらず、大きな声で「プレリュードは決して青くない」といい、近くの青いアジサイを指して、「青いというのは、こんな色でなければならない。あれはむしろ、悪いバラだよ」と批判した。長谷川は次に、ブローニュの森にあるバガテールのバラ園事務局のアンドレ・ルロアを訪ねるが、彼もまた、「青いバラと聞くと、なにか冗談ごとでも話されているような気がする。青い色素がバラにはないので、私は不可能ではないかと思っている」という。

最後に南仏アンチーブにある世界で最も有名なバラ育種会社メイヤンの試作場を訪れたが、フランシス・メイヤンの父アントワーヌもこれを青いバラとは認めなかった。アントワーヌは、これは青いバラではなくラヴェンダー色だといい、交配で青いバラをつくるのは困難だというニュアンスのことを伝えたという。

自宅のバラ園を流薔園《るそうえん》と名づけ、バラにまつわる伝奇をキーワードの一つにした小説『虚無への供物《くもつ》』で今なお根強い愛読者をもつ作家の中井英夫も、〈プレリュード〉を見たときの落胆をこう書き記している。

これはその前年に発表された新種で、ついに不可能と思われていた青いバラの誕生として騒がれていたから、つめかけた愛好家たちもさぞや期待に胸を躍らせていたことと思われるが、あいにく皆の前におかれていたのは、崩れかけのアジサイとでもいうような、淡い紫というよりは薄クリーム色がグレイに変色しかけた、何とも形容のつかぬ種類の花であった。

胎児の色。

そう、それはまだ眠り続け夢見続けている胎児そのもので、当然人眼にさらすべきものではなかったのであろう。

（「青の神秘について」『薔薇幻視』）

実際、昭和三十年頃から日本にお目見えした青いバラの数々は、どれもこれも青くなかった。だが、世界中の育種家たちは、少しでも青いバラに近づこうと血道を上げ、新作を発表していく。青に限らず次々と新しい色、新しい香り、新しいかたちのバラが求められた。新しいものが求められることこそ、園芸植物の宿命だった。

そして、一九五七年(昭和三十二)、バラ界全体が狂喜したというラヴェンダー色のバラ、〈スターリング・シルバー〉が誕生した。

アメリカで切り花業を営む、女性育種家グラディス・フィッシャーが発表したこの品種は、病気に罹りやすく、樹姿に難点があるものの、香り高く薄いラヴェンダー色が最も安定している品種であるため、交配親として大いに利用されるようになった。〈スターリング・シルバー〉の父バラはメイヤンが作出した〈ピース〉という黄色のバラであるが、この〈ピース〉には、やはりかつてマグレディが作出し、焼き捨てたバラの血が引き継がれているといわれる〈チャールズ・P・キラム〉の遺伝要素が受け継がれていた。また、母バラは無名種となっているものの、マグレディの〈グレイパール〉か、その交配種の可能性が強いといわれている。つまり、マグレディ家の青いバラの遺伝要素を受け継ぐというごく限られた方向で、世界の育種家たちが青いバラの育種を目指したということだ。

それは、さらにさかのぼれば、フランスのラフェイがバルザックに贈ったという〈カーディナル・ド・リシュリュー〉の血を、さらにさかのぼれば、中近東と中国に自生するバラにたどりつく。青いバラ誕生の夢は、十字軍の時代から何百年もかけて、細く長い道を寄り道しながら一歩ずつ進んでいたのである。

青いバラと呼ばれるバラの誕生をたどっていて感ずるのは、「これぞ青いバラ」「青バラ第一号」「青いバラの決定版」などといったうたい文句とともに鳴り物入りで登場する品種があまりにも多いことだ。〈プレリュード〉よりも、この〈スターリング・シルバー〉を青バラ第一号と呼ぶ人々も多く、アメリカの園芸家レイフォード・クレイトン・レッデルは、「スターリング・シルバーが発表されたときは、バラ界全体が狂喜した。真のラヴェンダー色の花が咲き続けるというだけでなく、素晴らしい香りがするということに」(『The Rose Bible』)と大絶賛し、「スターリング・シルバーが青いバラの育種の親として期待され、次々と利用されていることが気の毒なほどだった」などと回想している。

もっと青く

バラの育種競争は、もちろん青色だけではなくほかの色やかたち、香りをもつ新品種の育成も加速していくのだが、アメリカ、ヨーロッパでこれほど育種が行われた背景には、この頃になって植物特許が整備されていったことが大きく寄与していた。世界で初めての植物特許が制定されたのは一九三〇年のアメリカで、これが数度の改正を経て、作出者の利益と販売する際の権利を保護できるようになっていく。当時は入手したものを自分の家で勝手に増やして楽しむ自家増殖には権利が及ばなかったものの、規制ができる前は、手に入れたものを勝手に増やし、勝手な名前をつけて販売することができる無法状態だったのだから飛躍的な進歩といえた。

五〇年代になるとフランスやオランダ、ドイツ、スペインも相次いで植物特許法を制定し、それまで商標登録法でしか保護できなかったイギリスもこれに続いた。戦前までは、どの育種家も交配親は企業秘密で、人が訪れると、貴重な品種は裏に隠したり名札をとったりと、絶対外に情報が漏れないように気を遣っていた。それはマグレディ家も例外ではなかったのだが、戦後になってマグレディ四世が交配親を次々と公表したことが、青いバラ競争に拍車がかかった一因だともいわれている。

さらに、当時集中的にラヴェンダー色が生まれた背景には、ドイツの育種家コルデスの、「今まで赤バラから青を除くのに苦心してきた。だから、青を再び入れるのは、その逆を繰り返して行けばよい」という発言もあったという。赤や赤紫のバラの中には、花が終わりかけるときに、花弁の赤が退色する代わりに青黒く汚くなっていくブルーイングがみられる。育種家たちは青いバラを求める一方で、赤や紫のバラが青黒くなることを嫌い、なんとかブルーイングを排除して赤を保つ方向での育種を長年積み重ねてきた。青いバラを目指したこと矛盾するような話だが、ブルーイングは育種家の目指す青とは違い、老化現象だったからである。これまで、そのブルーイングを赤いバラから排除しようとしてきた育種の方向があったのだから、今後、青を目指すためには、赤や赤紫のバラから、今度は赤を取り除く方向で交配を進めればいいのではないかと考えたのだ。

だが、この、赤を取り除く育種に問題がないわけではなかった。端的にいえば、赤を除いていったとして青が現れるのかということである。バラの花弁にはそもそも、デルフィニウムやツユクサといった青い花に含まれる青色色素がない。青い花の色素の有機化学的研究が始まったのは十九世紀の末で、〈スターリング・シルバー〉が誕生した一九六〇年前後は、バラにはどうも青色色素がもともとないらしいということが科学者によって解明されつつあった。そして、〈スターリング・シルバー〉などのラヴェンダー色は、バラに含まれる赤色を基本とする色素によるものだということも徐々にわかってきていた。

やはり、バラには青色色素はないのかもしれない。どんなに交配を繰り返しても、青色色素がないならば青になるはずがない。いや、でも、もしかしたら何かの拍子に青くなるかもしれない。どこかに、青色色素をもつバラはあるのに、まだ見つけられないだけなのかもしれない。赤色色素が突然青くなることもあるかもしれない……。育種家たちは少しでも青に近づこうと〈スターリング・シルバー〉などのラヴェンダー色のバラを親にして交配を重ね、時には突然変異、あるいは偶然の色変わりによって、青が生まれることを信じ続けた。

一九五八年にはコンブが、〈グレイパール〉を父バラとして〈モーブ・ナンバー2〉を、六〇年にはユージン・S・バーナーが〈グレイパール〉を父バラに〈オーキッド・マスターピース〉を、六二年にはペドロ・ドットが〈プレリュード〉を父バラに〈バイオレット・ドット〉を、シャルル・マルランが〈プレリュード〉を父バラにして〈オール・モーブ〉を発表した。

一九六三年に、日本ばら会の会報誌「バラとともに」が、世界の代表的な育種家に「私の将来の交配計画」（海外の名作出家寄稿）と題して寄稿を依頼したことがあった。その中で、スペインのペドロ・ドットは、「青いバラの到達を目指して淡紫やライラック色のバラの交配を重ねている」と回答し、ポルトガルのモレイラ・ダ・シルバも、「世界中の交配家がやっているように青いバラを求めている」と答えた。メイヤン社のアラン・メイヤンもまた、「青いバラを求め続けて二十年前には思いも及ばなかった色にまで到達し、自分たちが青いバラを作出するのはそう遠い先ではないだろう」と思わせぶりに答えている。

青いバラができればノーベル賞もの、育種家は億万長者になれるともいわれた。青いバラを求める人々の営みは、さながら、究極の花としての黄金のバラを求めた錬金術のようだった。

この頃、未確認情報として、ペルシアや中国の山奥で自生の青いバラを見つけたという話が園芸関係者の間で囁かれたこともたびたびあった。だが、青いバラ発見、あるいは、青いバラ誕生といった話が事実だったことは、いまだかつて、ない。青いバラを見つけたといっても誰も信じないだろうし、青いバラをつくったといっても狼少年のように信用を失うのがおちだろう。

プラントハンターの研究者でもあるイギリスの植物園芸史家アリス・コーツは、青いバラをめぐる育種家や愛好者たちの狂奔ぶりにうんざりして、こんなことをいった。

ラヴェンダー色と藤色のものから青色のものを作り出そうという試みは、「死んだイタチを使ってウサギを追いかける」ようなものである。今日、青色のバラを作ろうと悩んでいるバラ栽培家はジョージ・シットウェル卿の「バラというのは我々がそう思わなければ、赤くもなくよい匂いもしないのだ」という格言をよく考えてみるとよい。

(『花の西洋史』)

数十年にわたる青いバラ育種競争に一応の小休止を打つ名品種が登場するのが、一九六四年。ドイツのマシアス・タンタウが作出した〈ブルー・ムーン〉である。〈スターリング・シルバー〉を一方の親とし、安定したラヴェンダー色とその強く甘い香りが特徴で、今も日本の園芸店で苗を入手することができる人気品種だ。〈ブルー・ムーン〉は別名〈マインツの謝肉祭《マインツァー・ファストナハト》〉と名づけられているが、同じ年にコルデスの息子、ライマーが〈ケルンの謝肉祭《ケルナー・カーネバル》〉という名の青いバラを発表したのは、まさにライバル意識の強烈な現れといえるだろう。まだまだ青いバラ競争は続くかと思われたが、結局〈ブルー・ムーン〉がローマ賞金賞を受賞したことでようやく一段落といった様相だった。どうやらバラには青色色素がないようだから、ないものを交配しても無駄だろう。そんなあきらめでもあった。日本ばら会の会報誌に、青いバラ競争もこれが限界だろうというコメントが載ったのもこの頃だ。

だが、当然のことながら、生煮えのままの停戦は、どの育種家にとっても爽快といえるものではなかった。青いバラはやめたと口ではいいつつ細々と交配を続けていた育種家は多く、〈ブルー・ムーン〉以降も、青いバラと呼ばれるラヴェンダー色のバラの発表は現在まで続いている。そこには、日本人の育種家たちもいた。

一九七二年、小林森治《もりじ》が〈たそがれ〉を、七三年、鈴木省三《せいぞう》が〈青空〉を、七四年、メイヤンが〈シャルル・ド・ゴール〉を、コルデスが〈ショッキング・ブルー〉を、七八年、タンタウが〈ブルー・パヒューム〉を、八一年、寺西菊雄が〈マダムビオレ〉を、八六年、クリステンセンが〈ブルー・リボン〉を、八八年、クリステンセンが〈アメジスト〉を、八九年、鈴木省三が〈パステル・モーブ〉を、九三年、平林浩が〈紫香〉を、コルデスが〈ブルー・バユー〉を、九四年、寺西菊雄が〈ブルーシャトー〉を、九五年、伊東良順が〈ブルー・ライト〉を、小林森治が〈オンディーナ〉を、九六年、キャルスが〈ステンレス・スチール〉を、そして、二〇〇〇年……。

だが――。何度もいうが、ここに登場したバラは、いずれも青くはない。青を求めてつくったのだといわれれば、そう感じられる程度の藤色、ラヴェンダー色である。ウルトラマリンブルーでもコバルトブルーでもなく、スカイブルーでもなく、せいぜい薄い水色というところだろうか。海外のバラ販売会社のカタログを見ると、青いフィルターをかけたのか、それとも印刷の段階で指定したのか、青いバラと称して販売されたバラは実際の色よりもずっと青い。わざわざ取り寄せたのに、花が咲いたら全然青くなかったと愛好者をがっかりさせることもたびたびだった。「まあ、騙されるほうがバカだね」と笑う販売業者もいる。

実際は、透き通るような空の青でもなければ、自然の宝物を豊かにたたえる海の青でもない。中井英夫がいった、「フォルマリン漬けの胎児を思わせるような、むしろ薄気味悪い色」

(『薔薇幻視』)という表現は、言い得て妙なのかもしれない。

　朽ちた肌色……。

　青いバラが纏《まと》うもう一つの側面へ想像力の羽を広げることは、そこに潜む禁忌の匂いをおそるおそるかぐことでもあるのだろうか。だが、それは本当の青いバラに対するイメージとはいえない。青いバラを求めて得られない過程が生み出した、宙ぶらりんな不安の象徴なのかもしれない。

ウェブ論争

　私は、一九九八年一月以降、インターネットで人気のある園芸フォーラム、アメリカのヴァーチャル・ミラー社が提供するガーデン・ウェブと日本のニフティ・サーブのバラ愛好者たちの園芸フォーラムを定点観測していた。ある共通のテーマで複数の人々がお互いハンドル名で語り合うインターネット上のフォーラムは、隣近所や学校や職場など近くに相談する人のいない場合、使い方さえ誤らなければ貴重な情報交換の場となる。バラの栽培方法、剪定の仕方、肥料の種類、病虫害対策など実用的な話題から、こんなバラを探していますといった問いかけや展覧会に行きましたといった報告まで、毎日のようにありとあらゆる話題について楽しげな会話が繰り広げられていた。

　そこで時折思い出したように現れるのが、青いバラに関する話題だった。ニフティ・サーブの場合は九九年だけでも数回話題になり、それに呼応して何名かがコメントを寄せた。最も盛り上がったのは、ワルシャワを旅したあるメンバーが、青いバラを売る花売り娘に出会ったという話題を提供したときである。とうとうありましたか、私も青いバラが見たい、青いインクを吸わせたバラだったんじゃないですか等々、興味津津、半信半疑のメンバーたちの驚きの表情が画面の向こうに浮かぶようだった。

一方、ガーデン・ウェブでは九八年の六月頃に話題となった。「オーストラリアの大学で遺伝子を操作して青いバラをつくろうとしているようだけど、近況はどうなっているでしょうか。それとも、たんなる噂だったのかしら」。そんな質問に対して、月数本のペースでぽつりぽつりと回答が寄せられた。「まだ研究中のようですよ」「濃いラヴェンダー色のようだけど、青いカーネーションならできたって聞いたけど……」。どこかの誰かが新聞か何かで見かけた情報やうろ覚えの記憶をもとに返事を書き送る。「どうすれば青いバラがつくれるでしょうか」という質問が載ると、「青は真実を象徴する色で、バラは美や神秘、秘密や宇宙などいろんな意味がある花。たぶんメソポタミアの古い伝説だったと思うけど、青いバラには〝ありえない花〟っていう意味があったと思うわ。だから地球上には存在しないのよ」と返事が舞い込んだ。

さらに、定点観測をしているうちに、興味深いことに気がついた。それは、もっとストレートに、もっとわかりやすいかたちで、ある対話が幾度も繰り返されていることだった。

私の彼が何年か前に青いバラを見たっていっているんだけど、いつどこで見たのか覚えていないみたいなの。彼は青いバラが大好きなので、私たちの結婚式までに是非見つけたいと思っているんだけど、どうすればいいか、どこにあるのか教えてくれないかしら？

ガーデン・ウェブで見かけたこの問いかけが、たった一人による一度きりの質問ではなかったのである。定点観測していたホームページに限らず、バラを話題にするチャットや掲示板に、時折、異なる人物によって同じ趣旨のメッセージが掲載されるのだ。

　恋人が青いバラを探しています。誰か助けてください。

この問いかけに対して、良心的な人々は青バラと呼ばれる〈スターリング・シルバー〉や〈ブルー・ムーン〉、〈ブルー・リボン〉などラヴェンダー色のバラを紹介し、それを手に入れればいいと素直に回答している。だが、ある回答者、おそらくそれはこの質問者の意図を探ろうとした回答者だと思われるが、その人物は決まってこう答えているのである。

　それは恋人の欲しがっている花ではありません。あなた自身が、自分の青いバラを見つけてごらんなさい。

そして、この回答が現れたとたん、青いバラ探しの対話のチェーン・ツリーは終了する。

親切心からなのか。それとも、中国の伝説にあったように、世界中に存在するといわれる『竹取物語』のような難題求婚譚を投げかけて反応をうかがおうとする発言者に対する応戦のつもりなのか。発言者の真意が読めない限り、どちらが皮肉な回答ともいえないところが、この対話がまた違うどこかで突然現れ、繰り返される理由なのかもしれない。

ギリシア時代からならば二千年、アンダルシアのイブン・アルアッワームが茎の中に藍の粉末をすり込んだときからならば八百年、ラフェイがバルザックに濃い紫のバラを贈ってから百六十年、そして、〈スターリング・シルバー〉が誕生してから四十数年。気が遠くなるほどの時間を経て、青いバラの夢は、いまや匿名のインターネット世界で語られるほどの軽やかさを身につけていた。

しかし、近い将来、本当に青いバラができる。二十世紀末に人類が手にした新しい科学技術によって、これまで求めて得られなかった夢の青いバラができるという。不可能であったはずの青いバラが現れたら、二十一世紀の辞典はこの訳語をどう書き換えるのだろうか。夢の実現、それとも、夢の喪失。

アルバ

ミスター・ローズとの対話 2

Rosa alba Linnaeus

ロサ・アルバ

ギリシア・ローマ時代から栽培されていたとされる白バラの古代種．ロサ・ダマスセナとロサ・カニーナの自然交配種とする説が多い．花は半八重咲きで，房咲き．花径は 6〜8 cm で，花色は白系．強い芳香がある．一季咲き性で，2〜2.5 m ほどにも伸びる．

三度目に鈴木省三《せいぞう》を訪ねた一九九八年五月末の午後、鈴木は庭のよく見える場所に置かれたベッドからゆっくり身を起こして立ち上がると、私に一冊の本を差し出した。

「せっかく来てもらったんですが、今日は身体の具合が悪いのでこれから病院に行きます。外に車を呼びましたので、ぜひ佐倉へ行ってみてください。知っている人間がつくったんですが、この本が役に立つと思いますよ」

バラのガイドブックのようだった。

「佐倉にローズガーデン・アルバというバラ園があって、前原君という男がいます。たくさん珍しいバラがありますので、彼に説明をしてもらってください」

寝巻きにカーディガンを羽織った鈴木は、前回会ったときと比べると顔色が優《すぐ》れず、声が掠《かす》れ、じっと立っているだけで息苦しそうだった。私は部屋には上がらず見舞いの言葉を述べ、すぐに辞した。

車の中で、鈴木から渡された『魅惑のバラ　オールドローズ』(高橋和彦監修)という名の本を開くと、ほのかにバラの香りがした。気のせいかと思い、鼻を押しつけてみると、やはりかすかに甘い香りがした。そこにあるのはどれも、花店で見慣れているような、現代の華やかなバラとは異なるものだった。昔、小学校で予餞会《よせんかい》をしたとき、教室を飾るために薄いピンク色の薄紙を重ねてつくったしわくちゃの花を思い出した。オールドローズの多くは花弁が縮れ、手鞠のようなかたちをしていた。無造作とも感じられるその姿は、人の美意識が加わる前の大らかな自然が育《はぐく》んだ温かみに溢れている。中には、花弁がわずか四、五枚しかない一重のものもあった。以前、鈴木が切ってくれた香りの強いロサ・ダマスセナも載っていた。

ページを繰ると、これから向かうバラ園の名と同じ、アルバという系統のバラが紹介されていた。その一番初めに、セミプレナという金色のおしべをもつ半八重の白バラがあった。由来を読むと、セミプレナはローマ軍の侵攻とともにイギリスに渡ったとされているが、少なくとも十六世紀以前からヨーロッパで栽培されていた、とある。神がつくった最初の白バラであるとか、ヴィーナスとともに海の泡から生まれたなど、神話や伝説も多いようだ。

イタリアの画家、ボッティチェリの有名な「ヴィーナス誕生」の絵に描かれているバラ、あれがセミプレナである。学生時代、フィレンツェのウフィッツィ美術館でこの絵の実物を見たことがあった。広大な海に浮かんだ平たい貝の上に一糸纏わぬ姿のヴィーナスが立ち上がり、左上空から抱き合った男女が息を吹き付けて烈しい風が起こっている。その風に舞うのが白いバラだった。そして、この男女とは、西風の神ゼフィールスと大地の女神フローラで、二人の姿勢は交合を表し、西風と大地が交わって誕生したバラは最初の生命のシンボルを表しているといわれている。ボッティチェリは、資金援助を受けていたメディチ家のバラ園で栽培されていたバラを写生したという。

鈴木が震える手で書き込んだのだろうか。「J・ジェラルドの『植物誌 The Herball』(一五九七年)によると、当時の白バラのほとんどはセミ・プレナだという」の部分に、緑のサインペンでぎごちなく曲がった傍線が引かれていた。疑問を覚えたのか、あるいは、鈴木にとっての新事実だったために原典の確認をしようとしたのだろうか。また、ところどころ、フランス語の名をもつバラの片仮名表記に直しを入れており、言葉に対する鈴木の几帳面さがうかがえるようだった。後半のページには、中国や東アジアのロサ・シネンシスや、中近東のロサ・フェティダなどの野生種が紹介されていた。そこに出ているバラはすべて現代の栽培バラの育種改良に役立った、いわば現代バラの祖先たちだ。

しばらくすると、車は東邦大学医学部付属佐倉病院の左手の細い道を入って数十メートル走ったところで止まった。左手にバラのアーチ、足元には濃い色の柔らかそうな地面が広り、一瞬、映画のセットのように思えた。周りで背の高い建物といえば病院しかない新興住宅地に、忽然と現れたユートピアのようだった。車を降りた途端、全身が柔らかな花の香に包まれた。アーチの脇には、「バラを愛するみなさまへ」と書かれた木製の看板があった。

ローズガーデン・アルバは自然環境を保護し、バラの貴重な原種を保存して、いずれはバラの博物館づくりを目指しています。入園料は三つの目的及び維持管理にあてさせていただきますので、ご協力をお願い致します。

　アーチをくぐると、左手に鈴木省三作品コレクションのコーナーがあった。〈天の川〉は一重の鮮やかな黄色のバラ、香り高い〈芳純〉、そして、代表作の一つといわれる〈聖火〉の白い花弁とその縁を彩《いろど》るピンクは、微妙なバランスを保ちながら華やかさを醸し出していた。花束のように、株一面朱赤の大輪の花に覆われているのは、〈花房〉だった。鈴木が事前に連絡を入れてくれていたのだろう、しばらくして代表の前原克彦が現れ、手招きした。

　三百五十品種、三百七十株。決して広いとはいえない場所に、一株一株異なる品種のバラが所狭しと植えられていた。

　原種、オールドローズ、モダンローズと三つに大別されているバラのうち、花店やカタログで見かけるバラのほとんどがモダンローズのハイブリッド・ティー・ローズ系だ。らせん状に巻いた花弁の中心がすっくと上に立ち上がり、幾何学的な美しさを感じさせるものが多く、色は多様で、一本一本の観賞にたえるものだ。バブル全盛の頃、一本千五百円以上もした〈ローテローゼ〉などは、高貴さを漂わせるハイブリッド・ティー・ローズ系の代表だろう。

　モダンローズにはまた、株全体で花のヴォリューム感を楽しむフロリバンダ・ローズ系などがあり、いずれも春から初夏に咲き、秋にまた返り咲く四季咲きの性質をもっている。

　見慣れた花形をしたハイブリッド・ティー・ローズ系やフロリバンダ・ローズ系などのモダンローズ・コーナーを過ぎると、次はモダンローズの親となったオールドローズや原種の庭が広がっていた。バラ園を歩くうちに、現代から順に、バラの育種の歴史をさかのぼることができる設計になっているようだった。

前原は、モダンローズの育種改良に役立った原種を一つひとつ案内してくれた。すべて学名で表記されている。ロサ・ムルティフローラ、ロサ・ウクライアーナ、ロサ・ダマスセナ、ロサ・センティフォーリア、ロサ・ガリカ、ロサ・シネンシス、ロサ・アルバ、ロサ・フェティダ。ロサとはバラ属の属名であり、原種にはロサがつく。このうち、ロサ・ムルティフローラは日本のノイバラ、ロサ・ウクライアーナはテリハノイバラだ。

私は少し前にくぐったバラのアーチを振り返り、ふと不思議な感覚に襲われた。バラといえば欧米の華やかな花というイメージしかなかったが、あのアーチのつるバラは、アジアのバラの血を受け継いでいるのだ。もとは、アジアの野生種にあった性質が、フランスやイギリスで行われていたバラの育種に重要な役割を果たし、やがてアメリカに渡り、新しい現代のバラの育種に貢献した。鈴木の作出したフロリバンダ・ローズ系の〈天の川〉や〈花房〉に見られる、一つの枝にたくさんの花が咲き花束のようなヴォリュームをもつ房咲きの性質も、もとはといえば日本や中国のノイバラのもの。鈴木は、高温多湿の日本の風土にあった日本のバラをつくるために、進化の最先端にあるハイブリッド・ティー・ローズ系から日本や中国の原種へとさかのぼっていったのである。

柑橘系の香りの強いロサ・ダマスセナを過ぎると、前原は、花弁がキャベツのように何枚も重なり合ったロサ・センティフォーリアの前で立ち止まった。

「現代バラの花びらの多弁性といいますか、巻きの厚さはこのロサ・センティフォーリアの性質を受け継いだものです。そして、ロサ・センティフォーリアの突然変異したものがモス・ローズで、茎や萼《がく》にたくさん腺毛が生えています。それから、これがフレンチ・ローズともいわれるロサ・ガリカ・オフィキナリス。薬屋のバラなんていわれていて、花びらや葉を煎じて鎮静剤として使われました。モダンローズの中でも赤い大輪のバラのルーツですね」

鈴木がくれた本に載っていた、ロサ・アルバもあった。写真の印象よりずっと花は小さく、しかも密集して咲いていて、バラといわれなければ何気なく見過ごしてしまうかもしれないほど自然の中に溶け込んだたたずまいだった。

「ロサ・アルバは現代の白バラのルーツですね。それから、これが、ロサ・フェティダです」

と、前原は日に焼けた腕を伸ばし、黄色い花をつけた一重のバラを引き寄せた。中近東のイラン、イラク、アフガニスタンに自生する野生種で、十六世紀のなかば頃にヨーロッパに持ち込まれ、オーストリアで栽培されていたバラである。ロサ・フェティダの隣にあった八重咲きのロサ・フェティダの園芸品種〈ペルシアーナ〉がペルネ・ドゥシェによって改良された結果、一九〇〇年にハイブリッド・ティー・ローズ系に黄色を持ち込んだ最初の品種、〈ソレイユ・ドール〉が生まれたのである。

赤バラのルーツ、白バラのルーツ、黄バラのルーツ。見慣れた現代バラの美しい色、香り、かたちや樹型は、こうした野生種や雑種から伝えられた。時代をさかのぼっていくと、いかに人間がこの花に手を加え、自分たちの美意識のもとに新しい品種をつくり出していったのか、ヨーロッパの植民地戦争を背景としたプラントハンティングが何をもたらしたのか、手にとるようにわかるのだ。バラの歴史とはまさに、人間の歴史だった。

現代のバラに影響を与えたこれら野生種を求めて原生地を探索する人々が現れたのは、一九八〇年代になってからだ。

ナチュラリストを名乗る荻巣《おぎす》樹徳《みきのり》は、一九八三年五月に中国四川省西南部の雷波《らいは》で庚申《コウシン》バラの野生種を発見した。荻巣の発見した庚申バラは学名ロサ・シネンシス・スポンタネアといい、開花する前はほとんど白に近い淡桃色だが、開花すると濃い紅色になる。この色変わりの性質は現代の園芸用バラに多大な影響を与えたものだが、幻のバラといわれて長い間存在が確認されなかった。この発見は、研究者たちの間で大変な話題となり、東京大学総合研究博物館教授の大場秀章は「野生の場合、同じ種でも個体によって遺伝子型が異なるので、バラの新園芸品種づくりにとって遺伝子型の異なるコウシンバラの発見は、園芸界では大変に注目される出来事だった」(『植物学と植物画』)といっている。

また、九三年にはイギリスの植物学者マーチン・リックスと写真家ロジャー・フィリップスが雲南省の麗江で濃いピンク、半八重でティーの香りのする庚申バラを発見し、〈リージャン(麗江)・ロード・クライマー〉と名づけた。

千葉大学園芸学部助教授の上田善弘も現代バラの原種探しをする一人だった。中国やラオスへ旅をし、イギリス経由のバラと中国のバラの遺伝子解析を行っている。九八年には、中国雲南省の大理で現代の栽培用バラに紅茶の香りを伝えたとされるロサ・ギガンティアをマーチン・リックスらに続いて発見した。

これら野生種の発見は、「再発見」といわれるもので、彼ら再発見者たちは、プラントハンターと呼ばれることをよしとしていない。十八、九世紀にはナイトの称号まで与えられ尊敬の対象だったプラントハンターも、後に植民地政策を背景にした〝原種漁《あさ》り〟とまでいわれ、現在は資源ナショナリズムの意識、すなわち、「貴重な遺伝資源は開発途上国にあるが、先進国が植物をもち出しても自分の国に利益が還元されないのは困る。このため法的に保護して遺伝資源を守ろうとする考え方が中国を中心に生まれている」(上田)ため、その功績を捉え直されているのである。

最後に前原が指し示したのは、薄桃色の花弁をもった八重咲きの、見慣れた花形のバラだ。

「ラ・フランスです」

一八六七年にフランスの育種家ギヨーがつくったハイブリッド・ティー・ローズ系第一号のバラだ。見慣れていると感じたのは当然だった。花店でよく目にするハイブリッド・ティー・ローズ系のバラよりも花弁はふくよかな丸みを帯びているが、この〈ラ・フランス〉からであれば、現代バラへの道筋が容易に想像できるようだった。私は、この〈ラ・フランス〉も、庚申バラもノイバラも、そして、ロサ・ダマスセナも、鈴木の自邸の庭で花を咲かせていたことを思い出した。鈴木は、自分の身近にバラの歴史、プラントハンターたちの歴史、育種家たちのたどった歴史をめぐらせていたのだ。

ローズガーデン・アルバは、正式名称はバラ文化研究所付属ローズガーデン・アルバといった。前原は京成バラ園芸では鈴木のもとで働き、現在ローズガーデン・アルバのバラ文化研究所代表を務めていた。一九九四年十月に、鈴木から京成バラ園芸の八千代農場にあった大量のオールドローズを譲り受けたことをきっかけに、バラ園を設立するために準備を行ってきた。翌年には千葉大の上田善弘と、京成バラ園芸で長年鈴木の秘書を務めたバラ研究家の野村和子の協力を得て準備委員会を結成し、バラ愛好者の小川徹の協力も得て、九六年五月のオープンにこぎ着けたのである(二〇〇〇年一月にNPOとして法人登記)。設立の趣意にはこうある。

近年我が国では園芸に対する関心が高まり、園芸人口も年々増加しつつあります。しかし我々の自然環境を見回してみますと自然破壊が進み、毎年数百種に及ぶ動植物の種が滅び、人類の科学技術の進歩の正否が問われています。ここで私達はもう一度自分達の生きる世界を見直し、自然保護、生活文化というものをあらためて考えてみる必要があると思われます。

そこで長い歴史があり、人間と共に生きてきたバラを採り上げ、バラ文化を研究することにより、園芸文化と生活文化のかかわりを広め、特に次にあげる機能に主眼をおいた施設をつくり、日本ばら協会に協力して、我が国の園芸文化の発展に寄与したいと考え、バラ文化研究所を発案しました。

①国内外の原種(スピーシス)、オールドローズの収集と保存
②日本の風土にあったバラの育種と品種改良
③バラ愛好者及びバラ研究家の国際交流
④文化都市づくりの提案と地域産業の活性化促進
⑤バラ文化の情報発信基地
(「バラ文化研究所付属ローズガーデン・アルバ概要」)

「ずっと前から鈴木省三にいわれていたんです。新種を毎年開発して、経済効率を考えて現代バラをつくっていく方法ではもうだめだと。自分はずっと原種やオールドローズをやってきたけど、やっぱりもう一度、ここへ帰るんだと」

それは、鈴木自身の反省でもあるのだろうか。

「そうかもしれないですね。原点に帰る。必ず帰るから、早くそれをやれと。十年ぐらい前にいわれたんです。でも、実際にやるのは簡単じゃない。花が咲いていないときも手入れはしなくてはいけないんです。水をやったり肥料をあげたり、剪定《せんてい》をしたり雑草を刈ったり。どんなつるバラもシーズンが終わるといったん全部支柱からはずして、もう一回結い直すん

ですよ。このつるバラ一本やるだけでも、二、三日かかっちゃうんです。それは大変な作業です。冬は冬で、一本一本穴を掘って寒肥《かんごえ》といって堆肥をやらなくてはいけない。年間のべ千二、三百人のボランティアで運営していて、休みだって正月だけで、いつも誰かが管理しているんです。入場料をとるのは花のシーズンの一か月だけ。あとは無料です」

最終的な目標は、バラの博物館をつくること。

「そうです。種の保存が第一番の目標なんですが、まだ任意団体ですし、こういうことは国は率先してやらないから、きっちりと法人格をとって、できれば企業にも協賛してもらいたいんです。バラを通して植物の保護を訴えたいんです。小さいですけど、これだけ系統別にきっちり管理しているところは世界でも珍しいと思いますよ。イギリスなんかは、もちろん原種はヘリティジ・ローズ、文化遺産と呼んでちゃんと保存はしているんですが、一般公開はしていません。でも、やっぱり見ていただかないことにはわからないでしょう」

佐倉へ行ってみてください……。私は、鈴木の言葉の意味を噛みしめた。

「花も、去年の倍は咲いたでしょうね。来年はこの倍咲くでしょう。今は若々しくてはつらつとしているけど、来年は垂れ下がったり、柔らかくなったりして、もっともっと味が出てくるでしょうね」

アルバという名は、もとは聖職者の着る白い長衣を指す。ロサ・アルバはまた、キリスト教徒にとって純潔のシンボルでもあった。ボッティチェリの「ヴィーナス誕生」で交合する男女が風を吹き付けたその向こうには、新しい生命の誕生の象徴としてロサ・アルバ、白い純潔のバラが描かれた。そして、白はまた、日本の野生種ノイバラの色でもある。

もう一度、海底をさらってみたい——。育種家・鈴木省三の長年の願いが、ここに少しずつかたちになろうとしていた。

帰宅後、私は今日の感想を伝えるために、鈴木宅に電話をした。電話口の晴世夫人は、鈴木の容態が芳《かんば》しくなく、そのまま入院したことを伝えた。

第二章

バイオ革命

象徴

一九九一年八月。イギリスの科学誌「ネイチャー」のニュース欄に「オーストラリアの企業、青いバラに近づく」と題する小さなニュース記事が掲載された。シドニー発のその記事によれば、かねてより青いバラの作出を目的としていたメルボルンのバイオ企業カルジーン・パシフィック社(現・フロリジン社)が、ある花から青い色の遺伝子を取り出すことに成功し、すでにその技術の特許を申請したという。同社の設立者でもあるマイケル・ダーリング社長は、「新しい遺伝子を別の花に導入する技術もすでに確立した。今後、デルフィニウムから青い色の遺伝子を取り出してバラに入れ、九七年までには青いバラを完成する予定だ」と宣言した。

バラには青い色の遺伝子、すなわち青い色素デルフィニジンをつくる遺伝子が存在しないために、従来の育種方法では青いバラはできなかった。だが、バラ以外の青い花から青い色の遺伝子を取り出してバラに導入し、その遺伝子がバラの中で活性化すれば、青いバラができるというのである。カルジーン・パシフィック社では、完成すれば、切りバラ一本が八十米ドルで売れると推測していた。

遺伝子操作をすれば青いバラができる。青いバラが不可能を意味する時代はまもなく終わる。このニュースは、従来の方法で育種を行ってきた世界中の育種家たちに衝撃を与えた。当時の衝撃を日本ばら会の長田《ながた》武雄理事長はこう語る。

「世界中の育種家たちの目標はみんな青いバラだったんです。でも、あきらめたんです、これはできないんだと。五十年ぐらい努力した人もいたんじゃないでしょうか。なんとかしてスカイブルーをつくりたいと。でも、考えてみれば、青い色素のないものをどうしたって、青いバラができるわけはないですよね。いくらやっても無駄なことだとあきらめたんです。つい最近までやってた人はいましたが、もう今は誰もやっていませんよ。メイヤンもマグレディも、主たる育種家はみんな流行のブラウン系や病気に強い品種などの育種に方向転換しています。従来の交配で大輪の青いバラを生み出そうということはほとんどないですね」

これまでの育種方法によって青いバラを目指していた育種家たちは、遺伝子工学の力を借りるしかないのなら仕方がないと落胆した。何万粒もの種を播《ま》いて発芽を待ち、花を選抜し、十年以上の年月を要してようやく生まれる新品種であるのに、遺伝子を外から入れて即座に青いバラができるなど、ルール違反のようなものだと憤慨する声もあった。あちらはあちら、こちらはこちらだと開き直る育種家もいた。九三年、現代バラの起源となった原種を求めて中国奥地を旅したイギリスの植物学者マーチン・リックスは、花弁を青く加工したバラの写真を発表し、不愉快な想いを表した。

まだ実験段階だと聞いているけど、個人的にはあと何百年かはそのままであってほしいし、そんなバラは売り出してほしくない。青いバラが必要だっていうことは、もっとたくさんの肉をとるために八本足のブタが欲しいっていうことと同じじゃないだろうか。とんでもない。バラの色には、なんともいいがたい素晴らしい種類がある。それは、デルフィニウムやわすれな草も同じだ。ブルーはブルー・ジーンズに止《とど》めておいて、ブルー・ジーン(遺伝子)を使うのはやめてほしい。植物たちを混乱させないためにも。僕たちの写真はあくまでもフェイクなんだから。

(『The Quest for the Rose』引用者訳)

しかし、バラはこれまでにも人の手を借りて姿かたちを変化させてきた花である。そこに一つ、遺伝子操作という新しい方法が加わっただけではないか。それまで交配でゆっくりと性質を変えていったものが、目指す遺伝子のみを導入することで時間も経費も節約できる。むしろ効率的ではないか。これまでにない新しい品種を生み出すことに精魂を傾けてきた、まさに人為によるバラ育種の究極の姿、遺伝子を組み換えて青いバラをつくるなんていかにもバラらしい。そう考えることはないのだろうか。

アメリカのジャクソン・アンド・パーキンス社やフランスのメイヤン社のようなバラの育

種販売会社が、もし、設備投資をして遺伝子工学による育種を行えば、青いバラも可能だろうといわれている。だが、メイヤン社販売担当者アラン・コンバースに青いバラの育種を行っているかどうかを確認したところ、

「本当の青いバラは遺伝子操作でしかできないのでしょうが、私たちは行っていません」

と、きっぱりと否定した。

現在に至るまで彼らが遺伝子工学を用いていないところをみると、家族経営を基本とする育種家はもちろん、育種会社もバラづくりにこの新しい技術を採用しなかったということだろう。遺伝子工学を採用しようとすれば、さまざまな実験設備を準備しなくてはならず、それらの技術をもった優秀な研究者を採用しなければならない。いくらこの世にない花といえども、花は花である。小麦やトウモロコシ、イネなどのように、世界中で食糧として大量に供給されるわけではなく、市場規模もそれらに比較すれば格段に小さい。企業であれば、初期投資を計算するだけで断念するだろう。

そして、こうした経済的な負担以前の深刻な問題がある。世襲制で育種を行ってきたのは、主にイギリスやフランス、ドイツなどキリスト教をバックボーンとするヨーロッパの家系が中心だ。ヨーロッパ諸国の遺伝子組換え技術への対応は、科学的な意味でも倫理的な意味でも、非常に慎重である。古い歴史と文化をもち、王室との関係も深い伝統的なバラの育種家らが、遺伝子工学をなんのためらいもなく採用するとは考えられない。

そして、やはり、遺伝子を操作して青いバラをつくると声高に唱えたのは、育種家ではな

く科学者たちであった。

カルジーン・パシフィック社が設立されたのは一九八六年。当初から、遺伝子操作によって青いバラをつくることを目標に掲げていた。その発想は、会社を設立した初代社長のマイケル・ダーリングを中心に行われた会議の中から生まれたものだった。ダーリングはその後、オーストラリア政府の研究機関に転職したが、現在、研究部門のマネジャーを務めるステファン・F・チャンドラーは、青いバラを目標とした理由について電子メールを通じてこう答えた。

「園芸産業でやっていくために、何か強力な商品が必要だったという以外の考えがダーリング社長にあったかどうかはわかりません。ただ、バラは依然として切り花で最も重要な商品ですし、研究の目標にするにはもってこいなのです。青いバラは技術的には実現できる可能性がありますし、成功すれば商品価値は相当高い。青いバラがデザインされたパッケージや布、広告などを見ながら、夢をなんとか叶えよう、実現しようと思い立ったのでしょう」

現実的な回答だった。青いバラに託されたメッセージのようなものがあるかという質問に対しても、「特にない」とのことだった。彼らの発想が、これまで青いバラに託されてきたさまざまな物語とはまったく無縁であることは明らかだろう。キク、バラ、カーネーション。これらが世界の三大切り花と呼ばれ、切り花市場全体の半分以上を占めているのは事実だ。しかも、これらのいずれにも青い花がない。世界のバラの切り花市場は約二千六百億円にのぼり、もし青いバラができれば、その一〇～二〇パーセントを占めるのではないかという声まである。市場関係者に聞くと、やはり青い花というだけで売れ行きに違いがあるのは事実だという。大田市場にある花市場「大田花き」で、花の市場分析を行う調査室室長の鈴木誠はいった。

「青い花自体、世界でも本当に少ない。だから、みんな、ないものを欲しいとこだわるわけです。日本では抵抗感があるようですが、ヨーロッパに行きますと、あちこちで染色液で染めている花に出会います。消費者が本当に求めている空や海のブルーが出れば売れるでしょう」

花をやるならバラ。バラをやるなら青いバラ。花のバイオテクノロジーで身を立てようとする企業であれば、案外自然な発想なのだろう。カルジーン・パシフィック社が設立された翌年の八七年には、世界最大の組織培養苗の生産・販売会社であるイギリス（当時）のバイオ企業トワイフォード・インターナショナル社も、ヒエンソウの遺伝子を導入して青いバラをつくることを発表している。

日本国内でも、遺伝子操作による青いバラの話題は科学者たちを大いに刺激したようだ。たとえば、遺伝子工学による植物育種を専門とする千葉大学園芸学部教授の三位《みい》正洋《まさひろ》は、九一年に次のように述べている。

バラは私たちに最も馴染みの深い花の一つですが、長い品種改良の歴史があるにもかかわらず、青い花の咲くバラはいまだに現れていません。青バラは育種家の長年の夢であったわけです。このようなまったく新しい花色への願望は何もバラに限った話でなく、多くの植物に共通の問題です。青い花をつける植物は身近にたくさんありますから、このような遺伝子が取り出せれば、青いバラもそんなに夢物語ではありません。

（『夢の植物をつくる』）

また、分子生物学を専門とする東京大学名誉教授の岡田吉美は、九四年にこう記している。

青いバラをつくることは園芸家の長い夢でした。スミレやペチュニアのような青いバラができたら、どんなに人々は喜ぶでしょう。しかしバラには青い色素をつくる遺伝子が欠けているので、今までの育種法でどんなに努力しても、その努力が報われることがないのです。その夢をかなえてくれるかもしれないのが、植物バイオなのです。

（『夢の植物を創る』）

青森県グリーンバイオセンター所長の鈴木正彦は、副題に「青いバラも夢でなくなった！」と銘打たれた著書の中の「青いバラの咲く日」と題する章に次のように記している。

たとえば、〝青いバラ〟。青いバラを英語の辞書で引くと〝不可能〟という意味が載っている。青いバラを作ることは長いあいだ園芸家のロマンであり夢であったが、それは文字通り〝不可能〟であった。その〝青いバラ〟が、現代のバイオテクノロジーの技術を行使すれば、いずれ実現する日も遠くあるまい。少なくとも原理的には、可能だといえる。

（『植物バイオの魔法』）

これらの書籍はごく一部だが、日本で出版されている育種学や植物バイオ、色素の専門書を読んでいると、お題目のように「遺伝子を操作すれば、将来、青いバラも夢ではない」と研究者自身が記していることに気づく。遺伝子組換え技術の究極の地点に、青いバラがあるかのようだ。

遺伝子組換え技術によって可能となる植物には、病虫害に強い植物、塩分を含んだ土地や乾燥した土地でも育つ植物、長期保存のできる植物等、いずれも人口増加に伴う食糧危機を救うことを目的としてクローズアップされたものが挙げられる。また、アレルギーを抑える植物、コレステロール値を下げる効果が期待できる植物、といった人間の健康に有用な面をもつ利用法も考えられた。

そして、さらに期待されたのが、夢の植物をつくること、この世に存在しなかった植物をつくり出すことだった。特定の性質をピンポイントで改良できる遺伝子組換え技術が育種改良に有効ではないかといわれるようになったとき、青いバラはその象徴として担ぎ上げられた。だからこそ、青い花の遺伝子を取り出したという九一年「ネイチャー」のニュースは、植物の遺伝子組換え技術に携わる研究者たちにとって胸をなで下ろす出来事だったのである。
さらに二年後、カルジーン・パシフィック社は、青い色の花に関する一連の研究成果を同じく「ネイチャー」九三年十一月十八日号に発表する。タイトルは「花の色をコントロールするチトクロームP450遺伝子のクローン化と発現」。十名の共同執筆者のうち、中心となったのはカルジーン・パシフィック社の研究者で、ティモシー・ホルトンほか八名、フランス国立農業研究機関INRA遺伝育種局の研究者、そして、日本人研究者の名前もあった。

バイオテクノロジー略史

そもそも、遺伝子操作によって青いバラをつくろうという発想は、どこから生まれたのだろうか。バイオテクノロジーの技術的、社会的背景を少しさかのぼると、その発想は、十九世紀のジョゼフィーヌ以降、伝統的な交配育種で青いバラを目指してきた育種家たちとは、まったく異なった道筋から突如やってきたものであることがわかる。

出発点は、細胞が一つあれば再び個体に成長する、すなわち、植物細胞が全能性をもつことがわかったことである。あまりにも唐突すぎるかもしれないが、これに気づかなければ、青いバラを遺伝子操作でつくろうなどという発想は起こらなかったといってもいいだろう。クローン動物が誕生する今となっては、何の不思議もないように思えるが、たった一つの細胞からでも一つの個体へ成長するという事実は、植物の育種栽培に大きな変化をもたらすことだった。

最初にそれに気づいたのは、一九〇二年、ドイツの植物生理学者ハーバラントである。ハーバラントは自らの仮説を証明するために、ムラサキツユクサのおしべやめしべ、葉や茎などのさまざまな部分を切って試験管で培養し、そこから芽が生えてくるかどうかを調べようとした。この実験の時点では、培養するための栄養分や生理活性を引き起こすホルモンであるオーキシンがまだ発見されていなかったため不成功に終わるが、ハーバラントの発想はその約半世紀後の五八年に証明された。実験を行ったのは、アメリカのF・C・スチュワードらで、ニンジンの根の細胞をばらばらにして「カルス」と呼ばれる未分化で不定形の細胞の塊をつくり、それをサイトカイニンという細胞分裂を促進するホルモンを加えたココナッツミルクで培養したところ、カルスから芽が生えてきたのである。

これは科学者すべてにとって、とてつもなく大きな事件だった。たとえば、六〇年代にアメリカで倫理学関係のシンクタンク、ヘイスティングス・センターを設立した精神科医のウイラード・ゲイリンはこういっている。

> 科学的思考の持ち主にとっては、一個の細胞からクローンニンジンをつくりだすという飛躍のほうが、クローンニンジンの成功からクローン人間をつくりだすという飛躍よりも大きいだろう。
>
> （ジーナ・コラータ『クローン羊ドリー』中俣真知子訳）

ゲイリンが、「科学的思考の持ち主にとっては」と前置きしているように、クローン羊ドリーの誕生に大騒ぎしたような非専門家には今ひとつピンとこないかもしれない。なぜクローン人間の誕生よりも、一個の細胞からクローンニンジンをつくるほうが飛躍的なのかと。

それまでの科学的思考からみれば、細胞は常に時間とともに分化し老化していくはずだった。ところが、このニンジンの実験では、すでに成体となったニンジンの細胞の生命時計を再びゼロに戻せることがわかったのである。生命時計を再びゼロ地点にさかのぼらせて成長を再開できるということは、一つの細胞から同じ遺伝子構造のものをほとんど無制限に増やせることである。組織培養と呼ばれるこの技術は、その後進展するバイオテクノロジーの三大技術の第一番目の技術として利用されていくことになった。細胞の段階で遺伝子を操作することができれば、その改変したものを増殖させて栽培することもできる。つまり、細胞レベルで人間の思うままの性質をもつものに変えることができるという、画期的な植物育種の道が開かれたのだ。

組織培養の技術を最も有効に利用し実用化させたのは種苗《しゅびょう》産業で、ウイルスに感染した植物を無菌的にウイルスをもたないものに培養したり、大量増殖を行えるようになった。商業的に最も成功したのがランで、六〇年代には、茎頂《けいちょう》と呼ばれる成長点を培養することによって一挙に大量生産が可能になり、一般人には高嶺《たかね》の花だったランが、ようやく少し無理をする程度で購入できる価格まで下がったのである。このほかカーネーションやチューリップ、ガーベラ、ユリなどの多くの花が組織培養によって大量生産できるようになった。日本でも、七一年には、無菌苗増殖設置事業が国の補助を受けて始まり、各府県に培養苗の供給体制が整備されていった。同時に、種苗会社以外の民間企業の中にも、組織培養技術を育種栽培の重要技術として取り入れるところが出てきたのである。

ただ、一つの細胞が植物体に育つからといって、青いバラをつくろうという発想がすぐに現実のものになるわけではない。青いバラをつくるためには、どこかから青色色素をつくるための遺伝子を取り出さなければならないし、バラの細胞壁を破り、核の中にその遺伝子を導入しなければならない。果たしてそれだけで青くなるかどうかも問題である。だが、それ以前に、この時はまだ、遺伝子を細胞から取り出すことはおろか、遺伝子が何者でどういう構造をしたものかも、ようやく解明されつつあるところだった。

第二次世界大戦の混乱はあったものの、一九四〇〜六〇年代というのは、生物学の大きな変動期である。人間が細胞の中に分け入り、その生命現象を担っていると思われる核の中にさらに分け入り、遺伝子の正体に迫っていった。

一九四〇年代には、タバコの葉を冒す病原体タバコモザイクウイルスの研究から、遺伝子が核酸の一種で、その核酸が酵素の働きを支配してさまざまな遺伝形質を決定することがわかった。四四年の肺炎菌の研究と五二年のバクテリオファージT２という細菌を宿主とするウイルスの研究からは、一部の例外を除いて、ほとんどの生物の遺伝形質を決定する核酸はデオキシリボ核酸、すなわちアデニン、グアニン、シトシン、チミンの四種類の塩基から成るＤＮＡだということが解明された。さらに二十世紀の折り返し地点ともいえる五三年には、アメリカの生物学者ジェームズ・ワトソンと物理学者フランシス・クリックが、Ｘ線結晶解析(一九一二年にドイツとイギリスで発明された、Ｘ線を照射することで原子配列を決定する技術)の結果に基づいて、ＤＮＡが二重らせん構造であることを発表した。

二重らせんとは、ＤＮＡが自分をコピーして次の世代の細胞へと遺伝情報を伝達するのに実に適した構造だった。二本の鎖はアデニンとチミン、グアニンとシトシンが必ず対(塩基対)になって結びついているが、自己複製を行うときには二重らせんがほどけて一本鎖となり、その鎖を鋳型として対になる新しいＤＮＡ鎖が合成されることがつきとめられた。

六〇年代に入ると、ＤＮＡの遺伝情報(塩基配列)の解読が始まった。ＤＮＡの遺伝情報が一本鎖のリボ核酸(ＲＮＡ)に移し変えられ(転写)、ＲＮＡ上のアデニン、グアニン、シトシン、ウラシルの四種類の塩基のうち三つの塩基の組み合わせが遺伝暗号(コドン)となって二十種類のアミノ酸を指定し、タンパク質をつくることがわかってきた。このタンパク質こそが、あらゆる生物の体内で行われる化学反応を引き起こすための触媒である酵素となって生命現象を司る。つまり、ＤＮＡは、タンパク質を合成するという重要な働きと、遺伝情報を次世代に伝えるために自己複製を行うという、大きな二つの働きをもつことが明らかになったのである。ワトソンとクリック以来の遺伝研究の展開は、遺伝学のみならず発生学や生物物理学、生化学、免疫学、細胞生物学など生物に関わるあらゆる研究に影響を与え、ここに、分子レベルで生命現象を解明していこうとする分子生物学が誕生することとなった(なお、Ｄ

NAにはタンパク質の合成を行わない機能不明の部分があり、DNAイコール遺伝子というわけではない。ここでは一般的な記述に従い、以後DNAを遺伝子と呼ぶこともある)。

遺伝子の構造がわかると、遺伝子がどのような機能をもつのかを解明するための研究が大腸菌を利用して行われるようになった。大腸菌は、人間はもちろん大部分の哺乳動物の大腸に存在する腸内細菌の一種で、分子生物学の初期に最もよく利用された微生物である。たとえば、大腸菌K12株という系統がある。これは、一九二二年にアメリカのスタンフォード大学でジフテリアの患者から分離されたものを最初の株としたもので、その後ウィスコンシン大学の二人の微生物遺伝学者エドワード・L・テータムとJ・レーダーバーグが、このK12株にX線を照射して突然変異を起こした株を培養し、そこに染色体が存在することや遺伝子組換えが行われることを発見した。つまり、細菌も高等生物と同じように有性生殖を行い、同じ遺伝の仕組みをもつことが明らかになったのである。自然界では病原性をもたないことが証明された大腸菌K12株は、その後、染色体のどの位置にどの遺伝子が載っているのかを示す染色体地図も解明され、遺伝子組換えをはじめとする科学実験の重要な研究材料となっていくのだった。

大腸菌を利用した微生物の遺伝研究が進む一方で、植物は何歩も出遅れたかたちとなった。というのも、植物細胞には細胞壁という強固な壁があって、大雑把にいえば、人間が細胞質の中に分け入って遺伝子を触ることができなかったからである。高等生物では、一九五七年に大阪大学の岡田善雄がエーリッヒ腹水癌《がん》細胞にセンダイウイルスをかけて、人為的な細胞融合に成功していた。六一年には二種類のマウスの受精卵を融合させたキメラマウスも誕生していたが、植物では細胞壁があるために細胞同士をくっつけることすらできなかった。

もっとも、六〇年には、細胞壁のない裸の植物細胞「プロトプラスト」を作成することに成功してはいた。白カビが木材を分解することに着目したイギリスのノッティンガム大学のコッキングが、木材腐朽菌の一種から得られた酵素セルラーゼを使用して、トマトの実の組織からプロトプラストを取り出したのである。だが、この方法では酵素を得るまでに手間がかかり、細胞の生存率も低く、大量培養もできず、科学的な実験系をつくることが困難だった。

そこで、重要な転機となったのが、日本の伝統ある発酵工学の技術と、それに着目した農林省植物ウイルス研究所の建部到《たけべいたる》の研究だった。建部は、醬油や味噌、日本酒など日本で研究が盛んだった発酵工学に目をつけ、ヤクルトが開発した国産の酵素を利用して、植物ウイルスの中で最も研究の進んでいたタバコモザイクウイルスのプロトプラストを生きたまま安定的に取り出すことに成功した。一九六八年のことだ。

建部らはさらに、三年後の七一年には、タバコのプロトプラストを成体に再生させることにも成功した。カルスから植物体に再生することは五八年にスチュワードらがニンジンですでに成功させていたが、細胞融合したり遺伝子組換えした植物をつくったりするためには、カルス以前のプロトプラストから成体にならなくてはいけない。つまり、建部らの研究成果によって、従来の伝統的な交配ではない、バイオテクノロジーで植物を育種する可能性が開かれたのだった。

当時の農林省植物ウイルス研究所は筑波に移転する前で、千葉の畜産試験場に一時的に設置された仮設のバラックのような建物だった。生物学の大きな転換期にあって、旧来の大学の研究体制にあきたらない若い研究者たちが集まり、海外からもこの技術を学ぼうと研究者が頻繁に訪れた。世界的に見ても植物細胞工学研究の嚆矢《こうし》は間違いなくこの建部研究室であり、この時点では、日本がその分野のトップランナーといってもおかしくはなかったのである。あとは、動物であれ植物であれ、誰が世界で初めて遺伝子組換えに成功するか、だった。

当時、建部研究室でプロトプラストの形質転換の研究を行っていた、青森県グリーンバイオセンター所長の鈴木正彦は回想する。

「一九五三年にワトソンとクリックがＤＮＡの二重らせん構造を解明して、六、七〇年代というのは生物学にとって大きな転換期でした。ただし、現在話題になっているような除草剤耐性の遺伝子や花の色を変える遺伝子などが見つかっていたわけではなく、遺伝子の構造自体がよくわからなかったし、そもそもプロトプラストに導入する遺伝子自体が限られていました。あの頃最もよく解析されていた遺伝子は、パスツール研究所のジャコブとモノーが研究していた、大腸菌の乳糖分解酵素 β《ベータ》ガラクトシダーゼに関係する遺伝子ぐらい。しかも、遺伝子を導入しさえすれば、それだけですぐに形質が変わると単純に考えられていましたから、植物の世界でも、βガラクトシダーゼの遺伝子を導入して形質転換に成功した、などといった研究論文が「ネイチャー」のような権威ある雑誌に発表されたこともあったのです。その時は、ああ、先を越されたかなと思ったのですが、結果的に植物にはもともとβガラクトシダーゼがあると判明して、植物で遺伝子組換えが成功したという論文は否定されたのです」

遺伝子組換え

結局、最初に遺伝子組換えに成功したのは、動物である。微生物でその前提となる基盤技術がすでに発見されていたのだから、当然といえば当然だった。

基盤技術とは、DNAを切るハサミとそれを貼り付けるノリのことだ。そもそも遺伝子組換えを行うためには、DNAをある部分で切断して、その切断面に、新たに組み換えようとする別のDNAの断片をパズルのようにくっつけなくてはならない。

ハサミを最初に発見したのは、スイスのジュネーヴ大学のヴェルナー・アルバーだった。アルバーは、大腸菌に寄生するウイルス「ファージ」が外から大腸菌に侵入すると、大腸菌が自分のDNAは切断しないのに、ファージのDNAを選別・切断して排除する現象に注目した。これをなんらかの酵素の働きであると気づいたアルバーは、一九六八年に大腸菌からこの酵素を分離することに成功したのである。ハサミ、すなわち制限酵素の発見だ。二年後には、ジョンズ・ホプキンス大学のハミルトン・スミスが、DNA上のある特定の塩基配列を探し出して切断する制限酵素も発見し、その後、さまざまな微生物から五百以上の制限酵素が発見されていった。

　また、DNA断片をつなぎ合わせるノリの役目をする連結酵素は、六七年に、スタンフォード大学のJ・R・レーマンら複数の研究室で発見された。DNAリガーゼと呼ばれるものだ。

　こうして、DNAを特定の場所で切断するハサミの役目をもつ制限酵素と、異なる二本のDNAをつなぐノリの役目をもつリガーゼの発見によって、これまでの交配では考えられない、種を超えた遺伝子組換えの道筋が整ったのである。

　そして、七二年、スタンフォード大学の生化学者ポール・バーグがついに世界初の遺伝子組換えに成功する。サルに癌を引き起こすウイルス（SV40）のDNAに、大腸菌の遺伝子を組み込むという異種DNAの組換えで、遺伝子工学の幕開けといわれる実験だった。さらにその翌七三年には、スタンフォード大学のスタンリー・コーエンとカリフォルニア大学サンフランシスコ校のハーバート・ボイヤーが、プラスミドと呼ばれるリング状のDNAを利用して細胞に有用物質をつくる遺伝子を導入する技術「プラスミド法」を開発した。

　プラスミドは、細胞の内外を自由に行き来できるため運び屋《ベクター》と呼ばれている。遺伝子を組み換えるためには、このプラスミドを制限酵素で切断し、切断部分に新たな遺伝子をリガーゼでつないで、再び大腸菌に戻す。すると、組み込まれた新たな遺伝子が指令を出して、大腸菌が増殖するごとに新たなタンパク質が次々と生成されていくという仕組みだ。プラスミド法は、「コーエン・ボイヤー特許」としてバイオテクノロジーの分野で初めて特許の対象となるが、二人はその特許権を大学に譲り渡して約五十万円程度の安価で利用できるようにしたために、その後バイオテクノロジーの基礎技術として、多くの研究者に広く利用されるようになっていくのである。

動物に数年遅れたが、植物においても、一九七四年にはドイツのマックス・プランク研究所のジェフ・シェルと、ベルギーのゲント大学のファン・モンタギューが植物のプラスミドを発見した。アグロバクテリウムといって、一般的には根頭癌腫病《こんとうがんしゅ》と呼ばれる植物の腫瘍《しゅよう》を引き起こす土壌細菌の研究から解明されたものだ。アグロバクテリウムは通常、遺伝子を核の染色体にもつ以外に、核の外にも小さなリング状の遺伝子をいくつかもっている。この核外遺伝子は植物の細胞の中に入ると、自分の遺伝子の一部(トランスファーDNA、T—DNAと呼ぶ)をその植物の核の染色体に組み込ませてしまうという性格をもっている。そこで、その核外遺伝子に運び屋《ベクター》になってもらって、目的とする植物の核の中に新しい遺伝子を組み込もうというのである。シェルとモンタギューは、腫瘍を誘発するプラスミドということで、これをTiプラスミド(tumor inducing plasmid)と名づけた。アグロバクテリウムがもつすさまじい感染力の仕組みがそのまま、遺伝子を外から目的の細胞の染色体の中に導入するために利用されたのである。

この頃になると、バイオテクノロジーという言葉が新聞紙面をにぎわし始めた。いまや、専門書に何の注釈もなく使われるほど一般的な言葉となったが、「バイオテクノロジーなんて言葉はマスコミが使う用語にすぎなくて、われわれ専門家の間では使わなかった」という研究者がいるように、当時は意味不明な流行語にすぎなかったという。一言でいえば、「生命活動の仕組みを解明して工業的に利用しようとする生命工学」のことだ。たとえば、大腸菌のプラスミドにヒト成長ホルモンやインスリン、インターフェロンなどの有用物質をつくるための遺伝子をつないで大腸菌に戻すと、大腸菌が分裂して増殖していくたびに組み換えたプラスミドが働いて、有用物質がどんどんつくられる。あとはこれを精製して抽出すればいい。遺伝子が指令を出してタンパク質をつくる過程は微生物も動物も人間も同じであるため、通常は人間の体内でつくられるものを、微生物の生命活動を利用して、つまり、微生物を工場として、人間に有用な医薬品などの物質を生産しようというわけだ。

だが、種を超えて遺伝子が組み換えられるようになったということは、同時に大変危険なことでもあった。自然のままであれば、交配されたり遺伝子が組み換えられる可能性などないもの同士が、遺伝子レベルに落とせば互いにつながり合うことができるのである。その危険性を真っ先に悟ったのは当の研究者たちだ。異種DNAの組換え実験に初めて成功したポール・バーグは他の研究者たちの指摘を受け、自分の生み出した技術がマイナスの方向へ与える影響に懸念を抱く。遺伝子を組み換えることによって、人間に癌や不治の病を引き起こす危険な生物がつくられる可能性があるのではないか……。危惧したポール・バーグは研究者たちに警告を発した。

これが、一九七四年のバーグ声明だった。この声明をきっかけに研究者たちは自主規制、自己管理を目指して、七五年にカリフォルニアのアシロマ会議センターで討議を行うことになった。そして、日米英など主要十七か国、百四十名の研究者たちが遺伝子組換え技術の潜在的な危険性について四日間にわたって話し合い、アシロマ会議宣言を発表したのである。

この宣言は、技術を扱う科学者自身が社会的責任を自覚し、みずからの手によって自主的なコントロールの必要性を訴えたという意味で、科学史上、特筆すべき出来事である。宣言が行われた背景には、七二年にストックホルムで第一回国連人間環境会議が開催され、地球規模での環境破壊、すなわち、酸性雨、温暖化、砂漠化対策などの環境問題が大きくクローズアップされたこと、また翌七三年に中東戦争のために石油の輸入が制限され、世界中をオイルショックが襲ったことなど、科学技術至上主義でひた走ってきた近代科学が、大きな価値転換を迫られていたことがあったといわれている。

アメリカの国立衛生研究所(NIH)は、アシロマ宣言の行われた翌年に「組換えDNA実験指針」を発表し、日本もアメリカに遅れること三年、七九年に文部省と科学技術庁(統合されて現・文部科学省)が、八六年に通産省(現・経済産業省)が指針を発表した。だが、規制とは往々にして、技術の制御ではなく制限付きの解禁を意味するものである。手にした技術は葬り去られるのではなく、行き過ぎること、将来予測される問題を考慮してうまく管理しつつ、しかし、できる限り自由を尊重して利用していく、というのが最も賢明といわれる先進国家の規制のあり方だった。

アシロマ会議の翌年七六年には、プラスミド法を開発したボイヤーとベンチャー・キャピタリストのロバート・スワンソンが出会い、ボイヤーの遺伝子組換え技術を産業化するためのベンチャー企業、ジェネンテック社がサンフランシスコに設立された。これが、遺伝子工学を利用したベンチャー企業の嚆矢であり、バイオテクノロジーは、その起源からすでに産業化と共にあったのである。

大腸菌を利用した遺伝子組換え技術で、インターフェロンやインスリンを大量生産することを申請したジェネンテック社の株は、八〇年十月十四日の公開と同時に一株三十五ドルから八十九ドルにまで上昇し、株主に莫大な利益をもたらした。翌日には急落し、その後は三十五ドル近辺を上下することになるのだが、初日の高騰のニュースだけが独り歩きして、日本でも大きな話題となった。

毎日新聞が翌八一年の元旦に掲載した物理学者・湯川秀樹と分子生物学者・渡辺格《いたる》の対談「生命操作と人間の未来」で、渡辺は「十二月に京都で開かれた分子生物学会の会場に株屋さんからの問い合わせの電話がひっきりなしにかかってきた。分子生物学も俗化したものです」と語っている。二月から同紙で始まった「生命を探る」という連載記事でも、「出た10億円長者　遺伝子で第二のソニーに」と題し、「アメリカン・ドリームを遺伝子工学で達成」しようとしたジェネンテック社スワンソン社長の成功への歩みが掲載された。ただ、日本人初の遺伝子工学コンサルタントとして紹介されているバイオシステム・インターナショナル社の松宮弘幸はこの騒ぎを冷静に見ており、「遺伝子工学フィーバーというが、当面は株屋とジャーナリズムだけの話題。(中略)ジェネンテック社のような米国製ベンチャー・ビジネスは日本の企業風土にはなじまない。やはり既存の大企業中心の開発になるだろう」とコメントしている。事実、日本で大腸菌などの微生物を利用した遺伝子組換え技術による有用物質の生産へと乗り出すことになったのは、医薬メーカーを中心とする大手企業がほとんどだった。

アグリバイオ

一方、植物をターゲットとしたバイオ産業の発端となったのは、ドイツのマックス・プランク研究所のG・メルヒャースが一九七八年に開発した「ポマト」だった。これは、メルヒャースが自分の研究室に建部到を招き、建部からプロトプラストの単離と培養方法を学んで、細胞融合の技術によって生み出したものだ。根にジャガイモ、茎にはトマトが実るキメラ植物で、双方に栄養分がとられてしまってジャガイモもトマトも小粒になってしまうため実用化には至らなかったが、その後、企業が植物バイオテクノロジーへ乗り出すきっかけとなる記念碑的な作物となった。

「ポマト」以降、アメリカでは、組織培養、細胞融合、そして遺伝子組換えといった技術をバイオテクノロジーの三本柱とし、農業(アグリカルチャー)に利用していこうとする動きが起こった。いわゆる、アグリバイオと呼ばれるものだ。

当時、一兆二千億円の市場を支えていた八百社の種苗企業のトップ、パイオニア・ハイブレッド・インターナショナル社が寒冷気象でも栽培できるハイブリッド・コーンによりトウモロコシ種子で三五パーセント以上のシェアを占めたほか、パイオニア社との競争に負けたデカルブ・アグリサーチ社が製薬化学メーカーのファイザーの子会社と提携し、デカルブ＝ファイザー・ジェネティィクス社を設立して新品種の開発に挑むなど、ベンチャー企業の設立が相次いだ。サンド社、チバガイギー社（これらは九六年に合併してノバルティス社）、デュポン社、ラ・ロッシュ社、バイエル社、ヘキスト社などの製薬・化学企業が種子企業を買収した例も多い。九〇年代後半に消費者反対運動の最大の標的となるアメリカの農薬メーカー、モンサント社が、遺伝子組換え技術による害虫駆除、雑草対策、病気耐性植物の開発を目的として種子企業を買収したり、日本の製薬会社をはじめとするメーカーが大金を投じ、欧米のベンチャー企業と次々と提携していったのもこの頃だ。

日本で初めてアグリバイオに乗り出したのは三菱化成（現・三菱化学）で、八二年に植物工学研究所を設立し、国内シェアの最も大きいイネの形質転換の研究に乗り出した。日本たばこ産業、三井東圧化学（現・三井化学）、キリンビール、協和発酵などがこれに続く。組織培養、細胞融合、遺伝子組換えのうち、技術的にやさしい組織培養は種苗会社を中心に商業化されていったが、アグリバイオ企業と呼ばれる企業は、もっぱら画期的な育種につながる細胞融合と遺伝子組換えをターゲットとした。

建部のもとでプロトプラストの遺伝子組換え研究を行っていた鈴木正彦は、三菱化成が植物工学研究所を設立する前年に呼ばれ、当時副社長だった山谷渉《やまやわたる》に、遺伝子工学が果たしてビジネスになるのかとその可能性を問われ、状況を説明した。そして、その翌年には植物工学研究所の創立メンバーとして、アグリバイオビジネスに携わることになった。

「細胞融合には限界があったのです」

そう鈴木は回想する。

「遺伝的に遠いもの同士を融合させると種子ができなかったり、融合した細胞を植物体に再生できないものも現れました。遺伝的不和合性といわれるものですが、結局、近縁のものでなければ細胞融合ができないのです。でも、そうなると、これまでの組織培養とそれほど成果は変わりません。やっぱり、細胞融合よりは遺伝子組換えのほうがいいだろうとわかってくるのです。でも、遺伝子組換え技術では、植物は大腸菌などの微生物に比べて十年は遅れていました。ベクターとなるTiプラスミドは一九七四年に発見されてはいましたが、微生物のプラスミドと比較すると百倍と大きかったため、制限酵素で切り貼りすることがむずかしくて、なかなか実用化できなかったのです」

最初に、Tiプラスミドをベクターとして用いた植物の遺伝子組換えに成功したのは、八三年、モンサント社のロバート・フレイリーらだった。フレイリーらは、カナマイシンなどの抗生物質に抵抗力のある遺伝子をTiプラスミドに挿入し、アグロバクテリウムを利用して別の植物に遺伝子を組み込む実験を行った。すると、元気よく育つカルスの中に、組み込まれた遺伝子によってカナマイシン耐性になったものを確認することができたのである。さらに、カルスは植物体にまで再生し、世界初の遺伝子組換え植物、すなわちトランスジェニック植物が誕生した。

この頃からアメリカの企業は各大学の優秀な研究室に研究費の援助をして、薬剤耐性遺伝子のほか、日持ち遺伝子や害虫抵抗性遺伝子など植物の重要な遺伝子を次々と見つけ、特許化を進めていった。特許料は研究者たちのインセンティブだった。

鈴木正彦はいう。

「遺伝子そのものの特許は高額で、遺伝子工学の世界では遺伝子をもつ者が勝ちといわれるようになりました。アメリカの企業は、この時に植物の研究者と遺伝子工学の研究者、企業が協力して、除草剤耐性などの重要とされる基本的な遺伝子をどんどん見つけていましたから、大学の中で遺伝子の研究者と農学の研究者で協力体制のなかった日本は、すっかり乗り遅れてしまったわけです。ヒトゲノム計画でも遺伝子の機能がわからないうちから特許を申請する企業が相次ぎましたが、それは、遺伝子を押さえておけば創薬に結びつく可能性があるためです。遺伝子を見つけて特許をもつことが何よりも重要だというのは、そのためなのです」

いったん技術にブレイクスルーが起こると、あとは雪崩《なだれ》のように発見はつながっていく。同じく八三年にはＤＮＡを大量に複製する方法「ＰＣＲ法」が開発された。ＰＣＲ法とはポリメラーゼ・チェーン・リアクション(ＤＮＡ合成酵素連鎖反応)法といって、アメリカのＫ・Ｂ・マリスによって発見され、九三年のノーベル化学賞を受賞した技術だ。ＤＮＡ断片を大量に試験管内で増幅することができ、遺伝子の機能解析を行う大学や研究所であれば、必ずこのＰＣＲ法を行うＤＮＡ増幅装置が配備されるようになった。簡単にいえば、たとえば、ミイラや凍結して発見されたマンモスの死体、琥珀の中の昆虫、犯罪容疑者の皮膚片などからほんのわずかでもDNA断片が採取された場合、これをコピーすることによって量を増やし、解析を行いやすくするための装置である。装置の中の試験管にコピーしたいDNAの断片と反応に必要な試料を入れて、温度と時間をセットしておくと、DNAが二倍、四倍、八倍……と増えていき、二十回この工程を繰り返せば、百万個、数時間で千億個のコピーができ上がり、解析がしやすくなる。

こうして、遺伝子を細胞の核という閉ざされた容器から取り出して、その必要な部分、人間の望む性格を持つ部分だけを切り取り、それを別の植物や動物の遺伝子と組み換えることによって、新しい形質をもつ生命を生み出せる可能性が見えてきた。

同時に、安全性を確認するためのさまざまな評価方法が編み出されていった。日本の指針の概要は、植物の場合はまず科学技術庁の実験指針のもとで、栽培試験のうちの閉鎖温室試験、非閉鎖温室試験を行い、次に、農水省の指針にのっとって、野外の隔離圃場《ほじょう》試験、一般圃場試験を行うことが義務づけられた。これで安全性が認められて初めて一般の農地で栽培され、実用化となる。食品の場合はここに厚生省(現・厚生労働省)の安全性確認が加わり、実用化される。つまり、三つのステップを踏むことによって、ようやく商品化、実用化にこぎ着ける。海外で作出された遺伝子組換え植物を輸入する場合も、日本の隔離圃場と一般圃場での安全性確認が必要で、諸外国の規制もほぼ同様の段階を踏むものだった。

国際的な規制については、八二年からOECD(経済協力開発機構)で安全性評価についての会合が設けられ、八六年に初めて、国際的な枠組みとして「組換えDNAの安全性に関する考察」が発表された。これが、世界各国の安全性評価のための指針のもとになった。

OECDの勧告を受けた欧州連合(EU)は、九〇年に、遺伝子組換え生物を閉ざされた実験室以外の環境に放出する行為すべてについての規制を制定し、翌年十月に施行した。遺伝子工学の社会的な貢献を認めつつも、国民を潜在的なリスクから守り、環境を保護することを目的とするものだ。

研究者たちも並行して安全性評価の研究を行ったが、この時期に、遺伝子組換え生物の危険性はほかの生物のもつ危険性と同程度のものであり、従来の育種方法に新たな方法が加わったと考えてよいという認識が研究者の間で一般的になっていったのは事実である。九〇年代も後半になると遺伝子組換え技術に対する規制は欧米で大きな対立をみることになるが、この時点では、厳しい安全性評価のもとで規制し、技術の恩恵を享受できるところは享受しようという公平なものだったことは注目に値する。

規制の整備と技術の進歩によって、八六年から九八年に世界中で行われた遺伝子組換え植物の野外試験は、二千五百件以上にも達した。そのうち七割がアメリカ、カナダで行われ、九四年には、アメリカのベンチャー企業カルジーン社が、遺伝子の働きを抑えるアンチセンス技術によって実が柔らかくなる酵素ができるのを抑制し、日持ちのよい遺伝子組換えトマト「フレーバーセーバー」を発売した。これを皮切りに、九五年にはモンサント社が除草剤耐性大豆や除草剤耐性ナタネ、害虫抵抗性トウモロコシ(Btコーン)、アグレボ社が除草剤耐性ナタネなどを次々と商品化していった。日本では、八八年に初めてウイルス抵抗性トマトの圃場試験が始まり、以後十年間で六十六件の隔離圃場試験が申請された。申請者は、農業生物資源研究所や農業環境技術研究所、野菜茶業試験場といった農水省所管の研究機関ほか、民間企業では、日本モンサント、カゴメ、キリンビール、三井東圧化学、日本たばこ産業等だった。

こうした背景をみると、カルジーン・パシフィック社が遺伝子組換え技術で青いバラをつくろうとする目標を掲げた八〇年代後半とは、遺伝子組換え技術が科学者にとって夢を叶える鍵として捉えられ、ビジネスとしての可能性が開かれ、今まさに社会に受け入れられようとしていた矢先だったことがわかる。その夢が、青いバラをめぐる伝説や育種家たちの長年の努力などとはまったく無関係にやってきた発想であることは、これで明らかだろう。もし人類の長年の夢だったというような宣伝文句があったとすれば、それはたんに聞こえのいいキャッチフレーズにすぎない。バイオテクノロジーには、バイオテクノロジーなりの事情があったのだ。

だが、人間の夢というものは、往々にして、時に百年二百年を飛び越えて、あるいは何の脈絡もないところから突如湧き上がるものでもある。過去の失敗にうまく学べず、同じ過ちを繰り返してしまうように、同じ果てしない夢を見ることは人間の自由なのだろう。いくらバラが病虫害に弱いからといっても、〝除草剤耐性バラ〟では夢の象徴にはならないのである。

カルジーン・パシフィック社は、アメリカのカルジーン社を主要株主として、オーストラリアで切り花業と森林開発の事業展開を図るべく設立されたベンチャー企業だった。オーストラリアでトマトとワタ、アブラナの事業を展開していたカルジーン社が、森林と切り花に触手を伸ばそうとした結果が、現地法人を買収することによるベンチャー企業設立だったのである。設立翌年の八七年には、当時オーストラリア全土の約八割の人々に販路をもっていた三つの種苗会社、バーバンク社、ＰＧＡ社、バイオテク・プラント社を買収し、八八年にカルジーン社とカルジーン・パシフィック社は互いの遺伝子組換え等の高度な技術とノウハウを交換し合い、双方の商品のマーケティング権を共有することで合意した。九〇年代初めにカルジーン・パシフィック社を視察した日本人の研究者によれば、当時は八十名以上の社員、うち四分の三が研究者という、ベンチャーとしては大型の企業だったという。

そんな彼らが日本にやってきたのは、決して不思議なことではない。金は出すが口は出さない、研究への資金援助にかけては定評のある国だ。日本企業と提携できれば、この国の大市場も獲得できる。さらにもし、研究開発のパートナーとして高度な技術をもったところがあれば、それがベストである。

青の野望

花ビジネス

「いやあ、早ようつくって儲けたいということしかないですよ。花に関心はないし。もちろん商品としては可愛らしいけど」

一九九八年三月、東京赤坂にあるサントリー東京本社の会議室。青いバラに対して個人的な想いはあるかと問うと、花事業部部長・村修二は笑い声を上げながらそういった。

「その程度なんです。幻滅されると思いますよ」

大阪人特有のはぐらかしの物言いを知らなければ、村の言葉通りに受け止め、あっけにとられ、言葉通りに幻滅してしまったかもしれない。青いバラを研究している人に取材を行いたいと申し入れたとき、広報部の説明も味気ないものだった。

「気に入った酒樽を生涯かけてつくる職人のように、青いバラ一筋に研究し続けている人間がいるわけではありません。あくまでもサラリーマンとしての研究にすぎないですよ」

だが、サントリー商法を知れば、これは一見大げさな照れ隠しであり、それもまた企業戦略の一つだと思えてくる。

これからの企業は生産一辺倒ではいけない。社会に提供する財が社会に尊重される。そんな生活文化財を提供する企業となろうと、サントリーが社の将来像を「生活文化企業」と打ち出したのは一九七九年(昭和五十四)のことだった。当時の経団連会長・稲山嘉寛《よしひろ》が関西財界セミナーでいった「鉄は国家なり」にかみつき、「鉄が国家なら、わが社のようなウォータービジネスも、ワコールの如きエアービジネス(デザインで勝負という意味)も国家なり」といった佐治敬三会長の一言が、この企業のスタイルを明快に説明してくれるだろう。ウォータービジネス、すなわち、しょせん水商売やからといいながら、音楽ホールや美術館、文化財団をもつなど、サントリーの文化戦略は以後多岐にわたり、世界的にも定評がある。青いバラができたらそりゃあ儲かりまっせ、という丸出しの商売根性も、商品イメージづくりにかけては世界一流とされるサントリーの宣伝戦略にかかれば、事情は一変する。たとえ後付けの論理となったにしても、さすがサントリー、先見の明があったと評価を受けるための舞台設定は完璧に行うつもりなのだろうと想像する。

村は青いバラに託されたイメージの数々を朗々と説明する。

「青には見果てぬ夢とか無限といった意味がありますね。ロイヤルブルーは高貴の象徴ですし、方角としては日の出の方向を指します。結婚式のときに青いものを身につけると幸せになれるともいいます。青いバラができたら、ハッピーシーンに使ってもらえるとありがたい」

サントリーがオーストラリアのカルジーン・パシフィック社の株式の一五パーセントを数億円で取得し、知的所有権の管理会社であるブルー・ローズ・ジョイント・ベンチャー(現・インターナショナル・フラワー・ディベロプメンツ・プロプライアタリー・リミティド)を共同で設立したのは、九〇年五月のことだった。出資するだけでなく、伝説の青いバラを目標に遺伝子組換え技術を利用し、これまでにはなかった色の花や長持ちする花の研究開発に共に乗り出した。

「まあ、バイオテクノロジーを利用した花の育種栽培を行いたいと考えていたうちの方針と、資金協力を得て技術のレベルアップを図るために共同研究相手を探していたカルジーン・パシフィック社の要望がうまく合致したというわけです」と村はいった。

以来、サントリーは株主としてカルジーン・パシフィック社を支え、共同研究体制は約十年あまり続いていた。ほかの株主、出資額、出資割合ともに企業秘密となっており、株主は常に流動的だ。だが、遺伝子組換え農産物の動向を研究するオーストラリア・グリフィス大学環境学科の社会経済学者リチャード・ハインドマーシュ教授の調べによれば、設立後数年で、アメリカのカルジーン社が三三パーセント、サントリーが一五パーセント、アムカー社が五パーセントで、そのほかＣＰベンチャーズ、オーステック・ベンチャーズ、そして、ジャパン・オーストラリア・ベンチャー・キャピタル・ファンドといったベンチャー・キャピタルの出資を得ているという。日本企業との協力体制を敷いたことで、カルジーン・パシフィック社は日本の消費者への流通販売体制が得られただけでなく、サントリーの商品をオーストラリアで販売する権利を得ることができるようになった。サントリーの試算する世界のバラ市場は、年間で約二千六百億円。もし青いバラができれば約二〇パーセントのシェアに相当する五百億円の売り上げが見込めると推定している。

村が花事業部に配属となったのは一九九一年、四十歳のときだった。花の研究をビジネスとして実際に立ち上げる準備に携わり、すでに八年が過ぎていた。

「もちろん実際に青いバラを目指していますが、研究の頂点としての象徴的な意味をもつものなんです。当初は五年計画でしたが、正直いってまだ先は見えない。展望はないんです。あと一年じゃ無理でしょう。四、五年かけてようやくというところでしょうか。バラの中で何が起こっているのかまったくわからないんです。たくさんの酵素が相互に関連しながら働いている。今はまだ、青色の遺伝子を入れたということしかいえませんね。ほんまに金にもならんですわ」

こういう物言いをする人物が部長でいることは、第三者に腹を探られた場合、都合がいい。「あそこは、本当に嘘つきが多いから」とは、研究者や園芸関係者からよく耳にしたことだ。それも、やむをえないことかもしれない。目玉商品の開発状況をみずから進んで公表する企業などどこにもないだろう。普通は、事前に開発している商品を発表することだってありえない。黙っていればいいものを、なぜ青いバラをつくると宣言したかと問うと、村は「うちはね、いいたがりなんですわ」と笑った。

そもそも、サントリーが既存事業以外の新事業候補として花産業に食指を動かし始めたのは、一九八〇年代前半だった。メルヒャースの「ポマト」以来、遺伝子組換えや細胞融合、組織培養といったバイオテクノロジーを利用するアグリバイオ企業がアメリカで次々と設立されて新商品の開発へと乗り出していった頃、日本たばこ産業やキリンビールなど、日本にもようやくアグリバイオ事業や医薬事業への進出を決めた企業があった。従来の酒、飲料、食品、あるいは外食産業の展開と同時に、最新のバイオテクノロジー技術を利用して新しい商品をつくろうとする多角的な企業戦略は、バブル崩壊後の企業経営を考えた場合に、もはや必然といえた。研究開発とは金喰い虫といわれるが、人件費をはじめ多額の初期投資が必要なバイオテクノロジーに乗り出したのは、植物を専門とする種苗・園芸会社ではなく、いわゆる異業種の大企業が中心だった。

バイオテクノロジーを利用するのに有効な植物といえば、米などの主要穀物がターゲットとなるのが常道だ。投資とそれに見合う収益を考えた場合、全体量が多く経済的にも成り立つものといえば、まずは主食である。実際、カルジーン・パシフィック社は当初、三菱化成の植物工学研究所を共同研究の第一ターゲットにしていたが、これが断られたのも、三菱化成側に、花で儲かるのかという疑問があったことが最大の理由だった。

筑波大学農林工学系教授の藤村達人《たつひと》もまた、花をターゲットにすることに首を傾《かし》げた一人だった。かつて、三井東圧化学の研究員だった藤村は、八六年九月に世界で初めてイネのプロトプラストを培養して植物体を再生させることに成功し、収穫量の多いハイブリッドライス「開発二〇〇三号」「開発二〇〇五号」を発表していた。

「企業は当然、商品を開発するために何年かかっていくらでできるかを計算するわけです。特に三井東圧化学のような重厚長大の企業になると、米とダイコンぐらいしかないと考える。花はマーケットが小さいですし、わざわざ遺伝子操作をしなくても、通常の交配で色の変わった品種も出てくるわけです。花が果たして、それだけの投資に値するほどの魅力ある分野なのかどうかはわかりませんでしたね」

だが、村と同じくサントリー花事業部部長であり、同社基礎研究所の主任研究員として研究のリーダーを務める久住高章《くすみたかあき》は、花しかなかったと説明する。

「遺伝子組換えの技術が確立したのが七〇年代中頃で、植物で応用され始めたのが八〇年代の前半でした。その頃からキリンさんやサッポロさん、協和発酵さんなどみんなバイオテクノロジーに乗り出していましたので、自分たちも植物でなんとかしないとだめだという焦りがあったんです。といっても、八七、八年となると、もう何をやってもすでに遅い。ほかと同じことをやってもしかたありません。何かをやりたくてもやれない状況でした。そこで、花はどうだろうかという話が浮上したんですね」

もちろん、それまでにサントリーで遺伝子工学の技術を用いた研究が行われていなかったわけではなかった。サントリー生物医学研究所では、所内で培養に成功したγ《ガンマ》型インターフェロンを一九八三年にアメリカのシェーリング・プラウ社に技術供与したり、発酵に関わる酵母の研究も盛んに行われていた。寿屋《ことぶきや》百年の歴史の中で培《つちか》ったブドウの育種交配、酵母の研究の蓄積もある。その蓄積は、カルジーン・パシフィック社にとって、また大きな魅力に映ったはずだ。

村はいう。

「酒の品種改良で培った技術をなんとか商品に応用したい。花は消費量が上昇傾向にありましたし、マーケティングがあまり行われていない分野でしたので、ウイスキーやビールでやってきたマーケティング部門での土地勘が活かせると考えたんですわ。それに、生活文化企業といううちのベクトルとも合う。法的な規制も少なく、参入障壁が低い。つまり、入場料が安かったということですな」

実際にサントリーが健康ビジネスの一環として「心の健康」をキーワードに、植物に乗り出そうと準備室を設けたのは、生活文化企業としての構想をもって数年後の八六年のことだ。既存事業以外の研究をビジネスに仕立て上げようとする部署として研究部が設置され、その中に研究企画部と研究主体である基礎研究所がつくられ、これまでに植物を手がけた経験のある社員たちが集められた。基礎研究所は大阪府三島郡にあるサントリー研究センターにあり、ウイスキー研究所、ワイン研究所と並ぶ研究所として位置づけられ、その基礎研究所の中に植物工学研究所(現・植物工学領域)が設けられた。研究が研究で終わるのではなく、具体的なビジネス上の成果を出すためのものだという意識が社内に高まっていたこともあり、植物とヘルスケアは既存事業以外の二本柱として設定されたのだった。当初、植物工学研究所に四人、研究企画部に四人という体制で新事業がスタートした。久住は、微生物の専門家としてマイアミ大学で海洋資源の医薬品への応用を研究して帰国した途端、植物研究の管理者としての辞令を受け、基礎研究所のヘッドとして着任した。

「心に花を咲かせよう」。佐治敬三会長のそんなツルの一声で始まったと宣伝される花事業だが、なぜ花だったかという前に、米や野菜を断念した理由があったのだと、花事業部企画担当部長の金山典生《のりお》は告白する。

金山は、東京大学農学部で植物育種を専攻した後、八四年にサントリーに入社。その後、専門の育種の知識を活かして中国で大麦の品種改良を行い、連雲港《レンウンコウ》に市政府と市の軽工業公司と合弁でビール工場をつくった。八八年末に帰国し、新規事業開発のために招集された一人である。花事業部では花のマーケティング、受注出荷、広報、販促、肥料の開発など、営業と生産以外のあらゆる業務に携わっている。

「穀物を手がけるためには主要農作物種子法という法律があって、開発した植物の種を誰でも増やすことはできないんです。キリンビールさんは当時、いずれ緩和されるだろうとおっしゃってましたが、いまだに規制はあります。野菜はどうかといえば、少量多品種ですし、口に入るものですと、ちょっと色やかたちが変わっただけで拒絶反応を示す消費者がおられるんです。嗜好性が高くて、企業の特色が出しにくい分野なんです」

進出分野を探るにあたっては、他社の動きは恰好の手本となった。とくに、「キリンさん」

という社名は彼らの口によく上る。野菜に進出したキリンビールは組織培養技術で「ジャガキッズ」という新商品を発表し、アメリカでビジネス展開した。また、種なしスイカや中国野菜を改良した「千宝菜」なども、独自の流通ルートを通じてスーパーマーケットで売り出したが、やはり消費者にはなかなか受け入れられなかった。

遺伝子組換え技術については、カゴメが、九二年十一月にイギリスのゼネカ社と、トマトや果物、野菜の品種改良を目指して提携した。キリンビールは、九四年十一月にカルジーン社と技術評価契約を結び、フレーバーセーバー遺伝子を導入した組換えトマトを日本で試験栽培して、栽培適性と安全性評価を進めることになる。

こうして、他社が次々と遺伝子工学を用いた野菜や果物の育種に乗り出し、欧米企業と提携していく一方で、サントリーは何歩か出遅れたがために他社の情勢を観察し、改めて自社の特化できる方向が花であることを明確にできたのである。

往々にして、サクセスストーリーは後付けでつくられるものだ。「心の健康」というキーワードも、研究成果を事業展開するための指針が必要だったため据えられたのだと金山はいう。実際には、アグリビジネスとしては最大のターゲットである米に進出する体制もなく、実力に応じた参入分野を絞った結果が、花だったといったほうが正確かもしれない。当時集まった研究者は大学院を卒業したばかりで技術レベルは低く、遺伝子組換えをやりたくともできない状況だったという。

「後になってわかることなんですけれどね。非常に消極的な印象があるかもしれません」

だが、残り物には福がある、ではないが、キリンビールなどの他社より数歩遅れたという悠長さが、後々にわたって同社にとって好都合となってくるのである。

ガーデニング・ブーム

花は嗜好品ゆえか、規制も少なく、食糧となる農産物に比べて比較的自由な市場を開拓し、農業の中で最もビジネス化が進んでいるといわれている。ここ数年の生産量と消費量の伸びを見れば、この経済不況の影響を受けつつも、安定して上昇傾向にあることがわかる。

「農林水産統計」の一九九九年農業総産出額(概算)によると、日本農業全体の総産出額は九兆四千百八十一億円で、うち、切り花や鉢花、花木などの花卉《かき》産出額は四千四百七億円で全体の四・七パーセントを占めている。十年前(八九年)の二・九パーセントからみると一・六倍、十五年前(八四年)の二・二パーセントからみると、実に二倍強の伸び率だ。また、農林水産省発表の「農業センサス」「農業構造動態調査」によれば、九五年度の全国の花生産農家は十一万四七六戸で、総農家数三二九万二〇〇〇戸の約三・四パーセントを占めている。農業総産出額が一戸あたり約三百二万円であるのに対し、花農家は約四百二十万円と全農家平均を約四割も上回る。他の農産物に比べれば、花は生産性の高い商品といえるだろう。

個人消費も着実に伸びており、総務庁の家計調査「一世帯当たりの切り花と園芸品と同用品の年間購入金額の推移」によると、切り花の年間購入金額は八〇年には六千円だったものが、九五年には一万三千円、九九年には一万二千九十四円と二倍以上に伸びて推移し、九〇年に調査が開始された園芸品等は、七千円が約一万円へと、九八年までの八年間で五〇パーセント弱の伸びを見せていた。農業全体での市場規模は小さいが、この成長率はまさに、この数年のフラワー・ブーム、ガーデニング・ブームと、その定着を裏付けるものだ。市場拡大をなぞるように、七〇年頃から始まった海外の切り花の輸入量は増大している。農水省調べの『平成十年度農林水産統計速報11―112』と『切り花輸入統計』によると、切りバラだけをみても、九八年の国内卸売数量が約四億八千万本に対して、インド産、韓国産、オランダ産など海外輸入の切りバラが約四千四百万本と、約一割を輸入が占めるようになっている。特に距離が近い韓国産のバラは日本で人気のある品種にターゲットを絞って生産されており、九七年には六万八千本だったものが、九八年には千百万本、九九年には二千五百万本と、実に四百倍近い伸び率となった。

花の個人消費の拡大は、園芸を扱うメディアも活性化させ、いまや園芸雑誌は書店の一コーナーを占拠している。九九年の調査では、園芸関係の定期刊行誌は四十八誌、そのうち十二誌が九〇年以降に創刊され、ムックなどを含めればそれ以上になる。中でも、七三年に創刊された日本放送出版協会が発行する「趣味の園芸」は公称発行部数九十万部のベストセラー雑誌となっている。購読者の三割が専業主婦、六十五歳以上が全体の二割以上を占め、読者の平均年齢は五十五歳。中高年、シルバー世代に支えられている雑誌といえるだろう。こうした傾向は、毎年全国で開催される花の展覧会に足を運べば一目瞭然である。主婦グループか熟年夫婦、シルバー世代の男女がほとんどで、若いカップルや独身者、子どもは少ない。

ガーデニング・ブーム、園芸ブームを支える消費者の中核は、主婦と定年退職後のシルバー世代である。

こうしたガーデニング・ブームは、九〇年、大阪の鶴見緑地で開催された「国際花と緑の博覧会」(花博)以降だと見る関係者が多い。バブル経済崩壊といわれたこの時期の花卉の年次別農業産出額を見ても、八九年から九〇年で二〇パーセント、九〇年から九一年で八パーセントの伸びを見せている。農水省が「カジュアルフラワーマーケット」という新市場創造プロセスを打ち出し、手頃な価格で手に入る日常用の花卉の安定的な供給を推進し、花の価格破壊が起こった。ダイエーやジャスコといった量販店やチェーン店が本格的に切り花販売に乗り出したこともその大きなきっかけとなり、従来の冠婚葬祭用や贈答用の高い花ではなく、一般家庭向けの手軽で安価な花が消費者に受け入れられていったのである。

たしかに、日本人の花に対する認識は、ここ十年あまりの間に大きく変わった。住宅街を歩けば、庭先に樹木を植え、玄関には箱庭のような整然としたプランターやコンテナガーデンを並べ、塀にはハンギングバスケットを吊し、道行く人の目を楽しませてくれる家が増えた。週末の園芸店は家族連れで満員である。贈答用の数千円の花束ばかりでなく、スーパーに設けられた切り花コーナーでは、バラでも花束をわずか五百円程度で購入できる。量販店で販売されるバラは、インドやベトナムからの輸入品も多い。

サントリーの花事業は、まさにこのガーデニング・ブームの流れにすんなりと乗った。花博会場のサントリー館に展示した花が、爆発的なヒット商品となったのである。

一九八六年、各部署の社員を招集し、一気に花事業の体制整備にかかっていたサントリーは、この年、早くもペチュニアの新品種の交配を成功させていた。八九年に発売した〈サフィニア〉である。初年度は五十万ポットを売り出したが、「花の中心部の色が黒いのはいい花じゃない」「素人みたいな色だ」などと評判が悪く、売り上げは三十万ポットと低迷した。だが、九〇年の花博をきっかけに、販売数量は年二、三割の伸び率を記録し、九八年には千四百万ポット、九二年から販路を開拓した欧米・オーストラリアでは日本の約四倍の五千五百六十万ポットをさらに売り上げ、いまやサントリー花事業部の主力商品となっている。

南米のパンパと呼ばれる茫漠たる草原を自生地とするナス科のペチュニアは、匍匐《ほふく》性といって、地面を横に這うように花が広がるのを特徴としている。プライベートでブラジル南部を旅した当時サントリーの社員だった坂崎潮《うしお》がこの野生種を持ち帰り、市販の園芸種と交配した結果生まれたのが〈サフィニア〉だった。みるみるうちに生育し、赤紫色の花がプランターからあふれんばかりに次から次へと咲き続け、少しばかり水やりをさぼっても、まったく弱らず病気にも雨にも強い。野生種の能力をしっかりと受け継いだこの〈サフィニア〉は素人でも簡単に育てられるため、ここ数年のガーデニング・ブームの勢いに乗り、評判を上げていった。

ペチュニアの改良には、世界の四大花育種会社、米ゴールド・スミス社、パン・アメリカン社、オランダのS&G社、そして日本ではサカタのタネがすでに乗り出していた。だが、これら先行他社がこれまでどうしても克服できなかった、雨に対する強さも兼ね備えた新品種を異業種の会社が成功させたことは、アグリビジネスに乗り出した他の企業を大いに刺激した。その後、キリンビール、サカタのタネ、住友化学、三菱化学、日本たばこ産業など八社がペチュニアの開発を行い、いまや〝ペチュニア戦争〟とまでいわれるようになっている。だが、そのきっかけをつくったサントリーは当初、〈サフィニア〉がこれほど売れるとはまったく予想していなかったという。八六年のペチュニアの交配成功があったからこそ、植物を一度は学んだ経験のある社員らが招集され、研究を具体的なビジネスに転換していく体制づくりへのゴーサインが出たと考えたほうがいいだろう。逆にいえば、このペチュニアの成功がなければ、花の事業化は途中で断念されていた可能性もあったということだ。それほど、〈サフィニア〉とは偶然の産物であり、当初は一人の社員の個人技といった感の強いものだったのである。

八〇年代初頭、キリンビールやカゴメ、三井東圧化学といった他社が、野菜や穀物を中心としたアグリビジネスに乗り出した頃、花の事業展開を考えたサントリーは、目先に具体的な商品があるわけでもなく、途方に暮れていた。彼らは、栽培方法や育種はもちろん、流通も販売も、花についてはまったくの門外漢だった。ただ、目標だけは大きく掲げてしまっていた。バイオテクノロジーで青いバラをつくろうというのである。

「植物をビジネスにしていくのに、何か象徴的なものが必要ではないか。それならば、これまで何百年もかかってできなかった青いバラの開発がいいんじゃないか。青いバラを開発しようという発想は、実は、カルジーン・パシフィック社から申し出のあるずっと以前からあったんです」(金山)

結局、花のいろはを知らないサントリーが最初に考えたことは、花をよく知る人に学ぶということだった。青いバラを目標とするサントリーが、鈴木省三《せいぞう》が研究所長を務める京成バラ園芸の扉を叩くのはごく自然なことだった。

「正直すぎるかもしれませんが、先の全然わからない赤ん坊の私たちに見えているところといったら、もう、京成バラ園芸さんぐらいだった」(金山)

しかも、当時、東京の研究企画部にいて後に〈サフィニア〉を開発することになった坂崎潮は、昭和三十年代に鈴木のもとで京成バラ園芸八千代農場長を務めた坂崎信行の息子であり、京成バラ園芸の社員からも、潮ちゃん、坊ちゃん、と呼ばれるほどの信頼があった。

こうした個人的な信頼関係もあり、サントリーは花の栽培を中心とする技術を学ぶために二名、バラの育種の研究のために一名、計三名の社員を京成バラ園芸の研究所に派遣した。

当時の鈴木は、〈乾杯〉が一九八二年にイタリア・ローマ国際バラコンクール金賞を受賞し、八六年に〈希望〉がモンツァ金賞、ハーグ金賞、八八年に〈光彩〉がＡＡＲＳ賞受賞と、「七、八〇年代は鈴木省三が最も輝いていた時代」(園芸関係者談)だった。

サントリーと京成バラ園芸が行った共同研究の最初のテーマは、バラの再生化技術だった。バラをいったんプロトプラストのレベルまで戻し、再び元の葉や枝のある植物体に再生することだ。細胞培養や遺伝子操作などのバイオテクノロジー研究の実験系をつくるために必須とされる技術――青いバラづくりの出発点である。

だが、千葉大学園芸学部教授の三位正洋によると、「バラの場合はいったんカルスにしても、そこから出てくるのは葉ばかりで、葉の芽が出ないために、茎に相当するものができないのが大半」だという。「たとえ遺伝子が細胞に入ったとしても、それが植物体にならなければバラに色をつけること自体が無理」という大きな関門だった。

京成バラ園芸の八千代農場の一角で始まった両社の共同研究は、従来の交配による育種だけではなく、青いバラを目標に、バイオテクノロジーを利用した育種の可能性を探ることになった。京成バラ園芸の担当者は、三位の教え子でもあった。

この共同研究はまったくの企業秘密で、農場の隔離された建物は「秘密の小屋」と呼ばれ、たとえ社員といえども関係者以外は立ち入り禁止となっていた。鈴木は、バラをまったく知らないサントリーの社員たちに、バラの育て方、接ぎ木の仕方、肥料や病虫害の対策、交配育種の方法等、すべてを教えた。

一方、〈サフィニア〉開発の動きは、バラの再生化とはまったく別のものだった。南米でペチュニアの野生種を採取した坂崎潮は、京成バラ園芸入社以来ずっと鈴木のもとでバラの栽培と育種に携わっていた研究開発部長の平林浩と共同で、ペチュニアの交配と選抜を行い、八六年についに新品種の交配に成功した。これを受けてサントリーは花事業の体制整備を行い、二年後の春の出荷に向けた準備を進めた。販売は、市場を経由せずに新苗を安定的に供給する体制をとるために、京成バラ園芸の契約農家で親苗をつくり、販売代理店に直接流通させる方法をとった。京成バラ園芸とサントリーの共同開発商品として、受注出荷本部は京成バラ園芸におき、サントリーは、当初は親苗の供給と販売促進だけを行った。九二年以降は、農家や経済連合会の紹介を受けて〈サフィニア〉だけで五十軒の農家と契約し、すべての苗を自前で生産できる体制を整えた。このように、契約した生産農家から直接花を販売代理店へ流通させることは、当時の研究企画部長だった岩田修二の発案によるもので、通常の花の流通方法とはまったく異なるものだった。

市場を通さなかった理由は、大きく二点あった。そもそも従来とは別の業界の商品であるため、市場で値段がつかないのではないかという予測があったこと。もう一つは、価格が変動することは、企業がビジネスとして運用するには不利だということだった。「市場に出していたら、失敗していたかもしれない」(金山)という。逆にいえば、「この流通体制づくりが、サントリー花事業の成功の秘訣だった」という園芸関係者もいる。

サントリーが市場の流通を調査した時点では、東京都だけをみても複数の市場卸売業者が分散し、未整理な状態だった。市場に出すということは、不特定多数に販売を任せることであり、実績もなく、また、異業種の進出が歓迎されるはずはなかった。一方、特定の販売代理店を通して販売すれば代理店側も商品を独占販売ができ、双方の信頼感のもとで価格も安定する。しかも、〈サフィニア〉をはじめとするサントリーの花はすべて品種名ではなく、登録商標である。つまり、ブランドだ。これは長年、酒で培った、ブランドを育てるというマーケティングの実績から生まれた戦略だった。ペチュニアではない。〈サフィニア〉という新しいブランドを限られた代理店で売りましょうというわけである。「消費者が新品種と錯覚することをあえて狙った面もある」と、あるサントリー社員は告白した。コカ・コーラやクリネックスのように、商標が一般名称化して権利が守れなくなるという商標の希釈化の問題はあるものの、普及のためにはそれもよしと考えた。そして、その販売戦略は見事に成功した。

花の流通

通常、切り花や鉢物は、生産者→市場→(仲卸→)小売→消費者という経路をたどって私たちの手元に届く。全国の生産農家で夕刻までに採花されたもの、品種によっては冷蔵庫で一晩よく水を吸わせたものが荷造りされ、冷蔵設備のあるトラックや飛行機、鉄道などの運搬手段で、セリ前日の夜十二時から当日の午前一時頃までに市場に届けられる。花はデリケートな生ものだ。生産者から消費者の手に渡るまでは、充分な目配りが必要となってくる。いかに花の鮮度を落とさず、姿かたちの崩れないままに消費者に届けるか、しかも、配送コストを削減するためにはどうするか、といった点は花の物流の最大のポイントとなっている。

現在、日本花き卸売市場協会加盟の公設・民間の市場は約百九十社、非加盟までを含めると、全国には約二百五十社の卸売市場がある。農林水産省が推進する市場整備計画に沿って、現在、地域の小規模分散型の市場流通形態から、それらを統合した大型市場流通型へと移行し市場流通の効率化が進みつつある。中央市場は二十三社で、そのうちの五社(足立、大田、葛西、板橋。世田谷は二〇〇一年四月開場)が東京都内にある。東京都中央卸売市場大田市場には、切り花を中心に扱う大田花きと、鉢物を得意とするフラワーオークションジャパン(FAJ)が隣り合わせでセリを行っている。

大田花きの場合、月から土まで週六日の毎日セリを行っているが、切り花が月火水金土の週五日、鉢物が火木土曜が中心で、月水金の扱い量の多い日を表日《おもてび》、それ以外を裏日と呼び、月金に比べると裏日は十分の一程度までに荷物の量が減ることもある。これは、生産者の出荷やメンテナンスのサイクルによるもので、全国の市場で共通の傾向である。セリは朝七時半頃から始まり、遅くとも午前十一時半までには終了する。仲卸業者や小売店など買参人《ばいさんにん》は一枚のオークションカードがあれば公平にセリに参加でき、前方正面に設置された八台の電光表示板を見ながら階段状に六百席ほど用意された買参人席で端末を操作するという方法である。

機械ゼリは世界最大の花市場、オランダのアールスメーアで三十年以上前から使用されているが、日本では、大田花きがNKKに依頼し、一九八九年の会社設立と同時に初めて導入した。手ゼリから機械ゼリになったことによる大きな変化は、取引が公正公平になり、売り手市場から買い手市場になったことである。以前は力関係によっては、商品の押しつけやギブ・アンド・テイクといった駆け引きもあった。支払いについても、催促されるまでは花店が市場に払わず、そのために市場も生産者に支払えないといった悪循環があったという。

だが現在は、初めて参加した買参人でも自在に操作でき、次から次へとスピーディに取引が完了していく。特別な感情が差し挟まる余地はない。終了後はカードチェッカーにカードを差し込んで売上伝票を受け取り、その伝票の番号順に仕分けされた商品をそれぞれトラックに運び込む。支払いは毎月二回行うかたちをとっており、実にシステマティックにスピーディに品物が流れていく。従来の手ゼリから機械ゼリ化したことをきっかけに、二代目さん、すなわち、小売店主がセリを自分の息子に任せるなどの世代交替も進み、会場には携帯電話で情報交換をしながらセリに参加する二十代男女の買参人の顔も目立つ。

電光表示板を見る。取引は「セリ下げ」といって、セリ開始価格から徐々にセリ値が下がっていく方式で、セリに参加した買参人が端末機のボタンを押せば、その瞬間にセリ値が止まって取引が成立する。ただし、値踏みをしすぎれば、当然ほかの買参人にもっていかれてしまう。

「はい、コスモスいきまーす。オレンジキャンパスー」「はい、伊志井(園芸)さんでーす。ベロニカー」「いい匂いしてるよ、これ」「少々曲がりー」「おー、きれいだよー、ほらー」

商品を抱えたセリ人たちの太い声が場内に響き渡る。一つの商品に費やす時間は、たった五、六秒。セリ人によっては、四秒程度で取引が成立する。

「あーいっちゃったよ」「どうしてあんなに早く押してるのにだめなんだよう。押してるのに進んでいくんだよう」

タイミングをはずした買参人が悔しそうにつぶやく。取材に訪れた九九年五月五日の取扱量は、梱包数で二万一千ケース弱、三万五千口。母の日という特別な休日を控えた〝物日《ものび》〟といわれる日だったこともあり、通常の一・五倍だった。いい商品は次々と高値で取引され、うまく買えない買参人も出てくる。

「要は、高く買えば誰でも落ちるんですよ」

大田花き商品開発部長の吉武利秀はいう。

「値切っちゃうから買えないんです。自分の店ではいくらで売るから仕入れはいくら、と自分の相場があれば問題はないはず。携帯電話で話すのも、だれている証拠です。物が少なくて緊迫している時はあんなことはできませんよ」

入社三年目で東京都のセリ人資格をとれるが、まだその時点では品物の相場をつくることはむずかしい。わかってくるのが四、五年目。手ゼリの時代は、「立って十年」といわれていた。この日は、ちょうど入社三年目の女性のセリ人がスターチスをさばいていた。

「セリ人は産地の代理人のようなものですから、自分が売っているものについては産地と情報交換しますし、産地の状況を把握していなければ相場はわかりません。商品によっては集中力をもってセリを引っ張らなくてはいけないときもあるし、流すときもある。時にはパフォーマンス、能書きも必要です。セリ人が百円だと思っても買参人が六、七十円しか値踏みしなかったときは、当然百円では買ってくれない。八十円、九十円でもこない。だんだん下げていくことで、花屋さんの気分からいえば、ああ、あいつは百円で売りたいのか、そうか、でもそれじゃ売れないからなあ、七十円でいきたいけど、じゃあ八十円で買っといてやろうか、といった歩み寄りがある。だから、一番最初のトップ値は基本ですから無理してもシビアにつくっていくんです。ある程度相場がこなれて確定したら、あとはだいたい流していく。花屋さんの欲しい価格帯で売っていくわけです。そうすると、一つでいいと思ったものが二つ買えちゃう。安く買えたと思うと、二つ三つ買っちゃう。そうやってだんだん相場がしまって、今度は逆に相場が上がってくるというわけです」

バラに関していえば、この日の相場は一本四百七十円から二百円と生産者によってかなり幅があった。セリの最初の段階で比較的値段の高いものが取引され、徐々に下がっていく。

「バラでも茎が七、八十センチと長いものから短いものまでいろいろあります。あとは産地の違いもあるでしょう。産地が強い場合は先に売って、ある程度値段をつけて相場をつくる。高くても欲しいという買参人はいますから。逆に百二、三十円で安くても安定的に売れればいいという生産者もいます。ただ、花屋さんが産地のものを信用するまでには時間がかかりますが、一、二回買ってみてだめなら次からは買いませんから。どんな商売でも同じだと思いますが、信用を失うのは一瞬です」

こうした、経験と信用が第一といえる花の流通の間隙を縫ったのが、サントリーの代理店販売制度だった。日本の花市場の特徴は少量多品目だといわれる。それだけ多様な需要があって品質も細かくこだわるわけで、このために新参や海外からの輸入物を安易にはびこらせないという側面があった。コストはかかるが、販売量が少ないうちは市場を通さないという方法は、日本の花市場の特徴を考えればたしかに一つの戦略ともいえた。

〈サフィニア〉の成功をきっかけに、サントリーはバーベナの新品種〈タピアン〉〈花手鞠〉、フクシアの新品種〈エンジェルス・イヤリング〉、トレニアの新品種〈サマーウェーブ〉と、次々と新しいブランドを登場させ、花事業部の売り上げは一九九九年には年間百二十億円に達した。この間、日清製油、キリンビール、日本たばこ産業、三菱化学、既存の種苗会社であるタキイ種苗やサカタのタネなども一部、サントリー同様の流通方式をとるようになった。こうした花の流通革命は「市場を均質化させる」(園芸関係者)とデメリットを指摘する声もあるが、大田花きのように、育種家とのネットワークづくりの中から新しい品種を生み出したり、インターネットによる取引システムを開発するなど市場の新しい動きも現れ、ますます花業界の市場再編に拍車をかける起爆剤となった。

バラの市場での評価は、バブル崩壊後、九〇年代なかば頃から徐々に変化してきた。それは、嗜好品としてのバラから、素材としてのバラへの変化だといわれている。一本千円以上のバラが出まわり、一つ当たれば農家は〝バラ御殿〟が建つといわれていたバブル時代に比べて、その後価格が安定し、消費者ニーズが多様化してきたことがその大きな要因だった。

多様化の一つが、婚礼形態の変化である。つまり、これまで結婚式の主役としてホテル等で大量に使用されたバラやランなどが、バブル崩壊以降のいわゆる地味婚ブームで、利用量が減少したという点だ。年間八十万組前後あった結婚式が現在は七十万組を割り、高価な切り花をふんだんに使用するスタイルからガーデン・ウェディングやレストラン・ウェディングといったカジュアルなスタイルに変化し、花もバラならいいというわけでもなくなってきている。

「バラの使用頻度は落ちてきた。一〇〇が五〇になったという状況かもしれない」と吉武はいう。

「ただそれは、バラの価値観が下がったというより、ポピュラーになったということなのでしょう。今でも十代から六十代までの女性を調査すると、花の中ではやはり人気ナンバーワンですから」

現在、日本で最も生産額の多い切り花はキクで、世界最大の生産国である。戦後を通じて切り花生産額の三割以上をキクが占め、バラは一九九二年に初めてカーネーションを抜いて二位となり、全体の一割以上を占めるようになった。農水省でバラの生産額の統計がとられるようになったのは一九六九年以降のことで、逆にいえばそれまでは主要な切り花ではなかったということになる。バラの生産額が増大した原因は、七八年、九八年と種苗法が整備されて権利が保護されるようになってきたことと、栽培技術の変化だった。

そもそも日本でガラス温室を利用した切りバラの生産が始まったのは一九一七年(大正六)頃。北米カナダに視察旅行をした大阪の猿棒《さるぼう》忠恕が洋ギク、カーネーションとともに〈アメリカン・ビューティ〉や〈キラニー〉〈ホワイト・キラニー〉などのバラをもち帰り、現在の東大阪市本町の瓢簞山《ひょうたんやま》付近でアメリカ式の温室をつくった。これが民間で温室バラを栽培した嚆矢とされている。その後、東京多摩川沿いにある温室村と呼ばれる一帯で大規模な生産が行われるようになり、戦前戦後になるとバラ栽培の中心地は神奈川県に移った。戦前は石炭焚き、蒸気による暖房装置が主流で、戦後は温湯《おんとう》暖房へと変わっていった。五二年(昭和二十七)頃からはビニールハウスを利用する農家も増え、徐々に石炭や石油暖房装置、ファンヒーターが普及していった。

バラは病虫害対策や水やりに最も神経を使わなければならない花だが、薬剤散布の方法も、戦前の手動噴霧機から高度成長期には自動噴霧機へと変化した。水やりもホースを使用していたものが、これも一九五〇年代には灌水《かんすい》装置が開発され自動化されている。

七三年のオイルショックはバラ生産にも大きな影響を与え、これを機に内装カーテンを二重三重にしたり、断熱材を改良したりするなど保温断熱技術が進歩し、暖房方法には温風暖房が普及していった。

こうした技術の進歩と同時に栽培方法に大きな変化がみられたのが、八五年(昭和六十)。茨城県と神奈川県のバラ生産者がロックウール栽培と呼ばれる栽培方法を導入したのである。これをきっかけに、愛知、静岡、愛媛、千葉と全国に急速に広がり、いまやバラの栽培方法の主流となっている。

ロックウール栽培とは、一九五〇年代後半にデンマークで開発された人工繊維を利用した栽培方法で、七〇年代に園芸用のロックウールが開発されたのを機に、オランダを中心とするヨーロッパ諸国に広まった。土を一切使用せず、肥料や水もコンピュータ管理で与える。土耕栽培に比べて生育が早く、収穫も上がり安定する。土耕の場合は、一年のうち生産できるのは八か月程度で、あとの期間は土を休ませる必要があるが、ロックウールはいつでも植え付けることができ、連作した場合の障害も防ぐことができる。コンピュータ管理ができるため省力化にもなるなど利点が多く、現在バラ出荷量の最も多い愛知県ではその六割以上、ほか主要産地の五割以上がロックウール栽培を行っている。「これまで夏にトマト、冬にシュンギクをつくっていたが、収益が安定しないため、バラのロックウール栽培に切り換えた。おかげで一年間同じペースで安定して栽培できるようになった」（宮城県のバラ生産者）という声もある。

こうした栽培技術の変化は、バラの人気品種も変化させた。現在、赤バラの七、八割を占める人気品種〈ローテローゼ〉が登場したのもこの頃だ。それまでの赤バラは、一九七九年に登場したアメリカの〈カールレッド〉という土耕栽培に向いた品種が人気だったが、これがロックウール栽培にはあまり向かなかった。それに対して、兵庫県のバラ生産者、アサミローズセレクションの浅見均が八六年に発表した〈ローテローゼ〉が、土耕よりもロックウールのほうが生産性が上がるということで急速に増加し、九二年には〈カールレッド〉に代わって日本のトップローズの座についたのである。ベルベット状の厚い花弁で、赤というよりも深紅の上品で高貴なバラだ。九六年の主要十五県の統計では、全品種の二一・三パーセントを〈ローテローゼ〉が占めた。

大田花き調査室室長の鈴木誠はいう。

「花束というとカスミ草と合わせるのが一般的ですが、このローテローゼというのはそれがどうも合わない。ハイクラスの人たちにとっては、カスミ草よりもユリのカサブランカとかハイブリッド・スターチスのミスティーブルーなんかと合わせたいと思うのです。バブル期にはそれで豪華さと上品さを追求していったというところがあった。ただ、今となってはローテローゼばかりなので、市場もちょっと飽きてきているのかもしれません。新しい品種も出てはいますけど、まだローテローゼを追い抜くほど強力なものではない。赤いバラというのはちょっとむずかしい段階にきているかもしれません」

青いバラができればヒット商品になるということだろうか。

「ほんとの青であれば、ですね。青いケシのようなブルーが出れば、どんな花でも売れます」

バラ生産者

切りバラ市場で日本一の高品質と評価を受けている切りバラ生産者が、神奈川県平塚市にいる。浜田光男・義雄兄弟の経営する浜田バラ園である。神奈川県といえば、現在は愛知県にその座を譲り渡したが、昭和四十年代にはバラ生産高全国第一位の県だった。浜田は当時、全国生産量の四割を超えるほどの人気品種となった〈スーパースター〉の生産で、質のいい花を出す生産者だと市場で一躍話題になり、「スーパースターの浜田」とまで呼ばれた人物である。

以後、浜田のつくるバラは高値で取引され、銀座や麻布などの高級花店やホテルに納められた。髙島屋バラカードに描かれたバラは、鈴木省三が作出した〈光彩〉(アメリカに渡って〈ミカド〉と名づけられた)だが、この撮影モデルとなったのは、浜田バラ園主の光男が栽培したものだった。市場では浜田のバラしか買わないという業者もあり、特に西武鉄道グループ総帥の堤義明に気に入られてプリンスホテルに出荷されているほか、これまでにも花店を通じて、尾上松緑(二世)の葬儀に〈スターリング・シルバー〉六百本という注文が入ったり、美智子皇后の母・正田富美子あてに薄紫の〈マダムビオレ〉が届けられたこともあった。また、明治神宮の新嘗祭《にいなめ》にも奉納していた。

写真家・秋山庄太郎もまた、浜田のバラを愛する一人である。四十五歳から三十年以上経てなお花の写真を撮り続け、これまでに青森の花鳥渓谷、川崎の向ヶ丘遊園、名古屋の東山植物園や岐阜の花フェスタ記念公園など、全国各地のバラ園や農家を旅して撮影してきた。浜田のバラとは一九九五年に知人の紹介で出会い、以後年に二回は、平塚へ撮影に訪れるのが慣例になっていた。九七年に出版した三百六十五点のバラが収められた喜寿記念写真集『薔薇《ばら》よ!』の表紙にも、浜田のバラを選んでいる。

秋山が撮影を行うとき、浜田は一週間前から準備を始める。撮影当日にいい状態に花が開きそうなものを蕾《つぼみ》の段階から選んで切り、冷蔵庫に入れたり温室に入れたり、作業小屋にもっていったりと、四方どこから見ても開き方が同じになるように開花の具合を調節した。当日は、朝六時に二十本から十本を選抜し、状態を保つのに一番いい場所を選んで保存しておいた。「浜田さんほど撮影時間を気にしてバラを準備してくれる人はいない」と、秋山の信頼は絶大なものだった。

普通の農家のバラは長くとも茎は五、六十センチ程度だが、浜田のバラは八十センチほどと長く、しかもまっすぐぴんと張って工芸品のようだった。花弁のまとまりもよく、蕾は中心に向けてほどよく締まっている。むろん、花弁や葉に焼けや虫喰い、病気などはない。

これだけの高品質が可能になるためには、「気象学、土壌学、肥料学、植物生理学、微生物学、みんな必要だった」と光男はいう。神奈川県農業試験場に行って気象データを入手し、「平塚における外気の平均気温」と題して、日射量、温度、湿度、降水量の変化を調べた。そして、日射量と価格の関係がちょうど反比例することを発見し、今度は「日射と単価の関係」をグラフにした。壁には光男が手書きした「液肥《えきひ》・施肥《せひ》量の表」や「窒素とカリウムの比率」の表も貼ってある。データをまとめた大学ノートも、日に焼けて黄色く退色していた。

ぴんと張りながら堅くなりすぎない茎をつくるには、ちょっとした工夫が必要だった。茎を堅くするには肥料にリン酸を利かせればいいといわれるが、あまり利かせると今度は篩管《しかん》が詰まって堅くなりすぎる。そのため、夜間に温室内の温度を上げることによって、茎が締まった状態で縦に長く伸ばすのがコツなのだという。

浜田のバラは土耕栽培である。ロックウール栽培が流行し始めた頃、「ロックウールをやらないヤツは馬鹿だ」といった同業者の言葉に反発を感じ、意地でもロックウールはやらないと決めたのだ。土耕栽培で最も恐れられているのは、土中の病原菌が水分を通して繁殖し伝染させる、根頭癌腫病のような病気だ。根や枝先、接ぎ木をしたところにこぶ状の大きな塊ができ、養分の吸収ができなくなるため、やがては枯れてしまう。水分を媒介にして感染して繁殖するため、被害にあった場合は、根元から抜いて焼き、土も換えるぐらいの処置が必要となる。

そこで浜田が始めたのが、酵母菌の研究だった。現在行っているのは、米糠《こめぬか》を酒粕《さけかす》で四、五日発酵させて苗を植える直前に振りかけ、耕して包み込むように植える方法だ。養分の補給経路が断たれるためか、癌腫病は三日目には白カビのようになり、六日目には茶色のかさぶた状になって次第に腐り、二十日から一か月で乾いてとれる。傷跡はまったく残らない。とはいえ、さすがに地面の中にできるものまではわからないこともあり、今も格闘は続いている。

「一年を通していかにコントロールしていくかが大事です。菌も大事だけど、酒粕も大事。米糠は花色に影響します。米糠をベースにして秋に油粕、冬は魚滓《かす》と米糠、リン酸分のいいものをやります」

土耕栽培の場合は土壌がやせたり不安定になるため、通常は五、六年で植え換えなければならないが、浜田の土壌では十年間は栽培することができる。これは、土耕では使用できないといわれていたピートモスという園芸用の苔を使用し、水はけをよくしたことが土の酸欠状態を防いだためだった。

「最終的には感性の勝負だ」という弟の義雄と、「感性よりも技術と勉強が必要だ」という兄の光男は対照的だった。兄が緻密に研究して策を練り、弟が商品として美しく仕上げる。そんなコンビネーションが浜田のバラを完成させていた。浜田バラ園へは、多いときで年間四、五百人の見学者が訪れたこともあったという。見学者には何も隠さず、すべてを教える。人に教えることで、自分が前に行ける――それが浜田の哲学だった。

平日の仕事は朝六時半から夜は七、八時まで。市場には月水金に出すが、月曜日の市場に出す場合は、前の週の金曜日の夕方六時頃にまだ堅い蕾の状態のバラを切り、選抜して束ね、七、八度に設定した冷蔵庫の水槽に浸す。日曜日の夕方五時頃までに運送業者のトラックが来るため、そこに水に浸したまま載せて市場に入れるといった具合である。つまり、バラ園で切ってから中二日でセリに出る。冷蔵庫の水槽で水につけるのは、水揚げといって花が鮮度を保つように充分水を吸わせるためだった。これによって庭先とほとんど同じ鮮度のまま消費者のもとへ届く。

選抜されなかったバラも素人が見ただけではどこが悪いのかわからない。若干花弁が開いているものや、花弁に小さな穴が開いたり葉がうねってアンバランスになっているもの、茎が少々曲がっているという程度だった。

「買う人の顔がわかるから悪いものを市場に出せないんです。花屋さんは毎日花を見てるわけでしょう。生産者の人間性まで読み取られちゃうような気がしてね。バラより人間を売ってるようなところがありますよ」

光男は笑った。

遺伝子組換え技術によって青いバラをつくることについてたずねると、光男は「人がやるものは自分はつくらないが」と前置きしてこういった。

「命は有限、アイデア無限って思ってるんです。今の不可能は人々が解決できないから不可能なんであって、今までの常識から飛び出せば可能になる。自己限定が壁をつくってしまうのではないでしょうか」

実は、浜田も兵庫県伊丹ばら園の育種家・寺西菊雄とともに青いバラの共同開発を行っていた。現在、青いバラと呼ばれる品種のうち、日本で最も人気のある〈マダムビオレ〉というラヴェンダー色のバラだ。浜田自身は、「青いバラをつくるのは無理だと思っていたので、最初から頭にはなかった」と青いバラと呼ばれることを否定するが、市場では青いバラに最も近いと評判のバラだ。

浜田が〈マダムビオレ〉の開発に取り組んだきっかけは、一九七六年頃、いつも浜田の花を買っている南麻布の花店「花よし」から、春先にいい花をつくってもらえないかと相談されたことだった。これまでにないような紫色のバラをつくりたいと考えた浜田は、十年以上前から取引のあった伊丹ばら園の寺西菊雄に相談をした。そこで交配したのは、いずれも青いバラと呼ばれたラヴェンダー色のバラだった。冬に咲くフィッシャーの〈スターリング・シルバー〉と、夏に咲くマリー・ルイーズ・メイヤンの〈レディX〉である。この二種類のバラを交配しておきながら、青いバラなど目指しているのではないとは、とても思えない組み合わせである。

もちろん、それだけで商品になるわけではない。寺西はさらに交配を続け、子どもの代まで交配してできたものを三株、再び浜田に送った。浜田がそれを温室で育ててみたが、なかなかいい株にはならない。二年半の歳月が経たち、もうだめかとあきらめていたところ、シュートといって株の根元から太い勢いのある新しい芽が出てきた。その芽を今度は台木の野バラの高い位置に傷をつけてテープでしばって接いでみると、その一か月後に紫色の花が咲いた。しかも、冬に咲く花である。花形もいい。

これはいける、と浜田は快哉《かいさい》を叫んだ。その後も試作を繰り返し、八一年にようやく発表できることとなった。浜田が〈スターリング・シルバー〉を毎週届けていたバーの女主人が、小粋なすみれ色の着物を着ていたために、マダム・ビオレットの名が浮かび、この名がついたという。翌年にはカネボウ化粧品「レディ80パウダーアイシャドウ」のキャンペーンソング「すみれSeptember Love」(一風堂)が大ヒットして紫色が流行し、〈マダムビオレ〉の市場での人気も急上昇した。紫色が好きだった美空ひばりが愛し、葬儀にも飾られたという。

ただ、〈マダムビオレ〉には園芸関係者から指摘される欠点がある。栽培がむずかしく、曇りが続いて突然晴天になると、葉がチリチリと焼けるのだ。寺西自身も一時は生産を中止しようと思ったほどで、花用の傘で日射しを避けて難をしのぐしかない。それでも浜田は、むずかしいからこそ育て甲斐もあると、過保護なまでに気を遣い、評判の高いほかの品種とまったく見劣りのしない〈マダムビオレ〉をコンスタントに市場に出荷し続けていた。ただ、残念なことがもう一つあった。それは、〈マダムビオレ〉という優雅な名から想像すると意外に思えることだが、香りがほとんどないのである。そのことを花店からたびたび指摘された寺西は、〈マダムビオレ〉を親にしてダマスク系の香りを加えた〈ブルーシャトー〉を作出したが、人気は〈マダムビオレ〉には及ばない。

寺西のもとへはサントリーからも声がかかり、材料を提供したり、大阪府三島郡の研究所まで出かけて協力したりしたこともあった。寺西は回想する。

「遺伝子組換えでつくるって知ったときは、やっぱりバイオの力を借りるしかないのか、これじゃあ十年経ってもでけんわ、と思いましたね。不可能ではないのだろうけど、バラの育種の歴史は複雑ですから、遺伝子を入れれば青い色になるというものでもない。もうすでにサントリーのプロジェクトは億単位でお金がかかってますが、いろんな報道がされてますから採算はとれているんじゃないでしょうか。普通なら研究は続けられませんよ。うらやましいですね。そりゃあやっぱり、青いバラには魅力を感じます。トライはしてみましたけど、交配でやる場合はマダムビオレが限界ですね」

頓　挫

ところで、サントリーが〈サフィニア〉の開発に成功した一方で、頓挫してしまったのが「秘密の小屋」で行われていた京成バラ園芸とのバラの研究だった。

この共同研究中止の経緯は、両社とも口を閉ざして語りたがらない。サントリー花事業部の関係者の中には、「京成バラ園芸さんとは、サフィニアの開発で提携しただけ」と、共同研究の存在さえ否定する者もいた。遺伝子組換え技術を一刻も早く実用化させたかったサントリーは、京成バラ園芸との研究だけでは限界があると考えたのである。

「その頃にちょうどカルジーン・パシフィック社から協力要請の話があったのです。すでに耐病性や害虫抵抗性の植物の技術を開発していたアメリカに比べると、オーストラリアは技術的にも遅れていたので焦りもあったのでしょう。私たちも、カルジーン・パシフィック社も、お互いがもっている技術を交換して急激にレベルアップする必要があった。カルジーン・パシフィック社は当初から青いバラをうたい文句にしていましたしね」(久住部長)

結果的にサントリーは、京成バラ園芸に出向させていた社員を、鈴木省三には充分な説明もないまま、急遽オーストラリアへ派遣した。そのため、これが鈴木の逆鱗にふれ、両社は契約期間途中で共同研究を解消してしまったのである。現在、両社にはバラについての契約関係は一切存在しない。多額の研究費を使用したにもかかわらずバラ研究が中止されたことで、その後、鈴木の社内における立場が微妙になっていったと語る関係者もいる。

「僕はもう、見切りをつけたんだ」

そう鈴木は回想している。遺伝子組換え技術を否定も肯定もしない。ただ、鈴木は、十九世紀のフランスに始まるバラの人工交配の歴史が、いかに細く限られた道しか歩んでこなかったか、野生種にはどんな力が秘められていたのか、バラの来歴すら知らずに、遺伝子レベルで問題を解決しようとすることがいかにナンセンスであるかを若い研究者にどうしても伝えたかった。「いつまでも研究していないで、早く結果を出してほしい」とサントリーと京成バラ園芸の双方から要求されたが、育種は早くても五年、普通でも十年はかかる。どだい無理な話だった。

「大金を無駄に使ってもいいならやればいいと。結局、面倒を見ていた社員も会社の命令でやっているだけだから、バラが好きだとかそういうのでは全然なかった。園芸というのは、絵とか音楽と同じで、好きじゃないとやっぱりだめなんですよ。そうじゃないと、苦痛でしかないんじゃないかな、園芸の仕事なんてね」

今でこそ、バイオテクノロジーをめぐる企業の吸収合併、分割、切り捨て、人材引き抜きは日常茶飯事である。結果を一刻も早く得て特許申請、あるいは上場するという企業のインセンティブを考えれば、必要なのは高度な技術と人材であって、先の見えない研究をひたすら続けても無意味だという考え方もあるかもしれない。だが、このことが、サントリーの青いバラ研究の出発点にわだかまりを残してしまったことは確かだった。

ブルー・ジーン

任務

東京都農業試験場の元職員で、現在は種苗会社ミヨシの技術顧問をしている花卉栽培と生産の専門家、鶴島久男はいった。

「これからは、人。人の時代ですよ。日本の植物研究の世界には、研究内容は世界的なのになかなか英語の論文を書く人がいなくて、日本育種学会の学会誌でも、日本語と英語の論文の両方を掲載し始めたのはここ数年のことなんです。今、遺伝子レベルの研究を行っている民間企業といえば、JT、キリンビール、サントリー、タキイ、サカタ、トーホクとわが社ぐらいのものです。でも、いくら会社に金があっても、人がいなきゃだめなのです」

そして、鶴島は、彼は世界的な研究者だといいながら、一人の人物の名前を挙げた。カルジーン・パシフィック社の研究員と共に、一九九三年の「ネイチャー」誌の研究論文に名を連ねていた唯一人の日本人、サントリー基礎研究所植物領域の主任研究員・田中良和のことである。

園芸、育種学の世界を取材していると、時折、大学や企業の研究者の口から田中の名が飛び出す。今最も植物の遺伝子を攻めている若手、育種界のホープ、そんな評判だ。だが、一方で、ポーカーフェイスで何を考えているのかわからないという声も耳にした。会社から箝《かん》口令《こうれい》を敷かれているからなのか、それとも彼自身の性格なのか、それはわからない。ただ、青いバラをつくろうと最前線に攻め入っている研究者の一人が日本人であることには、大いに興味を持った。

私は、大阪府三島郡にあるサントリー研究センターに、田中を訪ねた。髪を無造作に分け、メガネをかけた白衣姿の田中は、「遠方まですいません」と関西弁のイントネーションでいい、笑みを浮かべた。

田中が単身、カルジーン・パシフィック社への異動を命ぜられたのは九〇年の春、まだ三十一歳のときだった。京成バラ園芸の共同研究とは無関係の人材の登用となった。

「青いバラをつくりたいっていう話が会社にあったのは知ってましたし、誰かオーストラリアに行くかもしれんいうのも知ってたんですけど、誰が行くんかなあ思ってたら、おまえ行けとなった。僕は花には全然興味なかったですし、知りませんでしたから、へえーと。まあ、今でも花はよくわかりませんけど」

またもや、こういう人物である。拍子抜けするほど肩の力が抜けていることが、かえって大物の片鱗を感じさせた。

田中がサントリーに入社した一九八三年は遺伝子工学が流行し始め、あらゆる企業がバイオテクノロジーに進出、投資を行っていた頃である。大学時代に生化学を専攻し、酵素を研究していた田中が、まずサントリーで行ったのは酵母の研究だった。酵母はイーストといえば馴染み深いが、ワインやビールの発酵を助ける菌類の一種だ。サントリーの、まさに伝統と歴史のある中枢部分を担う場所にいたといえるだろう。

実は、門外漢には一見回り道のように思える田中の学生時代以来の酵素研究は、その後の青いバラづくりの重要な基盤となっている。

酵素とは、あらゆる生物の体内で行われる化学反応を引き起こすための触媒となるタンパク質のことをいう。生物の体内では、常に、数え切れない化学反応が随時互いに組み合わさりながら、一定の秩序をもって瞬時に進行している。この反応を導くものが、それぞれの反応に対応した酵素である。酵素の存在が知られる前は、生物の体内で行われる生命活動はすべて、生命に宿る神秘的な力によるものと考えられていた。だが、一八九七年、ドイツのキール大学の研究者E・ブフナーとM・ハーンが、この正体をつきとめた。ビール酵母を砂と珪藻土《けいそうど》に混ぜてすりつぶし、布に包んで圧搾機を通し、腐らないように砂糖を加えてみると、生きている酵母と同じように、二酸化炭素とアルコールを生成し始めたのである。

これが、生物の体内で行われる活動が試験管内で観察できることを発見した最初の、偶然にして画期的な実験だった。ブフナーによって、この発酵を引き起こす物質はチマーゼと名づけられた。以後、十九、二十世紀にかけて、化学的な手法を用いて、生物の体内で行われているあらゆる化学反応を解明しようとする生化学が、発酵や解糖に関わる酵素の研究を中心に発展していくのである。

具体的には、生物を構成するタンパク質や核酸、脂質、糖などの構造と機能の解析や、生物が外界からエネルギーを獲得するための物質輸送や物質代謝とその調節などの研究である。そうした研究を通して、発生や分化、遺伝、免疫、癌、知覚などの生命現象が、生体を構成する分子の構造や性質をもとに説明されるようになっていく。遺伝子情報を分子レベルで解明しようとする分子生物学、遺伝子工学、現在話題となっているヒトゲノムの機能解析などを網羅する大きなカテゴリーといえるだろう。

では、これを青いバラでいえばどうなるか。花の色は主に、花弁表面の一層だけの細胞の液胞と呼ばれるところに、どんな色素がどんな状態で存在しているかで決まるといわれる。そこで、液胞で行われる花の色の発現のしくみを知り、バラにはなぜ青色がないかを知り、バラを青くするためには何をすればいいのかを知り、青いバラを生み出す。生化学的にいえば、バラの色素をつくるために関与する酵素と遺伝子の働きを知ることによってバラの発色機構を解析し、バラの花弁に青色を発現させること、といえばいいだろうか。これがまさに、田中を中心とするサントリー基礎研究所植物領域の数名の研究者に課せられた任務だった。

そもそも、花の色を構成する色素には、カロチン、フラボン、アントシアンの三種類があり、これらは花の三色素と呼ばれている。カロチン類が、ニンジン、トマト、カボチャ、カキなどに含まれていることはよく知られている。赤や黄色、オレンジ色をしており、花弁だけではなく、根や葉、茎などにも含まれている。また、フラボン類は薄い黄色から濃い黄色、アントシアン類はオレンジ、ピンク、赤、紫、青色などさまざまな色があり、フラボン類とアントシアン類を合わせてフラボノイドと呼んでいる。カロチン類は水やアルコールに溶けにくいため、花弁の細胞の液胞に含まれていることはないが、一方でフラボン類とアントシアン類は、花弁では糖と結合して存在しているため、水によく溶ける。

これらフラボノイドのうち、青色に関係する色素がアントシアン類だ。そのうち、糖が結合した色素配糖体をアントシアニン、糖をはずした骨格部分の色素本体をアントシアニジンと呼び、水酸基やメチル基の数が異なる約二十種類のアントシアニジンがある。どんなアントシアニジンをもつかによって、花のだいたいの色が決まり、中でも、おもなアントシアニジンには、朱赤色・橙《だいだい》色を示すペラルゴニジン、深紅色を示すシアニジン、赤紫色・青色を示すデルフィニジンの三つがある。

例外はあるが、この世にある青い花の多くはデルフィニジンをもっている。だが、切り花市場の売り上げの大半を占める三大切り花の、バラ、キク、カーネーションの花弁にはなぜかデルフィニジンはなく、シアニジンとペラルゴニジンしか含まれていないため、青い品種はなかった。これまでマグレディやメイヤンら育種家が懸命に育種してきた青バラと呼ばれるバラは、いずれもシアニジンから赤味を抜く方向で交配が重ねられたラヴェンダー色のもの。どんなに交配しても青くならないのは、デルフィニジンがなかったためで、当然のことだったのである。だが、デルフィニジンがあるからといって必ず青くなるわけではなかった。デルフィニジンにも、赤紫から青という色の幅があるためである。

実は、青い花がなぜ常に青いのかをめぐっては、科学者たちの間で、これまで約一世紀にわたり論争が行われていた。田中らは青いバラをつくるためにまず、この百年の研究をさかのぼる必要があった。

青い花論争

そもそも植物色素の研究は、十七世紀イギリスのロバート・ボイルに始まったといわれる。ボイルは、「気体の体積は圧力に反比例する」というボイルの法則であまりにも有名だが、色素研究においても、重要な基礎を築いていた。酸性・アルカリ性の実験で知られるリトマス試験紙の発明である。一六六一年、リトマスゴケをアンモニアと炭酸カリウムで処理して発酵させて植物色素リトマスをつくり、これを用いて、色と酸性、アルカリ性の関係を明らかにし、その結果、リトマス試験紙が開発された。

新しい色素の工業的な応用価値は高く、金儲けもできるとあって、科学者たちにとっても色素は魅力的なターゲット。中でも、着物の染色に使用するためにも、花の色が工業的に利用できるかどうかは重要な課題だった。

ただ、十八、九世紀になっても花の色素を純粋なまま抽出することはできなかった。

その最大の理由は、一言でいえば、花の色はその花が生きていてこそ、鮮やかな色を保っているからだといえるだろう。それが時間とともに移ろおうとも、花が生きている限り、その花弁の細胞の液胞の中で花の色は保たれている。だが、その色は、外部へ取り出そうとするとすぐに消えてしまうのである。純粋な結晶として抽出できないばかりか、採取する溶媒によっても色が変わってしまう。花の色というのは、とらえどころのない霞《かすみ》のようなものだった。

そんな中、花の色を純粋な結晶として取り出すことに成功したのが、ベルリン大学教授の有機化学者、リヒャルト・ヴィルシュテッターだった。きっかけは、オーストリアの園芸家の家に育った植物学者ハンス・モーリッシュの論文からヒントが与えられたことによる。モーリッシュはこう書いていた。花びらを顕微鏡で見るときに、スライドに固定するために酸性液でカバーをしたところ、翌日赤い結晶がスライドに付着していた、と。

酸性液で結晶が付着する——。この一文にヒントを得たヴィルシュテッターは、強い酸性液を加えた溶媒で花の色素を純粋に取り出すことに成功したのである。その後も次々とさまざまな花から色素を抽出し、オレンジ、ピンク、赤、紫、青色に関係する色素アントシアン類の結晶も世界で初めて抽出に成功して化学構造を明らかにした。現在もなお利用されているアントシアン類をはじめとする植物色素の化学構造の多くは、ヴィルシュテッターが明らかにしたものだ。

そして、ヴィルシュテッターのこの実験が、その後の青い花論争の発端となる。

青い花には、ツユクサやヤグルマギク、アサガオなどがあるが、これらの青い花の色素をヴィルシュテッターの実験通り、酸性液を加えた溶媒で抽出すると、もとの花弁の色とは違って赤色になってしまう。なぜ花弁では鮮やかな青色なのに、結晶は赤くなるのか。逆にいえば、アントシアン類はなぜ、時に、花弁の中で鮮やかなブルーを示すのか。

ヴィルシュテッターは、この理由を試験管内の実験の結果、酸性かアルカリ性かというpH《ペーハー》の状態に左右されるものと考えた。アントシアンが試験管内で酸性だった場合には赤、中性では紫、アルカリ性では青となるため、花弁の中でも同じことが起こっていて、青い花というのは花弁がアルカリ性になっているためだと発表したのである。一九一三年（大正二）のことだ。ヴィルシュテッターはこの二年後に、植物色素、特にクロロフィルの研究でノーベル化学賞を受賞している。

だが、これに対して、東京大学の植物生理化学者・柴田桂太ら日本人研究者が異議を唱えた。一九一六年、青い花論争の始まりである。

柴田の論点は以下の三つだ。

まず第一に、植物の液汁《えきじゅう》は通常、酸性であり、アルカリ性になるのは、病的な状態にあるときだということ。

第二に、アントシアン溶液をアルカリ性にすると、たしかに赤から青になるが、鮮やかさに欠け、ヤグルマギクやツユクサのような自然の花の青色とは異なること。

第三に、その青色はすぐに退色して黄色や褐色になり、自然の青い花のように安定しないこと。

さらに柴田は一九一六年と一九年に新説として、「米国化学会誌」に「金属錯体説《さくたい》」を発表した。植物の中に普通に含まれているマグネシウムやカルシウムなどの金属元素が、アントシアンの分子と結合して特殊な錯体(一つの原子を中心に複数の原子が立体的に手をつなぎあった状態)をつくったとき、花弁が青くなるのではないかという考え方だ。

だが、この論文が掲載されるやいなや、ヴィルシュテッターの共同研究者が侮辱的な文言をちりばめながら猛烈に反論した。柴田にはフラボンについては研究の蓄積があったものの、アントシアンについては結晶標本すらなかったからである。金属錯体説の立証のためには、まずはその結晶を取り、分析するしかなかった。

柴田桂太の論を継承した元東京教育大学教授・林孝三の門下で研究生活を送った明治学院大学教授の斎藤規夫は、ヴィルシュテッターに対する柴田の反論についてこう解説する。

「酸で植物を抑えつけると、タンパク質も糖も構造がバラバラになってしまう。ヴィルシュテッターの実験の一番の問題は、生物を無理やり酸で抑えつけようとしたことでした。柴田先生は、強い酸で取ろうなんて乱暴すぎると批判したのです。優しく取らないとだめだと。そんなことをいったのは、柴田先生が生物学者だったからでしょう。生物がいかなるものか、わかっていた。ヴィルシュテッターは化学者なのです」

柴田は東京大学の生物学講義の冒頭で、「生物学の目的は生命を識《し》るにある。これは自然科学の対象として捉えようがないので、まず生命現象を研究する」と語ったという。花の色も生命の営みとして観察しようとする柴田の姿勢が、後に、生物のエネルギー生成に関わる酸化還元酵素チトクロームなど、生命活動の根源物質であるタンパク質の研究に行き着くのは当然でもあった。

だが、金属錯体説の発表から数年後、その立証に時間を要していた柴田らに対して、三人の研究者からさらなる反論が起こった。そのうちの二人はヴィルシュテッターの弟子で柴田の実験方法の不備を指摘しただけだったが、もう一人の反論者は、一九三七年にカロチノイド類、フラボン類の構造研究と、ビタミンA、B_2の合成に成功してノーベル化学賞を受賞した著名な有機化学者、スイスのポール・カラーだった。

カラーの主張は、単純だった。青い花と赤い花を燃焼させると、残る灰の量は青い花のほうが多い。だから、青い花はアルカリ性だというのである。

関東大震災と第二次世界大戦をはさみ、柴田らが彼らに再反論できたのは、四五年(昭和二十)だった。

まず柴田らが取り組んだのは、実際に数多くの青い花の液汁のpHを測定することだった。二百種以上の花を調べ、青であれ赤であれ、どんな色であっても植物の液汁は酸性であることを明らかにした。そして、酸ではなく、水とアルコールだけで、ツユクサやアサガオ、アヤメなどから青い色素を青いまま結晶にとることにも成功した。これは並大抵のことではない。通常、色素を結晶で抽出する場合は、花弁が十キログラムあってようやく一グラムとれるかどうかというところだ。しかも、水とアルコールに浸しただけですぐに色素が沈殿してくるものもあれば、二時間から半日かかるものもある。その沈殿物を固体にし、夾雑物《きょうざつ》を取り除く。そのうえ、この実験にはスピードが肝腎だ。

さらに、柴田もカラー同様、実際に青い花と赤い花を燃やして灰の量を比べてみた。すると、こちらも、必ずしも青い花の灰が多いわけではないことがわかった。それだけではない。金属錯体説を裏付けるように、その灰の成分には、マグネシウムやカルシウム、カリウムなどが含まれており、これを試験管内でアントシアンと混ぜたところ、青い色素をつくることにも成功したのである。

この発表後、柴田の金属錯体説は徐々に理解されるようになり、戦後、柴田の弟子だった林孝三らに継承され、具体的に立証されるのである。

この頃になると、一九三一年にオックスフォード大学のロバート・ロビンソンによって提唱された分子間コピグメント(助色素)説も加わって、青い花論争がさらに活発になった。分子間コピグメント説とは、花弁の細胞に含まれる無色のコピグメントという物質が、アントシアン類と共存した場合に複合体をつくって青くなるという説である。助色素となる物質には、フラボン類やタンニン類が挙げられている。

その後、ロビンソンや、イギリスのジョン・イネス園芸研究所の遺伝部門の研究者らが共同でアントシアン類の分子レベルの研究を行い、四〇年頃までには、アントシアニンの酸化、メチル化、アシル化などの化学反応が遺伝子によって支配されることを明らかにした。花弁が赤から青に変化するときには、一つの水酸基が支配しているということ、朱赤のペラルゴニジンが、深紅のシアニジンを経て、赤紫のデルフィニジンとなるためには、一つの水酸基の増減が支配しているということだった。

これは、遺伝学者トーマス・H・モーガン門下のジョージ・W・ビードルとエドワード・L・テータムらの研究に引き継がれ、「一遺伝子一酵素(ワンジーン・ワンエンザイム)」説(一九四二)、すなわち、一つの遺伝子が一つの酵素を支配し、酵素反応によって遺伝形質が表現されるとする説へと受け継がれる重要な理論となっていく。ロビンソンはその後、天然のアントシアニンやアルカロイドを完全に合成することに成功し、四七年にノーベル化学賞を受賞した。

青がここまで研究された理由を斎藤はこう説明する。

「青というのは、アントシアンが非常に無理な構造をキープしているのです。そのためのからくりがあって、青は複雑、赤は単純。紫にも赤にもなるアントシアンの構造が三次構造、高次構造までわかればすべての統一原理がわかっていくのではないかと考えられたのです。黄色からオレンジはカロチノイド、黄色から赤、紫、青はアントシアニン、緑はクロロフィル。カロチノイドとクロロフィルは構造式そのものが個体の色を表しています。一つの色素分子が変幻自在にマルチにいろんな色を表現するのは、アントシアニンだけなのです。青がわかればすべてがわかる。もちろん、本当のことはわかりません、赤のほうが実はもっと複雑なのかもしれませんが」

一九五〇年から六〇年代にかけて、東京教育大学の林孝三を中心とする日本の研究者たちは、赤い花や青い花から自然のままで赤色色素や青色色素を結晶で取り出すことに成功していた。化学構造を研究するために、不純物を含まない状態で色素を取り扱うことは、世界中の研究者が待ち望んでいた画期的な出来事だった。現在、植物の色素研究が世界で最も進んでいる国はどこかと聞けば、日本と答えても間違いではないだろう。それは、ヴィルシュテッターに反論を投げかけた金属錯体説の柴田桂太を起点とし、林孝三とその弟子たちに受け継がれた、地道な花の色素研究の積み重ねの成果である。

色素を純粋に結晶化できるのであれば、あとはさらに地道にそれぞれの花を調べていくしかない。青色色素は、基本となる赤いアントシアン分子に有機物や鉄などの金属元素が結合したりして青くなるのだが、その構造は同じ青い花でもそれぞれ異なる。だが、その異なる構造の中にも、何か共通点を見つけ、青色を支配する統一原理を見つけたい。それが、彼らの目標だった。

転換点となったのは、一九七二年(昭和四十七)、斎藤規夫らがこれまでの青色色素のように金属元素などをまったく含まない青色色素をキキョウから取り出したときだ。それは、これまでの青い花論争で唱えられた説では説明できないものだった。ヴィルシュテッターのpH説でもなく、アントシアン類とフラボン類のような有機物が共存すると青くなるというロビンソンの助色素(分子間コピグメント)説や、マグネシウムや鉄のような金属元素と結合して青くなるとする柴田桂太の金属錯体説でもない。アントシアン分子だけが、青色をつくっているのである。金属元素がないのに、三日も四日も青い色を保つケースはこれまではなかった。もともとは赤いはずのアントシアンが、なぜか、何かによって青くなっているのである。

斎藤はこの青色色素の化学構造を調べ、これまでの学説とは違って、アントシアン分子の中に新たな有機酸が二分子以上含まれる複雑な構造をしていることを明らかにした。このことは、斎藤の後にも、シネラリアやロベリア、ムラサキツユクサなどで同じ色素が確認された。

この現象は以後、分子内コピグメント説と呼ばれ、アントシアン分子の中で、ベンゼン環（ベンゼンの炭素原子六個がつくる平面六角形の構造）のついた芳香族有機酸がまるで数珠のように何分子も連なり、それがサンドイッチ状になってアントシアニジンをはさんでいるものだった。

これらを総合的に判断すると、バラを青くするためのいくつかの道があると考えられる。斎藤はいう。

「一つは、金属か何かがアントシアンと結合すること。二つめは、強力なコピグメント作用があること。それから三つめは、色素の分子の中で有機酸の側鎖《そくさ》がついていること。そして、四つめとして、pHがアルカリ性になる場合と同じ条件を花弁の細胞の中につくって、それで色が安定するからくりがバラの中にあれば、バラでも充分に青くできるチャンスはあるだろうと考えるのが常識的でしょう。

その一方で、世界的なバラの原種を調べていくというのも一つの方法で、そういう構造の痕跡のある品種がないかを探していく。それと同時に、化合物の構造を明らかにした場合に、どれが原始的でどれが進化しているかとか、これまでの化学成分から合理性のあるなしを調べていくわけです。それで、ああ、このバラにはこういう性質のものが含まれているから、じゃあ、これとこれを掛け合わせて、うまくいけば、もっと青い色が出てくる可能性があるからやってみましょうか、と。そういう物好きな人が出てきたときは、非常にいい線のものが生まれるかもしれません」

バイオテクノロジーの研究者の間では、現在、青いバラをつくるための条件として、以下の五つのアプローチが考えられている。

①　バラには青色色素の成分であるデルフィニジンがないため、まず、デルフィニジンをつくらせるための酵素の遺伝子をほかの花から取り出して、バラに導入する。そして、バラの花弁の中に、デルフィニジンを高濃度に生成させ、蓄積していく。

②　ほかの花からバラに導入した遺伝子が、根や葉、茎ではなく、花弁で、しかも、色素が合成されるタイミングを見計らって働くよう、時間と場所を調節する遺伝子を導入する。

③　細胞質の液胞のpHが花の色に大きく影響していることがわかっている。赤のニュアンスが強いほど酸性、紫や青のニュアンスが増すほど中性からアルカリ性に近くなる。こ

のため、pHを調節する遺伝子を利用して液胞のpHを高めに制御して、青色を発色させる。
④ デルフィニジンを①のように蓄積しても青くならない場合がある。このため、助色素と呼ばれる物質を合成したり、カルシウムやマグネシウムなどの金属元素と結合しやすい性質をもつバラの品種を探す。
⑤ 安定的に、バラの遺伝子操作が行える科学的なシステムを確立する。

このようにみると、たんに別の花から取った青色の遺伝子をバラに入れればいいという単純なものではなく、入れる遺伝子も一つではないことがわかるだろう。青色の遺伝子、正確には、バラにデルフィニジンという青色色素を発現させるための酵素の遺伝子を入れたからといって、花弁がすぐに青くなるわけではないのだ。しかも、入れた遺伝子が、花が色づくタイミングを見計らって花弁で働いてくれなければ困るし、うまく遺伝子が働いたとしても、液胞液が酸性に強く傾いていたら青くならない可能性もあり、pHを調節する遺伝子も導入しなくてはならない。それでも青くならない場合は、デルフィニジンが助色素や金属と結合する必要があるかもしれない。そして、科学的にも、商品化を目的とするという意味においても、いきあたりばったりではなく、いつバラに遺伝子を導入しても同じ結果が出るような安定的なシステムを確立していかねばならない。

青色色素デルフィニジン

一九九〇年五月、サントリーがカルジーン・パシフィック社とブルー・ローズ・ジョイント・ベンチャーを設立した頃は、まだかなり楽観的だったのかもしれない。

青ではないが、すでにペチュニアで遺伝子を入れて花の色を変えるという実験に成功したチームがあったためである。それは、八七年、マックス・プランク研究所のH・サドラーのグループと、ペチュニアの育種家だったG・フォークマンらが、赤レンガ色の花弁のペチュニアをつくったという実験だった。ペチュニアには赤レンガ色の色素のもとになる基質はあるが、それを赤レンガ色に変える酵素はない。そこで、その酵素の遺伝子をトウモロコシから取り出して、赤レンガ色の色素の基質をたくさんもつ白いペチュニアに導入したところ、花が赤レンガ色に変わったのだった。

ペチュニア研究の権威である千葉大学園芸学部教授・安藤敏夫によれば、「ペチュニアにはもともと赤レンガ色の野生種が存在するため、この実験は順番が違うとして批判を受ける」という。だが、遺伝子組換えによって新しい色に変化するというこの研究成果は種苗会社、園芸会社に大きな影響を与え、オランダをはじめ園芸の盛んな国々の研究者たちは、花の色を合成する経路に関与する遺伝子を見つけようと競い合った。

青いバラも五年でできると予想された。九五年には、青いバラ成功の第一報を世界に発表できるはずだったのだ。事実、田中良和がカルジーン・パシフィック社に出向し、「ネイチャー」誌に発表した九三年頃までは、そんな勢いがあった。

「僕が行ったときは、研究はすでに二、三年進んでいまして、いろんな方法を試したけどだめだったことが続いて、ようやくある方法論が見つかった頃でした。ですから、あとは、ある花から遺伝子を取って、その遺伝子が正しい働きをするものかどうかを確認して、別の花に導入してみる。そんな研究でした」

アントシアニンの合成のための出発点は、フェニルアラニンというアミノ酸である。フェニルアラニンを出発点として生合成が始まり、ある地点を境目に、働く酵素の違いによって、ペラルゴニジン、シアニジン、デルフィニジンと三方向に枝分かれしていく。三つに分かれる分岐点は、一個の水酸基(OH基)をもつジヒドロケンフェロールという化合物なのだが、そのまま生合成が進むとペラルゴニジン方向へ、また、ジヒドロケンフェロールにフラボノイド3′水酸化酵素(以下、F3′水酸化酵素)が働いて水酸基がさらに一個追加されて二個になるとシアニジン方向へ、そして、フラボノイド3′5′水酸化酵素(以下、F3′5′水酸化酵素)が働いて水酸基が三個になるとデルフィニジン方向へと進んでいくことがわかっていた。(次頁図版参照)

バラやキク、カーネーションに欠けているのが、ジヒドロケンフェロールをデルフィニジン方向に変化させる、このF3′5′水酸化酵素だった。これがないために、デルフィニジンが合成されず、青い花ができないのである。ならば、F3′5′水酸化酵素の遺伝子をほかの花から取り出して、バラに入れてみればデルフィニジンが合成されるのではないかというのが、

アントシアニン色素の生合成経路と遺伝子の制御機構

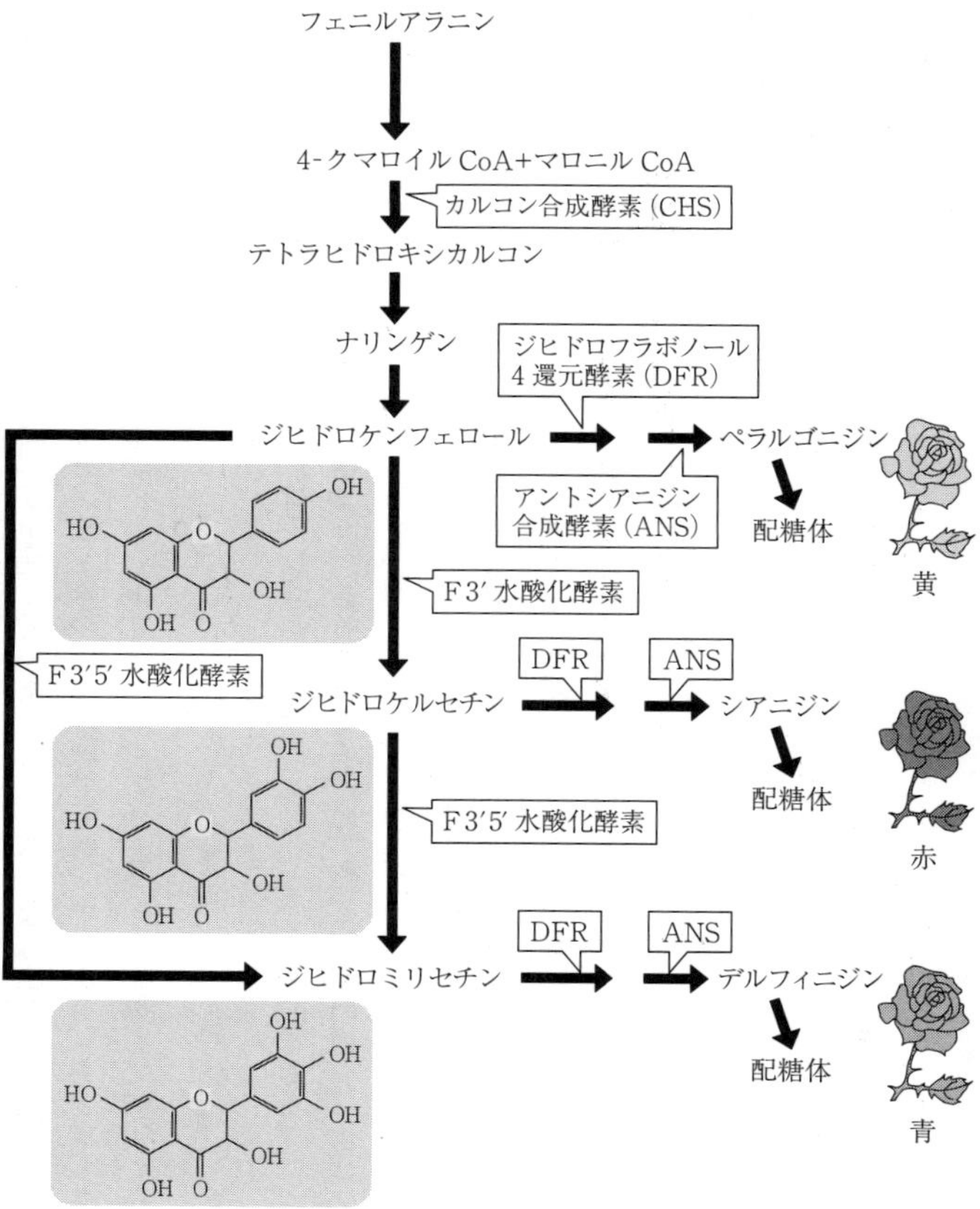

カルジーン・パシフィック社とサントリーの研究の出発点だった。
たとえその特定の花に特定の遺伝子がなくとも、種の壁を超えた遺伝資源を利用できるのが、遺伝子組換え技術という育種方法の画期的なところである。これまで私は、ほかの花から「青色遺伝子」を取り出してバラに入れると記してきたが、その実態とは、ジヒドロケンフェロールをデルフィニジン方向へ変化させる「F3′5′水酸化酵素の遺伝子」をほかの花から取り出して、遺伝子組換え技術によってバラに取り込ませようというものだった。青色の遺伝子というのがあるわけではなく、デルフィニジンを生成する働きをもつ酵素の遺伝子、F3′5′水酸化酵素の遺伝子のことをメディアの人間を中心に、誰もが便宜上そのように表記していただけである。

遺伝子組換えの方法にはいくつかあるが、バラの場合は、双子葉《そうしよう》植物に用いられるアグロバクテリウム法が採用された。まず、アグロバクテリウムという細菌から取り出されたリング状の核外遺伝子、Tiプラスミドの一部であるT—DNAと呼ばれる部分をハサミの役割をする酵素によって切り取り、そこにF3′5′水酸化酵素の遺伝子をノリの役割をする酵素でつなぐ。ここで、運び屋となったT—DNAは、F3′5′水酸化酵素の遺伝子を載せた状態で再びアグロバクテリウムに戻される。そして、遺伝子を導入するバラの葉などの切片とこのアグロバクテリウムを培養皿に入れ、数時間から数日間おくと、バラはアグロバクテリウムに感染する。そのときアグロバクテリウムからTiプラスミドが外に放出され、F3′5′水酸化酵素の遺伝子を載せたT－DNAがバラの細胞の中に取り込まれて核の染色体に組み込まれるという仕組みである。植物の細胞には全能性があるため、しばらくするとこの葉片《ようへん》のカルスから芽が出て、寒天と植物ホルモンを加えた培養皿におくと根も出て一人前の植物となる。

ただ、遺伝子を入れるにも植物によって難易度の差があり、また染色体のどの部分に遺伝子が取り込まれたかは、それまでの技術ではコントロールできなかった。感染させる先も、果たして葉が適当であるのかどうかもわからない。一般論では説明できても、果たしてバラでうまくいくのかどうかはわからないという状態だった。

このため、田中らがまず最初に遺伝子組換えに挑戦した植物はバラではなく、ペチュニアだった。

「F3′5′水酸化酵素の遺伝子を入れればなんとかなるのではないかということは、オランダのJ・モルという研究者の論文ですでに知られていたことでした。ただ、どうやって遺伝子をとるかが問題ですし、何の花からとるのかという選択もありました。結局、僕たちが選んだのはナス科のペチュニアでしたが、それは、この花がすでにかなり遺伝子解析が進んだ花だったこと、そして、一世代の期間が短く、交配や栽培がしやすいことが大きな理由でしたね。別にペチュニアである必然性はありませんでした」

ペチュニアはすでに、十四本ある染色体のどの位置にどんな遺伝子が載っているかまで解明されていた。また、一つの遺伝子というのは通常染色体上の一つの遺伝子座に存在しているが、青いバラをつくるために必要なF3′5′水酸化酵素の遺伝子は、ペチュニアの第一染色体上のＨｆ１という場所と、第五染色体上のＨｆ２という場所に位置していた。しかも、Ｈｆ１はＨｆ２より強く発現し、Ｈｆ１が花全体で発現するのに対して、Ｈｆ２は花冠のみで発現することもわかっていた。

ただ、F3′5′水酸化酵素自体の性質はほとんど研究されていなかったため、田中らは、その性質を調べるところから着手した。まず、ナリンゲンという基質を使ってF3′5′水酸化酵素の活性を調べたところ、花が開花する直前に酵素が細胞膜で最大に働くことがわかり、そのほかの知見も合わせた結果、F3′5′水酸化酵素はチトクロームＰ４５０というタンパク質の一種ではないかと推定された。チトクロームＰ４５０とは、哺乳類を中心に百種類以上の構造が知られていて、植物の中では水酸化や植物ホルモンの生合成など、さまざまな反応に関わる一般的なタンパク質だ。

そこで、開花し始める頃の花弁を集めて、花弁に特異的に働くチトクロームＰ４５０の遺伝子をＰＣＲ法という遺伝子増幅法で二十個程度取り出した。ただ、これらの遺伝子が本当に花弁に青色を発現させる遺伝子なのか、つまり、F3′5′水酸化酵素の遺伝子なのかを確認する必要がある。そのためには、取り出した遺伝子をペチュニアに入れて花を咲かせてみればいいのだが、ペチュニアは花を咲かせるまでに四か月から半年程度かかる。そこで、遺伝子の働きがあったかどうかを早く確認するために一般的に行われる方法として、田中らはチトクロームＰ４５０の遺伝子を酵母に入れて遺伝子組換え酵母をつくってみることにした。

そして、一九九一年六月。ついに、遺伝子組換えが成功し、チトクロームP450遺伝子の活性、すなわち組み換えた遺伝子が酵母でうまく働いていることをその目で確認することができたのである。しかも、Hf1とHf2の両方に対応する遺伝子を取り出すことができた。田中がサントリーに入社する前から酵母の専門家だったことは、前述した通りである。

「カルジーン・パシフィック社では、酵母の活性を計るのが僕の仕事で、活性があるとわかったとき、みんなに見せて回ったんです。そうしたら、エドウィナ・コーニッシュが涙を流していました。感動して泣いたんだと思います。それまでは、いくら遺伝子を入れても活性が見られなかったわけですからね。ベンチャー企業というのは、そういうふうに一つひとつ成果が挙げられないと会社の存続に関わるんです。七月には特許を申請しました」

カルジーン・パシフィック社の研究担当役員エドウィナ・コーニッシュは、「何百万という遺伝子からたった一個の遺伝子を探し出す作業は、研究というよりもまるで探偵のような仕事だった」(『Qantas』)と、成果が出るまでの悶々《もんもん》とした日々について語った。

藤色カーネーション

エドウィナ・コーニッシュはメルボルン大学で微生物学を修め、八八年にカルジーン・パシフィック社に入社した女性研究者だ。現在は、研究、商品開発から知的所有権の管理業務の担当役員であり、首相諮問機関の科学技術委員会のメンバーやビクトリア州政府の科学技術特別委員会の立ち上げに貢献するなど、いまやオーストラリアのバイオ産業開発におけるトップリーダー的存在となっている。

コーニッシュがカルジーン・パシフィック社に入社して最初にやった仕事は、遺伝子組換えによって長持ちするカーネーションづくりで、現在、「エヴァ」と呼ばれている技術である。コーニッシュは「何もしていないカーネーションが死んでいくのに、遺伝子組換えをしたカーネーションが咲き続けていることは、とてもとてもエキサイティングだった。でも、それは次の挑戦への一つのステップに過ぎない」(同前)と語り、目標である青色遺伝子を取り出す研究に着手した。

田中がいうように、青色遺伝子を確認した瞬間は、社内はお祭り騒ぎだったようだ。だが、コーニッシュは、すぐに冷静さを取り戻し「これは、まだ最初の段階。遺伝子を消費者に売るわけではない。遺伝子が組み込まれた花の中で働いてくれなければ意味はない」(同前)と指示した。

というのも、F3′5′水酸化酵素の遺伝子、すなわちチトクロームP450の遺伝子を入れればデルフィニジンができるかもしれないということは何も彼らが発見したことではなく、すでに研究者の間ではよく知られていたことで、あとは誰がどう科学的に証明するかだったからである。当時は、カルジーン・パシフィック社とサントリーだけがこの研究を行っていたわけではない。カルジーン・パシフィック社が青いバラづくりを目標にし始めたのと同じ頃、トワイフォード・インターナショナル社も青いバラづくりを目指して研究施設をつくると宣言したと報道されており、日本国内でも、キリンビールと協和発酵の二社が競合し、青いバラ戦争などと呼ばれていた。その状況は九〇年代初頭には、日本国内の女性誌などでもたびたび好意的に紹介されていた。

だが結局、F3′5′水酸化酵素の遺伝子は、カルジーン・パシフィック社とサントリーによって世界で初めて取り出された。これが、九一年八月「ネイチャー」誌のニュース欄に掲載された「オーストラリアの企業、青いバラに近づく」と題する小さな記事だったのである。

引き続き、田中らは、同じチトクロームP450の遺伝子を今度は実際の植物であるペチュニアに導入した。酵母で活性を確認できたとはいえ、実際に遺伝子を入れた花が咲かなければ意味がない。最初に遺伝子を入れたペチュニアは、pHが低くて見た目は青くなく、花粉が青いだけだったが、田中にとってはそれで充分だった。花粉の色もまた遺伝子に制御されるため、花粉の青さはたしかにこの遺伝子がF3′5′水酸化酵素の遺伝子であり、青い花をつくるために有効な遺伝子であることを示すものだったからだ。

遺伝子は、目的とする植物の染色体に組み込まれても、実際にその組み込まれた遺伝子が読み取られなければ、新たな形質にはならない。このため、遺伝子組換えを行うときは、外から導入する遺伝子の読み取りをここから開始せよと指示する遺伝子(プロモーター)を頭につけ、ここで読み取りを終了せよと指示する遺伝子(ターミネーター)をおしりにつけて導入する。田中らは導入した遺伝子がうまく発現して花弁の色がもっと濃くなるように、このプロモーターをさまざまに変え、さらに濃い色のペチュニアをつくった。この一連の研究成果が、「ネイチャー」九三年十一月十八日号に発表された、「花の色をコントロールするチトクロームP450遺伝子のクローン化と発現」だった。

このとき、協和発酵とキリンビールが、それぞれの開発担当者によれば、「ほんの数時間の差」でペチュニアとナスから同じ遺伝子のクローニングに成功していた。各社の研究室でまさに熾烈な青いバラ戦争が行われていたことを物語る事実だが、結論からいえば、その後まもなく両社とも青いバラ事業から、とくに、協和発酵は九九年に植物育種事業すべてから撤退した。

「そもそも遺伝資源を持たない化学会社が、種苗会社と同じことをやってもおもしろくない。技術はあっても、実際に花を青くするまでの遺伝子発現系を探すにはまだまだ時間がかかる。技術はあっても金にはならんということがはっきりしたわけです」(協和発酵バイオケミカル事業担当者)

いずれにせよ、結果的にはこの時点で、サントリーとカルジーン・パシフィック社は青いバラ競争に参加していた企業の中から、頭ふたつは抜きん出たかたちになった。そして、ほかの研究機関が青い花を遺伝子組換え技術でつくろうとする場合は、すべて彼らの特許が関係してくるようになったのである。

もちろん、企業であるからには、論文発表と特許取得で終わりではない。この間、カルジーン・パシフィック社はアメリカのオークランドにあるアグリバイオのベンチャー企業、DNAプラント・テクノロジー社を株主に加え、また、ヨーロッパのライバル企業の買収も行った。遺伝子組換えで白いキクをつくり、販売しようとしていたオランダのフロリジン・ヨーロッパ社である。この買収は研究上だけではなく、ヨーロッパ市場への展開を図っていたカルジーン・パシフィック社にとって最も重要なものとなった。この買収をきっかけに、花の生産や宣伝広報活動をオランダに移し、研究の中心部分をオーストラリアに集中させることができたのである。研究の成果を挙げることが、即、企業の拡大に結びつく。ベンチャーゆえの身軽さである。

さらに彼らが商品化へ向けて挑戦した花が、三大切り花の一つ、カーネーションだ。ペチュニアで成功しても、カーネーションで成功するとは限らない。同じカーネーションでも品種によって遺伝子組換えの効率がまちまちだった。アグロバクテリウムとカーネーションの組織を一緒に培養する時間や温度もさまざまに工夫する必要があった。遺伝子が導入できても色は安定せず、背丈や生産性にばらつきがあった。百本つくって一本いいものが出るかどうかだ。その一本をさらに挿し芽で増やし、遺伝的に均一で色の安定したものをつくっていった。最終的にデルフィニジンが百パーセント働いた藤《ふじ》色のカーネーションを完成させることができたのは、九四年だった。

九九年十月の園芸学会で、田中良和はカーネーションづくりについて次のように語っている。

「水酸基が一つのカーネーションにF3′5′水酸化酵素、すなわちチトクロームP450の遺伝子を導入しますと、水酸基が三つになるのでもう少し綺麗な青色になるはずですが、もともとカーネーションの中にはこういう代謝経路がありますから、すでにある代謝経路と外から入れた代謝経路の闘争が起こってしまうのです。闘争があると、外から入れた遺伝子が一〇〇パーセント勝つのはなかなかむずかしい。デルフィニジンも合成しますが、ほかのアントシアニンも合成してしまうのです。

そこで、考えたのがペチュニアのジヒドロフラボノール4還元酵素(DFR)の遺伝子を利用することでした。ペチュニアには黄色がありませんが、これはペチュニアのDFRには水酸基が三個のものを好んで還元する基質特異性がある代わりに、水酸基が一つのものだと還元できずにペラルゴニジンがつくられないためです。そこで、この性質を利用して、DFRの遺伝子が欠損している白いカーネーションにチトクロームP450遺伝子とペチュニアのDFRの遺伝子を入れたところ、デルフィニジンが一〇〇パーセントの藤色カーネーションが完成したというわけです」

つまり、こういうことだ。水酸基が一つのジヒドロケンフェロールにF3′5′水酸化酵素の遺伝子を導入した場合は、たしかに水酸基が三つのデルフィニジンができるが、カーネーションはもともとDFRの遺伝子をもっているため、同時にペラルゴニジンやシアニジンも合成して黄色や赤にもなってしまう。そこで田中らは、水酸基を三つもつ化合物に対する作用が強いペチュニアのDFRの遺伝子の性質に着目し、カーネーションのうちあらかじめDFRをもっていない白い品種(野生種に近い品種ではないかといわれる)にまずF3′5′水酸化酵素の遺伝子を導入して水酸基を三つにし、さらにペチュニアのDFRを導入することによってこ

れをデルフィニジンへと向かわせたのである。(二〇〇頁図版参照)

ただし、このカーネーションはあくまでも藤色。田中自身、「これをもって青色カーネーションとはいえません」と控えめだった。青いバラへの五つのアプローチのうち、まだ第一段階を終えただけなのだから当然だろう。だが、彼らにとって重要なのは、青にならなかったことではなかった。遺伝子操作によって花の色を変えることで新しい品種が誕生し、それがビジネスになる可能性が見えたことだった。

その後、彼らは各国の遺伝子組換え植物の指針にのっとって、組換え植物が環境などに影響を与えないと確認した結果、安全性評価実験を終了、一般の圃場での栽培許可を得た。まず九六年にオーストラリアで、その後、エクアドル、オランダ、日本で商品化への道をたどることとなった。日本では国内生産を見送り、オーストラリアから空輸を行うかたちをとった。サントリーは、遺伝子組換え技術の国内での取り扱いに慎重な態度をとったというよりは、まずは販売して消費者の動向を見、国内生産へ踏み切るかどうかの判断を行ったとみていいだろう。九四年十一月、藤色カーネーションは、遺伝子組換え大豆の日本モンサント、「フレーバーセーバー・トマト」のキリンビールに続き、国内三例目の遺伝子組換え植物として、販売を認可された。

さらに、この間、新品種を保護するための権利を獲得していく必要があった。現在、新品種を保護するための世界共通の工業所有権制度には、特許庁所管の特許制度と農水省所管の植物品種保護制度の二種類があり、二重の保護を受けている。前者は、新規性や進歩性を保護の要件として産業を発展させるために、その発明者の権利を保護するという目的をもつもの。後者は、枝変わりや突然変異などのたんなる発見も含めて新品種を保護し、農林水産業の発展のために品種の育成を振興させるという目的をもつものである。特許は、第三者が追試できるかどうかまでの技術の開示が必須であり、その代償として保護されるものだが、後者の場合は技術を開示する必要はない。

藤色カーネーションの場合、まず、F3′5′水酸化酵素の遺伝子を導入して花の色を変えることについての特許は、前述したように、カルジーン・パシフィック社とサントリーの共同会社であるインターナショナル・フラワー・ディベロプメンツ・プロプライアタリー・リミティド社の保有するものである。しかし、遺伝子組換えを行った際に遺伝子の読み取り開始を指示するプロモーターは一部、アメリカのモンサント社の特許に関わる35Sプロモーターを使用していた。ただ、そのロイヤルティーについては、機密保持協定があり社外秘である。学会で田中が講演するたびに質問の声が上がるのが、このロイヤルティーに関してだったが、「特許は出願して二十年で切れる。35Sプロモーター特許は二〇〇四年には切れるから、これから開発しても問題はないでしょう」「ロイヤルティーというか、モンサント側にもなんらかの見返りはある」と、守秘義務を理由にうまくかわすのだった。

ただ、九九年一月十二日につくば市で開催された農水省等の主催の「次世代組換えDNA技術開発研究・国際情報交流会議」でモンサント社の技術提携チームリーダーであるデューク・リーヘイは、あくまでも一般論とした上で、ロイヤルティーの相場が売上額の一～五パーセント程度であることを認めている。医薬品では五パーセント前後が相場であることと比べれば、植物は多少低めということだろう。リーヘイはまた、技術によってケース・バイ・ケースではあるが、研究開発段階からの非独占的なライセンスなら、一般的には一万～二万ドル程度だと明かした。これが、藤色カーネーションに該当するのかどうかは不明である。いずれにせよ、九四年の完成から販売まで三年。国の安全評価指針に沿った許可を得て、特許関係を明らかにするまでに要した時間はほぼ二、三年とみられた。

また、もう一つクリアしなければならないのが、植物品種保護制度である。これは、九一年UPOV条約(改正)、すなわち、植物の新品種の保護に関する国際的なルールを定めた条約に基づくもので、これを批准した日米欧豪など四十四か国は、この条約に沿って国内法を整備する必要があった。七八年に制定されたUPOV条約が九一年に改正となった背景にあるのは、バイオテクノロジーの急速な進歩である。育成できる植物が増えたこと、国際的な流通の発展、コスト高などであり、さらに育成者の権利を強化する必要があったことが大きなポイントであった。新しく、「従属品種」という概念も設けられ、バイオテクノロジーによる遺伝子組換えや細胞融合のように、全体の特性は変えないまま一部の性質だけを変えた場合は「従属品種」だとして、元になった品種の育成者の権利が一部及ぶようになったのである。遺伝子組換え技術で青いバラをつくることに関していえば、安定して均一なものが栽培でき、他の品種と区別できるのであれば、その青いバラを新品種として種苗法登録できるが、その際、遺伝子組換えの元になったバラがたとえば別の赤いバラであれば、その赤いバラの育種家の権利は保護しなければならない。さもなくば、元の品種も自分たちで開発したものを使う必要があった。

こうした新品種の権利関係の問題を整備した藤色カーネーションは、日本国内での隔離圃場試験と一般圃場での試験栽培を経て安全性確認を得、また、消費者への理解を求めるため遺伝子組換えの表示が行われた上で、九七年十月二十七日に記者発表され、各紙誌は好意的な論調でこれを伝えた。東京都内のホテルや百貨店を中心に販売された藤色カーネーションは〈ムーンダスト〉と名づけられ、値段は既存のカーネーションより一、二割高く、一本三百〜四百五十円。年内十万本、翌年は百万本の出荷を目標とした(実際は翌年の九八年九月末までで二十万本)。

国内の遺伝子組換え農産物第一号。月の光のように上品な淡い青を特徴として名づけられた〈ムーンダスト〉。花言葉は、「永遠の幸福」だった。

ベンチャー再編

一九九四年に藤色カーネーションを完成させたカルジーン・パシフィック社は、その直後、社名をフロリジン社と変更した。この経緯について同社のリサーチ部門ディレクター、ステファン・チャンドラーにたずねたところ次のように回答があり、これ以上この点に言及することを拒まれた。

「フロリジンという社名は、カルジーン・パシフィック社時代に買収していたオランダのフロリジン・ヨーロッパからとりました。フロリジンのほうが、私たちの花事業をよく反映する社名ですし、私たちがもうアメリカのカルジーン社とは一切関係のないことを示したかったからです。アメリカのカルジーン社は最初の数年間は、オーストラリアの森林事業や切り花産業に興味を示していましたが、その後、戦略プラン上のいくつかの理由から、フロリジン社に対して公平な態度をとり続けることを拒んだのです。カルジーン社はもう株主ではありませんし、その後も一切関係ありません」

ここにもまた、企業戦略が複雑に交錯し合うバイオテクノロジー業界の熾烈な闘いが垣間《かいま》見《み》える。だが、九四年に社名変更、カルジーン社株主撤退という事情は、これもまた後付けにはなろうが、青いバラを目指すフロリジン社とサントリーにとって非常に幸運だったといえる。

九〇年代なかばから九九年春頃にかけて、世界中の植物バイオ関係企業は整理再編成の嵐の只中《ただなか》にあった。七二年に誕生した遺伝子組換え技術をめぐって、世界中の主要穀物種子産業が血眼《ちまなこ》になっていた。その技術が生み出す成果よりも、企業の買収合併の情報と株価が机上に届く。九四年に世界で初めての組換え農産物として、カルジーン社の日持ちのするトマト「フレーバーセーバー」が商品化されて以来、九五年には組換えナタネ、組換えジャガイモ、組換え大豆、組換えトウモロコシ、組換えワタ、組換え加工用トマト……と、遺伝子組換え農産物は主要穀物市場に進出を開始し、二十一世紀までには六千億円の市場が形成されるとの予測も立てられていた。企業の興亡はめまぐるしく、今日描いた戦略地図が明日描き換えられるような勢いだった。いったい何が始まるというのか——アグリバイオ企業の動向を追っていた者にとっては、文字どおり目眩《めまい》をおぼえるほどの激変だった。

簡単にいってしまえば、八〇年代に設立された独立系植物バイオベンチャー企業が、その後アグリバイオビジネスに進出した欧米の大手化学企業や大手農産物企業数社に買収統合され、主要穀物をめぐる世界展開への戦略地図が整えられていった、といえるだろう。その目指すところは、医薬、農薬、動物性薬品、栄養食品といった生命科学技術関連の事業を抱える総合ライフサイエンス企業だった。

戦国時代の大将ともいうべき買収合併の大本となった大手農芸化学企業は、アメリカのモンサント社、ドイツのヘキスト・シェリング・アグレボ社、イギリスのゼネカ社。中でも、極めて動きが目立ったのは九一年「国家バイオテクノロジー政策」の中で、遺伝子組換え技術を利用した農作物開発を国家戦略に掲げたアメリカを拠点として、その後巨大アグリバイオ企業へと成長していくモンサント社だった。

アメリカ・ミズーリ州セントルイスの北部にあるモンサント社は、薬品会社のセールスマンだったジョン・F・クィーニィによって一九〇一年に設立され、七〇年代初頭までは人工甘味料のサッカリンの製造販売を行う企業だった。モンサント社の方針に大転換が起こるのは、七二年のポール・バーグ、そして、その翌七三年のコーエンとボイヤーの実験、すなわち、遺伝子工学の幕開けとなった実験だった。遺伝子を操作することによって新しい展開を図ろうとしたモンサント社は、害虫駆除と雑草のコントロール、病気に強い、といった三点を新しい企業戦略とし、九五年には、モンサント社の名を一躍有名にしたラウンドアップ・レディ大豆を商品化する。モンサント社の除草剤ラウンドアップと一緒に用いれば、ほかの雑草は枯れるのに、遺伝子を組み換えられた大豆は枯れないというものだった。つまり、その大豆を栽培する場合は、常にラウンドアップを用いなくてはならないわけだ。大豆のつぎには除草剤耐性ナタネ、害虫に強いジャガイモ、九六年には害虫に強い除草剤耐性トウモロコシが商品化された。

ラウンドアップはもともと畑用ではなく、線路や道路脇のように草が生えては困る土地に用いる除草剤で、一〇〇パーセント植物を殺すため非農耕地用によく売れていたものだ。だが、アメリカの除草剤は非常に高い安全性が要求されているため、新規商品の開発にまで乗り出す農芸化学企業はなく、日本企業が開発した除草剤を集めてまわっているような状態だった。そこで、農薬企業が生き残りをかけて開発したのが、除草剤耐性の遺伝子組換え植物だったのである。

その結果、農薬の使用量は従来のものと比べて格段に減り、収穫量も増加した。主要穀物への遺伝子組換え技術の進出は、当然農家をも潤す。九七年には大豆農家の十数パーセントだった除草剤耐性大豆は、九八年には七〇パーセントと拡大し、農家のインターネットのホームページで、「儲けた、儲けた」といったあからさまな会話が交わされることもあった。農薬の使用量が減るということは、農耕地、国土全体の延命ともなった。

そして、モンサント社がアメリカ最有力のベンチャー企業であるカルジーン社に買収話をもちかけたのが、九五年の八月だった。カルジーン社はすでにフレーバーセーバー、ラウリン酸をつくるナタネを商品化し、翌年には除草剤耐性のワタを商品化することになっていた。円滑に統合を進めるために経営権を一〇〇パーセント取得することを信条とするモンサント社は、カルジーン社設立以来の最高経営責任者(CEO)だったロジャー・サルキストを辞任に追い込み、自社からCEOを派遣するという買収作戦へと乗り出し、九七年五月には完全子会社化に成功したのである。その後も、モンサント社は九八年五月に米デカルブ・ジェネティクス社と、十九世紀に生まれた穀物王カーギル社の国際種子活動部門を買収した。

戦略地図は次々と書き換えられた。世界最大のトマト栽培企業であるメキシコのELM社は、アメリカのDNAプラント・テクノロジー社を買収し、モンサント社との技術提携に合意した。ドイツのヘキスト・シェリング・アグレボ社は、ベルギーの有力ベンチャー企業だったプラント・ジェネティック・システムズ社を買収。買収されていないほぼ最後のバイオベンチャー企業だといわれたオランダのモーゲン社も、イギリスのゼネカ社に買収された。その後、ELM社はゼネカ社とトマトの共同開発で提携し、タバコ部門をイギリスの企業に売却、野菜・果樹のバイオ部門に特化することを決め、九八年七月にはトウガラシの遺伝資源を求めて、韓国トップと三位の野菜種子会社を買収するなど、世界中の種苗関係者を驚かせた。

この間、日本企業で目立った動きを見せたのは、キリンビールだった。カルジーン社との間にフレーバーセーバーの契約を結んでいたキリンビールは、九七年三月にモンサント社と遺伝子特許のクロスライセンスを行うことを発表した。商品化に必要な特許を双方が交換供与し、その遺伝子を実用化した場合にはロイヤルティーを支払うという契約である。キリンビールは岡崎国立共同研究機構基礎生物学研究所と共同で開発した耐冷性に関する遺伝子群をモンサント社に供与した。モンサント社が大豆やトウモロコシ、ワタなどの主要穀物にこの遺伝子を導入した場合、キリンビールにロイヤルティーが支払われるというものだ。また、モンサント社がキリンビールに提供したのは、薬剤耐性遺伝子と35Sプロモーター遺伝子の二つを花卉分野で非独占的に使用できる権利だった。

医薬事業とともにアグリバイオ事業において、国内の同業他社にすでに先行していたキリンビールは、飲料や食品、外食事業に続く経営多角化の第二弾としてフラワービジネスを据えていた。八〇年代後半からは花卉の販売とリースを行う会社を設立したり、組織培養苗の生産販売会社に資本参加、九一年には大田市場の中に花卉の仲卸会社を設立するなど、国内の地盤固めを進めた。一方で、八〇年代後半から九〇年代前半にかけてトワイフォード・インターナショナル社や世界最大のスプレーギク育種・苗生産販売会社であるオランダのフィデス社、世界最大規模のカーネーション育種・苗生産会社であるスペインのバルブレ・ブラン社に資本参加、九五年にはついに世界最大の花市場であるオランダのアールスメーア市場内の花卉仲卸会社ヒルヨ社を買収した。外国種苗企業への資本参加、買収を繰り返し、キクとカーネーションを中心とした巨大な〝キリン花王国〟を築いていったのである。モンサント社からは、キリンビールの買収した企業へ権利を移譲するサブライセンス権も得ており、今後、キク、カーネーションといった主要花市場に遺伝子組換え技術を利用した新品種が登場するだろうといわれている。

ここに羅列した売買収は、主要なケースの一部である。だが、七二年の遺伝子組換え実験成功以来約二十五年を経て、植物バイオの新技術を先頭で引っ張ってきた多くのベンチャー企業が、モンサント社、ヘキスト・シェリング・アグレボ社、ゼネカ社という三つの企業を中心に吸収合併を繰り返し、そこに欧米だけでなくアジア進出を狙うメキシコＥＬＭ社が進出し、ほんの数社の大手企業が大胆なリストラを行いながら世界の植物バイオ市場を牛耳《ぎゅうじ》るという異様な国際展開の時代へと歩を進めることになったのである。

（筆者注・その後、九八年十二月にはヘキスト社とフランスのローヌ・プーランク社がライフサイエンス事業を統合し、一年後、フランスにアベンティス社を設立。これによって、ヘキスト傘下のヘキスト・シェリング・アグレボ社の事業はアベンティス社の農作物部門に引き継がれた。また、二〇〇〇年一月、ゼネカ社がスウェーデンの製薬大手アストラ社と合併してアストラ・ゼネカ社となり、さらに同年十一月にアストラ・ゼネカ社とノバルティス社がアグリビジネス部門を合併させたシンジェンタ社を設立。その後、アベンティス社がスナック菓子スターリンクへの飼料用組換えコーン混入事件を機に農業部門を切り離し、シンジェンタ社は〇一年二月にイネ〈日本晴〉の塩基配列を解読して日本の研究者たちを驚かせた。）

こうしてみると、株主だったカルジーン社がモンサント社に買収され始める前に、その援助を解消していたフロリジン社は、主要穀物とは違って花事業という特別な分野ゆえか、戦いの火の粉を被る直前でかろうじて難を逃れたといえるだろう。

藤色カーネーション〈ムーンダスト〉を発売したフロリジン社は、さらに九八年六月、サントリーと共同で〈ムーンダスト〉よりも濃い青紫のカーネーション〈ムーンダスト・ディープブルー〉を発表する。

九九年九月の時点で、フロリジン社がもつ遺伝子操作関係の特許は、花色の改変や日持ち、病気耐性などを含めて六十五件。花に限らない育種技術にまで及ぶ場合もあり、九九年には遺伝子組換え植物の基盤技術をニュージーランドの農芸化学企業ナファーム社に二百万ドルで提供するなど、ベンチャー企業は特許をもってこそ成り立つという意味では、典型的な成功例といえた。

フロリジン社のステファン・F・チャンドラーとエドウィナ・コーニッシュに青いバラの可能性を聞くと、「再生化や花弁の細胞中での複数の遺伝子制御といった難問がある」という、実現へはまだいくつもの壁があるようだった。だが、彼らは決して悲観的ではない。むしろ、このチャレンジを楽しんでいるように思えた。

英語の辞典によると、青いバラには不可能という意味があるようだというと、彼らはそれを充分承知しているのだろう、スマートなジョークでこう応酬した。

「青いバラに不可能という意味があるんですか？　もしそうなら、辞典を書き換えなくてはいけませんね！　不可能……そうですねえ、フライング・ピッグ（空飛ぶブタ）、なんていうのはどうでしょうか」

モッコウバラ

ミスター・ローズとの対話 3

Rosa banksiae

モッコウバラ(ロサ・バンクシアエ)

中国原産の野生種．木香の香りがあることから，和名でこう呼ばれる．中国名は木香，木香花など．花は八重咲きで，花径は 2〜3 cm．つる性．亜種に，黄木香や白木香などがある．いずれも棘がないのが特徴．4 月末ごろ他のバラに先がけて咲く．

鈴木省三《せいぞう》の母校である東京都立園芸高校では例年、同窓会の人々が校内のバラ園の剪定《せんてい》を行っていると聞き、一九九九年冬の剪定の取材に出かけてみることにした。同校は、渋谷駅から等々力《とどろき》行きのバスに乗り約四十分、バスを降りて数分歩いたところにある。校門から突き当たりの校舎まで、樹高十五メートル以上はある大きなイチョウ並木がまっすぐ続いていた。大正元年に植樹されたものだから、鈴木が通った昭和の初め頃はまだ数メートル程度の高さだったろう。園芸高校だから当然だとはいえ、東京都内にこれほど緑に溢れた美しい高校があったのかとため息が洩れた。正面校舎の校長室に挨拶に行き、バラ園へ案内してもらった。

寒い一月のことである。茎の伸びきった裸のバラが約六百株も並ぶと、どこか蕭条《しょうじょう》としていた。剪定ばさみをもち、日焼けした五、六十代の作業着姿の男女が十数人、バラの根元にかがんで枝を切っていた。彼らは「東園いちょう会」という園芸高校の同窓会の人々。創立八十周年を記念して鈴木がバラ苗を寄贈したのを機に、教員の高橋和彦を中心にこのバラ園づくりが行われた。九〇年四月十四日の鍬《くわ》入れ式以来、現役の生徒たちと手分けして年二回、毎年のようにボランティアで剪定を行っている。とどろきばらえん時代の鈴木の弟子たちをはじめ、多くは園芸関係の職に就いており、中には普通の企業を退職してから毎回剪定に来るようになったという人もいた。

「最初っからボランティアよ。花が咲くと嬉しいでしょ。それだけだよ」

誰かが笑う。

出入り口のアーチにはどんなつるバラが咲くのだろうか。アーチの脇に背の低い石碑があり、「この薔薇を愛す　一九九〇年五月　鈴木省三」と記されていた。

傾斜した台地を階段状に整地するために設けられた擁壁《ようへき》は、ＪＲの駅にあった古い枕木を譲り受けたものだという。一番高台にあるものが園芸用バラの原種、次に外国産のバラ、そして、鈴木作出の〈聖火〉や〈乾杯〉、〈希望〉や〈芳純〉などが植えてあった。ざっと二百品種ぐらいだろうか。名札を順番に見ているだけで、五月の開花期のにぎやかさが想像できるようだった。

冬の剪定は大胆に切り込む。枯れ枝や病気の枝、株の中にこみ入っている枝は切る。主の幹も全体の三分の二程度の高さになるまで切るのがちょうどいい。それほど思い切って切らなければ、花が大輪にならないのだという。剪定が終わってまもなく牛糞や骨粉《こっぷん》、油粕《あぶらかす》といった有機肥料を与える。

「バラが専門のあの二人は、棘を見ただけで名前がわかる。実学の世界なんですよ」

園芸高校で教鞭をとる石井宏は、二人の同窓生を指してそういった。

「ここには、ヨーロッパを四、五か所歩かないと手に入らないものが集まっているんです。

園芸家はね、自分の花をもたなきゃならない。鈴木先生はバラの花びらに剣弁《けんべん》という特性を与えた中国の原種を手に入れるのに、三十年もかかったそうですよ」

イギリスのウイズレイガーデンから入手したという、ロサ・ギガンティアのことだろうか。会社員でもあった鈴木が、海外にある現代バラの原種を入手する手段といえば、それをもつ人から譲り受けるしかなかった。この三十年という年月の意味を私が知るのは、この日から二年後のことだった。

翌週、今度は生徒たちが剪定した。いちょう会のベテランに比べると、当然のことながら手元が危うくぎごちない。切った枝は熊手でさらって茣蓙《ござ》に乗せ、二人組で焼却場まで運ぶ。

「なーに、この卵？　ひゃー気持ちわるー」

茣蓙の裏についた虫の卵に驚いた女生徒が叫ぶ。園芸高校の生徒が虫に驚くとは少し意外だったが、園芸高校に入学して初めて植物を栽培したという生徒は珍しくないらしい。種からトマトになることに驚く生徒もいるといい、そんなことに驚くのかと驚く生徒もいる。

「ここには門外不出のバラがあると聞いてるんですよ。だから枯らしちゃったら大変」

青いバラのことを研究したいという女生徒がそういった。

どんな青のバラを思い描いているのかと聞く。

「空より少し深い青」

「あったら綺麗だろうね」

と、黒いバラをつくりたいという女生徒が微笑《ほほえ》む。二人は卒業レポートで、それぞれバラを研究する予定だという。

鈴木省三の名を知っているかとたずねると、即座にうなずいた。

「鈴木省三さん？　ええ。すごい人だって聞いてますよ」

会ってみたいかと聞くと、是非、といった。今度取材に行くときに、一緒に行きましょうと約束した。

三月八日、私は鈴木の家に電話を入れた。前年の入院以来、鈴木はたびたび体調を崩し、電話の声は今にも消え入りそうだった。もう一度海底をさらってみたいといっていた新しい育種の状況が気になっていたが、それよりも、この日は残念な報告をしなくてはならなかった。

私の家の隣にある新宿区立落合第一小学校は、偶然にも鈴木の母校だった。鈴木は、九八年の秋、そこに四種類のバラを寄贈していた。母校の子どもたちに少しでもバラのことを知ってほしいという想いからだった。子どもたちがけがをしないよう、棘のない中国原産の〈黄木香《きもつこう》〉〈白木香〉、そして、自身が作出した〈羽衣《はごろも》〉と〈新雪〉を選んだ。

年が明けて、再び苗木を植える季節となり、さらに十本の苗を寄贈し、卒業式までに六年生の児童たちと話がしたいと学校に申し入れていたのだ。今の子どもたちがどんな花が好きなのか。花をどう思っているのか聞いてみたい、そして、花のことを語り合いたいと考えていた。四月十六日はどうだろうか、と鈴木から具体的な候補日も挙がっていた。

私は、鈴木に代わって滑川《なめかわ》邦男校長の返事を聞きに行ったのだが、これ以上バラは受け入れられないとの回答だった。六年生との対話についても、鈴木が高齢であるため話がうまく伝わるか心配なので、朝礼のときに、校長が自分の口から鈴木省三さんという大先輩のことを子どもたちに伝えるからそれで了承してほしいということだった。

「お気持ちはありがたいのですが、どのように受け止めればいいのか実のところとまどっているんです。時間がなくて焦っておられるのはわかりますが、いただいても枯れてしまったら困りますし……。それに……」

滑川校長は一息置いて、こういった。

「鈴木さんだけの落合第一小学校ではないんです」

植物をもらっても充分に管理できないという学校側の回答は理解できた。よほどバラが好きな先生か生徒、親がいない限り、バラの世話をし続けるのはむずかしい。また、公立の学校が一人の卒業生の想いだけを受け止めることが無理なのもよくわかった。やむをえないだろう。だが、この残念な結果をどう鈴木に伝えればいいか、私は悩んだ。

実は、同じような落胆をすでに味わっていた。園芸高校の生徒を鈴木に引き合わせるため学校に承諾を得ようとしたが、担任の教師の回答は味気ないものだった。余計なことはしたくない、一部の生徒を特別扱いできない、というのだ。私はただ、女生徒たちが鈴木からバラの話をたくさん聞いて、いろんなものを吸収してほしいと、そう思っていただけだった。

だが、鈴木の残り少ないかもしれない時間に焦りを感じていたのは、私のほうだったのかもしれない。この件はついに鈴木に伝えることはできなかった。

あなたの母校は、もう、あなたの記憶にある学校ではなくなっている……。電話口で私は数秒間、そういおうとして言葉に詰まった。結局、「十六日はむずかしそうです」と、核心を避けた返事をしてしまった。すると、鈴木はいった。

「そうですか。では、しかたないですね。子どもたちとの対話はあきらめましょう。苗はもう少し暖かくなってからにしましょうか」

ＰＴＡの人たちが手伝ってくれるのだろうか。校庭に生徒用のバラを植えられるような庭はあるのか。子どもたちは、前に植えたバラを見てくれているだろうか。そんな鈴木の問いかけに、私は曖昧な返事しかできなかった。

「下落合の徳川家達《いえさと》の屋敷のボタンは有名でね。そこにモッコウバラもあったんですよ。それが物心ついてからの僕のバラの原点です。小学校から屋敷までの道は、小学生にとって別天地だった。生活は質素だったけど。風船売りの店があって、笛の音がぴーぴー響いてね。晩ご飯の頃になると七輪でサンマやイワシを焼いている匂いがしてね。いわしこー、いわしこー、なんて売り歩いてる。お袋が、半額にしなさいよ、なんて交渉してる。今は焼いた魚をパックで売ってる時代だからね」

徳川邸はあれど、いまや周辺にはマンションが建ち並び、新目白通りにはトラックや乗用車が頻繁に行き交っている。交差点の交番には、交通事故の死亡者数が記載されたプレートが掲げられている。汚い和服に掛け紐を結んだだけの子どもたちが裸足で駆けた道にはもう、当時の面影はないだろう。街は変わり果てている。しかし、電話口から聞こえる鈴木の記憶にある街の光景を否定することには、何の意味もないだろうと思った。

四月に入ってから、東京都神代《じんだい》植物公園のバラ園を見に行った私は、生まれて初めてバラの新苗を二株購入した。バラを育てるのはむずかしいといわれてわかってはいたが、自分でやってみなければどんなふうにむずかしいのか、どんな病気に冒され、どんな虫たちが葉を食べに来るのかわからない。

一つは、メイヤンの作出した〈ステファニー・ド・モナコ〉。枝に結わえられた写真によると、サーモンピンクの華やかなバラのようだった。そして、もう一つは、鈴木の作品〈春芳《しゅんぽう》〉だった。うす桃色の上品な剣弁高芯《けんべんこうしん》型の花を咲かせるようだ。本来なら庭に直接植えて根をのびのびと這わせてやりたいところだが、自宅には庭もベランダもない。このため、集合住宅の共同庭の隅に鉢を二つ置かせてもらうことにした。鉢の底に網を敷いて石を並べ、その上に鉢の三分の一程度の高さまで赤玉土を四、培養土を一の割合で盛り上げた。ポットから取り出した苗をその上に置き、再び鉢の上まで土を被せた。手順は鈴木の書いたガイドブックを参考に、枝の頭の部分を切り、水は鉢全体に行き渡るよう、少しずつたっぷりと与えた。勢い込んで肥料も買ってしまったが、出番は芽が動き出してからだという。準備を整え、直射日光を避けたところに並べた。四月十日だった。

それからは毎日、バラたちに「おはよう」と挨拶をするのが日課となった。それは、鈴木がいつもバラにそう語りかけるのだと聞いてから実践したことだ。日ごとに暖かくなるせいか、十二日に早や小さな芽が顔をのぞかせたので液肥《えきひ》をやった。十五日には、柔らかな葉が出た。四月十八日には葉が八枚にもなり、とうとう油虫が二匹現れたので、指でつまんでつぶした。この頃の植物の成長は目を瞠《みは》るものがある。じっと見つめている間は何の変わりもないのだが、目を離したすきを狙ったかのように成長する。翌週は激しい雨が容赦なく苗木を襲ったが、雨が上がると、葉に落ちた水滴が再び現れた太陽の光を受けて輝いていた。その後はもう、数え切れないほどの葉がついた。

私は同時に、児童のいない放課後、落合第一小学校の校庭にときどき足を運んだ。鈴木が寄贈したバラの成長を確かめるためである。まだ植えて間もないバラは、幹も細く、放っておけばすぐにも枯れてしまいそうなほど弱々しかった。一つひとつ、鈴木省三氏寄贈と記された名札がつけられていたが、どれがバラなのかと一瞬探してしまうほど、か細かった。だが、それでも春の温《ぬく》もりは木々を育《はぐく》む。あんなに儚《はかな》げだった〈黄木香〉と〈白木香〉は、四月二十五日、ついに小さな可愛らしい花をたくさん咲かせ、控えめな柔らかい香りを放っていた。本当に棘がなかった。私は、なぜこれがバラなのだろうと思いつつ何枚か写真を撮り、鈴木に送った。

花について、人はどれほどのことを知っているだろう。小学生の頃、理科の授業でヒヤシンスの球根を栽培したが、あのときになぜヒヤシンスがこんな色やかたちをしているのかなどと疑問をもった記憶はない。花の名前もほとんど知らない。花瓶の水を何日も換え忘れることもよくあった。きっと、私は植物に対して繊細な感覚などもち合わせていなかったのだろう。

ごま粒ほどもない小さな種一つから、なぜあんなに大きな花が咲くのだろうか。棘があったりなかったり、つるになったり垂れ下がったり。年に何回も花が咲くものがあるかと思えば、三十年もかかってようやく花を咲かせるものもある。甘い香りがあれば、息を止めなければならないほどの悪臭もある。虫媒花《ちゅうばいか》、鳥媒花《ちょうばいか》、風媒花《ふうばいか》。自然はなぜ受精を助けているのだろう。

色だけみてもどうだろう。花はどうしてあんなに多様な色をもつのか。ふくらみ始めた蕾から少し顔をのぞかせる花弁の色は濃い紅色なのに、なぜ開花と同時に色が薄くなっていくのだろう。開ききった花弁が朽ちていくとき、あれほど鮮やかだった赤が黒ずんで汚くなっていくのはなぜなのだろう。

なぜ、バラには青がないのだろうか……。もしどれほど探しても青いバラの野生種が見つからなければ、自然がバラに青を与えない理由があったということではないだろうか。

十八日の夜、私は再び鈴木に電話を入れた。翌日に自宅へ行く約束になっていたため、その確認だった。ここのところ入退院を繰り返しており、体調によってはキャンセルしなければならなかったためだ。だが、電話口の鈴木は元気そうで、桜の写真を撮ってきてほしいといった。

「大きくなってるんだろうな。校庭の桜……」

第三章

文明開「花」

仮説

十九世紀ヨーロッパで育種改良された、ハイブリッド・ティー・ローズ系をはじめとする園芸用の現代バラは、今ではどんな花店でも購入することができる。ここ数年のガーデニング・ブームでオールドローズが見直されるようになるまでは、百貨店の包装紙やイラストによく描かれる巻き貝のような剣弁高芯《けんべんこうしん》型のものだけが、バラだと思っていた人々は多いだろう。

日本の企業が青いバラを遺伝子組換え技術によってつくり出す研究に取り組んでいることを知ったときに覚えたもう一つの違和感は、なぜ日本人が青いバラをつくろうとするのか、いったいいつから青いバラは日本人にとっても夢の花となったのだろうか、というものだった。それは、バラがイギリスやフランス、アメリカの花だという思い込みがあったからだろう。

だが、日本にも古くから野バラは野山にたくさん咲いていた。

野バラは、古くは『常陸《ひたち》風土記』や『万葉集』に「ウマラ」の名でうたわれ、『枕草子』や『源氏物語』にも「さうび」(薔薇)の名で登場する。藤原定家『明月記』の建暦《マ》三《マ》年(一二一三)十二月十六日(建暦は十二月六日までにて、建保元年十二月十六日とする説あり)には、「長春花」という名で中国伝来の四季咲きの庚申《コウシン》バラが登場している。民族植物学者の湯浅浩史《ひろし》によれば、これが庚申バラが日本の文献に登場する最初だというが、遣唐使の頃から中国のバラは輸入されていたとする考え方もある。

また、元禄七年(一六九四)の貝原益軒《えきけん》『花譜《かふ》』の「薔薇《しょうび》」の項には、「近年此《この》類はなはだ多し」とあり、この頃にはバラが何種類もあったことがうかがえる。陰暦三月には、「長春花」以外に「おらんだいばら」の名があり、遠くオランダより伝来したと記されている。長崎の出島からヨーロッパの花が持ち込まれたと考えるのはごく自然なことだろう。

日本の植物を初めてヨーロッパの学会へ紹介した、オランダ東インド会社長崎商館のドイツ人医師ケンペルは、一六九〇年九月から九二年にかけて、五代将軍徳川綱吉の時代に二度江戸へ出張し、その道々の植物を随行員にたずねて記録を残している。帰国後に出版された『廻国奇観』(*Amoenitatum exoticarum.* 1712)第五部には当時の日本の農作物や果樹、野菜、園芸花卉《かき》が紹介されており、この中に、バラは「薔薇」という漢字とともに「イギノハナ」と紹介されている。

バラ研究者の間では、この「イギノハナ」が何を意味するのか、残念ながらまだわかっていないというが、一七七五年に同じくオランダ東インド会社から長崎商館の医師として派遣されたツュンベリーが帰国後に出版した『日本植物誌』(*Flora Iaponica*. 1784)では、「イギノハナ」はロサ・カニーナに分類されている。同書をみると、出島にはロサ・カニーナ(別名・犬バラ)とロサ・ガリカ(別名・フレンチ・ローズ)がすでに植えられていたとある。ロサ・カニーナはヨーロッパ・アジア原産の野生種で、ロサ・ガリカは中近東から十字軍がもち帰って栽培したヨーロッパで最も古い栽培種である。つまり、一七八四年までに、こうしたヨーロッパのバラが日本にもち込まれていたということだ。

ただ、日本にやってきた欧米のバラはまだまだ育種に利用されるまでには至っていなかった。ツバキやボタン、キクに比べると、江戸時代の人々のバラへの関心は低かった。観賞用というよりは薬用植物として捉えられていた傾向があり、ローズ・オイルやバラ水などを香水として利用していたようだ。

十九世紀以降、日本と中国から東インド会社のプラントハンターを通じてヨーロッパへ渡ったノイバラや庚申バラが、もっぱらヨーロッパの育種家たちによってさまざまに交配され、それが香りと気品のある華やかなバラに生まれ変わって日本に紹介されるようになっていったのである。だが、それを〝里帰り〟だと思う者はなかった。

なぜ、日本人は、日本に自生するノイバラなどに思いを致さず、バラに欧米のイメージを重ね合わせていったのだろうか。

もしかすると、それは、日本が現代バラを受容してきた過程と関わりがあるのではないだろうか。日本人のバラに対するこの固定されたイメージは、実は、非常に意図的につくられたものだったのではないだろうか。

そのように思ったのは、鈴木省三《せいぞう》が生まれて初めて出会ったバラが、ハイブリッド・ティー・ローズ系のバラだったと知ったときだった。それは、鈴木の父親が駒込動坂《こまごめどうざか》の「ばら新」というバラ専門業者で一株二百円で購入した〈グルス・アン・テプリッツ〉だった。ハンガリーの育種家によって作出され、一八九七年にドイツの業者から発売されたものだ。大正の初期に、すでにそのようなヨーロッパ生まれの現代バラが日本に咲いていたとは意外に思えた。

鈴木自身がこのバラの名前を知ったのは出会いから四十年以上を経てからのことで、長い間、記憶の庭に鮮やかな赤い花を咲かせていたのだという。

再会したきっかけは、一九五六年、花巻温泉にある宮沢賢治のつくった南斜《なんしゃ》花壇の跡地をバラ園にしたいという依頼を受け、鈴木がその設計を担当したことだった。その後、花巻から、賢治がこよなく愛したバラだと送られてきた一株のバラを見た鈴木は、これこそあの記憶の中のバラだと気づき、早速自宅の庭の書斎に一番近いところに植えたのである。その〈グルス・アン・テプリッツ〉は、中国のロサ・シネンシスの血を受け継ぐといわれ、花弁の赤は直射日光を受けるとさらに濃くなり、甘い香りを漂わせるバラだった。〈日光〉という和名をもち、明治末から大正にかけての名花、まさに、時の花と呼ばれていたという。

宮沢賢治も「ばら新」でこのバラを手に入れたのだろうか。盛岡高等農林学校在学中に農芸化学を学び、大正七年(一九一八)に「腐植質中ノ無機成分ノ植物ニ対スル価値」という論文を修めて卒業した賢治は、その二年後に田中智学《ちがく》の国柱会《こくちゅうかい》という日蓮主義の在家仏教集団に入会し、翌年に上京している。滞在していたのは本郷菊坂町で、昼間は布教活動をしながら、夜は童話や詩を執筆した。本郷菊坂町から駒込動坂は徒歩三十数分程度の距離である。子どもの頃から植物採集が好きで、農学を修めた賢治が、江戸時代に植木屋の町として繁盛した駒込動坂に足を運ぶのはごく自然なことだろう。そのとき「ばら新」に立ち寄ったこともあったのだろうか。

当時、欧米から輸入されたバラを売るバラ園には、芝公園の「薔薇園《しょうびえん》」や向島小梅町の「長春園」、駒込動坂には「ばら新」とその親戚関係にある「美香園《びこうえん》」などがあった。賢治は上京後半年もしないうちに妹の病のために帰郷しているが、上京中に購入したのではなくとも、店に立ち寄って名前を覚え、後にカタログで取り寄せたのかもしれない。

賢治が〈グルス・アン・テプリッツ〉を愛したということは、一八六七年の〈ラ・フランス〉以降、ヨーロッパで育種改良が進められてきたハイブリッド・ティー・ローズが、明治時代に輸入されていた可能性もあるということだ。バラがヨーロッパの花だというイメージは明治以降、百年という時間の中でゆっくりと醸成されていったものなのかもしれない。では、そもそも、欧米で品種改良された現代バラは正確にはいつ頃、どのようにして日本にやってきたのだろうか。

ばら新

鈴木の父親が立ち寄った「ばら新」は、明治時代に創業した著名なバラ園だった。現在の文京区本駒込三丁目十七番地、東京都立駒込病院の裏あたりにあったという。ここに立ち寄りバラを求めた客たちは、このバラ園がいかに特別な店であるかを書き記している。

本郷一丁目界隈を中心に、明治・大正の文京区の様子を綴った画家、伊藤晴雨《せいう》の『文京区絵物語』にはこうある。

老生が動坂へ来た頃は病院(引用者注・駒込病院)の門前に四五軒の商店があったほか両側はかなめ垣や建仁寺《けんにんじ》垣と茅葺《かやぶき》屋根の家斗《ばか》り、蓬莱町に桝本という酒屋が一軒あったのを覚えて居る外にはこれという店らしいものが無かった。道巾《みちはば》も僅かに二間程で、尾久《おぐ》の農家の野菜物の荷車が、動坂を上るのに油汗を流して曳《ひ》いて行く外は人通りも稀であった。「ばら新」のばらの花が帝国ホテルや宮中の夜会に《ママ》切花一輪が七十円した。此花《この》から一週間も芳香を放って居たという事や、明治時代のスリの大親分、仕立屋銀次の住居が私の家の背中合せになって居た事など、数え立てれば際限がない。

大正四年四月に発表された、森鷗外の短編小説『天寵《てんちょう》』にも「ばら新」が登場する。この小説は、実際に鷗外が審査員をしていた文部省美術展覧会で落選した画家の宮芳平を、モデルM君として描いたものだが、M君は画家の大家のW先生のところで修業するときに、毎月五円の補助をしてもらう代わりに、期日ごとに「ばら新」から写生用のバラを運ぶというアルバイトをしている。

M君はまだ設備の出来上がらぬうちに薔薇《ばら》新に往《い》った。薔薇新では、W先生の電話で君のことを知っていて、丁度薔薇を送る期日になっていると云うので、温室で咲かせた薔薇を一籠《ひとかご》わたした。それを麻布に持って往って、W先生から五円の金を受け取った。その中から一箇月分の間代を差引いた二円は、君の画室のためには、天を補う五色の石程の用に使った。

また、村山槐多《かいた》も、「ばら新」のバラを描いている。槐多は中学卒業の翌年に「カンナと少女」で日本美術院賞を受賞した早熟の天才画家で、死後出版された『槐多の歌へる』という詩集は、与謝野鉄幹・晶子や高村光太郎、芥川龍之介らに高く評価された。大正六年に発表した「バラと少女」と題する絵は、槐多が恋する少女をモデルにした肖像画で、桜色の優雅な剣弁高芯のバラが背景に描かれている。美術史家の佐々木央《てる》によれば、この少女は当時槐多が居候《いそうろう》していた画家・小杉放庵《ほうあん》の夫人の末妹キミで、槐多はキミの姿を描き終えた後で近所の「ばら新」に足を運び、バラを描き加えたのだという。

「ばら新」はすでに駒込にはない。バラ園の昔をよく知る目黒区駒場の「駒場ばら園」の入沢正義・嘉代夫妻に問い合わせたところ、「ばら新」は明治初年から第二次世界大戦後まで本郷区駒込動坂町九八八番地(当時)と大田区池上にあったが、戦後は大田区池上だけで、すでにバラは販売しておらず、現在、六十三歳になる五代目の横山昭一郎が植木屋を営んでいることがわかった。明治四十四年創業の「駒場ばら園」の入沢嘉代は、同園の創設者・伊藤栄次郎の長女で、伊藤栄次郎は郷里の和歌山から東京に出て「駒場ばら園」を創設する前、明治の初め頃から数年間「ばら新」で修業していたという。

横山昭一郎の回想。

「うちの本業は江戸時代からもともと植木屋でした。初代の横山新之助がキクの接《つ》ぎ木の腕を認められて、皇居の吹上御苑に園丁として勤めていた。そこで、天皇陛下が贈り物をするときのキクの鉢物づくりをしていたと聞いています。一本で五十輪ほどの違う花を同時に全部咲かせる接ぎ木の腕前がすごかったそうです」

江戸の町はどんな路地にも鉢物が並び、園芸文化が庶民から貴族まで、あらゆる階層に親しまれた時代だった。植木屋が増えたのは一六五七年の明暦の大火以降といわれ、震災復興とともに造園ブームが起こり、京都や大坂など関西地方から植木屋や庭師が江戸にやってきて、四谷、池之端、芝といった場所で藩邸の庭の管理をしていた。中でも、藤堂藩の園丁として下屋敷に出入りしていた伊藤伊兵衛は、藩主・藤堂高久が捨てるよう命じた植木を染井の自分の庭で育てるうちに植木屋となり、つつじや伊兵衛と呼ばれるまでになった。伊藤伊兵衛の名は代々継がれ、三代目が日本最初の園芸書といわれる『花壇地錦抄《ちきんしょう》』(一六九五)を、五代目が『増補地錦抄』(一七一〇)、『広益地錦抄』(一九)などを著している。
キクづくりの中心となったのは、巣鴨周辺の植木屋で、十九世紀の初めから巣鴨、染井、駒込、田中、根津といった町には植木屋が五、六十軒も立ち並び、プロの接ぎ木師たちがキクの見事なつくり物を披露していた。一本の木に一気に何十輪も花を咲かせる「造り菊」を見ようと、見物客が群れをなすほどだったという。ロンドン園芸協会が派遣したプラントハンター、ロバート・フォーチュンは、一八六〇年に来日し、染井に立ち寄ったときの驚きをこう記している。

交互に樹々や庭、恰好よく刈り込んだ生垣がつづいている、公園のような景色に来たとき、随行の役人が染井村にやっと着いた、と報《しら》せた。そこの村全体が多くの苗木園で網羅され、それらを連絡する一直線の道が、一マイル以上もつづいている。私は世界のどこへ行っても、こんなに大規模に、売物の植物を栽培しているのを見たことがない。植木屋はそれぞれ、三、四エーカーの地域を占め、鉢植えや露地植えのいずれも、数千の植物がよく管理されている。
(『幕末日本探訪記　江戸と北京《ペキン》』三宅馨訳)

「ばら新」の初代横山新之助は、文政九年(一八二六)小石川巣鴨宮下町に生まれた。父は横山六左衛門、兄弟姉妹十三人の三男坊だった。分家だったため最初は農場をもたず、吹上御所に園丁として勤めていた。なぜ初代が吹上御所に勤めるようになったのかは残念ながらわかっていない。ただ、入沢嘉代によれば、当時の御所の園丁は株という園芸の権利をもち、その家の兄弟や息子たちがこの株を引き継いで代々御所の園丁となっていったという。

では、皇室御用達の植木職人だった初代新之助が、なぜバラを専門に扱うようになったのだろうか。

横山昭一郎の父、四代目新之助は第二次世界大戦で戦死したため当時まだ幼かった五代目は、家業の歴史を聞く機会がなかった。ただ、初代新之助は明治四十五年に八十六歳で没するまで、「ばら新」創業の頃の話を息子や孫に話して聞かせたようだ。そして、その孫である三代目新之助・横山六太郎が亡くなる四年前の昭和十二年に書いたノートが今まで保存されていたことで、「ばら新」創業からの概要を知ることができた。ノートは、その夏に三代目が妻と二人で日光の板屋旅館に泊まり、集中的に書いたものだという。ノートといっても当時の薄い原稿用紙に鉛筆で書き記した二十枚ほどのもので、とにかく今書いておかなければならないという三代目の焦りが感じられるような走り書きだった。日付は七月六日とある。

ノートが保存されていたのは、奇跡のようなものだった。というのも、「ばら新」は、昭和二十年の三月に戦災にあってほぼ全焼したからである。昭一郎は語る。

「空襲の前の晩のことでした。おばあさん、つまり三代目の奥さんですが、その夢枕に誰かが立って、ある方向を指さして、あそこに入れろ、あそこに入れろ、といったというんです。あそこというのは、当時「ばら新」の庭の真ん中にあったトタン張りの六畳のお休み所のことです。おばあさんはわけもわからず、あわてて夢のお告げの通りに貴重なものをすべて入れられるだけそこに入れた。結局、このお休み所だけがかろうじて焼け残って、布製のトランクに入れていたノートも無事だったんです」

　その代わりに、そばに置いてあったアメリカ製のハーレーダビッドソンは全焼した。それは東京にも二、三台しかない貴重なバイクで、園内で物を運ぶときに使っていたものだった。

「一度親父《おやじ》にサイドカーに乗せてもらったことがあるけど、道が悪かったので必死にしがみついたのを覚えています。親父は日中戦争に行ったり、しょっちゅう兵隊に出ていましたので、軍隊で覚えてきたんでしょうね。とにかく家の跡継ぎが戦争ばかり行って家にいなかったので、祖父が将来を心配して、うちの歴史を書き残したんだと思います」

　ハーレーダビッドソンが自宅にあるとは、いかに「ばら新」という店がハイカラなバラ園だったかを物語る証拠だろう。ハーレーダビッドソンジャパンによれば、初めて輸入されたのは大正四年(一九一五)の神戸港で、その後、中国大陸に転売されたという未確認情報があるという。横山の話では近所にヤナセがあり、そこで四代目が購入したはずだというが、ヤナセはバイクは扱ったことはないということなので、横山の記憶違いか、四代目が個人輸入した可能性もある。

　いずれにせよ、そんな災難をくぐり抜けて今まで保存されてきたノートを、私は昭一郎氏の厚意によりコピーさせてもらった。それは、明治維新から大正にかけての園芸史を現場の職人の目線で捉えた貴重な一級資料であった。そして、そのノートから判明したのは、初代新之助とバラの出会いに、北海道開拓使が密接に関係しているということだった。

開拓使

版籍奉還後の官制改革によって、北海道開拓使が設けられたのは明治二年（一八六九）。それまで蝦夷地《えぞち》と呼ばれていた場所が北海道と改称され、明治政府のもとで開発の対象とされた背景には、その未曽有の自然資源を開拓することのほかに、外交上の理由があった。十六世紀以降訪れ始めたヨーロッパ人の蝦夷地探検や布教活動、特に当時アジアにたびたび遠征軍を送っていた対ロシア問題である。アヘン戦争以降、清との間に条約を結んでアムール川以北の領土を獲得したり、北京条約ではウスリー川以東の沿海州も得てウラジオストク港を建設し、たびたび蝦夷地の調査を行うなど覇権の拡大をみせていたロシアに対して、北海道の地は、防波堤としての意味をもつようになっていったのである。

明治三年に北海道開拓使次官となり実質的な権限を握った黒田清隆は翌年、開拓の指導者を求めてアメリカに渡り、帰国と共に開拓使十年計画のために、アメリカの連邦農務省長官だったホーラス・ケプロンを顧問とする多くの外国人技師を招いた。いわゆる、お雇い外国人と呼ばれる人々である。

開拓使は、ケプロンら外国人技師の指導を受けて明治四年九月、東京府内三か所に開拓使官園を開園した。農産物の栽培試験場といったらいいだろうか。北海道で栽培・飼育するためにアメリカなど海外から農作物や動物を輸入する必要があるものの、いきなり北海道にもっていっても、気候風土の違いを考えればうまくいくか定かではない。このため、東京でこれらを一定期間繁殖・飼育し、風土に合うと判断した段階で北海道に送ろうというものである。明治二年の版籍奉還によって天皇に奉還された旧藩主の土地のうち、渋谷の旧松平頼英邸四万坪、旧稲葉正邦邸五万坪、旧堀田正倫《まさとも》邸四万七千五百六坪余をそれぞれ使用することにした。青山南町七丁目(現・青山学院大学付近)、青山北町七丁目(現・青山病院付近)、そして麻布新笄町《しんこうがいちょう》(現・日赤医療センター付近)の三か所である。

官園では農作物の栽培や家畜の飼育のほか、欧米から輸入した最新の農業機械、たとえば自動収穫機、脱穀機、草刈り機などの試験利用も行われた。青山の二つの官園は果樹や野菜が中心、麻布は畜産が中心だった。

それぞれの官園では、ケプロンが招聘した外国人技術者たちが、開拓使から派遣された農業実習生を対象に洋式の栽培飼育方法の指導にあたっていた。その中には、二十九名のアイヌ民族の実習生もいた。果樹や花卉《かき》などの園芸指導には、明治四年十二月十六日に開拓使草木培養方として雇われた二十七歳のルイス・ボーマーが任命された。ボーマーはケプロンの要請を受けたニューヨークの種苗《しゅびょう》会社ヘンダーソン社が派遣した園芸技師で、後に日本の花卉園芸発展の立役者となる人物であるが、その件は後述する。

開拓使官園開園の五か月後の明治五年二月には、官園の物産、苗木一切の管理に植木師・内山長太郎が任命された。江戸時代から続く東京の植木屋のボスで「花戸太閤」と呼ばれた人物である。後に芝公園で丸山花園というフラワーガーデンを開く、彼もまた園芸の立役者の一人だった。

実はこのとき、吹上御所で接ぎ木の腕を認められた「ばら新」の初代横山新之助も青山官園に引き抜かれていた。二人の名は現存する『開拓使職員録』(明治五、八、九年)には記載されていないが、開拓使職員という公職ではなく、植木職人として一時的に雇われたということではないだろうか。

当時、青山官園の建設と事業責任者は、村橋久成《ひさしげ》だった。薩摩藩士だった村橋は、維新前の慶応元年(一八六五)に薩摩藩が送り込んだイギリス渡航使節の一員で、後にサッポロビールの前身、開拓使麦酒《ばくしゅ》醸造所を開業する人物である。また、慶応三年に、勘定吟味役の小野友五郎《ともごろう》の随員として福沢諭吉らと咸臨丸で渡米し、アメリカの農法に感銘を受けた津田仙も、帰国後に北海道開拓使の嘱託となってここで農事研究を行っていた。津田は、明治九年には、中等程度の農業教育を行う日本初の学校、私立学農社を設立する人物である。つまり、日本の近代農業はまさにこの青山の開拓使官園から始まったといえるだろう。

青山の官園で栽培された植物には、小麦・大麦・燕麦《エンバク》・豆類・トウモロコシ・ヒエなどの穀類や、牧草・ジャガイモ・アスパラガス・スイカ・キャベツ・レタス・タマネギ・落花生などの作物、リンゴや洋ナシ、サクランボ、モモ、ブドウやアンズなどの苗木があった。明治五年七月には、開拓使がこれらの草花九種類をご機嫌伺いのためにロシア国公使へ贈呈し、御礼としてシャンパンを六本贈られている。

同じ年には、四谷にも国内外の植物の試作と蚕桑《さんそう》関係の業務を行う内藤新宿試験場が設けられ、明治七年に内務省の所管となり、後の東京大学農学部の前身となる農事修学所が設置された。ただ、こちらのほうは土壌が畑作に向かなかったため、三田に新たな土地を買い上げて三田育種場とし、果樹・蔬菜《そさい》はそちらで試作が行われた。このとき内藤新宿試験場の実習生だった福羽《ふくば》逸人《はやと》は、明治十二年にここに宮内省所管の新宿植物御苑が発足すると、日本で初めて、温室を用いたメロンやイチゴなどの果物や花卉栽培に貢献し、明治半ば以降の園芸界のリーダー的存在となっていく。

官園で栽培されていたさまざまな植物は、ボーマーが英米の種苗会社と手紙をやりとりして購入したり、日本の種子との交換で取り寄せたものだった。大蔵省『開拓使事業報告第二編』によれば、明治六年から開拓使の廃止される明治十五年までの十年間に、花卉・果樹四千九百二十九株、三六万二三二〇円を購入していたとある。単純に一年間の金額を計算すると約三・六万円となるが、花卉・果樹は一度苗を接ぎ木したり、種を播《ま》けば翌年はそれを繁殖していけるため、初期の頃には十万円に近い単位の輸入もあったと思われる。ちなみに、明治六年の総輸入額は二八一一万円、他の品目の輸入額は、豆類三・九万円、小麦千円、亜鉛三万円、石油三三万円、砂糖二二七・三万円、布及び布製品が一三六〇・五万円となっている。開拓使は横浜港を管轄する神奈川県知事・大江卓《たく》や神奈川税関と手紙を交換し合い、横浜港へ到着する積み荷の確認を頻繁に行っていた。

ボーマーは、ニューヨークのヘンダーソン社やロンドンのサンダー社などと種子交換を交渉しており、明治九年にサンダー社がボーマーにあてた手紙には、「南米で発見した新種を紹介する代わりに、新種のユリや小桑(筆者注・サルナシのことか?)、コブシなど日本の植物を入手したい」という希望が記されている。また、ボーマーが東京の開拓使にあてて記した「札幌温室のために入用の植物リスト」(一八七七年二月十八日)によれば、札幌の開拓使の温室で栽培するために、ベゴニアやダリア、ペチュニア、バーベナ、アマリリス、そして、バラなどを札幌に送るよう希望していることから、これらも、少ない数だがすでに青山官園で試験栽培されていたとみていいだろう。

こうした目新しい欧米の植物にあふれた官園に引き抜かれた初代新之助は、後に飛鳥山《あすかやま》・渋沢栄一邸の庭師となる息子の鎌太郎、すなわち二代目新之助に植木屋をまかせ、もっぱら官園で栽培と繁殖を行っていた。この間には末弟の作次郎ら何人かの同僚とともに、官園で育てた四十八キロあまりのリンゴの苗木を担《かつ》いで北海道まで歩いたこともあった。

下記北海道行は末弟作次郎氏と同道せしと聞く　(中略)林檎《りんご》は出来た苗を東北地方の農家に一戸に二本ずつ割当植付せしめしと　後北海道札幌に設けらるゝや同僚数名と共に東京より一日十二里ずつの予定にて徒歩　青森に至り　便船当時は非常に難航と聞く　青森迄の道中も中々困難多く又ノ如き事度々ありしと　併《しか》し当時として北海道行きは特に手当宜《よ》き為其《そ》の後も又行きしと聞く　併し初老(引用者注・初代新之助のこと)平素給料は云々《うんぬん》と云い　勤めの余暇植物種苗の増殖を計るとばら苗も接木の上余分を払下ぐ。

（三代目新之助ノート）

多少の誇張はあろうが、一日十二里という距離を歩き、東北地方の農家を回って一戸に二本ずつ割り当てて植え付けさせ、その後津軽海峡を船で渡り、札幌まで運んだとある。今や青森名産としてリンゴは有名だが、初代新之助たちが運んだ苗木がおそらく、東北・北海道にリンゴ苗が届いた起源ではないだろうか。海は「波高く大いに疲れし」、航海は難を極めた。北海道では熊に襲われたこともあったようだ。世話になった旅籠《はたご》の主人は新之助らを歓待し、北海道ならどんな土地でも無償で住めると移住を勧められたという。この北海道行きは特に手当がよかったとみえ、二度も往復している。

日本におけるリンゴの起源についての定説は、黒田清隆がアメリカからもち帰って青山官園で栽培していた七十五品種の苗木だとされており、これらが明治五年から北海道に送られている。この送り届けた人物というのが初代新之助たちであったのだろう。

バラは、開拓使官園が開園されて間もなく栽培されていたようだ。

外国（米国）より輸入せられたる果樹（主に林檎）並びに〝薔薇種類一季四季を併せ三十六種の接木苗の増殖〟に当る。

（同前）

一季咲きだけでなく四季咲きもあるということから、すでにハイブリッド・パーペチュアル・ローズ系以降のバラが官園で栽培されていたということだろう。明治六年に明治天皇と皇后が官園を初めて訪れているが、このときケプロンが皇后にバラを献花したという記録があることからも、すでにバラがいくらかは栽培されていたのは間違いない。

さらに、三代目新之助のノートによれば、世界初のハイブリッド・ティー・ローズ〈ラ・フランス〉もこの頃早くも日本に入って来ていたといい、あまりに香りがよくて人が大勢集まるため、金網で囲って触らせないようにしていた。すると、そこに陸軍大将兼参議だった西郷隆盛が現れ、金十両で分けてもらいたいといったが、新之助は開拓使では売らないからと断ったという。明治四年の新貨条例で一両は一円と定められたが、金十両は現在の価値でいえば数十万円といったところだろう。

右天地開《てんちかい》(引用者注・ラ・フランスの和名)は西郷隆盛さん金拾両にて分けて貰い度《た》き旨話しありしも開拓使では売《う》ざりしと　本種は香高き為多くの人にて香をかゝれ花が痛む為金網を掛け培養せしと。（同前）

征韓論争に敗れた西郷は明治六年十月に帰郷しているので、それ以前の話だろうか。黒田清隆とケプロンは、開拓使官園に天覧農作業として天皇や三条実美《さねとみ》、西郷隆盛、大久保利通ら政府要人をよく招き、開拓と欧米型の近代農業の重要性を訴えようとしていた。官園はたんに北海道開拓だけではなく、これを全国に広めて食糧を増産し、内地の人々を養うことをもう一つの大きな目的としていた。栽培方法や生育状況を仔細に記録することも重要な任務で、廃藩置県の混乱の中、地元の産業として成り立つものを模索していた藩出身者は新しい農産物、最新式農業機械が入るたびにこの地を訪れたという。初代新之助がこうした要人に声をかけられたり、その腕前に目を付けられて世話になったとしても不思議ではない。

ここで栽培されている植物の名を見てのとおり、官園は、まるで北海道開拓と欧米式近代農業のショールームだった。実際、「(少々大げさだが)世界の縮図」のようなものだったと、郵便報知新聞社の記者・篠田鑛造《こうぞう》は『明治百話』で回想している。篠田は父親が村橋久成の口利きで開拓使の役人になった関係で、開拓使の官舎で育ち、当時の開拓使官園の様子を同書に記している。

それによると、青山官園と麻布の赤十字の官園を結ぶ道路は当時「馬車道」といって、西洋人の男女が馬車を走らせ、官園の草花や果物を買い、ときには腕を組んだりキスをして「享楽気分を漂わしていた」。珍しい果物や花を写生する絵師を雇う西洋人もおり、西洋人ばかりではなく、中国人やアイヌ民族がそれぞれの場所でその技術を披露し、篠田は、中国人が雲雀《ひばり》を手なずけて空を飛ばせていたのをよく見たという。畜産を行っていた麻布の官園では乳牛や種豚、羊、馬などが百五十頭以上放し飼いにされており、近所の台所に現れてニンジンやゴボウを食べてしまったといって苦情が出たこともあった。

市立函館博物館館長の菅原繁昭によれば、明治十二年に函館公園が市民のための公園として開園されたとき、公園の中央部には五稜《ごりょう》の花壇がつくられ、そこに黒田清隆が寄贈したアメリカ産のバラが植えられたという。青山の官園で初代新之助らが接ぎ木して繁殖したバラ苗は、たしかに北海道に送られていたのである。

黎明期

一方、明治五年(一八七二)にバラの栽培が始まる開拓使青山官園とは別に、すでに欧米のバラが栽培されている場所があった。安政六年(一八五九)に貿易港として開港し、外国人が居留し始めた横浜である。

調査したのは横浜在住のバラ研究家・中野孝夫である。中野は明治期の横浜を中心としたバラ史を研究する二十年来のロザリアン(バラ愛好者)だ。五年にわたる文献調査の結果、維新後初めて欧米の現代バラがもち込まれたのは横浜港で、もち込んだのはロンドンのヴェーチ商会から派遣され、一八六七年(慶応三)に横浜にやって来たプラントハンター、カール・クラマーだと日本ばら会の会報に発表している。クラマーはプラントハンターの資質はもち合わせていなかったようで、そのまま日本に居ついてしまった。横浜の山手公園ができた翌年の明治四年(一八七一)にフラワーショーを開催し、そこではバラがすでに展示されていた。翌五年のフラワーショーでは、英字紙「ＪＷＭ」が、二年前には日本では見られなかった出来のバラがあったとはっきりと賞賛した。このフラワーショーで展示されていたバラの品種について、中野はこう推測する。

「横浜にいた外国人が驚くほどですから、原種やオールドローズではなくて、ハイブリッド・パーペチュアル・ローズ系以降の現代バラがすでに入っていたと考えられますね。しかも、その年の『日新真事誌《にっしんしんじ》』というイギリス人のブラックが発行していた日本字新聞には、はっきりと英国産のバラの広告が出ています。つまり、明治五年の段階ですでに日本人の間で、西洋のバラに関心がもたれ始めていたということではないでしょうか」

そもそも蔬菜や穀物のように生活必需品とはいえないバラが開拓使官園の片隅で栽培され始めたのも、横浜での評判がすでにあったからなのかもしれない。フラワーショーには第一回から日本の園芸家や植木屋が招待されており、クラマー商会はその主催者だった。山手居留地に花卉の温室と大きな圃場をもち、栽培能力に優れ、しかも、移動しやすい鉢植えをつくっていた。スエズ運河の開通が一八六九年(明治二)で、何か月も熱帯地を通ってバラが運び込まれることを考えれば、明治五年五月のフラワーショーにバラを展示するためには、少なくとも明治四年の春先にはバラが到着していなければ、その秋に挿し木用の穂木《ほぎ》をとることはできないと中野はいう。となれば、ハイブリッド・パーペチュアル・ローズ系以降のバラが日本に入ったのは明治三年で、少なくとも明治四年には横浜で栽培が始まっていたということになる。

欧米の文化をスポンジのように吸収していた当時の日本人、特に富裕層がこのバラに関心をもたなかったわけはない。

「ばら苗も接木の上余分を払下ぐ」と三代目新之助ノートに記されているように、官園から払い下げられたバラや横浜在留の外国人から購入したバラは、明治八年頃から珍しもの好きの東西の植木屋たちによって次々と接ぎ木、繁殖されて広まり、その五月には芝増上寺境内の丸山花園でバラの展覧会が開催されている。主催者は、開拓使官園の植物苗木などを管理していた植木屋の内山長太郎で、〈月の暈《かさ》〉〈満月〉〈金冠〉〈天国香《てんこっこう》〉など和名をつけた西洋のバラが陳列され、横浜からは在留外国人シアーメンが新たに自分で和名をつけた〈砂金〉〈金波〉〈紅玉〉を出品、ほかに切り花をギヤマン(カット・グラス)の壺に飾る外国人の姿もあったという。ただ、米一石が五円九十八銭の時代、苗木一本が百円というのは庶民にとってはあまりにも非現実的だった。私は、明治八年五月二十九日付読売新聞の読者欄に、展覧会の見学者の次のような投稿記事を見つけた。

去《さる》十六日に芝山内《さんない》の薔薇の花を見に参りましたが、何《いず》れも珍らしき花ばかりにて、実に見事でありました。其《その》時の咄《はな》しに、昨日百円のが一ツ、八十円のが一ツ売れたと聞きましたが、此《この》植木が一本あれば、私し共は新世帯《しょたい》を持ツて家業の資本《もとで》は結構《けっこう》に有ますが、こんな艸《くさ》同様の物に大金を出すお方は、定めて天狗でお買いなされたでありましょうが、一体此花は何の功能が有りますか。兎《うさぎ》よりは能《よ》いもので有ますか。髙井紋太　(句読点は引用者)

新しく世帯を持てるほどの金でバラを買う人、売る人とはどういう人種なのか。それほどのお金を出して買う花にいったい何の効用があるのか。それは、呆れ返った庶民のため息のようでもあった。ただ、ヨーロッパでチューリップやダリア、バラが流行したときのように、珍奇な花というものは、最初に話題になると必ずそれを商売にして儲けようとする者が現れ、一方で栽培技術を研究する者が現れて栽培書が出版されて流行し、栽培技術が向上すると同時に生産は安定して価格が下がり、やがて投機も止《や》むという道筋をたどる。

一本百円もする花が投機の対象として魅力がないわけはない。当時は鉢で売買されていたため挿し木苗が主流だったが、京阪地方では挿し木用の穂が一本十円から二十円、苗木は一本百円から二百円で取引され、人々が争って投資したためにさらに価格が吊り上がり、家業を傾ける者まであったという。これは接ぎ木技術や栽培方法が向上して、容易に繁殖できるようになって価格が下落する明治後半まで続いた。

江戸時代から植木屋たちは相撲の番付にならって、キクやアサガオ、万年青《おもと》などの品種を東西に分けて勝負を楽しんでいたが、明治七、八年頃からは、東京、大坂、京都でバラの番付表も印刷され始めた。現存する最も古いといわれるものは、明治十年五月に発行された『各国薔薇花競《はなくらべ》』というカタログである。

これは、京都の植木屋疋田源吾、小林喜助によって発行されたもので、当時販売されていた品種がよくわかる。〈満月〉〈世界図〉〈西王母《せいおうぼ》〉〈青花〉〈宇宙〉〈酔楊妃〉〈天国香〉〈泰山白〉などさまざまにユニークな和名のついたバラが七十品種以上。これらの洋名は、それぞれ、十九世紀以降のヨーロッパで作出された〈マダム・サベージ〉〈スーブニール・ド・ラ・マルメゾン〉〈サフラノ〉、花弁が緑色をした中国の野生種ロサ・シネンシス・ビリディフローラだとされていて、それ以下は不明だ。和名の多くは、徳川の御祐筆《ゆうひつ》の娘で文学の才能に秀でた二代目横山新之助（横山鎌太郎）の妻・美津が命名したもので、外国語だとわかりにくいからとつけられたという。

栽培書も刊行された。芝増上寺で展覧会が開催された明治八年には、相次いでバラの栽培書が翻訳されている。アメリカの種苗会社ヘンダーソン社のピーター・ヘンダーソンが記した『薔薇培養法』（水品梅処《ばいしょ》訳・織田樗堂《ちょどう》校閲）と、同じくアメリカの園芸家サミュエル・パンソンの『薔薇栽培法』（安井真八郎訳）である。いずれも、バラの種類や繁殖法、温室、肥料、病虫害の対処の仕方などが詳しく記されており、「当時の技術力の高さとこれらを翻訳した功績は計り知れない」（鈴木省三）という。特にサミュエル・パンソンの『薔薇栽培法』は上下二巻物で図版も品種解説も豊富にあり、本格的なバラ専門書としてはこちらが最初だとする考え方もある。

これらの訳者・校閲者のプロフィールを調査した中野によれば、翻訳者の安井真八郎は足柄県士族の安井定保の弟で、幕府留学生として、後に東大総長・文部大臣となる外山正一《とやままさかず》らと共に慶応二年（一八六六）に横浜からロンドンに渡り、将来を嘱望された人物だったという。開拓使のボーマーは明治七年（一八七四）に北海道の植物調査に出たときに、横浜のクラマーを同行させているが、安井はその通訳でもあった。『薔薇栽培法』の翻訳に取りかかっていたのはちょうどその頃である。ただ、本が出版されて以降、ボーマーから借りた五両を返さず姿を消した安井の行方は不明のままだ。

一方、ヘンダーソンの本を翻訳した水品梅処は徳川の遣欧使節で、一八六二年と六五年の二度もヨーロッパに渡った外交官だった。明治維新で消息はいったん途絶えるが、明治七年に再び外務十一等書記として名前が現れる。維新前に海外に渡る人は限られているため二人とも幕府時代は相当優秀で将来有望な人物だったと考えられるが、維新後には第一線からは消えていった。

さらに校閲の織田樗堂について、中野は、明治期の農政史家として知られる織田完之だと推定している。織田は、勤皇派の儒者・松本奎堂《けいどう》の塾で学んだ後に維新政府の内務・農商務省で農政指導にあたった人物である。水品が実際の栽培については経験が乏しかったため、農学の専門家の校閲を請うたのだろうか。

安井にせよ、水品や織田にせよ、明治政府かその周辺で活動していた人物であり、彼らがバラ栽培の技術書を立て続けに翻訳して刊行したということは、国家産業とまではいわないものの、開拓使に始まった日本の近代農業の中で、バラが一つの重要花卉として珍重されていたことの傍証といえるだろう。

安井真八郎が明治八年六月に記した『薔薇栽培法』の序文からは、当時、欧米からやってきたバラが日本でどのように受け止められていたかをうかがうことができる。

古《コ》昔《セキ》ヨリ文明ノ国開化ノ民ハ　薔薇ノ窈窕《ヨウチョウ》タルヲ愛シ　芬芳《ニオイ》ノ馥郁《フクイク》タルヲ賞セザルモノ

ナシ(中略)
我邦　亦タ治圃《ウエキ》栽培ノ術《スベ》　漸《ヤウヤ》ク開ケ　世人ノ薔薇ヲ愛シテ之ヲ栽培スルモノ多ク或《アル》ハ之ヲ海外ニ求メテ　新奇ノ種類欧米諸国ヨリ輸入セルモノ少シトセズ　既ニ薔薇ノ行レテ之ヲ愛スル如此《カクノゴトク》ナル牛《モノ》ハ　栽培ノ道亦タ研《キワ》メザルベカラズ　故ニ米国ノ治圃家《ウエキヤ》サミュールパンソン氏著ス処《トコロ》ノ薔薇栽培法ヲ抄訳シテ　栽培家ノ為《タ》メニ参考ニ供セントス

当時の著名なバラの愛好者としては、外務卿・副島種臣《たねおみ》がいた。草森紳一の「薔薇香処副島種臣の中国漫遊」(「文学界」)によれば、明治四年に購入した霞ケ関の自邸には庭中バラが咲き誇っていたといい、これを詩にうたっている。征韓論争に敗れて西郷と共に辞職し、政府から命ぜられた御用滞在(東京の外へ出ることを禁止するもの)も解け、清国に旅したときに詠んだ「題天津《テンシン》駅舎壁」の一節である。

吾《わ》が家は　東京の裡《なか》　園中　皆　薔薇《しょうび》なり
種類　数十品　四時　常に芬菲《ふんぴ》たり(後略)

また、明治八年には、当時の外務卿で芝区白金猿町に自邸のあった寺島宗則が、同じ薩摩藩出身の吉田清成《きよなり》駐米公使や上野景範《かげのり》駐英公使を通じて、数回、英米の花卉の種子を取り寄せている。この中には、バラの種も含まれていたのだろう。特に外務に携わる政府役人は、これまで日本になかったものへの関心が否が応でも高まったろうが、花もその一つだった。

初代新之助が木戸孝允《たかよし》の勧めで独立したのは、明治七、八年頃のこと。官園で繁殖して余ったバラの払い下げを受け、それまで二代目に任せていた植木屋でバラの販売を始める。植木屋がバラも扱っているといった状態で、払い下げのものや外国商館で栽培されていたものを仲間内で接ぎ木し、繁殖させていた。当初は接ぎ木をして繁殖することのできる人の数は少なく、数に限りがあったため、一般庶民へは公開していなかった。

「ばら新」がバラ専門店となったのは明治十六年頃で、いつ「ばら新」という屋号が付けられたのかは定かではないが、当時、郵便報知の記者が各バラ園を回ったところ、特に初代横山新之助を賞賛し、「バラなら新之助」と記事に書いたことから「ばら新」の屋号が通用するようになったという。ただ、商品はもっぱら、ルイス・ボーマーが開いたボーマー商会を通じて数種類の苗を輸入していた。

ボーマー商会所属のドイツ人園芸家アンガーが、大隈重信邸で開かれた日本園芸会の小集会(明治二十八年十月二十七日)で行った演説が「日本園芸会雑誌」第六十七号(同年十一月二十五日発行)に収録されている。それによると、開拓使廃止直後の明治十五年(一八八二)に、ボーマーは北海道をはじめとする日本の植物の栽培と研究を行っていたこれまでの職務を商売に結びつけようと、植物の輸出入を行う貿易商ボーマー商会を横浜に設立した。それまでにも植物の貿易商は数軒あり、山ユリなどの日本の植物を輸出していたが、梱包や輸送の技術が不充分で腐敗するものも多く、球根一つに一ポンド(約五円＝現在の約七、八千円)以上の価格で採算を取っていたものもあった。そこでボーマーは、輸送技術を高めたり船便の輸送速度を上げることで、他社から抜きん出ることに成功し、ますます輸出を増加させたのである。販路としては、日本で教職についていた社長が経営するサンフランシスコ港のパーカー(ペルケル)商会を通じてカリフォルニアへ、その後、北米や南米へ、「柿、金柑《きんかん》、雲州《ママ》蜜柑《みかん》、梨、ツバキ、牡丹《ぼたん》、ユリ」などが大量に輸出された。

「ばら新」らの日本のバラ業者はまだ自分たちで輸入をすることはできなかったので、開拓使以来の仲であるボーマー商会を仲立ちとして新しい品種を手に入れていたのである。

明治十六年に「ばら新」が、「長春園」の川村利八ら東京駒込のバラ販売業者六店と共同製作したカタログ『薔薇花集』の原版が横山宅に残されている。そこでは、ハイブリッド・ティー・ローズ系第一号の〈ラ・フランス〉が〈天地開〉という名で登場している。青山の官園には一株しかなくて西郷隆盛に売れなかった〈ラ・フランス〉も、この頃には接ぎ木で繁殖されて販売できる状態にあったということだろうか。それでも、苗木は一本で三百円から五百円、現在でいえば数万円から数十万円は下らなかった。よく売買されたものは、〈天地開〉〈満月〉〈金香殿〉〈金冠〉で、特に〈泰山白〉や〈天国香〉は大変な人気だったという。

ところで、日本が海外と対等に貿易を行う関税自主権を得るためには、明治四十四年(一九一一)小村寿太郎外相による条約改正を待たねばならない。特に明治十年代までは、もっぱらボーマーのような外国人貿易商の手を介さねば輸入はできなかった。明治十六年に開館した鹿鳴館の料理人・吉田彦次郎は、舞踏会を飾るためのバラを横浜の外国人商会から取り寄せたところ、相当な高値をふっかけられたために自分で「薔薇園」を開くことを決心したという。つまり、欧米のバラが栽培されるようになったといっても、それはごく一部の限られた場所で、限られた人物しかお目にかかれない花であったということだろう。

ところが、開拓使官園ができるよりも前、明治三年にアメリカからバラを入手した一人の日本人がいたという。

初めにバラを愛した男

明治三年、和歌山の山東《さんとう》一郎、アメリカからバラを移入——。二〇〇〇年刊行の『明治・大正家庭史年表1868—1925』をはじめ、複数の世相史年表にこのような記載がある。明治四年から開拓使草木培養方として雇われていたボーマーが、欧米の種苗会社から輸入していた開拓に必要な種苗の中にバラも含まれているという書簡があったが、それ以前の明治三年に、個人的にバラを大量に取り寄せた日本人がいたというのである。ボーマーが来日するのはその翌年だから、それが事実であれば開拓使以前となり、横浜でバラが栽培され始めたのと同じ頃の出来事である。バラ研究家でもある元環境庁長官・青木正久もこう書いている。

明治維新以後、バラ栽培の風潮は西洋崇拝と相まって、日に日に高まっていった。当時の品種としては現在と同様、外国からの輸入万能で、最もコレクションが多かったバラマニアといわれた山東一郎氏(和歌山県士族)は四百五十種も保有していたといわれる。当時の四百五十種であるから原種が入っていたことは疑いをいれる余地なく、モッコウバラやその変種など相当多数含まれていたようである。それにしてもすばらしい蒐集で、現在バラファンが所有している古い品種の先祖をたどってゆくと、山東氏のバラ園にゆきつくばあいが多いだろうと思える。これは明治五年ごろの話であるが(後略)

(『薔薇　バラの文化史』)

『明治・大正家庭史年表1868―1925』の記述はどうやら一九六五年刊行の『明治世相編年辞典』の引き写しのようだが、この記述の根拠は、明治二十六年三月三十一日発行の「日本園芸会雑誌」第四十二号にあるとわかった。

襲菴《しゅうあん》という人物が書いた「ツルムメの来歴」と題する一文である。それによると、襲菴が「ツルムメ」という梅の来歴について知りたいと思っていたところ、知人で遠州(現在の静岡県西部)在住の斉藤花友から、読めと手渡された手紙があった。それは、斉藤花友が明治五年頃に増井という人物から受け取った手紙で、襲菴は一読してみたところ「ツルムメ」のことがわかって溜飲《りゅういん》が下がったという内容だ。そして、その増井からの手紙の中に、問題の、山東一郎に関する一文があったのである。

（前文略）和歌山県士族山東一郎君は西洋より薔薇を取り寄せたる元祖なり　此種類四百五十余種あり　其内《その》珍花の分ばかり御心安く致し候御方へ譲り　此度元地へ帰国致候尓《に》付追々取り寄せ御覧に入れ申候　其種類モッコウバラ黄の二色絞り一季四季共に十五色ほど黄色同断カバ色同断ウス色底紅黄大輪小輪かぞえがたし

すなわち、和歌山県士族の山東一郎は、西洋からバラを取り寄せた元祖で、それらのバラは中国のモッコウバラや一季咲き、四季咲きの多種多様な色の大輪・小輪の西洋バラで四百五十種類あまりあった。そのうちの珍しい花を親しい人々へ譲り、このたび和歌山へ帰国されたので追々取り寄せて御覧に入れましょうというのである。

明治五年頃の手紙というから、山東一郎が四百五十種類のバラを入手したのはそれ以前ということになるのだろう。どのように取り寄せたのだろうか。親しい人々に贈ったというが、それは誰だったのだろうか。そして、山東一郎とは何者なのか。

元国会議員の山東昭子は、山東一郎の曽孫《ひまご》にあたる。昭子は、在りし日の山東一郎、別名・直砥《なおと》の写真を示しながらいった。

「戦前に曽祖父の伝記を書きたいという方がいて、資料を全部お渡ししたんですが、戦災ですべて焼けてしまったそうなんです。今、手元にあるのは曽祖父がつくった和英辞典ぐらい。坂本龍馬の手紙も伊藤博文や福沢諭吉からもらったという手紙も全部燃えてしまいました。私は曽祖父がバラと関係があったことも全然知らなくて、バラにお詳しい青木正久先生に初めてうかがったほどなんです」

　山東一郎については、これまでに、その正体を探ろうと何人かの人物研究家が近寄っては資料焼失を知り、断念したという。昭子や、その母・初子のところを訪ねたのは私だけではなかったのである。

　戦前に山東家を訪ねて資料を一切もって山東一郎の伝記を書こうとした人物「横山さん」(初子)とは、読売新聞・大阪毎日新聞の記者、人物評論家として活躍した横山健堂《けんどう》だった。昭和十八年に横山本人が亡くなり、残された資料も戻らぬまま戦災で焼けてしまったという。これは、北方文化研究会の吉田武三が、昭和四十二年頃に初子を訪ねて判明したことである。和歌山文化協会によると、その後に山東家を訪れたのは、紀州史の大家である田中敬忠《よしただ》ではないかということだった。田中は、昭和四十七年に和歌山県が先覚文化功労者として山東一郎を表彰したときに『山東直砥翁小伝』を記している。また、平成七年には大阪電気通信大学人間科学研究センター教授の小田康徳が『和歌山県粉河《こかわ》町史』編纂の一環として山東昭子を訪ねている。いずれも小文であり、伝記といえるものではなかった。

　ただ一つ、山東が晩年に顔面の大やけどを負ったときに口述筆記させたキリスト教入信までの半生記『悔改《くいあらための》事歴《もとすえ》』(明治二十五年)が国会図書館に残されていた。このため、先達の調査と今回の取材で得た新しい情報などを総合していったところ、幕末から明治維新を高き志をもって生きた一人の青年像が浮かび上がった。またもや北海道開拓に関係し、維新の裏方として働き、西欧の書籍の翻訳や辞典の出版を手がけた情報通、そして、たしかに、非常にバラが好きな人物だったようだ。欧米から入った新しいバラがどのように日本人に受け入れられていったのか、山東の経歴はその背景を知るために重要だと思われるため、以下、『悔改事歴』を主たる資料としてその横顔を紹介する。

山東一郎は天保十一年(一八四〇)、和歌山に生まれた。名は一郎、号は三栗《みくり》、のちに名は直祗と改めている。徳川和歌山県藩士、栗栖儀平の長男として生まれた。家は貧しく、なんとか立身出世して一家を立て直そうという志をもち続けていた。

山東は数え十二歳の春、父に連れられて父の従弟《いとこ》である北谷寶善院《ほうぜんいん》の住職に会い、出世のためには仏門に入り修行すべきだと説得され、真言宗の僧侶となった。その住職の師のいる蓮上院で修行を行うが、その難行苦行と仏罰の意味に不信を抱き、次第に神仏の存在を疑うようになる。機会さえあれば還俗したいと考えていた山東は、その後、儒学者・四《し》ノ宮《みや》金谷に出会い、四ノ宮が仏教、キリスト教を激しく罵《ののし》ることに影響され、ますます仏門に自分があることを厭うようになった。幼少より詩を書くことが好きだった山東は、詩人になろうと決意し、四ノ宮の紹介状をもって播州(現在の兵庫県南部)の河野鉄兜《てっとう》の家塾を訪れたのである。

この家塾で出会ったのが、たまたま遊説に訪れていた尊皇攘夷派の儒者・松本奎堂だった。山東は、意気投合した松本に「いまや悠々と詩作に耽っているときではない。私はこれから大坂で塾を開こうとしているので、私に従って来なさい」といわれ、奎堂が開いた双松岡《そうしょうこう》という私塾に入った。彼らは塾生にしきりに尊皇攘夷論を説いていたため、やがて幕吏に目をつけられ、塾は閉鎖されてしまう。山東は松本に従って淡路、京都を遊歴するうちに、本格的に攘夷運動の渦に巻き込まれていった。

一八六三年、松本らが討幕挙兵するのに先だち、山東は越後で挙兵するべく仲間を集めようとしたが、これが暴露したために江戸に脱走して難を逃れた。このとき、仲間が病気になったためかけ込んだのが、幕府医学所頭取、将軍の侍医・松本良順《りょうじゅん》のところだった。山東は良順から攘夷の「非計」を批判されて「夷《い》を攘《はら》わんには、先《ま》ず夷を知る事を勉《つと》むべし」と諭され、海軍の重要性を説かれる。山東はここで、松本良順の弟、林董《ただす》にも会っているが、林は、後に駐英大使として日英同盟締結を成功させることになる人物で、このときはまだ十五、六歳だった。

常日頃、洋学を心の中で軽蔑していた山東は、外国人と戦うためにはまず外国人を知らなければならないという良順の言葉に「大いに悟る所あり」、良順の勧めで航海術を習うために伴《ばん》鉄太郎の塾に入り、築地の軍艦操練所に行った。伴鉄太郎は一八六〇年、勝海舟や福沢諭吉らとともに咸臨丸に乗船して欧米を見てきたばかりの海軍士官だった。外国語の必要性を感じた山東は、たまたま、伴の友人の酒井谷次右衛門が箱館《はこだて》奉行支配調役として箱館に赴くと聞き、六四、五年頃に、酒井の食客として箱館に渡るのである。

箱館に行って山東が師事したのは、ロシア領事館付司祭のニコライだった。後に東京・神田でロシア語学校を開き、ロシア正教の大聖堂ニコライ堂をつくった人物である。

この頃の箱館港は、欧米ロシアの軍艦・商船が続々と来航していた。江戸在住の駐日イギリス公使ハリー・パークスに報告された記録によると、一八六四年から六五年の二年間だけで、計六十四隻の外国船が訪れている。また、六五年には幕府からロシアへ初めての留学生が派遣された。十三歳から三十歳まで、幕府の学問所・開成所で外国語を習っていた若者たちだった。

箱館にやってきた山東がここで、黒船や外国への留学に興味を示さなかったはずはない。早速、ロシア軍艦グリヤク号が来航したのを機にニコライにロシア行きを申し出るが、「日露両国は条約国であるから、渡航免状をとるようにしなさい」と指導され、免状を得るためにグリヤク号に乗船して横浜へ行った。ところが、許可が下りない。

ここで山東は、徳島藩士で儒者・探検家の岡本監輔と運命的な出会いをする。岡本は樺太《からふと》シベリアを探検し、「露人樺太に移住するものが多い。北門の鎮護を厳にするは、目下の急務である」と、幕府に樺太の一刻も早い領有を進言した探検家である。岡本の世話でなんとか渡航免状を取得した山東は、岡本の影響を受けてさらに北方開拓への志を固めていく。慶応二年(一八六六)頃のことだった。

ただ、山東は結局、箱館に停泊するロシア艦がなかったため、ロシア行きは断念したようだ。「曽祖父(一郎)は開国した翌年ぐらいから四、五年間ほど世界中を旅したらしく、パスポートも取ったらしい」(山東昭子)ということだったが、外務省外交史料館所蔵の「慶応二丙《ひのえ》寅《とら》年中海外行人名表」を確認したところ、出国の許可や帰国年月日が記されていないことから、やはりこのときのロシア行きはなかったとみていいだろう。そして、もしここでロシアに五年間も行っていたならば、次の人物たちとの出会いはなかったはずなのである。

ロシア行きを断念した山東は、ロシア語を学んでいた薩摩藩士・堀清之丞、後に開拓使官吏となる堀基《もとい》と、小野淳輔に出会う。ここで堀に教えられたのが、土佐の坂本龍馬が海援隊を率いて長崎にいるということだった。田中敬忠の『山東直砥翁小伝』によれば、堀とともに長崎に渡った山東は、龍馬に北方の危急を告げるが、龍馬は後藤象二郎と東上するときで、京都で樺太問題を協議しようと共に船に乗って京都入りしたという。慶応三年一月、龍馬は後藤とともに土佐藩船で長崎から京都へ向かっているが、もし山東と堀が乗船した船がこの土佐藩船だったとすれば、まさに「船中八策」、すなわち、龍馬が後藤とともに、大政奉還と公議政治などの新国家構想をまとめたその時間を共にしていたことになる。

だが、龍馬はその年の十一月十五日、京都近江屋で中岡慎太郎と会談中に幕府見廻組《みまわりぐみ》に襲われて死亡する。山東は、東山に龍馬を葬る志士の一人だったと『北海道史人名字彙　上』にある。そこには、山東と同郷の陸奥宗光もいた。

山東家にあったという龍馬からの手紙は戦災で焼けてしまった。何が記されていたのか。山東がもちかけた樺太問題への考えが記されていたのだろうか。

山東は慶応二年(一八六六)、岡本監輔とともに、箱館に「北門社《ほくもんしゃ》」を設立した。北海道開拓の急務を訴えるために設立したもので、翌年に岡本の『北蝦夷新誌』を出版している。序文は公卿、清水谷公考《しみずだにきんなる》が執筆し、「阿波岡本文平(監輔)著、紀伊山東一郎閲」と記されている。

やがて徳川幕府が倒れ、明治新政府が始まる。明治元年(一八六八)、箱館奉行は箱館裁判所、四月には箱館府と改められ、府知事に清水谷公考が任命された。岡本監輔が清水谷家に住んでいたためだろう、清水谷の薦めで山東は箱館府の内務事務局権《ごん》判事に任命される。

このときの箱館府のメンバーは、府知事の清水谷ほか、府判事には、北海道の命名者であり後に樺太経営の全権を委任される松浦武四郎や、井上石見、権判事に岡本監輔、小野淳輔、堀基、巌玄溟、山東らがいた。堀基の手記『傳家録』によれば、井上は民政を、岡本は開墾を、小野は外交を、巌は会計を、山東は産物を、堀自身は兵事と諸藩との応対を職務としたという。井上は北方を視察すべく船出したまま行方不明となり、山東は箱館と大坂の箱館物産会所を往復して大半は箱館におらず、小野も外交のために東京へ行ったまま免官となるなど、北地開拓は思いのほか困難を極めていた。田中説では、山東はこの頃に近江の豪商から三万両を借り、新政府に対して、これを北海道開拓使の設立のために使うよう申し出、他の開拓判官とともに樺太探検を成し遂げたという。

ちょうど榎本武揚が箱館を占拠した明治元年十月、箱館府権判事の職を免じられた山東一郎は品川県判事の職に任命されるが、病気を理由にこれを辞し、十二月には同郷・和歌山藩執政の伊達宗興《むねおき》が寓居する芝の旧紀州藩邸を訪れている。伊達宗興とは海援隊解散後に外国事務局御用掛《ごようがかり》となった陸奥宗光の兄で、翌二年一月には伊達邸で山東は福沢諭吉とも会っている。これらは儒学者・依田学海《がっかい》の日記『学海日録』に記されているものだが、伊達家、陸奥、山東のつながりは、この後ますます密接なものとなっていく。

山東と福沢の接点については、福沢の渡航に関して山東が資金調達に奔走したことを感謝する礼状が山東家に残されていたことがわかっている。これもすでに焼失しているため、咸臨丸のときなのか、慶応三年のアメリカ行きのときのものか、いつの渡航だったかはわからない。だが、こうしてみると、山東一郎とは、維新の陰の力となって大きな時代の転換期をひたすら走り回っていた人物だったことがうかがえる。

また山東はその頃、箱館府御用達の商人だった柳田藤吉に請われて塾の運営管理を行うことになった。場所は三井家が所有していた東京・早稲田の旧高松藩主・松平頼聡《よりとし》邸のあったところだった。学校の名は、「北門社明治新塾」とし、山東は柳田から三年間運営できる資金を提供され、山東自身は無給で勤めた。

明治二年三月に出版された北門社発行「新塾月誌」初集の序に、山東は次のように記している。

今日の要務は、随処学舎を開き、多く有益の書を刊行し以《もっ》て人民を鼓舞誘導し、日新の学を拡充し因て以て無識の徒を醒覚せしめ、有志の輩をして其学を逐しむるに在るのみ。是《これ》即ち吾《わが》新塾の設けある所以《ゆえん》なり。(中略)洋籍の日新有用なるものは、力を尽して之を集め、随て読、随て訳し、随て之を上梓せんと欲す。乃《すなわ》ち先ず牧牛羊の論と名づくる一篇を上梓す。人或は之を怪むものあらんか。蓋《けだ》し我先ず此篇に従事するは、新塾の傍に園圃《えんぽ》を開き、蔬菜花木は言に及ばず、牛羊をも亦《また》此に牧し、学生の資なきものをして習業の余力以て此園圃に従事せしめんと欲すればなり。之に頼て、月を逐い訳書を上梓し、月刊の志林と為すべし。

塾の英語教師は初代が福沢の友人、尺振八《せきしんぱち》で、二代目が医師・松本良順の弟、林董だった。林は、幕府留学生としてイギリスに留学したものの戊辰戦争で榎本武揚軍に参加し、一年間の禁錮処分に服していた。その処分が解けて、東京に戻ったところを山東は早速、教師として招いたのである。松本良順もここで教鞭をとり、西洋人の教師がイギリスやフランス、ドイツの学問や算術などを教えていた。また、翌明治三年には函館に北門社郷塾をつくり、箱館府を辞した後に昌平黌《しょうへいこう》教授となっていた堀基が嘱託となった。北門社明治新塾には全国から生徒が集まり、明治四年の調べでは三十四名の生徒が学んでいたことがわかっている。いち早く塾のそばに畑をつくり、学生たちに自活させようとしたという点で画期的な試みだった。塾生には後の外務大臣、小村寿太郎らがいる。

「新塾月誌」は明治二年三月と四月の二号しか残存していないが、三月号には、「牧牛《ぼくぎゅう》の説」「綿羊《めんよう》の説」と題するアメリカの論文の翻訳が掲載されている。乳牛を飼育する場合の飼料のこと、病気のこと、牛乳の栄養分のこと、牛や羊のアメリカでの消費量、輸出入の状況などが詳しく記載された。また、四月号には、イギリスの孤児院の環境と教育に関する論文の翻訳や、海上輸送の保険に関する意見文などが掲載されている。欧米の論文は、北門社明治新塾で教鞭をとっていた西洋人を通じて入手したのではないだろうか。そして、山東は、入手した情報を解読するときに必要な辞書をつくるために、開塾早々、全塾生挙げて編纂に取りかかった。明治二年十月に刊行された『英吉利《イギリス》大字典』である(中外新聞明治二年十一月八日)。

また、北門社では、明治三年に水運・水産学などを説いたマーチン・パーソンズの『格物《かくぶつ》入門和解』六巻本を翻訳、明治四年に岡本監輔の『北門急務』『窮北《きゅうほく》日誌』を刊行している。いずれも北海道の開拓を急務として強く訴えるものばかりだった。

林董はその著書『後は昔の記』で、山東はアイデアマンだが営業には疎《うと》かったと記している。たとえば、牛乳を搾って販売すること、活版印刷の機械を使って書籍の印刷をすること、築地にホテルを建設すること、などはすべて山東が最初に発案したものだが、結局すべて失敗に終わったという。この三つともに山東の名は創始者とはなっていないことから、やはり営業には向いていなかったのだろう。明治新塾は当初の柳田との約束通り三年間で閉鎖され、出版もこの後、明治十一年以降に再開するまで中止された。

山東とバラ

さて、山東はいつバラと出会ったのだろうか。箱館府時代にはまだ欧米のバラを見ていないはずである。少なくとも、山東とバラを結びつける記述は箱館時代には見当たらない。山東が箱館にいた一八六四、五年頃から六八年に箱館港を訪れた外国船は多いが、中野孝夫が指摘したように、スエズ運河の開通は六九年だから、それ以前に長い過酷な船旅を経てバラの苗を運ぶことはまず不可能だろう。種だけならば可能性はあるものの、当時の日本人のバラの栽培技術を考えると種からバラを育てるのはかなりむずかしい。黒田清隆によって開拓使が設けられ、官園でバラ栽培が始まるのは山東が箱館を去った後のことだ。そうなると、山東とバラとの出会いは、やはり東京にやってきてからということになるだろうか。

では、どのように欧米のバラを取り寄せたのだろうか。誰から入手したのだろうか。「新塾月誌」明治二年四月号には、海上貿易の保険に関する話題とそれに関連する神奈川出張所の支配人の原稿が記載されているほか、中国の広東《カントン》、厦門《アモイ》、天津、上海《シャンハイ》といった各貿易港の輸出入の概況や品目なども記され、箱館府以来、物産関係の仕事に携わっていた山東が、引き続き、外国との貿易に多大な関心を抱いていたことがわかる。ただそれは、自分自身が商売を行うというよりは、海外の最先端情報をいち早く入手して世間に広めることを自分の務めと考えていたふしがある。山東が四百五十種類の欧米のバラを取り寄せたのは明治三年ということだが、箱館府時代に物産の取り扱いの責任者として国内外の物産の情報通でもあった山東が、何かのきっかけでバラのことを知ったとしても不思議ではないだろう。しかも、北門社明治新塾では西洋人が教鞭をとっていたのだから、彼らを通じて取り寄せることも可能である。

さらに、山東には、外国人との交流が深く、商才に長けた柳田藤吉という友人がいた。柳田がどこかで欧米のバラの新種の情報を耳にし、山東に取り寄せることを勧めたと考えられなくもない。柳田は武器弾薬を取引するという闇のブローカー的存在であった反面、日本の混乱期につけこんで商売をしようとする外国資本の侵入を嫌う顔ももっていた。『明治の群像8』で柳田の小伝を記した東北学院大学教授・榎森《えのもり》進の記述によれば、財政の窮乏に見舞われた秋田藩が、明治元年の秋に秋田藩の鉱山を抵当としてドイツ人から二十万両を借りようとしたところ、これを知った柳田は、秋田藩と交渉して自分が融通するように話を運んでいる。この件は、山東の紹介で会計事務掛の由利《ゆり》公正《きみまさ》に柳田が面会したことで結局政府が貸与することになったが、これは外国資本が侵入することを食い止めた一例だ。

欧米のバラは当時の日本人で知る人はほとんどなく、手に入れるとしたら相当高額なものだったはずだが、貿易の裏事情に詳しい柳田であれば、なんとかなったかもしれない。あくまでも推測である。

山東一郎という人物は、これまでの経歴をみても、北方開拓への志とは別にどこか新しもの好きで、新しく出会う人々との人間関係をためらいなく大切にする人だったようだ。それは外国人に対しても同じである。海外との交流の必要性を痛感したために、真っ先に和英辞典づくりに取りかかったのだから。少なくとも明治二年に、北門社明治新塾を任された時点で、すでに以上のような人間関係があったことは確かである。

そうなると、横浜の外国人との交流を通じてバラを手に入れた可能性もある。カール・クラマーが、山手公園で行われた明治四年のフラワーショーですでにバラを展示していたというのだから、日本に入ってきた時期は山東の記録とちょうど同じ頃だ。しかも、山東と横浜とは切っても切れない関係がある。

山東は、北門社明治新塾を閉鎖した後、明治五年三月から神奈川県に「七等出仕」として採用されている。これは、同郷和歌山の四年下の後輩、明治四年八月に神奈川県知事になった陸奥宗光の誘いだったといわれている。陸奥は大蔵省租税権頭《ごんのかみ》を兼任して地租改正に携わっていたため、実質上の業務は参事の大江卓が行い、陸奥が辞した後は、大江卓が知事、山東は知事代理の職に就いている。

もし、北門社明治新塾時代にバラを取り寄せたのでないとすれば、山東とバラの出会いはやはり横浜ということになる。山東昭子の回想。

「曽祖父の横浜時代の家は山手公園の近くにあって、外国人の方が建設したハイカラな洋館だった。バラもたくさん植わっていたんじゃないでしょうか」

外国人の建築家が建てた洋館とバラ……。工部省営繕局顧問としてイギリスからやってきたお雇い外国人のジョサイア・コンドルは、鹿鳴館はじめ日本で数多くの洋館を建設したが、その庭園には故国のバラを植え、意匠にもところどころバラを用いることが多かった。ニコライ堂もまた、コンドルの設計である。コンドルと山東の関係からバラを入手したのではないかと可能性を探ったが、コンドルの来日は明治十年一月であるから、時期が遅すぎる。

明治八年五月二十二日付横浜毎日新聞の「本県雑聞」欄によると、この年、山東は素人植木屋の親玉として、毎年バラの種をバヽラバヽラと播《ま》いて丹念に育ててヨーロッパの人々を驚かせたとあり、クラマーたちが開催した草木品評会にも妻と一緒に出品していたという。横浜のバラと山東の関係について中野の意見を求めたところ、中野は、「バラは通常苗木から育てるので、種を播くというのは原種のバラだったのではないか」と推測する。

山東は明治八年十二月に体調を崩して神奈川県を退職した後は、芝公園に移り住んでいる。その翌九年と十年の「新文誌」に「洋薔薇」「十松書院雑題」という詩を発表し、選者は、「聞く。居士《こじ》薔薇を愛す。其の聚《あつ》むるところ二千種の多きに至るという」と解説した。すなわち、山東はバラの愛好者であり、庭には二千種のバラがあったというのである。中野は「日本園芸会雑誌」にあった四百五十種も、二千種も、当時としてはとても考えられないほどの数字でにわかには信じがたいと疑問を呈するが、「山東が相当なバラ好きだったことは確かでしょう」と語った。

山東がバラを最初に手に入れたのが東京の明治新塾時代なのか、横浜時代なのか、正確なところはわからない。山東を西洋からバラを取り寄せた元祖だとする記録が、「日本園芸会雑誌」の「ツルムメの来歴」という書簡のみを根拠としていることも心許《こころもと》ない。だが、少なくとも明治五年以前に、約四百五十種あまりのバラを取り寄せ、それを親しい人々に分け、故郷和歌山にも持って帰ったことが評判となっていたこと、さらに、芝公園の自邸ではそれ以上のバラを栽培していたのは事実である。北方開拓を唱え、開拓使官吏らとの付き合いも深かった山東のことだ。青山の開拓使官園に初めてバラをもち込んだのも、山東だったかもしれないというのは飛躍のしすぎだろうか。

芝公園に移り住んでからの山東は、再び出版活動に取り組んでいる。五、六十名の僧徒を動かして五か年計画で『一切経《いっさいきょう》』を刊行し、明治十一年には四六判・一一五〇ページという分厚い和英辞典『新撰山東玉篇』を出版した。この辞典の題字は漢学者・巌谷一六（児童文学者・巌谷小波《さざなみ》の父）が書いたもので、序文は、フレッド・V・ディキンズと中村正直が記している。ディキンズは幕末に来日したイギリス人弁護士で、後に南方熊楠と協力関係を結び、日本の古典文学、たとえば『万葉集』『方丈記』『竹取物語』などをいち早く翻訳して海外に紹介した日本研究者だ。

明治五年七月九日、すでに山東が神奈川県に勤め始めて四か月経った頃、中国人の苦力《クーリー》二百三十一人を乗せたペルー船マリア・ルーズ号が、マカオからペルーに帰る途中に天候不順と修理のために横浜港に立ち寄ったとき、船内に監禁されていた苦力が逃亡してイギリス軍艦に救助を求めるという事件があった。外務卿の副島種臣はこれを奴隷売買事件として外務省管下の裁判とすることを決定し、参事の大江卓を知事に任命して、特命裁判長とした。大江は中国人苦力全員を解放してマリア・ルーズ号を横浜港に停留するが、これに対してペルー側が抗議し、裁判が始まった。ディキンズはそのとき、日本にも芸娼妓規定のような制度があるではないかと指摘し、日本にそもそも奴隷制度を裁く権利などないと主張したペルー側弁護士だった。ディキンズがとった行動は、その後、女性の人権運動へと発展していくきっかけとなるものだった。山東は知事代理として事件の対応にあたったとみられる。

また、序文を記したもう一人、中村正直は高名な思想家で、明治三、四年に翻訳したサミュエル・スマイルズの『セルフ・ヘルプ』は『西国立志編』として明治十年に改正増補され、福沢諭吉の『西洋事情』と並ぶ総計百万部のベストセラーとなったという。イギリス民衆の自立を訴えるために書かれたもので、シェークスピアやトマス・モア、フランシス・ベーコン、バイロン、ホーソンなどが紹介され、その後の日本の自由民権運動に大きな影響を与えた。明治天皇の進講のテキストや、小学校の修身の教科書にまで用いられたという。

このようなディキンズや中村正直との関係をみれば、朧《おぼろ》げながら山東一郎が目指していた方向性がみえてくるようだ。

しかも、この『新撰山東玉篇』の刊行には一つの疑問があった。原稿は、明治九年に完成して版権免許も九月四日に得ているにもかかわらず、出版は二年後の明治十一年九月となっているのである。

明治七年一月十七日、板垣退助らの愛国公党決議にもとづいて、左院に民撰議院設立建白書が提出されたことを機に、全国で、民主主義的な立憲制国家をつくろうとする国会開設運動が展開されていった。その口火を切ったのは、板垣、片岡健吉、林有造らによって創設された土佐の立志社で、やがて自由民権運動の中核となっていく愛国社の中心となる結社である。明治維新後の急激な近代化のあおりを受けて、封建的特権を奪われた士族たちの不満は鬱積しており、地租改正に反対する農民たちの一揆も頻発し全国で反政府の気運は高まっていた。

明治十年、西郷隆盛を擁した反政府内戦、西南戦争が起こると、陸奥や大江卓はそれに呼応した土佐立志社の政府転覆計画に加担したとして、その罪で逮捕される。陸奥が入獄したのは、翌十一年六月のことだった。募兵計画を進めるために共に和歌山へ行った山東にも逮捕の危機はあったが、結局、転覆を企てた立志社の林や大江とは関係がなかったとして、逮捕されるまでに至らなかった。

明治初年か明治十年頃という説があって正確な日時は不明だが、山東は陸奥宗光、児玉仲児らと、地租改正反対一揆の起こった和歌山県那賀《なか》郡粉河町の普明院に猛山《もうざん》学校という塾を開設している。児玉は明治七年に慶応義塾に入学しているが、その入学時の保証人となったのが山東だった。猛山学校では漢字や英語を教え、明治十年頃にはベンサムの自由主義、平和主義教育を行っていた。児玉は、この猛山学校を母体として明治十一年二月に政治結社・実学社を創設した。『自由党史』によれば、陸奥逮捕直後の明治十一年九月に行われた愛国社第一回大会に参加した数十名の中には、「紀州和歌山よりは山東一郎(直砥)、児玉仲児、千田軍之助。」とあり、十月には、実学社は愛国社に加入することを決定している。『新撰山東玉篇』が出版されたこの明治十一年九月とは、自らの罪無きがようやく決まり、実学社が愛国社に加入し、日本が国会開設運動へと向かうことになった直後だったのである。

翌年から山東は、本格的に出版活動を再開している。現在記録が残っているものとしては、明治十二年に『自由原論』(トクヴィル著、肥塚龍《こいづかりょう》重訳)を、明治十三年には『小学読本農学入門』(岡本監輔纂輯)と、子ども用の絵本『児回島記《ガリバーしまめぐり》　絵本』(斯維弗《スウィフト》的著、片山平三郎訳、久岐晰《くきあきら》筆記)、すなわち『ガリバー旅行記　初編小人国の部』があった。

この間、山東は投獄中の陸奥のもとをたびたび訪れ、特赦のために奔走している。陸奥が獄中にもち込んでいた書籍の中には山東が差し入れた『新撰山東玉篇』があった。陸奥が出獄した翌年の明治十六年には、獄中で陸奥が翻訳したベンサムの『道徳および立法の諸原理序説』を『利《り》学正宗《がくせいそう》』と題して出版した。

山東が出版したフランスの歴史家アレクシス・ド・トクヴィルの『自由原論』八巻本は、原題が『アメリカの民主政治』で、イギリスのヘンリー・リーブの英訳書からの重訳となっていた。デモクラシーとは何か、民主主義がアメリカ人の精神や生活にどのような影響を与えていったかなどの分析から、中央集権国家の独裁の危険性まで考察した書で、終戦直後に同書を翻訳した社会学者・井伊玄太郎は、その解説で「明治十五年前後、この『自由原論』は相当読まれたらしい形跡がある」と記している。それこそ山東の刊行したものだったのだ。ベンサムもトクヴィルも、それぞれ十九世紀を代表する英仏の自由主義思想家であり、彼らの著書は、自由民権思想を体系化していくためのよりどころとなった重要な書籍だったのである。山東は、明治維新から自由民権運動へと進む過程にあって、その運動の表舞台に立つことはなかったものの、闘う人々の心を縁の下で支える重要な役割を担っていた。

その志の表明なのだろうか。『自由原論』を刊行したとき、山東は、出版社の屋号を「薔薇楼」と命名している。

手元に、山東一郎の写真がある。撮影されたのは四十代後半ぐらいだろうか。両顎《あご》が横に大きく張り、頑丈そうな体軀で、身長は百八十センチほどある大男だった。晩年は麻布区仲之町に移り住み、北海道の刑務所に収監されていた囚人を更生させて、人力車夫として生涯雇っていたという。芝公園の家に二千種あったといわれるバラはどうしたのだろうか。職を辞す最後の挨拶として、親しい人々に贈ったのだろうか。

明治三十七年(一九〇四)二月十四日没。享年六十五だった。

山東一郎の墓は、青山霊園にある。二メートルほどある石碑の裏面には、これまで垣間見《かいまみ》てきた生涯の概略が記され、河野鉄兜、松本奎堂、坂本龍馬、福沢諭吉らの名も刻まれていた。

バラは、時には、山東の慰みになっただろうか。

欧米の現代バラが日本に移入された正史は、あくまでも横浜港を起点としている。ただ、その陰には、バラを愛し、そこに近代の夢を重ね合わせた山東のような存在があったのである。

遺伝を知る人々

欧米のバラが、公の場でも近代国家日本の象徴となったのは、明治二十二年(一八八九)の大日本帝国憲法公布式典と、明治二十三年の帝国議会開会の頃だった。憲法発布式の会場には多くのバラが飾られ、江東《こうとう》中村楼で九百人の政党員を集めて開催された新政党員全国有志大懇談会では、世話人となった政党員は胸にバラの徽章をつけて目印にした。バラがまさに自由民権の象徴、新しい日本のシンボルとなったのである。

シンボルはファッションにも影響する。西洋バラが当時の流行であったことは、石版画の図柄を見れば一目瞭然だ。

明治二十二年に製作された石版画「芸妓松江・小勝」は、原版が同じで、違う作者による服装違いのものが二枚あるが、いずれも芸妓の頭には一輪の西洋バラの花冠が髪飾りとして付けられている。ほかに、同じ頃につくられたもので、窓を開けてそこに女性がいるという定番の少女画や貴婦人画があり、その窓枠にもやはり西洋バラが飾られている。明治十八年十月発行『洋式婦人束髪《そくはつ》法』によれば、「まがれいと」、つまりマーガレットといって三つ編みに結った髪を束ねてアップにした髪型が流行したようだが、生花を髪に挿すことも奨励されている。必ずしもモデルとなった彼女たちの髪にバラがついていたわけではないだろうが、版画の枠や肖像画の背景、髪飾りとして、当時の高嶺《たかね》の花、文明開化の象徴としてバラがデザインされたのである。

髪にバラの花冠を飾る当時の女性の姿は、芥川龍之介が大正九年に発表した小説『舞踏会』にも描写されている。

初々しい薔薇色の舞踏服、品好《よ》く頸《くび》へかけた水色のリボン、それから濃い髪に匂っているたった一輪の薔薇の花——実際その夜の明子の姿は、この長い弁髪を垂れた支那《しな》の大官の眼を驚かすべく、開化の日本の少女の美を遺憾なく具《そな》えていたのであった。

「宮中御装飾の盛花《もりはな》」と題する読売新聞(明治二十九年九月二十一日)記事によれば、宮中の食卓に飾られる盛花も、憲法発布式以降は西洋の花が加えられるようになったという。新宿御苑の福羽逸人は御料局《ごりょう》技師として、宮中の飾り花のデザインの多くを考案した。ランが中心で、そのほかにはバラやカラジウム(サトイモ科の観葉植物)、ボタンなど温室栽培されたものが飾られたという。

三代目横山新之助も、この発布式が「ばら新」の商売を拡大させるきっかけにもなったと記している。

明治廿《にじゅう》二年国会開設のお年　憲法発布の式あり　豊明殿千種ノ間正殿の三ヶ所に洋式盛花の事ある　横浜北廿八番館ボーマ商会へ命ぜられ一ヶ所分八十円との事御係より内地

にて造ル様との事にて入谷《いりや》の開花園入十並ニ(引用者注・入十は屋号か)本園に式後其《その》植物を下げ渡され　従て洋花を培養する様になり　同年最初の温室を造り　以来概《おおむ》ね外国商館のものでなく間に合う様に成り(中略)

明治二十二、三年初て温室ヲ造ル暖房装置は土管(元三間位煉瓦《れんが》種)後鉄管にて　ボイラー式は池貝鉄工場の主人池貝庄太郎氏自身毎日出張芝田町より取リ附ケス(当時池貝鉄工場にて紙巻煙草《たばこ》ノ器械巻器械製造ス)

(三代目新之助ノート)

発布式終了後には、そこで使用済みとなったバラが「開花園」や「ばら新」に払い下げられ、これをきっかけに「ばら新」は明治二十二、三年頃に初めてバラの培養のための温室をつくった、とある。それまではボーマー商会など外国人に頼らなければ入手できなかったが、しばらくはこの払い下げ分で事が足りたようだ。しかも、明治二十三年二月には、ボーマー商会にいた鈴木卯兵衛をはじめ、内山長太郎や伊藤金五郎ら東京や横浜の有力な植木屋たちが発起人となって有限責任・横浜植木商会を設立する。彼らは植物・球根・種子の輸出を自分たちの手で行い、翌年には株式会社としてカリフォルニア州オークランドに支店を置くまでに至った。こうした貿易会社の設立は、これまでその業務を独占的に行っていた外国人たちに脅威となっていく。

外国へ行ったついでに種や苗木をもち帰る人も現れ、三代目新之助ノートによると、「ばら新」でも、明治二十三年にドイツ留学から帰国した貴族院議員の近衛篤麿《あつまろ》がもち帰った数十種の草花の培養を任されたり、翌年には、牛込新小川町に住んでいた川田龍吉(三菱財閥創業期の立役者、第三代日銀総裁・川田小一郎の子息)から〈青海波〉〈香爐《こうろ》峯《ほう》〉〈銀盃〉〈八代ノ浦〉などのバラの培養を任されるなど、種類、数ともに大いに増えて充実したという。

当時は入手したバラの栽培と繁殖のみで育種までは行われていなかったが、江戸時代の文化文政期や嘉永安政期に園芸家たちがアサガオの突然変異などを丁寧に記録に残し、さまざまなアサガオの変異種(変化アサガオ)を生み出してきた土台があったためだろう。バラにおいても、従来の品種の変異種を大事に育てて新しい種として命名することもあった。三代目新之助ノートには、こうした変異種も記録されている。

> 照葉のばら　胡麻斑《ふ》入葉にて浜錦　庚申茨《コウシンイバラ》(在来種は黒紅極赤薄《ウス》紅の三種)変種にて薄紅底白一重に極紅の縞《しま》飛白絞り　都ノ錦　純白八重咲中りん　峯ノ雪　葉黄葉にて小枝樹　性質稍《やや》小振にて藤色に桃色の絞り入り達錦　同じく幹に白筋入(花は薄紅赤地)錦帯紅　亦《また》同じく幹筋入り　桜鏡の筋入に　旭の滝　斑入系にては天地開の斑入葉　蜀錦香　等出で此の蜀錦香は才三回内国観《ママ》業博覧会へ出品　王昭君の幹黄筋入ニ錦照

すなわち、テリハノイバラの変異で胡麻斑入りのものを〈浜錦〉とし、庚申バラの変異で赤い縞の入った白い絞り柄のものを〈都ノ錦〉、〈ラ・フランス(天地開)〉の斑入りが〈蜀錦香〉などと変異種を挙げている。特に〈驪山《りざん》の月〉〈新世界〉については次のように記している。

驪山ノ月ノ事
楊貴妃ノ親木丈け七尺余の古木の枝に花輪中の一弁に白色の弁ある花を見て　初老之を丹精遂に半白半紅の花色となし　日月と命名せしも概ね紅色側の芽出しには紅　白色側は白　中央は日月となる故　培養難きを思い白色の分を残す　日暮里の安井氏（漢学の先生と聞く）楊貴妃に因《ちな》ミ驪山の月と命名　今に伝えらる　後此の事を記し才三回勧業博覧会へ楊貴妃の親木と共に出品す

新世界の事
明治廿八年五月世界図（トキ色萬重）或る枝先に純白色の開花を見　三本接木したる分の内尖端の分前記の純白種を得　新世界と名づけ大に好評を博す　売出価格上木三円五十銭並木弐円五十銭ずつにし　最初買人は長野県更級《さらしな》郡村上村　久保太兵衛氏

つまり、薄紅の花弁をもつ〈楊貴妃〉の親木を栽培したところ、その中に花弁の一枚が白い変種を見つけた初代新之助はこれを丹精して育てて、ついに半白半紅の品種を生み出し、これを〈日月〉と名づけた。しかし、突然変異種は栽培がむずかしく、安定して生産することができない。このため、全部が白い花弁の品種だけを残したところ、日暮里に住んでいた漢学者、安井氏がこれを楊貴妃にちなんで〈驪山の月〉と名づけ、〈蜀錦香〉や〈楊貴妃〉とともに明治二十三年に上野公園で開催された第三回内国勧業博覧会に出品したというのである。「楊貴妃に因ミ」というのは、驪山のふもとの温泉池・華清池で唐の玄宗と楊貴妃が過ごしたといういわれからきたものだろう。ちなみに、このときの博覧会最大の目玉は、アメリカから輸入された電車だった。

さらに、明治二十八年五月には、淡い桃色の花弁をもつ〈世界図(スーブニール・ド・ラ・マルメゾン)〉の枝先に純白の花を見つけて三本を接ぎ木したところ、安定して純白の花弁をもつ新しい種を得た。そこでこれを〈新世界〉と名づけ、上物三円五十銭、並二円五十銭で売り出したところ大好評となったという。また、〈世界図〉の「萬重」とあるのは、花弁の枚数が特に多いものを当時はこう呼んでいたようだ。

現在ならば、安定して販売するために何段階もの栽培試験や研究が必要となり、もとの品種の育種家との権利関係が問題になるところだが、たまたま現れた突然変異に新しい名前をつけて売り出すとは、なかなかの商売上手だといえるだろう。明治三十六年には開花の季節以外も販売を促進しようとカタログ販売も始めている。

江戸から明治初期の園芸家たちが、遺伝学を知っていたわけではない。だが、一八六五年にメンデルがエンドウ豆の栽培で遺伝の法則を発見する以前から、彼らは、親から子へ伝えられる何かや、親とは関係ないかのように突然現れる奇妙な変異種の存在を知り、これを園芸種の栽培に生かしてきた。その代表的なものが変化アサガオで、通常のアサガオとは似ても似つかない、花弁が細長くボタンのような〈柳ぼたん〉や、花弁が匙《さじ》のような〈鳥甲〉など約千二百種類がつくられている。実は、この頃の変異の記録が現代の青いバラを象徴技術とする花色研究への重要な土台となってくるのだが、それは後述する。

突然変異はメンデルの法則における劣性遺伝形質が多く、親株の双方から劣性の遺伝子が受け継がれた場合に限り、変異形質が現れる。これを保存するためには種子が必要だが、往々にして突然変異種は種子ができないことから、劣性遺伝子の片方だけを持つ兄弟株の種子を残すことによって変異の系統を保存した。表面的には普通のアサガオとは変わらないものの、変化アサガオの遺伝情報を持つものが自家受精すると、わずかながら変化アサガオが出現する。江戸時代の園芸家や植木師たちは、花が咲く前の双葉や本葉の模様から変異種であるかどうか判断できることも知っており、変異となるとわかったものだけを育てていた。育種改良や遺伝の系統だった科学的知識はなくとも、日々の観察と栽培の経験を通じて、遺伝に関する実践と経験を積んでいたのだろう。

メンデルが唱えた法則は、三つある。両親から受け継いだ対立する形質のうち、優性の形質のみが子どもに現れ、他方は隠れるとする「優性の法則」、そして、花粉や胚嚢《はいのう》細胞などの生殖細胞ができるときは、対立遺伝子(二個で対となって一つの形質を表す遺伝子)がそれぞれ分離して別々の生殖細胞に入るとする「分離の法則」、さらに、二組以上の対立遺伝子があっても、それらが同じ染色体にあって連鎖していない限りは、分離と再結合は独立に行われるとする「独立の法則」である。

アサガオの遺伝研究を行う岡崎国立共同研究機構・基礎生物学研究所教授の飯田滋は、江戸時代の園芸家たちについてこう語る。

「彼らはもしメンデルの法則を知っていたとしても、知っていたのは半分で、半分は知らなかったといえるでしょう。江戸時代にはまだ人工交配は行われていないので、対立遺伝子が分離することは知らなかったが、その先、どのように形質が子孫に分離していくのかは知っていたのではないでしょうか」

ただし、江戸時代には、こういった栽培方法は各人の秘伝、門外不出とされ、決して関係者以外に漏らされることはなかった。

欧米においても、一八六五年に発表されたメンデルの法則は理解されることなく時が過ぎ、発表後三十五年経った一九〇〇年にオランダのユーゴ・ド・フリース、ドイツのカール・コレンス、オーストリアのエーリッヒ・チェルマクの三人の学者によって、それぞれ別々に再発見された。この一九〇〇年が近代遺伝学の始まりといわれる年だが、日本では、明治三十年(一八九七)に「あさがおノ人工的異花受胎ニ就テ」という理学士・安田篤の論文が「植物学雑誌第十一巻第百十九号」に発表されているため、人工交配はこの頃にはすでに行われていたようだ。だが、江戸以来、変異種がたくさん保存されているアサガオにしても、遺伝学的な研究が始まったのは明治四十四年(一九一一)頃以降である。ましてや、日本でバラの人工交配や遺伝学的研究が行われるはずはなく、三代目新之助が記したようなことは秘伝そのものだっただろう。

また、実生《みしょう》といって種を播いて新しいバラを育てることも行っており、ノートには、雑誌に紹介されたためにアメリカから問い合わせがあったという記述もある。

枝変りと共に毎年実生を成し　前年の実を翌春彼岸に蒔《ま》き秋季に細砧木《だいぎ》へ嵌接ぎを成し順次に太ると後切接となし　年々新花を撰《えら》み自園新花の部として種類表へ掲ぐ　実生変り新種に貴公子(淡紅底白一重大輪　親は白黄とか)甫一紅(牛込穂積様の実生)緋紅一重中輪　紅、梅　紅一重咲　その他最も名を揚し品種に扶桑紅を親として丁字車、薄紅極紅底白変化紅千種咲都久羽根樺色《かばいろ》紅掛け紅　雪月花　深山雪　御代ノ明治(ツル性)白天国香等の白　初鶯　薄黄名花として白黄地紅掛け最□□ノ大ニツルにて鳳凰錦　小石川安藤坂在住の安藤氏に最も実出時より□ま出し　萌黄獅子　麦黄色千重咲　その他別記多数の自園新花を出す(中略)

丁字車ノ花色花形当時の日本園芸雑誌に記載せられし為　米国より購入方照会来る

(引用者注・□は判読不明)

肥料には牛や馬の乾燥した糞、稲わら、腐葉土、油粕《あぶらかす》や糠《ぬか》、石灰などが使用され、栽培書の翻訳が出まわるようになると、人尿糞や窒素肥料、骨粉なども使用されるようになった。また、明治二十年に日本最初の化学肥料製造企業である東京人造肥料会社(後の大日本人造肥料、現・日産化学)が設立されてからは、化学肥料も使用されるようになった。東京人造肥料会社は、農商務省を辞したばかりの化学者・高峯譲吉と財界のリーダーだった渋沢栄一によって設立されたもので、高峯が、ニューオリンズ万博に出席したときに手に入れた過燐酸《かりんさん》肥料をもって渋沢を訪れ、「日本のように国土が狭く、集約農法によらなければならぬ国では、今後はぜひとも人造肥料の使用を奨励して生産率を高める必要がある」と過燐酸肥料や窒素肥料などの化学肥料の有用性を訴えたことがきっかけだった。明治二十五年頃からは倍々の勢いで需要は伸び、明治後半には化学肥料会社が次々と設立され、農業発展に貢献した。

日本園芸会

この頃になると、日本園芸史の発展の要《かなめ》となり、園芸に関する人的交流の場として特筆すべき団体も発足している。大日本帝国憲法が制定・公布された同じ月、明治二十二年二月に設立された日本園芸会である。

設立者の吉田進は日本赤十字社(当時・博愛社)の役員で、語学堪能で植物好きだったことから海外の園芸に関する雑誌記事や論文を翻訳していた。そのうちに、園芸技術の発展のためには西洋の栽培技術や学術知識を日本に紹介し、逆に、日本の伝統的な植物も西洋に紹介する必要があると考え、同志を募って会の発足にあたったのである。吉田らは、園芸産業は他の産業と同様、国家産業として国の保護のもと推進されるべきだとして議員に働きかけ、初代会長に宮中顧問官男爵の花房義質《よしもと》(明治四十四年に日本赤十字社社長)、副会長に元老院議員の田中芳男、農商務省農務局長の前田正名《まさな》を選任し、翌年には農商務省(岩村通俊《みちとし》大臣)から百円の助成を受け、新たに大臣辞任後の岩村を副会長に加えた。
日本園芸会は年を経るごとに、政府有力者や園芸の指導者、植木屋、趣味の園芸家たちを会の役員に据えていった。明治二十九年には、第二次世界大戦前にフランスから輸入した種子を育成して石垣イチゴの品種として有名になった〈福羽〉を発表した新宿御苑の福羽逸人も副会長に就任している。その後も、二代目会長に大隈重信侯爵（当時伯爵）、三代目には鍋島直映《なおみつ》侯爵がそれぞれ逝去するまで就任するなど、政府高官や華族など上流階級といわれる人々を中心に、日本の園芸産業発展のための中央親睦団体として、園芸界と政府を結ぶ重要なパイプ役となっていくのである。

明治期から大正初年にかけての日本園芸会の主な活動は、会報「日本園芸会雑誌」の発行と総会の開催だった。たったそれだけの活動なのだが、この総会はたんなる園芸好きの社交場ではなく、さまざまな情報交換の場となった。

総会は、園芸専門の研究者や政府の高官、華族ら上流階級の会員で構成され、毎回、庭園を所有する会員の自邸や上野美術協会、また、花房会長邸や横浜植木商会などで行われた。

明治二十五年頃からは上野公園で品評会を開き、稀少な洋ランをはじめとする温室栽培植物や、サザンカ、サクラソウ、シャクヤク、バラ、ボタンほかさまざまな植物を展示し、皇太子も臨席して花束を贈られるなど盛況を呈した。また、その頃、練兵場だった日比谷の原野を公園にする計画がもち上がり、伊勢神宮や熱田神宮境内の設計や民間の庭園、観光地の開発計画に参加して経験豊かだった小沢圭次郎が設計を行った。

大隈が日本園芸会の会長となってからは、総会は毎回、早稲田の大隈邸で開催された。大隈邸内には珍しい南洋植物が陳列された温室があり、ここでたびたび豪勢な宴会を催したようだ。明治三十八年に開催された際の出席者は千人にも及び、洋装に身を包み、馬車でやってくる人々で早稲田の町全体が壮観だったという。出席者は、花房、大隈、福羽や華族の面々ほか、晩年の榎本武揚や植物学者・牧野富太郎などの顔もあり、熱心に情報交換を行った。ちなみに、彼ら皇族貴族や政府官僚のうち、ランの愛好者が集まって帝国愛蘭会と呼ばれる団体も結成され、そのうちの有志が花卉園芸全般へと範囲を広げた花卉同好会を昭和二年に結成、現在の園芸文化協会の母体となっていくのである。

その後、日本園芸会は昭和七年社団法人に、昭和十七年には日本園芸中央会と改称して農林省の外郭団体となり、日本園芸会の指導的地位は揺るぎないものとなっていく。公共事業と園芸・造園業者の密接な関係は、現在でこそ競合落札やもち回りといったフェアなシステムがとられているが、そもそも密接にならざるをえない構造を抱えていたといえるだろう。

「ばら新」にはそのような高貴な人々、華族、財閥、政府関係者や軍人、著名な文学者や画家らがよく訪れた。八百坪の広大な土地には数百種の西洋バラが栽培され、バラ園の周囲には太い尺角《しゃっかく》といって一尺四方の垣根が張りめぐらされていた。観音開きの門を開けると客が馬車を待つための供待という待合所があり、バラのアーチまで延々とヒマラヤ杉が植わって鬱蒼《うっそう》としていた。特に衆議院議長の鳩山和夫は大得意で、息子の一郎を連れてよくやってきた。

五代目、横山昭一郎は、当時の顧客である徳冨蘆花や鳩山一郎から手紙がきていたことを記憶している。

「鳩山さんはよくお父さんに連れられて来て、垣根に乗って遊んで怒られたようです。うちからも鳩山家によく届けていたらしいです。鳩山さんの〝紀元二六〇〇年おめでとう〟(西暦一九四〇年)と書かれた葉書があったのをよく覚えています。絵描きさんや小説家はかなり来られたんじゃないでしょうか。今みたいに楽しみがたくさんあるわけじゃないですからね。三代目のおばあさんによると、宮様関係も多くて、二条さんとか三条さんとかが来られると、おつきの方が大変で、タバコを吸うにも灰皿をもつ人とか、傘をもつ人がいて、お辞儀をすると、帯がきゅきゅきゅきゅきゅきゅっと鳴ったといってました」

駒場ばら園もまた、華族や軍人がよく訪れた。入沢嘉代の回想。

「明治時代には、大山巌《いわお》元帥が捨松夫人とよく一緒に来られたみたいです。軍隊がやかましくて、雑草が一本でも生えていると怒られたみたい。あと、宮様方はみなさんカイゼル髭《ひげ》生やしてね、お忍びでいらして注文していかれるんです」

明治三十五年一月三十日、初めて大国イギリスと軍事同盟を結んだとき、バラは同盟国イギリスの花としてさらに歓迎ムードで受け入れられた。ロシア帝国とドイツ帝国の台頭が脅威となりつつある中、日本は極東の憲兵としての道を水面下で歩み始めていたのだが、当時そんな懸念を抱く者はほとんどいなかった。

〈大日本〉〈世界一〉〈珠将軍〉〈全世界〉……。誰が命名したのか、この頃になるとバラの名前もいつしか日本の軍事覇権の拡大を象徴するようになっていく。日英同盟を記念し、その翌年に和英対訳つきで刊行された日本史書にはこうあった。

又開国の当時各国と仮りに訂結した條約《じょうやく》は、明治の世の腫物《はれもの》のように苦痛を感じて居たが、英国は率先して改正條約に調印したから、各国との改正談判も思いの外早く纏《まと》まったのだという。

北京騒乱の時も同盟軍中、日本人は目醒しい働きをして、その上規律が厳重であったから、英人は大に我国に同情を表したが、いよいよ東洋の平和を維持する為め、日英両国の同盟が成り立った、我が　桜　と彼の　薔薇　は、世界の公園に咲き香《にお》うであろう。

（『桜と薔薇』）

園芸教育

農業は、戦勝ムードに沸く日本の近代経済発展の追い風を受けた。地方の大小都市の人口は増加し、それに伴って食糧需要は増加、農産物の出荷量も増加していった。明治三十七年（一九〇四）の日露開戦以降はさらに果実・蔬菜・花卉の需要が増し、日清、日露戦争の前と後では、その種類や品質に天地ほどの差があった。こうした中、将来の園芸を担っていく人材の教育に重点を置こうという気運が高まるのは自然の成り行きだった。

日本の近代農業教育は、近代農業と共に開拓使ですでに始まっている。黒田清隆がケプロンらお雇い外国人の指導のもと、明治五年(一八七二)に北海道開拓の指導者を養成するために東京芝増上寺に設立した開拓使仮学校である。官費生と私費生各五十名ずつ集められ、農学はもちろん、建築学や地質学、鉱山学、自然科学、人文・社会科学、兵学など総合的なシステムの中で教育が進められ、本科を修了した学生は開拓使に勤務を義務付けられた。日本の総合的な農業教育の発祥で、三年後にこれが札幌に移転し、後の札幌農学校となるのである。札幌農学校といえば、初代教頭ウィリアム・クラークの「少年よ大志を抱け」の言葉があまりにも有名だが、マサチューセッツ農科大学の学長だったクラークを招いたのはケプロンである。ケプロンは三年十か月あまりの滞在の間に、北海道開拓の基礎固めを行ったのだった。

ただし、札幌農学校はあくまでも北海道開拓の幹部候補生養成所であり、日本全体を視野に入れたものではなかった。明治政府が農学校の規定を発布したのは明治十六年のことで、各府県に農学校が設立されていったのはそれ以降である。だが、この時点ではほとんど実体が伴っていなかった。小学校を出て農業を修めようとする生徒のために設けられたものでありながら特別な教育課程はなく、志望者も少なかった。資力のない農家の子どもは入学できず、生徒は農家以外の出身者、士族や地主の子弟ばかり。このため実践には向かず、扱いとしては一般の中等学校の教育と同じようなものだった。

学科数は多いものの、欧米から輸入した植物や農学書を日本流にアレンジすることなく、そのまま利用した。このため、生徒はもちろん教師も見たことのないような野菜、たとえばアスパラガス、セロリなどの講義を行い、かといって調理の仕方も食べ方も知らないというありさまだったようだ。砂糖大根(甜菜《てんさい》)をつくっても製糖の方法がわからず、なんでも珍しい物をつくっては後始末に困る。こうした滑稽な状況は次第に農学校不要論を巻き起こし、廃校に追いやられた学校も多く、存続したのは、宮城、福岡、石川県などの数校で、しかも、園芸一科目が残されただけだった。明治五年の学制頒布から明治二十三年の帝国議会開設までの期間は、農業教育を行う準備のための混乱期だったと位置づけていいだろう。

その後、日本園芸会の会員でもあった札幌農学校や駒場農学校(現・東京大学農学部)の卒業生を中心に、農業教育の必要性が強く叫ばれ、彼らの指導によって地方の農業教育内容も徐々に整備されていったのである。明治二十七年には実業教育費国庫補助法が公布され、学校創立費や経営費の半額以内であれば経費を国庫補助されるようになったことで、ようやく学校の数が増加していった。

そして、明治四十一年、日本初の園芸専門の教育機関として、東京駒沢村(深沢)に東京府立園芸高校(現・都立)が、翌四十二年に松戸に千葉県立園芸専門学校(現・千葉大学園芸学部)が設立された。女子教育は、明治四十一年に奈良女子高等師範学校(現・奈良女子大学)に園芸科が設置され、多くの優秀な学生を集めた。小学校や中等学校、女学校にも園芸実習用の庭園が設置され、生徒たちの園芸への関心は少しずつ高まっていった。

中でも、東京府立園芸高校は、全国で初めて「園芸」という名を冠し、園芸教育に特化した学校だった。普通学科以外の科目としては、病虫害、植物栄養、土壌、肥料、農業土木及び農具、作物、園芸通論、果樹、蔬菜、観賞園芸、農産製造、果菜調理、畜産、農業簿記、経済及び法規、と園芸に必要な科目をひととおり網羅するものだ。座学よりも実習を重んじ、造園や花卉の装飾、盆栽や調理の実習も頻繁に行われた。近くの駒場にあった東京帝国大学農科大学がたびたび指導と援助をしてくれたため、その付属学校のようだという者もいた。

当時も今も、園芸高校の実習の厳しさは有名で、その大半が雑草取りだった。開校当初は生徒数が少ないため、実習といえば先生も生徒も一緒になって、雑草取りと害虫や青虫取りに明け暮れた。農業学校の宿命だろうが、夏休みも冬休みも交替で植物の世話をし、時には提灯《ちょうちん》をつけて作業を行った。

大正六年に校長に就任した山本正英が日本園芸会の理事だったこともあり、その総会が校内で開催されることもあった。また、大正十年には「空前の盛事」と山本校長が書き残すほどの出来事があった。神奈川県と東京府下で軍の特別大演習が行われるため、十一月二十日に休憩所と参謀総長の講評を行う場として園芸高校を提供することになったのである。このため高校は早速準備を行い、ペンキの塗り換えから自転車置き場の設置、馬車回しを改造、皇族用の便所なども建設した。二十日未明から始まった軍事演習は、学校のある深沢から玉川の窪地が砲兵の陣地となり、砲声、銃声がとどろいた。空には飛行機が二十機ほど飛び回り、見学していた職員や生徒たちはその光景に陶然としたという。

午前九時半頃には、皇太子、後の昭和天皇が乗馬で現れた。山本校長と東京府知事が温室やキク花壇、ブドウ室や盆栽室、促成栽培場などを案内し、皇太子はこのとき玄関前の馬車回しの中央に松を植樹した。この日は、皇太子のほかに、約十名の皇族、そして、日露戦争の日本海海戦で、ロシアのバルチック艦隊を完破した東郷平八郎ら三人の元帥、将官、約三千人の将校たちが集合し、生徒たちはその接待にあたった。この演習を機に、国内外の皇族が園芸高校をよく見学に訪れるようになっていった。

東大農科で農業経済を専攻した山本正英は、渋谷大山の大資産家だった。職員会議のたびに「園芸教育はただ理論を説くだけではだめで、一にも二にも金儲けの実際を教えなければなにもならない」と豪語し、温室の使い方が不充分だなどと、各教科ごとに学習方法がどれほど経済的な観点に欠けているかを一つひとつ指摘し、教師たちをげんなりさせた。この経済感覚は時間割にも現れていて、授業と授業の間は五分、午前中に五科目五時間、午後は実習というハード・スケジュールだった。「全国を見渡しても、こんな厳しい時間割はなかったはずだ」(『東園の七十年』)と、当時の教師が回想している。

都市型園芸の誕生

園芸高校はその後、日本園芸界の要となる卒業生を次々と輩出することになるが、中でも、次の二人は、日本の都市型園芸の発展に寄与した卒業生だった。

一人は、第一回卒業生の早川源蔵である。現在、花は生産者から市場を通じて仲卸、小売、すなわち町の花店へと流通するが、この生産者から花店へ向かうルートの途上に価格調整を行う市場を設けたのが、早川を中心とする花卉生産者たちだった。早川は、明治四十三年(一九一〇)に高校を卒業したあと三年間助手として生徒の指導にあたり、その後、生まれ故郷だった品川の荏原《えばら》郡玉川村の蔬菜畑を昔ながらの栽培法から促成栽培へと転換させ、キュウリの生産で評判を上げた。そのほか、ダリアやフリージアなどの促成栽培を行って出荷していたものの、野菜の東京神田市場、大阪天満《てんま》市場のような市場が整備されていなかったため、花は花店と直接取引するしかなかった。

明治二十五年に創業した六本木の有名な高級花店・ゴトウ花店(当時は創業者、後藤午之助《うまのすけ》の名から「花午《はなうま》」といった)は早川のつくるフリージアを高く評価し、ほぼ毎日のように使用人に届けさせた。しかし、花店との直接取引は時として言い値で販売せざるをえない。このままでは花卉園芸がいつまで経っても発展しないと危惧した早川は、大正八年(一九一九)頃に同業者に呼びかけ、荏原園芸組合を組織することになったのである。これが後に、東京府園芸組合、大日本園芸組合へと発展していく。彼らは有楽町に高級園芸市場を設立し、栽培法の研究や出荷方法・販売統制等を団結して行い、生産者の生産意欲を鼓舞していった。

だが、大正十二年九月、こうした花卉産業発展の出鼻をくじくように、突如として関東を大震災が襲う。東京の市街地と横浜の被害はひどく、十余万人の命が奪われ、町の大半が灰燼に帰した。幸いにして被害の少なかった府立園芸高校の生徒たちは、自分たちで栽培した花を持ち寄って花束をつくり、貨物自動車に約三千束の花とお見舞いの言葉を記した手紙を積んで、日比谷、二重橋前広場、府庁前などに設置されたバラックに避難する人々を一軒一軒慰問してまわった。

花卉園芸に携わる人々も懸命に再び立ち上がり、上流階級御用達だったゴトウ花店の世話で、大正十三年には西銀座に高級園芸市場を再び設立する。これに喚起されて芝、日本橋、神田、下谷《したや》、青山、上野、大森に花卉市場が次々と開設され、地方に出荷する移出組合もできた。花卉出荷量、売り上げともに増加し、やがて市場が拡大していったのである。

当時、市場で取引されたものは、カーネーション、バラ、温室ブドウ、メロン、トマト、また、早川がこの頃から温室栽培を始めたスイートピーなどの高級園芸品目だった。一般消費というよりは、高級ホテルやごく一部の上流家庭向きのものだ。三井家の同族会の出資によってつくられた品川区の戸越《とごし》農園では、三井一族のためにブドウやメロン、チューリップ、シクラメンなどが栽培されていたが、震災後は徐々に趣味園芸から営利目的へ方向を転換させ、市場での取引も開始されるようになっていった。これが昭和十六年に三井不動産の経営となり、現在の第一園芸となっていく。

そして、この年、のちに東洋一といわれることになる大温室村が多摩川沿い一帯に現れた。その開祖が、都市型園芸の発展に寄与した府立園芸高校のもう一人の卒業生、荒木石次郎だった。都立園芸高校教師だった神田敬二が顧問を務める城南園芸柏研究会では、『世田谷の園芸を築き上げた人々』と題する記録を昭和四十五年にまとめている。それによると、当時の多摩川流域は草茫々《ぼうぼう》の低地で、温室工事を始める荒木を無謀だと笑う者もいたという。だが、荒木は綿密な地質調査を行い、内務省が建設していた堤防のために水害がなくなった肥沃な土地で、その秋からスイートピーとカーネーションの栽培を始めた。切り花生産の最盛期には、八百五十坪あまりの温室で、カーネーション一千本、バラ一千本、スイートピー三千本が生産された。

荒木に続き、この界隈に温室を建てる同業者が次々と増え、三年後には六軒が集まり温室村と称するようになった。温室村は昭和初期には、経営者三十軒、温室八千坪、敷地十万坪で年間二十万円を生産する一大花卉生産地になっていた。全国でも、関東大震災前と後では、温室面積は約六倍となった。多摩川の温室村が日本の都市型花卉園芸発祥の地といわれるのはこのためである。

市場の整備と生産地の拡大は、園芸売店の開業を促した。それが最も顕著だったのが昭和三年(一九二八)である。山の手方面では、新宿のみどりやフローリスト、青山の青山花壇ほか四か所、下町方面では、銀座の資生堂や百貨店の白木屋が花部を新設、日本橋中橋の千疋《せんびき》屋《や》果物店も花を陳列して営業を開始した。昭和四年一月の調べでは、東京市内だけで八百の切り花店があったという。昭和四年に銀座資生堂で開催された花の会の品評会では、早川源蔵が洋ギク〈スミス・インペリアル〉で一等賞を受賞している。

当時は、慶事の花輪や花束、花籠《はなかご》はもちろん葬式用の花輪もつくられたが、造花が流行したために、生花の売れ行きを心配し、値段を下げたり、花持ちのいいものを工夫したり、ことあるたびに造花駆逐の宣伝をするよう、大日本園芸組合が同業者へ呼びかけたりもしている。

現在ではごく一般的となった、ブーケや母の日のカーネーション、クリスマスリースなどを一般にも広めようと一部の業者が注目し始めたのもこの頃だった。七十年も前にこんなことを書いている園芸商がいる。

遂《つ》い先夜筆者が××キネマ撮影所の女優達の混ったある小宴に招待を受けた時のことである。女優と云っても未だナンバーワンに到るは程遠いが然《しか》し何《いず》れもインテリ揃いの芸道精進の諸嬢達である。「あらゆる機会に花の宣伝」と云う標語を持論として居る筆者は、早速、こんな場合にこそ花の宣伝をしてやろう！　と小宴主催者にはいさゝか僭越《せんえつ》であったが「コッサージ・ボケ」(引用者注・コサージュ・ブーケのこと)を土産物として出席し、早速銀幕諸嬢にプレゼントした。バラ・カーネーション・バイオレットの「コッサージ・ボケ」が如何に彼女達に欣《よろこ》ばれたか、それは余り手前味噌になるので一寸《ちょっと》御遠慮するが小宴が一層花に依って賑かに光彩を放ち、銀幕諸嬢達が美しい上にも美しくなったことは云う迄もない。

「妾《わたし》達花を斯《こ》うして使うのを少しも知らなかったわ」

「こんな花束は何処《どこ》の花屋さんにも見られないが、これこそ拵《こしら》えて売ったらいゝでしょうに」

「銀座の舗道を往来する洋装の女性達、みんなこれを胸にやって歩く様になったら随分素敵ね。それこそ本当に花の銀座になるわ」と云う様な讃辞やら苦情やら質問やらが持出されたが、正直の処あえて女優達にとは限らないが、切花を大衆に直接売る立場にある花屋さんが、モダンのトップを切る銀幕諸嬢に「コッサージ・ボケ」と云うもののあることさえ宣伝せずに、一九三二年を終ろうとして居るのは、宣伝が営業政策の重要素を持つ現代として、いさゝか筆者としても一寸淋しい気がした。

（「花屋さんに聞いて貰い度《た》い話」隅田流一郎「大日本園芸組合報」昭和七年十二月十五日）

明治時代後半から大正、昭和初期にかけての園芸発展期は、園芸雑誌の創刊ブームでもあった。明治二十二年に創刊された日本園芸会の「日本園芸会雑誌」は、読者はあくまでも上流階級の会員が中心で、内容も園芸発達史や欧米の学術文献の翻訳など専門的なものが中心だった。それが、明治三十年代には花卉の栽培書や高山植物の解説書の出版などが相次いだ。雑誌も春陽堂から「園芸界」、日本園芸研究会から「園芸之友」、盆栽同好会から「盆栽雅報」が発行されるなど、日清・日露戦争後の農業経済景気は初期の園芸ブームを大いに育てた。

大正に入ると、家庭之園芸社が「家庭之園芸」、関西園芸協会が「ガーデン　園芸雑誌」などを創刊、大正十四年には日本園芸学会の学術専門雑誌「園芸学会雑誌」が発行された。

ただ、これまで刊行された園芸雑誌の多くは果樹・蔬菜を扱うものが中心で実用専門向けといったものだった。

さらに、園芸雑誌創刊ブームの中で、歴史や文化的背景、手記、カラー写真などを交えながら読み物としてのおもしろさを打ち出したのが、大正十五年十月に誠文堂新光社から創刊された「実際園芸」(現・「農耕と園芸」)である。当時の日本で園芸界のリーダー的存在だった学者から園芸家、園芸商らが寄稿するなど、園芸を仕事とする者はもちろん、趣味とする愛好者にとっても必読誌ともいうべき人気雑誌だった。

園芸史に詳しい京都府立植物園前園長の高林成年《しげとし》によれば、「誠文堂が園芸部門に秀でた出版社になったのは、石井勇義《ゆうぎ》という素晴らしい編集者がいたから」だという。編集長の石井勇義は、後に欧米の園芸書の翻訳本の出版や、牧野富太郎らを監修者とした日本で初めての『園芸大辞典』の編集に携わるうちに園芸専門家となり、園芸界のオピニオンリーダー的存在となっていった人物である。今でこそ園芸とメディアは切り離せない関係となっているが、一見、無縁とも思える両者が支え合い、日本の園芸の裾野を広げ、園芸文化を育てていく役割を担うことを周知させた画期的な雑誌といえた。

昭和十年四月に発行された「実際園芸」第十八巻第四号が手元にある。「薔薇の作り方」と題する特別増大号だ。カラーやモノクロ写真や図版が豊富で、バラの写真ばかりではなく、オランダやフランスの温室風景や出産祝や結婚式場での花のデコレーションの仕方などが紹介されている。原稿のテーマは「バラ栽培入門」「バラの品種解説」「バラの剪定《せんてい》の仕方」

「バラの交配と実生法」などの実用的な解説から、「欧米に於《お》けるバラ研究の概況」「十二ヶ月のバラ園行事」といった読み物まで盛りだくさんである。特集の執筆者は、編集主幹の石井勇義ほか二十六名。

東京「ばら新」三代目横山新之助、京都帝国大学農学部教授・並河功、大日本薔薇協会常任理事・岡本勘治郎、アルゼンチン賀集園芸研究所・賀集九平《くへい》、駒場ばら園・伊藤栄次郎、小石川植物園・西田一聲《いっせい》、坂田商會茅《ち》ヶ崎《さき》農場・長岡忠二郎、大日本薔薇協会幹事・長田傳、等々、日本のバラ園芸の先駆者として活躍した錚々《そうそう》たる顔ぶれだった。

近代国家への道を歩み始めた十九世紀ヨーロッパで、花卉園芸が国家産業として位置づけられていったように、大正から昭和初期、日本にもようやくその兆しが現れた。江戸時代以来、キクやアサガオ、ハナショウブなどの栽培で高度な栽培技術をもっていた日本人は、開国後初めて目にしたヨーロッパやアメリカの優雅な花々に驚きつつも、それを受け入れ、日本に合った栽培方法を模索し、産業として発展させようとしていた。海外の文献の翻訳に終わるのではなく、独自の園芸雑誌を創刊し、園芸を担うための人材教育を開始したのである。

とはいえ、バラについてはまだ専門的価値の高い研究書はなく、温室村のように一部の切り花生産者がようやく大量生産を開始したものの一般的にはまだまだ敷居の高い花で、植木屋や園芸家がそれぞれ入手した品種を栽培し、時には変異を楽しみ、増殖し、さまざまな和名で販売したものを一部の愛好者が楽しむという程度だった。ましてや、日本の風土に合ったバラを育種改良して、日本中に普及しようとする者はいなかった。

ヨーロッパの人々が中近東やアジアという自分たちの外側にあったバラに憧れ、錬金術以来の長い科学技術の歴史と宗教観の中でこれを徐々に自分たちの花として受け入れ、育種改良してきたのに対し、バラについてこれまで何の先入観もなかった日本人は、開国と同時にこれを近代の象徴としてとらえ、あくまでも外側の花のままこれを愛《め》でたのである。日本人にとって、バラははじめから未来であり、先端だった。

美しい花がある

深紅のバラ

鈴木省三が、文京区小石川町水道端の借家で若林初太郎とひさの三男として生まれたのは、大正二年(一九一三)五月二十三日。当時の名は、若林省太郎《せいたろう》といった。

初太郎は、日光輪王寺の寺侍《てらざむらい》だった若林家の十五代目で、祖父・渡一郎《といちろう》は明治維新のときに士族となった家柄だった。初太郎は東京物理学校(現・東京理科大学)を卒業した後に、和歌山のヤマサ醤油の社長の招きで、社長が設立した旧制耐久《たいきゅうしゃ》社中学校の教頭となり、数学、物理、化学、そして植物を教えていた。

明治三十五年一月に、忍《おし》藩の御祐筆だった片岡敬直の末娘・ひさと結婚し、三十七年に長男、六四《ろくし》を、四十年に次男、均次《きんじ》をもうけた。父は無類の植物好きで、この頃、日本の植物生理学の祖・三好学《まなぶ》の著書などを読み漁り、好きな植物の研究を始めようとしていた。だが、日露戦争の激化にともない陸軍に呼ばれて、四十三年、陸軍砲兵工廠の陸軍技術本部弾道計算部で弾道計測や審査を行うことになった。

　この招聘は、ひさの義兄、片岡謙吉の要請によるものだった。片岡謙吉は日露戦争では参謀として活躍していた軍人である。水道端の家には片岡夫婦がよく訪れ、酒を飲むと、「若林さんも私のいうことを聞けば、技術将校になんかすぐなれるから」と、初太郎を挑発した。だが、仕事は好きでも陸軍にはなじめない初太郎は、「陸軍なんてのは馬鹿ばっかりだ」と答え、よく二人は喧嘩になった。こうした旧士族の家柄、陸軍上層部とのつながりがあったという事実は、後の鈴木の人生に大なり小なり影響を与えることになる。

　初太郎は、本郷の「ばら新」で一株二百円もするバラの苗を買い、小さな自邸の庭に植えて大切に育てていた。当時、大学を卒業して就職した銀行員の初任給が四十円程度だったというから、バラの苗がいかに高価なものだったのか想像にかたくない。両親はさまざまな草花を庭に植え、中でも後に〈グルス・アン・テプリッツ〉、和名〈日光〉とわかる深紅のバラは、五月になるたびに甘い香りを発し、家族を喜ばせた。

　鈴木は、父に連れられて近所の小石川植物園へよく遊びに行った。小石川植物園は日本で最初につくられた植物園で、もとは五代将軍徳川綱吉の下屋敷だった。後に薬草園が設けられ、八代吉宗のときには貧民救済を目的として医療施設がつくられたこともあった。鈴木が父親と訪れた大正時代には、すでに医療施設はなく、東京大学理学部附属の植物園として画期的な植物研究が行われていた。

　現在、園内には、明治二十九年に帝国大学植物学教室助手の平瀬作五郎が世界で初めて精子を発見したイチョウの木や、万有引力発見のヒントとなったリンゴの木を接ぎ木した「ニュートンのリンゴの木」、遺伝学の権威メンデルが実験に使ったブドウの木から株分けした「メンデル葡萄《ぶどう》」など学術的に価値のあるものが多々見られる。一巡するだけで、植物の進化や遺伝、多様性について学ぶことのできるこの植物園で、鈴木は父から一つひとつ、やさしくそれらの植物の物語を教えられたのだろう。字の読み書きを覚える前から、バラはもちろん、ヒヤシンスやチューリップといった花々の名前もよく知っていた。それがまた、近所の子どもたちへのちょっとした自慢でもあった。飯田橋へ行く途中の交差点には横浜植木商会が営む花店があり、イースター用の促成《そくせい》テッポウユリが咽《む》せるような烈しい香りを放っていた。

鈴木は、園芸高校時代にバラの育種を志したときから、日本でバラの新しい品種を発表するためには科学的なサポートが不可欠であると考えていたが、その素地はすでに植物好きの父によって与えられていたのだろう。日本には欧米に比べて、まず何十万も種を播く土地がない。気候風土が違う。経営のためには効率よく成果を挙げねばならない。時代の流行に合った新品種をコンスタントに発表しなければならない。色素や遺伝の研究者との共同作業なくして、バラの育種で身を立て、日本から世界に匹敵するバラを作出するのは難しいと考えた。

鈴木の一生に多大な影響を与えた父が癌《がん》で亡くなったのは、新宿の下落合に引っ越し、落合尋常高等小学校に通っていたときである。大正十二年九月に起こった関東大震災のために、精密さに問題の生じた横須賀の砲台の弾道計算の再計測と、豊橋に移転された砲台の計測を一か月間、連日ほぼ徹夜に近い状態で行った。その結果、両目が失明し、頸《けい》動脈癌に罹《かか》ってしまったのである。

父が東京大学附属病院で放射線治療を受けながら闘病していた頃は、府営住宅ができたり、「落合文化村」といって学者や文化人、財界人、役人らが次々と移り住んで一大文化圏をつくって町が変化しつつあった。このため児童の人数が増え、近くに借りた私立校の校舎に一部の児童が移った。鈴木のいた五年生がそちらに移動し、みんなで広い校庭に畑をつくることになった。二人二坪ずつ自由に植えていいということだったので、ほかの児童はみんな大根や菜っぱを植えたが、鈴木は組になった児童と一緒にコスモスの種を播くことにした。十日に一度みんなで集まって水をやり、肥料も与えたところ、秋になって鈴木たちのコスモスが満開になった。ほかはみんな野菜で、虫に喰われたり病気になったりして貧弱な出来具合だったが、コスモスだけが元気に見事な花を咲かせたのである。

その秋、一年間の闘病生活の末、父は逝《い》った。五十歳だった。鈴木が、園芸に、花に、本当に興味をもったのは、その秋に咲いていたコスモスがきっかけだったという。

陸軍本部は父の蔵書を、軍機密に関わるものはもちろん、植物の本や図鑑も含めてすべてもち去った。退職金は二千円、今にして二千万円ほどの価値はあったが、預けていた八十四銀行が倒産して無に帰した。それでも、母親は愚痴もいわずに気丈に家族を守り、花いっぱいの庭を世話した。

落合尋常高等小学校のすぐそばには、東洋美術の研究家、書家の会津八一邸があった。会津は、明治四十三年から旧制早稲田中学や早稲田高等学院、早稲田大学で英語や英文学を教えていた。鈴木の長兄の六四は、早稲田高等学院の第一期生で、すぐ上の次兄、均次も旧制早稲田中学の生徒だった。特に、均次は真面目で非常に優秀な生徒だったため、会津に特に気に入られて、よく自邸に墨をすりに通った。夜遅くに突然、遣いの女性が鈴木の家に均次を呼びに来ることもたびたびあったという。胸の病気を患《わずら》い、身体が丈夫ではなかった均次は絵心があり、雨の日も風の日もスケッチブックを脇に抱え、写生に出かけるような少年だった。日本創作版画協会が設立されてまもない頃のメンバーの一人で、第一回の展覧会で入選するほどの腕前だった。鈴木もよく兄に連れられて会津の家に通い、後年、均次が肺結核で二十五歳という若さで亡くなってからも、会津は鈴木の力になったという。

それにしても、都会っ子の集まる小石川の金富小学校から下落合に転校した鈴木は、まず子どもたちの服装に驚いた。それまでは半ズボンの洋装だったのが、こちらではみんな袴《はかま》も穿《は》かず、汚い和服を紐で結び、裸足である。そうかと思うと、隣家の三人娘は、三人ともピアノを習っていた。今でこそ新宿から西武鉄道で五分の下落合だが、当時は一面麦畑、藤原義江がレコードに吹き込んだ北原白秋の詩そのままに、からたちの花が咲いていた。

鈴木が少年期を過ごした大正末期から昭和初期は、震災復興も進み、モボ・モガと呼ばれる西洋ファッションを着こなした男女が銀座を闊歩し、男子普通選挙が実施され、大正デモクラシーがかたちを整えつつある時代だった。郊外の私鉄沿線には庶民の憧れの家として文化住宅と呼ばれる和洋折衷の家が建設され始め、電気アイロンやガスコンロ、蓄音機を求めて洋楽を聴くといった生活も現れるなど生活レベルの近代化が進み始め、文化生活という言葉ができた。文化なべ、文化かみそり、文化たわし、と頭に「文化」とかぶせるだけでイメージがよくなるという、近代的な生活への憧れが高まっていた。

国民とは関係のないところで、日本は戦争への道を密かに歩み始めていたが、少年少女たちにとって、生活の安定と文化的土壌が整えられつつあったこの時代はまるでユートピアだった。この時期に子ども時代を過ごした人々が、のちの戦後日本を先頭に立って復興しようとした世代なのである。大正ロマン、ひとときのユートピアといえども、花の香りを愛で、絵を描き、泥まみれになって花壇をつくった経験は昔のよき思い出というだけでは終わらない。再び取り戻すべき光景となって、彼らを鼓舞したのである。

落合尋常高等小学校を卒業後、府立六中、現在の都立新宿高校に入学した鈴木は、肺門リンパ腺を患い、学校をよく休んだため成績があまり芳《かんば》しくなかった。体調のいいときには動物園や植物園に一人で出かけ、ますます自分が花に魅せられていくのを感じていた。新宿駅西口の花店でチューリップの、それもかたちが悪くて安くなった球根を買い、勝手に校庭にチューリップ花壇をつくったこともあった。男というだけで、質実剛健、たくましき日本男子になることを望まれていた当時、花を育てるというのは、女々しいことといわれた。だが、母親は決してそんな世間の常識を鈴木に押しつけることはなかった。大学へ進学する優秀な生徒の多かった六中でも、教師や同級生たちは、植物に秀でた才能のある鈴木には一目おいていた。

育種家になる

官報に、東京府立園芸高校二部専攻科の募集が掲載されたのは、昭和六年のことである。昭和五年に設立された二部専攻科は一年間という短い課程だが、ここを卒業すれば自動的に中学校の植物と園芸の教員資格が得られるということもあって、全国各地から優秀な受験者が殺到した。鈴木が教師の勧めで受験したのは、その二期生だった。年齢制限はなく、音楽学校や明治薬学専門学校（現・明治薬科大学）、第二高等学校（現・東北大学）などをすでに修了した優秀な学生たちも集まった。特に鈴木の入学した二部専攻科は、日本の農業を担う幹部候補生を育てることを目的として設置された課程だった。

全国から生徒が集まるため寄宿舎暮らしが原則だったが、鈴木は下落合から通った。一日中野外の果樹園や農場で作業をすることも多く、学校のある深沢から自分たちがつくった野菜を大八車に積んで渋谷へ行き、芸者町の円山《まるやま》などで肥料に使う人糞と交換してもらうこともたびたびだった。

鈴木が入学した昭和六年頃には、多摩川流域の温室村を中心とする都市型花卉園芸が、まさに最盛期を迎えていた時期だった。しかも、先輩たちによってすでに実習地は開拓され、温室も整備され、学校の基礎づくりは完了し、もっぱら勉強に打ち込める環境が整っていた。

鈴木はこの園芸高校で一生を決めるきっかけとなる教師に出会う。第三高等学校（現・京都大学)の大学院を卒業したばかりの若い教師、安田勲だった。花卉園芸全般と英語、育種学を教えサボテン蒐集を趣味としていた。鈴木はよく授業中に大声をあげて安田に議論を挑み、バラを一生やっていくための決意を固めていった。そして、愛読していた雑誌の記事でさらにバラへの決意は固まっていく。

それは、誠文堂新光社の「実際園芸」だった。中でも、毎月、岡本勘治郎という人が連載する記事に惹かれた。ギリシア・ローマ時代から西洋のバラの歴史をたどっていくもので、それを読んだとき、鈴木は初めて、バラは歴史が古くて文化的な背景のある花でありながら、系統が非常にはっきりしている花だということを知った。

「バラは親父が庭に植えていたから、昔から好きだったけど、文化的だということに惹かれたことと、日本からはまだ世界的なバラは出ていないということで、バラの育種をやろうと思った。バラの名前はどれもフランス語や英語でむずかしくて舌を嚙みそうなものばかりだったから、みんな試験のときに困って、おまえ、日本語の名前のバラを出して試験で楽させてくれ、って友だちにけしかけられたこともあったね。安田先生は就職を世話してくれたり、いろんなアドバイスをしてくれた」

昭和八年に東京府立園芸高校を卒業した鈴木は、もちろん、すぐにバラの育種家になれたわけではなかった。卒業してからの数年間は、見習い生活である。

時代は追い風が吹いていた。昭和九年八月十四日付東京朝日新聞には、生花市場の写真とともに「文化日本を語る　生花のもの凄い消費量　東京市内だけで年に四百万円(卸値)　豪勢を極む花市場」の見出しが躍っている。人気の西洋花は、スイートピー、フリージア、カーネーション、バラの順で、中でもバラは貴重品扱いだった。安い花は自動車で貨物並みに扱われるが、高価なカーネーションやバラは、生産者が一人で七、八百本ずつ客車に持ち込んで運んでいたという。

温室村では、大温室で切り花栽培を行っていた森田喜平がバラやカーネーションで名を上げており、東京・馬込《まごめ》で切りバラの温室栽培をやっていたアメリカ帰りの長田傳とともに、東京の切りバラ需要の大半をまかなっていた。鈴木は森田への弟子入りを考えたものの、「東京の人間は辛抱が足りないから」と採用してもらえず、結局、園芸高校の紹介で阿佐ヶ谷の西郊園《せいこうえん》に勤めることになった。

当時の見習いは一年間は無給が普通で、親方に「おい」と呼ばれたらすぐに駆けて行かねばならなかった。ユリを出荷するために十本ずつわらで束ねるときなどは、わらをしごいてから大小うまく取り混ぜて束ねなくてはならず、何度も繰り返し練習させられた。バラが温度や日照時間に影響を受けることなどもここで学んだ。鉢を市場まで自転車で運ぶのは日常茶飯事。クリスマスの季節になると、阿佐ヶ谷から日暮里の飛鳥山にある市場まで、自転車でポインセチアを運んだ。夜は仕事が終わると自転車掃除で、リムを一つひとつ油をつけて拭いた。一年辛抱して働いたところ、「君はよくやった。一年でもいればいいほうだ。半年ぐらいでみんなやめちゃうんだから」と高校の先生にほめられたほどだった。

西郊園をやめた後に弟子入りしたのは、江古田《えごた》の磯村紫香園《しこうえん》だった。月の給金は五円。ボイラー焚きをよくやった。縁日にも店を出すバラ園で、親分がだめだと止めるところをどうしても自分で売ってみたいと押し切った鈴木は、露店商売でそのむずかしさをたたき込まれることになる。

ある縁日で〈不二《ふじ》〉という和名のバラを売ったときのことだ。このバラがドイツ生まれで、洋名が〈フラウ・カール・ドルシュキ〉であることを知っていた鈴木は、その知識を披露し、「普通の縁日にはないけど、今日は特別に売るんです」「この花が終わったら、花をこうやって切って肥料をやると、秋まで咲きますよ」などと大宣伝してしまったのである。お客は集まりずいぶん売れたものの、店をたたんだ後、別の店の主人が鈴木にこう耳打ちしてきたのだった。

「ちょっと、あんた。磯村の身内だから黙ってるけど、月夜の晩ばかりじゃないからね」

鈴木の回想。

「一蓮托生なんですよ。隣近所に奥さんの具合が悪くて、赤ん坊を抱えながらやってる人もいるわけです。そうしたら、ほかの店は、あっちに行けばこんなものが売ってるよと、お客さんを誘導して加勢するんです。本当は、僕もあのときせめてお酒をふるまうとか、タバコの一つでもみんなに配らなくちゃいけなかった。世の中知らなかったんです」

磯村紫香園に一年半勤めた後、東京・奥沢にあった毛利ダリア園がダリアをやめてバラを始めるから、英語ができる人を募集しているということを知り応募したところ、支配人兼主任という待遇で仕事を任された。二十二歳だった。給金は八円に上がった。英語ができるといってもたどたどしく、外国からカタログを取り寄せて注文するのが精一杯だった。

日本ではバラの栽培がむずかしく、なんとか日本の気候風土に合ったバラをつくりたいと育種を具体的に視野に入れ始めた鈴木が、岡本勘治郎を訪ねたのもちょうどこの頃のことだった。

バラの神様

バラの系統と歴史を解説した「実際園芸」の連載記事「薔薇の研究」は、鈴木のバラ育種への想いを駆り立てただけでなく、その文化的側面に引き込まれるきっかけとなった。

記事を書いた岡本勘治郎の家は、京都の伏見桃山にある。岡本は、第二次世界大戦後に京阪電鉄にバラ園の開設を任され、京阪園芸の常務として着任、〈ブラックティ〉や〈高雄〉など、現在もなお栽培され続けている人気品種を作出したバラ育種家である。紅茶色の花弁をもつ〈ブラックティ〉は、昭和四十八年に発売されると同時に若い女性を中心に大人気となり、現在も切り花として花店で購入することができるロングセラーだ。鈴木省三の口から岡本の名を聞いたのは一度限りだったが、乗り越えるべき第一の目標として、ライバルとして、鈴木が最初に意識した人物だった。

岡本勘治郎はすでに亡く、六十八歳になる長男の岡本吉博が勘治郎の遺品を管理している。吉博もまた京阪園芸の元取締役で、大阪花博のときにバラ園を寄贈した人物である。

「今年が親父の二十三回忌ですわ。死んでもずうっと英国王立園芸協会の会報が送られてきましてね。日本人で初めての終身会員やったんです。ようやく、二年前に止まりましたけど」

明治三十二年(一八九九)、丹波八木の大地主の家に生まれた勘治郎は、幼い頃から身体があまり丈夫ではなく、祖父にバラの苗木を買ってもらったことをきっかけに園芸に興味をもつようになった。関東大震災が起こった大正十二年は、千葉園芸高等専門学校に在学中で、この経験は勘治郎の園芸への想いに大きな影響を与えた。卒業後一年間、京都府立植物園に勤めた後、シベリア鉄道に乗り、フランスとイギリスへ園芸の勉強のために留学する。バラを専門としたのは、この四年間の旅が大きなきっかけとなった。昭和五年六月に帰国した後、現在の家の裏地千五百坪に温室をつくり、バラ園「桃山花苑《かえん》」を開設するのである。

何枚ものモノクロ写真には、牛乳瓶の底のような分厚い眼鏡をかけ、腰をかがめてバラの交配に励む若き日の勘治郎の姿があった。植物特許法など整備されていない時代、育種の内容は依然として門外不出の秘術だった。紹介がなければ絶対に他人に育種の現場を見せることはなかったという。

「桃山花苑」には、バラ愛好者、研究者団体である大日本薔薇協会の事務所があった。というより、岡本勘治郎自身が、大日本薔薇協会常任理事であり、協会の発起人だった。

バラは、明治後半から大正にかけて、花壇用の需要が高まり、苗の生産も次第に増えていった。中でも江戸時代から植木の産地として有名な埼玉県安行《あんぎょう》や兵庫県宝塚の山本などでは、接ぎ木師の腕もあってバラ苗の生産量が伸び、大正の初めには安行が年間数十万本、各農家あたり五万本の苗を生産し、山本でも年間十万本以上が生産され、朝鮮へも大量に出荷されたという。

特に、大正二年(一九一三)に「坂田農園」(現・サカタのタネ)を設立した坂田武雄は、農商務省の海外実業練習生として欧米視察した経験を生かして、さまざまな花卉・農作物の生産を行い、大正六年には、八十二種類の欧米のバラを発表した。

坂田といえば、奇《く》しくもこの年に、一〇〇パーセントの確率で大輪八重咲きになるペチュニアの新品種も発表している。それまでのペチュニアの八重咲きは、その半分ほどしか大輪八重にならず品質が悪かったため、一〇〇パーセント大輪八重になることは園芸家の悲願だった。このため、坂田のペチュニアはアメリカの新聞でも話題になり、飛ぶように売れたという伝説も残っている。つくり方は秘密で誰にも真似ができず、〝サカタ・マジック〟は終戦後まで解明されることがなかった。

この技術を発見したのは、東京帝国大学農学部教授・寺尾博のもと、鴻巣《こうのす》の農林省農事試験場でナタネの研究を行っていた禹長春《ウジャンチュン》だった。後に韓国へ帰り、韓国近代農業の父と呼ばれた禹については、角田房子の『わが祖国　禹博士の運命の種』に詳しい。それによれば、禹が発見した、すべてが八重咲きのペチュニアになる技術を寺尾が坂田に提案したことによって、企業化に至ったのだという。

大正時代になると、日本人も自分たちでバラを輸入して自由に栽培できるようになった。シベリア鉄道が開通した明治三十六年以降は鉄路も加わったが、依然として船便を利用することが多く、輸送中に根腐れしたり病気に冒されることも多かった。しかも、欧米のバラと日本の高温多湿の風土が合わず、黒点病やうどんこ病に冒されることもあった。つまり、手がかかった。バラの需要は徐々に増えつつありながら、それでも一部の限られた人々にしか栽培されなかった理由は、その高価なことと同時に栽培のむずかしさがあったのである。

ならば、なんとか日本の風土に合うバラを研究して、日本発のバラをつくろうじゃないか。そんな気運が高まったのが昭和の初めで、関西のバラ愛好者を中心に大日本薔薇協会が設立された。

もっとも、それ以前にバラ会がなかったわけではない。発足の年は不明だが、「大日本園芸組合報」昭和七年三月十五日の記録によると、関東大震災前にも、「日本ばら会」という愛好者の会が関東に存在したが、震災の影響で活動は休止し、そのままになっていたようだ。吉博によれば、岡本勘治郎がバラに関心をもったのは渡欧以降であり、千葉の学生だった岡本が、その日本ばら会に参加していたと考えるのは多少無理がある。だが震災を目の当たりにした岡本が、その後、一念発起してヨーロッパで花卉園芸について本格的な勉強をし、帰国後、自分の手でバラの研究会をつくりたいと考えたとしても不思議ではない。

大日本薔薇協会の中心となったメンバーは、岡本勘治郎のほか、京都帝国大学農学部教授の並河功、同じく菊池秋雄らだった。創立年は昭和二年三月二十五日、その秋には宝塚植物園で品評会が開かれ、昭和八年までに阪急百貨店や三越を中心に何度も品評会が開催されている。昭和四年十月二十二日から五日間、大阪の三越で大日本薔薇協会主催のバラの花と画《え》の会が開催され、岡本の桃山農園(花苑は後の名)や兵庫の確実園、大阪の箕面《みのお》園《えん》、静岡の静岡薔薇園などが出品し、慶弔用の花輪やブーケなども展示された。また、昭和六年五月には、京都四条の大丸で岡本も参加して、やはりバラの品評会が開催されている。

　鈴木省三も独立する前、若林姓だった頃に岡本のもとを訪れている。離れに寝泊まりして岡本のもとで育種を勉強した。弟子入りしたというわけではなく、バラの作業がある時期に行き来するという具合だった。鈴木は、東京みやげだといってタバコを模したチョコレートを吉博にプレゼントしたという。

　岡本は親分肌の人格者として知られ、自分を訪ねる者には若い青年でも丁寧に対応した。後に園芸界の重鎮となる京都大学の塚本洋太郎も、岡本の世話になった一人である。海外で花卉園芸を学んだ、当時としては貴重な経験をもつ岡本のもとには普通ではなかなか手に入らない海外の文献も多くあり、それらは訪れる研究者にとっても貴重な資料だった。英国王立園芸協会の日本人第一号の会員だった岡本のもとへいけば、誰よりも早く、広く、欧米の園芸に関する情報を入手できた。もちろん、「実際園芸」の岡本の連載はバラ愛好者たちの必読文献で、岡本は彼らにとって、バラの神様のような存在だった。世界的に権威のあるフランスのバガテールで開催されるコンクールを紹介し、日本からも早く新品種を発表したいという悲願を記すなど、四年間もイギリス、フランスとバラの本場で学んできた岡本の記事は、当時の日本人にとって最先端の情報だったのである。若い研究者が自分のところを訪れ、日本の園芸を育てるために新しい花卉の研究を始めることは岡本にとっても心強いことだった。

鈴木は岡本を訪ねる前、まだ園芸高校の学生だった頃に、元海軍大佐の有沢四十九郎のもとを訪れている。有沢は昭和七年一月、関東で設立された帝国ばら協会の会長で、温厚で面倒見のいい老人だったという。みずからバラの育種を手がけており、その作品には〈支笏《しこつ》〉〈藤戸〉〈釈迦〉〈菩提〉〈追分〉ほか〈榛名《はるな》〉など軍艦の名前のものも発表していた。鉢づくりが得意で、一坪ばかりの小さな温室しかなかったため作出数は少ないが、日本人で初めてのバラ育種家として名を残す人である。

帝国ばら協会は、関東大震災前にあった「日本ばら会」の有志が奔走し、趣味、同好者の研究発表とバラの栽培についての情報発信を行うことを目的に発足したものだった。中心となったのは、「ばら新」の四代目横山新之助、駒場ばら園の伊藤栄次郎、横浜坂田商會(元・坂田農園)の坂田武雄らで、日本興業銀行総裁の河上弘一がスポンサーとして資金援助をし、多摩川べりに帝国ばら協会の試作場まで提供していた。協会の年間予算が二千円前後の時代に、ポケットマネーで毎年一万円を援助していたという。毎月の会合は、夫婦ともバラの愛好者だった河上の自宅や、日比谷の松本楼で行われた。

帝国ばら協会の第一回の春季バラ品評会は昭和七年五月二十日から二十二日まで、日比谷公園の公園陳列所で開催されており、七十坪あまりの陳列所は会員や、苗木を求める客で満員だった。このときの入賞者の一等が有沢の〈実生一二〇号〉という新品種だった。

鈴木が有沢のもとを訪ねることができたのは、若林家が元士族であり叔父や父が位の高い軍人だったという家柄が、直接的とはいわなくとも少なからず影響したのではないだろうか。鈴木は、有沢や岡本といった当時のバラ界の重鎮とされる人々や、その後独立してからも顧客として皇族や総理大臣、実業家に接しているが、どんな身分の高い人であっても、卑屈になったり物怖《ものお》じすることなく堂々と接している。自分の好きなバラに関しては誰にも負けたくないという気概と、父亡き後も母親は鈴木がバラの道へ進むことを決して否定しなかったという自信が、鈴木を支えた。いきなり目上の人の懐に飛び込んで可愛がられ、時に出しゃばって怒られる。同業者には自信過剰ととられることもあったが、若いうちの生意気は目上の人間には頼もしく映るものだった。毛利バラ園に勤めてからも、業者会員の多い関西と違い、アマチュア主義をよしとしていた帝国ばら協会を訪れるときには、「なんとなく業者でないふりをしたほうがいいんだ」といって、学生服姿でアマチュアらしく振る舞うなど世渡りに長けていた。よくいえば、バラ界の状況をよく把握していた。

バラについては誰にも負けない。誰に対してもバラのことなら自信をもって話ができるという気概をもつことは、当時、バラを購入する客層を考えれば、売り手として必須条件ともいえるものだった。

帝国ばら協会草創期の会員だった兵庫県の伊丹ばら園の寺西致知《ちち》（菊雄の親戚）は、当時のバラ会とバラ愛好者たちの姿を書き記している。明治時代に、皇族、華族、横浜に住む外国人や霞ヶ関の役人たちなど上流階級に好まれたバラが、昭和になってもやはり一般庶民の手に届くものではなく、高嶺の花であったことがよくわかる。

その頃のばら展もやはり白木屋など百貨店でやるのですが、皇族・華族がよくお見えになりました。ばら展には河上さんの大鉢作りを十鉢程参考出品として展示するのですが、河上さんは僕や迫水《さこみず》（引用者注・迫水重行、日本ばら会理事）さんに「これは絶対売ってはいかん」と厳命されていました。

ところが、これが又評判になりまして、ある時など某華族の奥様がどうしても欲しいといわれるのを、（協会の《ママ》）迫水さんは「これは売れません。駄目です」の一点張り。奥様はとうとう白木屋の社長に談じ込まれたので、社長も困って河上さんに「特別に何とかして欲しい」と頼み込まれる始末。最初は河上さんも「駄目だ、駄目だ」と言っていたのが最後にはとうとう根負けして、大枚三百円で売った記憶があります。（『ばらと我が人生』）

公務員の初任給が七十五円の時代の三百円である。金持ちの道楽、といわれてもやむをえないものだった。江戸時代に呉服商として開業した白木屋は大名相手の御用が多かったため、この頃になっても華族の客を多く抱えていた。この後もバラ展は、三越や高島屋、大丸、阪急百貨店などで開催されるが、百貨店の催事としてのバラ展はふだんはそれぞれの地で商売をする花店が一堂に会して苗木売りを競うため、新品種が登場したり専門家のアドバイスを直接受けられる場として人気を集めていった。白木屋はその客層と合致していたこともあって、最も早くにバラ展を受け入れた百貨店だった。

一般庶民には手の届かないところで、欧米のバラを楽しむ。そのような客は、たいていもある。〝文化的生活〟を営み、読書や語学や音楽鑑賞を趣味とし、知識も豊富で、精神的なゆとりもある。そんな相手に卑屈になってしまってはおしまいである。まず、会話ができなくてはならない。少なくともバラに関する質問を受けたときには、正しく答えられなければならない。欧米のバラの新しい情報を提供することができれば喜ばれる。時に、客の趣味などに話を合わすことができればなおいい。バラを仕事にしていくためには、自分自身が学ばねばならない。まだ二十歳そこそこの若い鈴木省三は、岡本や有沢ら先輩たちの仕事場にしばしば顔を出し、情報を収集しながら、日本人として世界にも通用するバラを作出する育種家への熱い想いを温めていた。

昭和初期、関西と関東にできた二つのバラ会は、かたや業者や研究者中心、かたやアマチュア愛好者中心と性格は異なっていたが、互いを意識し合いながら日本に適したバラの栽培法を探るためにそれぞれ研究を進めた。

大正時代までは、剪定《せんてい》は春に浅く行うだけだったが、この頃には、ハイブリッド・ティー・ローズの剪定は春と秋の二回で、秋の整枝《せいし》は特に強調されるようになった。土についても、明治・大正時代の培養土から荒木田土《あらきだ》といって水田の下層部分や河川に堆積している粘性のある土に変化し、消毒は、ボルドー液や石灰硫黄合剤を定期的に散布するようになった。昭和十二年には、帝国ばら協会の宣言で、和名が廃止され、輸入バラについては必ず原名を使用することが決められた。縁日の植木商の間で勝手に命名された和名も入り乱れ、原名が同じなのに和名が違うといった混乱が至る所で起こっていたための措置だった。

遺伝学との出会い

さて、鈴木省三が、ミスター・ローズとしての第一歩を踏み出した日はいつだったのだろうか。父の育てた深紅のバラ〈日光〉を見たときがそうだったかもしれず、父と最後の時間を過ごした下落合でモッコウバラを見たときだったかもしれない。

だが、バラへの想いが実際の仕事として結実していくためには、鈴木の背中を押し、自信をもたせてくれる指導者、協力者の存在がなければならなかった。鈴木の人生の節目節目には、いつもそんな人物との出会いがある。東京府立園芸高校時代には、育種学を学ぶよう勧めてくれた先生、安田勲がいた。そして、見習い時代に東京府立高校(現・東京都立大学)の生物学教授、今井喜孝と出会ったことは、鈴木のバラ育種家人生を決定づけることになった。

今井喜孝はアサガオの遺伝研究、特に易変性変異といって斑入り現象のように突然変異が頻発する遺伝を研究した第一人者である。農学者・津田仙の娘で津田塾大学を創設した津田梅子、京都大学教授の駒井卓に続き、アメリカの遺伝学者トーマス・モーガンのもとで学んだ日本人三人目の生物学者である。当時、コロンビア大学教授だったモーガンは、ショウジョウバエの研究を通じて遺伝子が染色体の上で一定の順序で並んでいることを示す染色体地図を作製し、一九二六年に出版した『遺伝子説』で、近代遺伝学の父として一躍脚光を浴びていた。三三年にはノーベル生理学医学賞を受賞するが、今井がモーガンに師事したのはその話題の渦中にあった二七、二八年で、最先端の遺伝学の研究現場を体験したのである。

鈴木は、毛利バラ園に勤めている頃にスチーム・ボイラーの免許を取得したことがきっかけで今井と出会った。スチーム・ボイラーの免許は一級をもつと、船に乗ることができる。鈴木はボイラーの技術者として船に乗り込み、世界中をその目で見てみたかったのだ。結局一級は取得できなかったが、ちょうど東京工業大学が温室のボイラー焚きを募集していたため、応募して働くことになった。昼間、ボイラーの仕事が終わると、今度は水やりを手伝った。すると、当時、東工大の助教授でもあった今井も水やりをしており、鈴木を見て「君はなんだ」と聞く。鈴木は自己紹介をし、バラの育種家を目指していることを説明すると、「俺の研究室に来い、面倒見てやるから」といわれた。府立高校の今井の研究室に通い始めたのはそんな偶然からだった。

二十世紀の初め、遺伝研究の牽引車となっていたのは植物だった。モーガンに師事した今井喜孝は、帰国後は再びアサガオの遺伝研究に戻るが、今井の指導のもとでショウジョウバエの研究を行うことになった後の国立遺伝学研究所所長・森脇大五郎は、「昭和のはじめ頃、東大の動物学科には遺伝学の講義はなく植物学科の藤井健次郎、篠遠喜人《しのとおよしと》両先生の講義を当時小石川植物園にあった(東京帝国大学理学部の)植物学教室まで聞きに行った」(『遺伝学ノート』)と回想している。遺伝研究といえば植物が中心だったのである。

動物にも植物にも共通していること、それはいずれもその生命体を構成しているのは細胞であり、一部の細菌や藍藻《らんそう》類を除くと、細胞の中の核に遺伝情報が詰まっていることである。一八六五年、エンドウ豆の実験から、種の形や鞘《さや》の色などの形質が一定の決まった法則で子孫へ伝わっていくことを証明したメンデルは、その遺伝情報を伝える「何か」を「要素」と名づけていたが、まだ正体はわからないものだった。その後、一九〇〇年にド・フリースら三人の植物遺伝学者によってメンデルの法則が再発見されると、翌年には、イギリスのジョン・イネス遺伝研究所の初代所長だったウィリアム・ベートソンがニワトリのトサカの遺伝研究を発表し、動物においてもメンデルの法則が適用できることを明らかにした。日本でもその五年後、東大の遺伝学者・外山《とやま》亀太郎が、蚕《かいこ》の研究でメンデルの法則の追試に成功した。一九〇九年にはデンマークの遺伝学者ウィルヘルム・ヨハンセンがこれを「Gen《ゲン》」と名づけ、日本語では「遺伝子」と呼ばれるようになったのである。ゲノム(生物が生活機能を営むうえで必要な遺伝子を含み、進化に対応する一組の染色体)という言葉もこの命名と染色体(クロモソーム)に由来して二〇年につくられた言葉である。

一九一五年(大正四)に設立された日本育種学会では、遺伝と変異に関する研究発表が盛んに行われ、海外の最新情報も即座に入手された。日本は決して後塵を拝していたわけではなく、昭和に入ると性染色体や倍数性など細胞遺伝学の研究が進み、中でも、麻布中学で今井の一年先輩だった木原均《ひとし》は、一九一八年、世界に先がけてイネ科植物の細胞遺伝学的研究、特に、小麦類のゲノム分析の方法を確立し、栽培小麦の祖先の解明に成功した。また、禹長春も、農林省鴻巣試験場に勤務していた頃にアブラナ属の染色体の倍数性関係を図式で表した「禹の三角形」を世界に先がけて発表していた。イネや麦などの主要農作物については国家総力を挙げての研究が行われ、三一年には〈水稲農林一号〉と呼ばれる新品種が生まれていた。

鈴木に会った頃の今井喜孝は、ちょうどアサガオの易変性変異の研究に没頭していた。アサガオだけでなく、イネやキク、オオバコ、トウガラシなど約八十種の植物について斑入り現象を調査しては、次々と論文を執筆した。この易変性変異の研究は、後にカーネギー研究所の細胞遺伝学者バーバラ・マクリントックの研究にも関連する重要な研究だった。トウモロコシの斑入り現象を研究していたマクリントックは、一九五一年に、斑入りという変異を引き起こすのが色素遺伝子ではなく、染色体上を移動する「動く遺伝子」、すなわち、トランスポゾンであることを発表した。これは、当時の〝遺伝子は安定的なもの〟という概念に衝撃を与えたが、長い間受け入れられることなく、利根川進や本庶佑《ほんじょたすく》らが行った免疫の抗体生産の機構解明に応用されるようになって、ようやく八三年にマクリントックにノーベル生理学医学賞が授与された。トランスポゾンは、その後、バイオテクノロジーの一つのキーワードとなっていく。

今井は、毛利バラ園にやってきてバラを買い、鈴木に田園調布の今井の家まで届けさせることもあった。ただ、毛利バラ園の休日は月に二回しかない。鈴木が研究室に通えるのは、その二日間しかなかった。

「研究室にもっと来なさい。週一、二回は来なければだめだ。休みも全然ないのに、安い給料で勤めていることはないから早く独立しなさい。私がバックアップすれば商売はいくらでもできるんだから、自分でバラ園をやりなさい」

そんな今井の言葉が、鈴木が独立を決心する大きなきっかけとなる。温室のボイラー焚きをしていた若者に、今井は何を感じたのだろうか。今井が、鈴木の才能を見出し、当時日本で学ぶことのできる育種学の最先端の場へと導いたことで、鈴木のプロフェッショナルとしての道は少しずつ開かれていった。

今井の後押しもあって、鈴木はまず土地探しを始めた。園芸高校の先輩で、花卉園芸の第一人者でもある早川源蔵に相談したところ、世田谷区等々力にお寺の借地があるという。場所はちょうど現在の東急大井町線九品仏《くほんぶつ》駅と尾山台駅の間あたりで、広さは当初は二百坪程度だった。鈴木は地代を払って土地を借り、バラ園を開園することになった。土地は、後に周辺も手に入れて六百坪にもなった。この数年間で集めていた海外のカタログを見て、少しずつ苗を輸入して育てた。岡本勘治郎からも貴重なバラを何本か提供してもらった。

一九三七年(昭和十二)、とどろきばらえん開園。二十四歳だった。

この年、商工省が臨時輸出入許可規制を決め、海外からのバラの輸入の道は閉ざされてしまったが、今井が方々の教授仲間に紹介状を書いてくれたおかげで商売は徐々に繁盛した。ただ、今井の紹介で義理で買っていく客の家まで、たった十個ほどのチューリップの球根を届けたぐらいでは商売にはならなかった。銀座の千疋屋などからも高値で買うからという注文が来たりしたが、内心では、それより一刻も早くバラの育種をなんとかしたいと焦っていた。

バラの愛好者の間で評判になっていた、まだ出版されたばかりのニコラ博士の『ローズ・オデッセイ』を取り寄せて読んでみると、フランスの育種の名家メイヤン家の子息、二十五歳のフランシス・メイヤンが高く評価されていた。大日本薔薇協会の会報の口絵写真で、父のアントワーヌ・メイヤンと共に畑の真ん中に立って、自信たっぷりにまなじりを上げている姿を見てから、フランシスのことはどこかで意識していた。なんでも、ニューヨークで車を買って、一人でカナダからメキシコまで旅をした経験の持ち主らしい。しかも、フランシスの師は著名な育種家シャルル・マルランで、すでに遺伝学に基づく育種を行い、まもなく成果が挙げられそうだと記してあった。

〝I predict for him a great future.（私は彼の偉大なる将来を保証する）〟

ニコラ博士がフランシスを評価した一文は、鈴木の脳裏に焼き付いて離れなかった。羨望と尊敬と嫉妬がないまぜになった感情が高まり、とうとう鈴木はフランシス宛につたない英語の手紙を書いた。だが、聞いたことも見たこともない日本人の、しかも英語の手紙に返事など来るはずがない。代わりに送られてきたのは、一枚のアート紙を八枚に畳んで、ちょうど葉書ぐらいの大きさになるカタログだった。フランシスの作出種はまだ二品種だけだったが裏面には世界地図が描かれ、メイヤン家のバラへの賛辞を記した手紙の数々がその送り主の国の上に配置してあるという、デザイン性にあふれたものだった。世界を自分の目で見たいがために、ボイラーの免許を狙った鈴木にとって、ほぼ同い年の青年がすでにアメリカ大陸を走破していることに圧倒され、ちっぽけな自分に苛立《いらだ》った。世界は、遥か彼方にあった。

そんな鈴木にとって、今井の研究室は世界へ開かれた窓だった。なんとか今井に喰らいつき、早く遺伝学を修得したかった。今井は、遺伝学者となってから昭和十三年までの二十年間に学術論文約百二十本を執筆している。そのうちの九十本が欧文で記され、イギリスの「ジャーナル・オブ・ジェネティクス」やアメリカの「ジェネティクス」など、海外の権威ある学術誌に発表された。今井のこうした姿勢は、その後の研究に重要な遺産となっていく。

鈴木は、気持ちがはやる一方で、研究室に顔を出したときは、いつも「不器用、不器用」といわれ続けた。染色体のプレパラートをつくるとき、手先が不器用でうまく細胞を切ることができず、失敗してばかりだったからだ。

あるとき、今井がドイツのバイエル社から初めてコルヒチンを輸入したときのこと。痛風の鎮痛薬として古くから利用されているその薬の大半を惜しげもなく鈴木に与えて、こういった。

「これが今後の遺伝学に及ぼす影響はすこぶる大きいものと直感するんだよ。とりあえず、バラ園でも実験してみてくれ」

コルヒチンとは、ユリ科のイヌサフラン（コルチカム）の種子や球茎《きゅうけい》に含まれる有機化合物の一種だ。分裂中の植物細胞に作用して紡錘体の形成を阻害し、染色体の倍化を起こすため、今では細胞遺伝学の研究や育種に利用されている。後に、種なしスイカなどの品種改良に役立ったものだ。

鈴木はコルヒチンをバラの染色体の倍数体実験に利用しようとしたのだが、当時の技術ではバラに影響を及ぼすことはなかった。もしこのとき、一年性の草花のように作用しやすい材料を使用していたら、コルヒチンの効果が現れて、鈴木は今井の後に続き実験研究の世界に入っていたのだろうか。

鈴木は自分の性格を、おっちょこちょいで注意散漫だといっている。研究室にじっと座って顕微鏡を見つめているのは、どこか、自分には向かないと思った。それよりも、フィールドワークに出て原種を調査したり、育種をやってみたかった。倍数性云々よりも、バラの美しさに惹かれていた。

この頃、二つ年下の鈴木晴世に出会った。今井の紹介である。日本橋馬喰町《ばくろちょう》の小間物問屋の娘で、池之端の育ち。第一高等女学校を卒業した才媛で、英語の読み書きもでき、何よりも園芸をやりたいという。種子や苗を海外から輸入するためには英語ができなくてはならず、また、園芸は土にまみれて朝から晩まで忙しい仕事である。晴世は鈴木の望む女房像にぴったりだった。

だが、自分の妻ぐらい自分で探せると思っていた鈴木は、今井の勧めにとまどった。しかも、鈴木姓を名乗ってほしいというのである。若林家も輪王寺に仕えてきた寺侍の士族の家系というプライドがないわけではない。ぐずぐずと渋っていると、今井は「人の名前なんてXでもYでも同じじゃないか」という。態度を決めないのであれば、もうこれ以上鈴木の面倒は見ないとまでいい出す勢いだった。だが、そんな悶着があっても、その後六十年の歳月を共に暮らす夫婦になるのだから、今井の強引さにも意味はあったのだろう。

昭和十五年五月。バラが咲き始めると忙しくなるからと、シーズン直前に結婚式を挙げた。若林省太郎は、この日を境に鈴木省三となった。力強いパートナーが、その後の鈴木の人生を支えることになった。

時は、皇紀二六〇〇年。鳩山一郎が「ばら新」の主人、四代目横山新之助に「皇紀二六〇〇年おめでとう」の年賀状を送った年で、十一月十日から数日間、全国で祝賀行事が行われていた。だが、日中戦争の拡大に伴う国民総動員体制のなかで、政党・労働組合は解散し、政権中枢はさらなる戦争の只中《ただなか》へと突き動かされつつあった。九月には日独伊三国同盟がベルリンで調印され、世界的な緊張は高まっていた。

朝日、大阪毎日、東京日日、読売、同盟の五社のニュース映画が合併されて社団法人日本ニュース映画社となった。徹底した報道統制が敷かれ、翌年からは強制上映が開始され、国民の敵愾心《てきがいしん》を煽った。外国人とまぎらわしい芸名をもつ芸能人が改名させられたり、文部省が聴覚の訓練と称して絶対音感教育を採用し、ドレミ階名唱法をハニホ音名唱法に改正したのもこの頃だった。これまでまだ国民の生活のレベルには深刻な影響を及ぼしていなかった戦争が、〝ぜいたくは敵だ〟のスローガンを掲げながら、ひたひたと家の中にまで浸透してきたのである。

戦争

昭和十六年(一九四一)十二月八日、太平洋戦争開戦。そんな時勢に、バラどころではなかった。バラなど敵性国花だと、バラ園の経営者たちを非国民のように非難する者もいた。バラをつくるぐらいなら、野菜をつくれ。そんな状況だった。光って目立つからと温室はどこも取り壊しを命ぜられ、研究はすべて食糧増産に結びつくものでなければならなかった。イネの耐冷性や、自家不和合性すなわち、自己の花粉では受精しない性質を利用した一代雑種品種のキャベツやハクサイの育成方法などが研究された。

東京のバラ園の経営者たちはみな、バラを地方に疎開させたり、土地の隅に移動させ、野菜やジャガイモ、米をつくった。「ばら新」も遠戚のある埼玉県蕨《わらび》市にバラを疎開させ、「駒場ばら園」も静岡県韮山《にらやま》に疎開させたり、客に分けたりした。せっかくつくったものを盗まれることもたびたびだった。「トタンだってなんだって、全部引っ剝がして軍にもって行かれた。人間堕ちて、道徳も何もなかった」(「ばら新」五代目・横山昭一郎)という。

胸に疾患があるため徴兵検査で丙種となった鈴木は国内に残り、敵国の花だと後ろ指を指されながらも、肥料と消毒薬が不足する中でバラをつくり続けた。といっても表向きは麦をつくっていることになっており、季節がくれば、ほかで買った麦を供出していた。関西の大日本薔薇協会も、関東の帝国ばら協会も、ほとんど活動停止状態になっていた。切りバラも同様、昭和十二、三年頃に全国で最大の生産量を誇るまでになっていた神奈川県川崎市も、昭和十八年までには生産中止に追いやられていた。

そんな状況だったせいか、ほかのバラ園がバラをつくらなくなったために、鈴木のところには遠方からも注文がきた。軍需工場で働く工員たちの心の安らぎにしたいからとか、生け花を教えたいからといった注文もあった。また、昭和十八年(一九四三)には、金はいくらかかってもいいからと、大量に注文してきた客があった。敵国の花だと非難されることもあったバラを買うといったその客は、なんと大東亜省だった。大東亜省とはその前年に、中国満州、東南アジア諸地域の行政を管轄するべく設置された官庁である。

それは、十一月五日と六日に開かれた大東亜会議を飾るために発注されたバラだった。その二週間前には学徒出陣が行われ、いよいよ日本の敗色の濃くなったこの時期に開催されることになった大東亜会議は、占領地域の協力体制を強化するために組織されたものだ。出席者は司会を務めた東条英機首相のほか、満州国の張景恵《チャンチンホイ》国務総理、南京《ナンキン》政府の汪兆銘《ワンチャオミン》行政院長、タイのワン・ワイタヤコン首相名代、フィリピンのホセ・ラウレル大統領、ビルマのバー・モー首相といった占領地区の政権の代表で、オブザーバーとして、自由インド仮政府を組織していたスバス・チャンドラ・ボースが参加していた。アジア・サミットとも呼ぶべき大東亜会議は、欧米諸国の支配からアジア民族を解放し、自立を目指すことをうたい文句に掲げ、各国代表が演説を行い、共存共栄、独立尊重、互恵提携などの五原則を内容とした「大東亜共同宣言」を採択した。

この会議の準備委員会が帝国ホテルに設けられ、鈴木は、そこに一鉢百五十円から二百円の、当時としては破格の値をつけたバラを届けたのである。アジアの独立といいながら、敵国の花とされていたバラを飾ることの意味とは何だったのだろうか。近代の象徴であるバラを掲げることで、日本がアジアを近代化させるというイメージを与えようとしたのだろうか。また、近隣諸国に対し、日本はまだ疲弊していないこと、その象徴として、あるいは、その隠れ蓑《みの》として飾られたのではないだろうか。

「私のバラも意外なところで、むなしい国威宣揚に役立った」

鈴木は後にそう回想している。

さらに意外なことに、同じ昭和十八年十一月中旬には、小石川植物園で社団法人園芸文化協会の創立総会が開催され、十九年三月には正式に文部大臣に認可されている。会長には、旧薩摩藩主で園芸好きで知られた島津忠重公爵、理事には、菊の育種栽培家として著名な伊藤東一、「実際園芸」の石井勇義、バラの岡本勘治郎、新宿御苑の福羽発三《のぶぞう》(逸人の息子)、小石川植物園の松崎直枝などの名があった。

戦争に関係のない団体にもかかわらずこの時期に認可された背景には、文部大臣の岡部長《なが》景《かげ》が、後に国際文化振興会長や近代美術館長を務めるなど文化事業に理解がある人物だったためとされる。ただ、設立時の常務理事だった加藤光治の記録『園芸文化協会の歩み』によれば、戦時下に貴重な芸術作品が失われていくことに危機を感じた芸術家団体の「俺がやらねば誰がやる。今やらなければ何時《いつ》できる」というスローガンと同様、貴重な園芸品種がこれ以上失われることを自分たちがなんとか阻止しなければならないという危機感と必死な想いがあったからだという。

細々とバラを育て続けていた鈴木は、府立五中（現・小石川高校）の教員となって、荒川の河川敷で生徒たちと麦や野菜を供出したりしたが、ついに、昭和十九年の秋、海軍の衛生兵として戦争に引きずり込まれることになった。赴任地は横須賀の海軍病院。三十一歳だった。ところが入隊した途端、「おまえたちは海軍病院という名前で来ただろうけど、実際は監獄病院というので有名なんだ、覚悟しろ」と脅された。荷造りは慣れていたので問題はなかったが、ハンモックに毛布を畳んで入れて縛る訓練のとき、時間が余計にかかると、精神棒とかバッタと呼ばれる二メートルほどの樫の木の棒で打たれた。一週間はトイレでしゃがめないほど痛かった。その訓練は、もし軍艦が攻撃されて浸水しそうになったら、これを海に投げ込めば一昼夜は浮いて助かるかもしれないという命に関わるものだっただけに、厳しかった。

さらに、鈴木が今井喜孝の研究室にいたという経歴が、思わぬ事態を招いた。昼間の訓練を終えた後、毎晩、研究室で軍機密に関わる研究を行うよう命ぜられたのである。

「私は生物はやったけど、人間をやったことはない」

鈴木は、採用の検査官にそういって抵抗したが、人間も動物も植物も似たようなものだと相手にされなかった。機密研究に採用されたのは十二、三人。それぞれ任務は異なったが、鈴木は毒草の研究を中心に行った。台湾原産の毒草オオツヅラフジなども材料にした。食すれば痙攣を引き起こし、中枢神経を麻痺させる可能性をもつものだった。

「おまえなんかはいつでも解剖できるんだよ」

上官が含み笑いをしながら声をかけた。寒気がした。外出するときは必ず憲兵が後ろからついてきて、余計なことをしゃべると殺すぞと脅した。毎晩実験は続き、睡眠時間は四時間確保できればいいほうだった。

昼間は衛生兵として、傷病兵の治療にあたった。八丈島や小笠原諸島近くで監視にあたっていた哨戒艇《しょうかいてい》が攻撃されて負傷者が出たときは、和船で一晩かかって現場へ行き、縄ばしごで哨戒艇に乗り込んで治療にあたった。甲板は血の海だった。アメリカの機銃掃射を受けて、十六ミリの弾丸が身体を貫通した兵士の出血は、包帯を巻いたぐらいでは止まらなかった。苦しみでのたうち回る者もいた。治療できる者はおぶって和船に運び、助ける手だてがない者にはキャラメルを与え、気が緩んで安心して亡くなったところを祈りながら水葬にした。

海上での働きが評価された鈴木は、「おまえは抜群の功をなした」と上官に機関室に呼ばれ、恩賜のタバコをもらった。ところが、もともと胸が悪いためタバコが吸えない。「タバコは吸えません」と遠慮すると、「恐れ多くも陛下からいただいたタバコを吸えないとは何事だ。夜トイレの中で練習して、吸えるようにしろ」と、こっぴどく殴られた。

鈴木は、上官の指示でしかたなく、毎晩のようにトイレでタバコを吸う練習をしていた。睡眠不足と過労と無理な喫煙で、次第に体はぼろぼろになっていく。しかも、実験室に爆弾が落ちて鼓膜が破れ、左耳はほとんど聞こえなくなってしまった。

一方、とどろきばらえんでは、鈴木のいないあいだ中一人でバラを守っていた晴世も、とうとう東京を離れざるをえなくなっていた。二人の娘と義兄の子どもを二人、計四人の子どもを連れて秩父《ちちぶ》の山奥の村に疎開した。昭和二十年三月十日、東京大空襲のわずか一週間前のことである。

傷病兵を助ける衛生兵のはずだった鈴木は、ついに、自分自身が病気になってしまう。上官の指示で送られたのは、戸塚の海軍病院。志願兵ではなかった鈴木に対する周囲の風当たりは強く、軽蔑されることもたびたびだった。終戦の報は、病室のベッドの上で聞いた。

終戦と同時にトラックで搬送された場所は、当時海軍病院として供出されていた目黒雅叙《がじょ》園《えん》だった。鈴木はここに入院するが、依然として身体は回復しなかった。食欲もない。上官が牛乳をもって見舞いに来たが、いくら栄養があるからと勧められても飲む気がしなかった。めったに手に入らないパイナップルをもってきてくれたこともあったが、まったく口にすることができなかった。再び、肺も冒された。

とどろきばらえんの顧客でもあった軍令部総長・及川古志郎《こしろう》の息子が海軍病院で医者をしており、時折やってきては、「とどろきばらえんは大丈夫だから安心してください、バラが咲いていましたよ。早く帰ってあげてください」と励ましたが、よくなる兆しはなかった。入院生活も約半年を過ぎた頃、これ以上治療の方法もないと判断した医科長はいった。

「おまえのは精神の病だから、うちに帰れば治る」

当時はまだまったく研究も認知もされていなかった、PTSD（心的外傷後ストレス障害）の症状もあったのではないだろうか。身も心も蝕《むしば》まれた鈴木を救うのは、もう、家庭しかない。そう判断した医師は、鈴木を退院させることにしたのである。

鈴木を乗せた車が病院の門を出るとき、守衛はじめ病院関係者は皆、車に向かって最敬礼した。鈴木が特別な兵隊だったからではない。乗せられた車が霊柩車だったのだ。病院では、歩けない者は退院を許可されていなかったため、関係者がとった苦肉の策だった。もちろん、当の鈴木はそんなこととはつゆ知らず、五十キロほどにやせ衰えた満身創痍の全身を横たえ、朦朧《もうろう》としたまま、妻を、家族を、そして、バラを想っていた。

バラふたたび

明治時代から上流階級の顧客に可愛がられた「ばら新」は、四代目新之助の戦死と戦後処理のために、バラの販売業から撤退を余儀なくされていた。文京区の営業所八百坪、大田区池上に千五百坪、そのほか家作分が二千坪はあった「ばら新」の土地は、池上の一部を残して、財閥解体と共に占領政策の二大改革といわれた農地改革と財産税によって失われた。

農地改革は、民主化の推進と農業生産力の増強のために、従来の地主制土地所有制度を解体しようとするものだった。これによって、昭和二十一年末には小作地二百四十四万八千ヘクタールのうちの八割に及ぶ百九十四万二千ヘクタールが、小作農に売り渡されている。そのうちの九割が国の買収分、一割が財産税の物納による。「ばら新」も、その土地の大半を財産税として文京区に納めた。残っていた土地も、いつのまにか他人が勝手に家を建てて住んでしまったりしたために、裁判所通いがしばらく続いた。五代目横山昭一郎の祖母、すなわち三代目の妻は小間物屋で生活費を稼ぎ、やがて質屋を営んだ。バラ園は荒れ、温室は鉄骨を晒《さら》していた。もうバラどころではなくなっていた。

横山は九歳で終戦を迎え、母と共に裁判所通いをした。

「親父が戦死してしまったので、残った土地は、僕や姉の学費や生活のために売り食いしたものもありました。「ばら新」を知っている人たちに、あの頃の「ばら新」はどこへいったんだなんてことを雑誌などに書かれて、ずいぶんつらい思いをしました。事情を知らないのに、見た目だけで勝手なことをいわれる。親父がいてくれたらずいぶん違ったでしょうが……。最初は、政府の要人に助けられたのに、やっぱり最後は政府にとられたという感じでした」

当時、歴代の総理大臣が正月に出演する、NHKラジオ第一放送の「新春放談」という番組があった。鳩山一郎が総理大臣になった翌年、昭和三十年の正月には、横山の父、四代目新之助に対して出演依頼があった。鳩山としては、父・鳩山和夫と戦前のバラの思い出を、昔をよく知る四代目横山新之助と語り合いたかったのだろうが、四代目はすでに亡く、話は流れてしまった。

韮山にバラを引っ越しさせていた「駒場ばら園」もまた、戦後しばらくはバラづくりを再開できず、食糧のためにもっぱら農作物を栽培していた。顧客名簿もカタログもほとんど焼けてしまい、足りないバラを少しずつ知人から譲り受け、細々と繁殖させていった。

戦争はすべてを焼き尽くし、人々の生活を一変させた。

それは皇居も同様だった。敵国の花といわれながら、皇后のバラ好きは有名で、住居となっていた奥宮殿のバラ園には戦前、バラ花壇、つるバラのアーチなどもあったという。だが、それも、昭和二十年三月の東京大空襲でほぼ全焼した。焼け残った数株だけを移転先の御文庫に移植したが、バラ園が回復するまでには至らなかった。

かろうじて戦火を逃れたとどろきばらえんで、復員した鈴木を出迎えたのは、母と晴世、子どもたち、そして、四人のアルバイトの若者たちだった。

「あれが鈴木さんだよ」

若者たちは口々に囁《ささや》き合った。鈴木省三は、園芸家を目指す彼らにとってすでに畏敬すべき存在になっていた。

とどろきばらえんの近所に住んでいた元東京都農業試験場栽培部長の鶴島久男も、当時アルバイトをしていた学生の一人だった。平日は千葉農業専門学校園芸科に通い、土日はとどろきばらえんで草取りをしていた。鶴島がアルバイトを申し込んだときはすでに鈴木が出征した後で、晴世に採用された。本人に会ったのは戦後、鈴木が復員してきてからのことだった。背が高く、坊主頭で声の大きい鈴木を、鶴島たちは陰で恐れながら「ボウズ」と呼んだ。あるとき、鶴島は、本当にこの人がバラの権威なのか、生意気にも試してみようと思った。当時は泥棒を避けるためにバラには品種名ではなく番号札だけつけていたのだが、その中の葉と棘だけのバラをもって聞いてみたのだ。

「先生、これは何という品種でしょうか」

すると、鈴木は即座にその名を答えた。これは本物だ——。鶴島はそう思い、鈴木にバラを教わることを決めた。

バラ園のアルバイトは厳しい。棘で指は傷だらけ、手押し車でジャブジャブと揺れ動く牛糞を運ぶのはつらかった。身体に臭いが染みついているため、電車に乗るときは、四人は別々の車両に乗った。晴世は行儀作法にも厳しかった。

復員しても、鈴木の寝たきりの状態はしばらく続いた。晴世はアルバイトの若者を教育しながらバラ園を一人で仕切り、トウモロコシの粉でパンをつくったり、栄養失調だった鈴木の体力を回復させるために、牛乳を探そうと方々かけずり回った。鈴木が再びバラ園に立つことができるようになったのは、終戦から約一年たった日のことだった。

両の手でそっと土に触れた瞬間、鈴木の胸の奥に熱いものがこみ上げてきた。これからはもう、一度死んだと思ってバラを一生懸命やっていこう……そう誓った。

そのためには、一日も早くブリーディングをやらなければならない。今井喜孝にも何度もいわれていた。サイエンティフィックなことは俺が応援するから、早く育種をやれ、と。
だが、鈴木がバラの育種に真剣に取り組もうとした矢先、昭和二十二年に、今井は肺結核で世を去った。心の支えとしていた師の急逝に落胆した。鈴木が交配育種に専念しようと思ったのは、その別れのときだった。専門の世界では染色体の研究をしなければ育種はできないという風潮になってはいたが、そんな問題はわからなくてもどうでもいい、と思ったのである。

鈴木はこのときの決意をこう回想する。

「やっぱり学問は学問で、実際のフィールドワークとはかけ離れている。染色体に頼るのは参考にはなるけど、内心、疑問は感じていたんです、もともと。色素や香料分析は必要だけど、遺伝学的な問題はなかなかむずかしい。いったん染色体に手を染めたら、もう一生涯の仕事です。バラはギリシア・ローマ時代から栽培されてきたわけだけど、高等植物の中でも一番雑種になっているんじゃないでしょうか。雑種の上に成り立つ雑種だから、簡単には解明されないと思う。遺伝子をやっちゃいかんということではなく、もしそれに関わったら、もうそれだけで一生が終わってしまいます。そうなると、実際に、無から有を生む育種のあり方とはちょっと違うと思ったんです」

後の鈴木の育種活動は、外部の研究者や企業の研究所に材料を提供し、栽培や育種上の知識を与え、チームをつくって学会発表を行ったり、商品開発の協力を行うというかたちをとっている。全部自分でやってしまおうとはしない。材料を提供するだけでも終わらない。自分はすべての時間を研究だけに費やすことはできないが、有能な人材を周囲に集めることによって知識を寄せ合い、目標を少しずつ達成していこうとした。自分の弟子たちを大学の研究室や岡本勘治郎のバラ園に勉強に行かせることもあった。

エプロンをして、剪定ばさみを腰に差し、夏は麦わら帽子をかぶって、大きな声で弟子たちを怒鳴った。そのたびに弟子たちは気持ちを引き締め、なんとか「ボウズ」についていこうと必死にかじりついた。

焦土から復興へと向かう東京にも、五月になればバラは咲く。少しずつ、客も増えていった。弟子やアルバイトの若者たちの誇りは、東急大井町線の車窓から、色とりどりに咲き乱れるバラが見えることだった。

花に敵も味方もない。花は花、だった。

復興

鈴木がバラの復興のために本格的に活動を再開したのは、昭和二十三年のことだった。手元に、一枚の借用契約書の写しがある。契約者は鈴木省三、保証人は福原信義、日付は昭和二十三年五月二十五日(但《ただ》し、搬入五月二十四日午後四時、搬出五月二十九日午後四時)、借用料金五千円也《なり》とある。これが、戦後のバラ園芸が発展していくための第一歩だったことを否定する人はいないだろう。瓦礫《がれき》だらけの銀座の焼け跡で、バラの復興を願う愛好者たちが、戦前の東西バラ会の別なく協力し、戦後初のバラ展を開催したのである。場所は、銀座通りに面した七丁目の資生堂パーラーで、戦時中にほとんど活動停止状態になっていた東西のバラ会の人々がバラ界の再興を願って開催したものだった。そして、これを機に鈴木らは、新宿御苑の福羽発三を会長に新日本バラ会を結成した。メンバーはほかに、小石川植物園の松崎直枝、後に東急電鉄が経営する五島ローズガーデンの管理者となる藤井栄治、成城大学の寺崎広節らだった。若手の鈴木は自宅を新日本バラ会の事務所にして運営の中心となり、戦前から親交のあった福原の協力を得て、このイベントを実現させたのだった。

後援した資生堂の福原信義は、資生堂薬局の創業者、福原有信・徳夫婦の末子で、園芸好きで知られた後の資生堂第二代会長だった。幼い頃から胸を患っていたために逗子の別荘で療養生活を送ることが多く、キクやダリア、ゼラニウムや大輪アサガオなどの栽培に親しみ、体調が回復してからは、資生堂花部の主任として生花の販売に携わっていた。みずから高級生花市場に仕入れに行って、園芸家らと交流をもち、日本ダリア会の専務理事を務めるなど、花に対する思い入れは人一倍だった。鈴木とは、戦前に、とどろきばらえんにバラを買いに行ったことで知り合い、デルフィニウムを買いに伊豆へ、植木を求めて埼玉の安行《あんぎょう》へと、鈴木を同行させることもあった。

展覧会に展示されたバラは、三百数十種。戦時中、晴世が守っていたとどろきばらえんのバラを中心に、各愛好者が手持ちのバラをもち寄り、中には、バラを休ませるために、名古屋から満員の電車を途中下車しながら運んできた人もあった。イタリアやスペイン、イギリスのバラもあった。マイカイやハマナス、鈴木が少しずつ育種に取りかかっていたものの中から、日本のノイバラと中国のロサ・シネンシスといった野生種間の交配種も出展されていた。花瓶などないので、青竹の節の間を切ってつくった筒を花瓶代わりにし、タイプライターで品種名、作出者名、作出国、作出年を印字して添えた。英名を表示したのは、銀座を行き交う駐留軍向けのサービスでもあった。

最大の見物は、世界地図に著名な育種家たちのバラ園の所在を示し、そこに代表的な作出品種を実際に添付するというブリーダーズ・マップだった。アルバイトだった鶴島の担当はドイツのコルデスが作出した〈クリムソン・グローリー〉の交配系統図で、その育種に関わった品種の切り花を牛乳瓶に挿して紹介した。

バラ展のニュースはＮＨＫラジオを通じて全国に伝えられ、開催期間中は資生堂パーラーの一、二階まで身動きできないほどの人が集まり、新日本バラ会には数百人の来場者が入会を申し込んだ。会員に月一回パンフレットを配り、年に二回、苗木を無料配布するという企画は特に魅力的だった。

バラ展の様子はまた、映画上映の前に放映されるニュース映画を通じても全国に伝えられた。疎開先のバラ愛好者から、「自分も早く東京に帰って、バラづくりを再開したい」「ニュース映画を見て励まされた。みなさん、これからもがんばってください」といった励ましの手紙がたくさん届いた。殺伐とした戦後の暮らしの中でも、花を愛でる心は失われていなかった。

ただ、大半の人々にとっては、まだまだバラどころではなかったのが現実だ。銀座の一角をにぎわしたほどのイベントも国内の新聞ではほとんど報道されず、大きく報じたのはアメリカの駐留軍向けの新聞「スターズ・アンド・ストライプス」紙だけだった。

すると、新聞を読んだサンフランシスコ・バラ会会長のステファン・カーマンがバラ展に現れ、展示されていたバラのうち、イタリアやスペインの品種の中にサンフランシスコにはないものがあるから送ってくれと鈴木に依頼した。代わりに、巨大輪の〈ピース〉というバラを送るという。アメリカのバラ会の会報やカタログに頻繁に登場していたので、鈴木ももちろん〈ピース〉のことを知ってはいたが、それがどれほどのものかは想像もつかなかった。なにしろ、あの、自分とほぼ同い年の気になる人物、フランシス・メイヤンの作出種である。意識していないわけではなかったが、夢のまた夢でしかなかった。

現在までに育種家によって作出されたバラの中で、〈ピース〉ほど広く栽培され、交配親としても活躍した人気の高いバラはないといわれる。約四十枚の淡い黄色の花弁をもち、フルーティな甘い香りのする大輪のこのハイブリッド・ティー・ローズは、その姿かたちと香りだけではなく、当初託された願いも大きかった。

〈ピース〉という名がついたのは一九四五年で、実際の誕生は三五年、フランシス・メイヤンが二十三歳のときに初めて作出した新品種だった。フランシスは三九年に七か国のバラの専門家にその試作を依頼して高い評価を受けたため、これを母の名をとって〈マダム・アントワーヌ・メイヤン〉と名づけていた。ただ、戦争の影響でその後の交渉は閉ざされ、このバラの販売権をもったアメリカのコナード・パイル社が、ベルリン陥落の四五年五月二日に、平和への願いを込めて〈ピース〉という名で正式に発表したのである。

四月二十五日から開催されていたサンフランシスコ連合国全体会議では、国際連合の創立総会に参加していた四十九か国の代表国のホテルの各個室に、以下のメッセージとともに〈ピース〉が一輪ずつ飾られた。

これは、ベルリン陥落の日にカリフォルニア州パサデナで開催された太平洋バラ協会展で、〈ピース〉と命名されたバラです。〈ピース〉が、人の心にとこしえの世界平和をもたらしてくれますように。

アメリカとヨーロッパではすでに植物特許法や種苗法が整備されていたために、〈ピース〉の世界的な人気によって、メイヤン家では多大なロイヤルティーを得、その邸宅はピース御殿と呼ばれるようになった。育種家やバラ農家が新品種を当てて新しく家を建てると、バラ御殿などと呼ばれるが、その先駆けとなるものだった。とはいえ、民間貿易が再開されたのは昭和二十四年(一九四九)の十二月、日本で話題の〈ピース〉に出会うことは不可能だった。

だが、このカーマンとの出会いが次の展開へとつながった。カーマンが銀座のバラ展の盛況ぶりをGHQに報告した結果、GHQは駐留軍家族らアメリカ人を対象にした会合でバラの解説をするよう鈴木に依頼したのである。通訳の女性の助けを得ながら、鈴木はぎごちない英語で講演も行った。バラ展や講演の様子は、本国へも伝えられた。およそ、GHQの政策が良好だということを本国に示すための宣伝、証拠として利用されたのだろう、と鈴木は回想している。

バラ展成功の報は、翌年に日本貿易博覧会を控えていた横浜市長の耳にも届き、鈴木ら当時の会員らは新日本バラ会として博覧会に参加し、小さなスペースでバラの展示を行うことになった。鈴木は早速、サンフランシスコに帰ったカーマンあてに、〈ピース〉を是非送ってほしいと手紙を送った。航空便が到着したのは、博覧会の開催第三日目、昭和二十四年三月十七日である。

「すごく大きくて、人間の顔ぐらいあるんです」

羽田空港に到着した苗木を取りに行った弟子が、電話口で焦った声を出している。そんな大きなバラがあるわけがないという鈴木に、弟子は、「いや、本当なんです」といい張る。とても電車では運べないからタクシーで帰ってもいいかというので、鈴木は疑心暗鬼のまま着払いでタクシーに乗って帰るよう命じた。

到着した苗木を見て、鈴木は仰天した。本当に、人間の顔ほどある巨大なバラだったのである。気になる存在だったフランシス・メイヤンが、より鮮烈に、宿敵として意識された瞬間だった。二十数本、棺桶のようなケースに、一本ずつ、根を湿ったチップに覆われたバラがハトロン紙で包まれていた。大きな花びら、柿の葉のような頑丈な葉、親指ほどある太い茎、まさにバラを超えたバラである。いったん、とどろきばらえんで預かり、新鮮な水で根を洗い、桶の中に一晩漬けて水を思い切り吸わせた。これが、戦後の平和の象徴と呼ばれた名花〈ピース〉の日本初上陸だった。博覧会の八畳ほどの小さな部屋にセッティングされた雛壇には、三角フラスコに一輪ずつ挿された大輪のバラたちが整然と配置された。切りバラの苗木が日本に空輸されたのも、これが初めてのことだった。

昭和二十五年三月に、とどろきばらえんに就職した、弟子の斉藤民哉《たみや》の回想。

「僕は横浜の日本貿易博覧会で初めてピースを見たんですが、新奇性とその斬新さに驚かされました。戦前のバラには葉に艶がないんですが、ピースの特徴は照り葉ということと、つくりやすいということ。もちろん、今はそれ以上のバラはたくさんありますが、当時は爆発的な人気がありました。自転車でとどろきばらえんから銀座の資生堂まで二回往復して、午後は配達でした。数年後にはオート三輪を買いましたけどね。当時のバラ苗は二百五十円から三百円が普通だったんですが、ピースは千円でも飛ぶように売れました」

鳩山一郎

昭和二十五年四月十日、鈴木を乗せたドイツ製のお迎えの車が、焼け跡の中を文京区音羽へ向かっていた。行き先は鳩山一郎邸。自由党総裁として組閣直前に公職追放されて四年目を迎えていた。

到着するなり鈴木の目に飛び込んできたのは、焼け崩れた石屑が散乱し、ほとんど手の施しようもない庭だった。鳩山邸を訪れるのはもちろん初めてのことだった。戦前にここのバラの手入れ一切を行っていた「ばら新」が戦災にあい休業状態だったことや、戦時中ずっとバラを守り続けた鈴木の評判を耳にしたのだろう。

鳩山は、その一週間前の四月四日に造園師に付き添われて、新宿ガーデンと鈴木のとどろきばらえんを訪れていた。『鳩山一郎・薫日記』に戦後初めて「バラ」の文字が登場する日である。

　四月四日　火曜　晴

　十時、斎藤氏と共に新宿ガーデンに立寄り、ツルバラ四本求め、トヾロキの鈴木バラ園に行き、ツルバラ35《ママ》本、ブッシュ二十本を求む。帰宅後、松田、西谷毎日記者来る。（後略）

この戦後の混乱期にこれほど豊富なバラをもつ鈴木に関心を抱いたのだろう。鳩山は、鈴木を自邸に呼び、バラ花壇を設計するよう依頼したのである。

鳩山は戦時中の東京の状況を話し、鈴木は海軍での体験を話した。鈴木は、父親のように人を包み込むおおらかな鳩山の人柄に次第に引かれていくのを感じた。

十三日、早速、バラの苗をもって再び鳩山邸を訪問すると、鳩山は乗馬ズボン、長靴という作業着姿でシャベルをもって待っていた。

「あなたのいう通りに働きますから」

鳩山は鈴木にそういって笑うと、シャベルを手にもち、鈴木とともに作業を始めた。シャベルの慣れた扱いに、鈴木は驚いた。

四月十三日　木曜　晴
バラ園の鈴木氏来《きた》り、バラ九十九本植える。

十三日の記述はこの一行だけである。おそらくこの日は一日中庭仕事をしていたのだろう。その後も十七日、二十六日、五月十一日、十三日、十九日……と、頻繁にとどろきばらえんを訪ねるか、鈴木を自邸へ呼んでいる。

鳩山の再出発の地点もまた、バラだったのかもしれない。戦前は、バラ好きの父・和夫に連れられてよく「ばら新」を訪れた。鳩山は結婚する前、妻の薫へ五百二十三通ものラブレターを贈っているが、その中にはバラの話題が時折登場し、バラの押し花が添えられることもあった。公職追放されていた間の鳩山は、一般の人と同様に切符を買って三等車で東京から熱海と軽井沢の別荘まで行き来し、雨の日でもみずから鍬《くわ》を振るって農作業をしながら、この戦争の傷跡と日本の将来について思案を繰り返していた。翌年の八月に追放解除となった前後から鳩山の身辺は新聞記者や派閥の領袖らで人の出入りが激しくなるが、それまでのこの一年二か月というのは、来客はあるものの、ほぼ毎日のように草取りをしたりバラに水をやったり、とどろきばらえんを訪ねるような日々を送っていたのだった。

鳩山は鈴木に対して、目をかけてやっているというような振る舞いは決してしなかった。それよりも、鈴木をバラの先生として慕い、肥料の種類や薬剤の使い方を手紙で問い合わせたり、おもしろいバラの原書を読んだときは、その感想を書いて送ってくることなどもあった。軽井沢の別荘にいるときは、東京の暑さでバラが傷まないかと心配し、「ここは涼しいから、ついでがあればお待ちする」と鈴木の来訪を望む手紙を送った。

鳩山はバラの名前をあまり覚えなかった。鈴木が一つひとつ説明しても、「すばらしいねえ」「ほう、そうかねえ」と返事をするだけで、花を見つめたままじっとして動かない。

「どうも、何度聞いても名を覚えないでね」

そういって微笑《ほほえ》んだ。

鈴木は、系統名や交配親の名前などに詳しくなっていく一方で花そのものの美しさや味を忘れがちな自分に比べ、鳩山の無心が羨ましかった。

資生堂のバラ展は昭和二十五年まで毎年開催されており、この年には会場に、鳩山もやってきた。人波にもまれながら見学し、帽子を振りながら去っていった。また、ＮＨＫラジオの人気番組だった「えり子と共に」のヒロインを演じていた阿里《あり》道子が訪れた。来場記念に気に入ったバラを選んでもらい、「えり子のバラ」と名づけて飾った。三日間の入場者数は実に三万人を数えた。

新日本バラ会は、この年に「日本バラ会」へと改称し、本部を日比谷公園ガーデンビューローに置いて趣味の会として再スタートを切った。目的は、バラ愛好者同士の親睦と園芸文化に寄与し、文化向上、国際親善をはかること。装いを新たに業者会員と個人会員を分け、新たな会員を募集することになった。福羽会長以下、新日本バラ会を発足させたメンバーが理事となり、そのほか評議員には、岡本勘治郎や資生堂の福原信義、「リーダーズ・ダイジェスト」誌編集長の福岡誠一、洋画家の安井曾太郎といった名もあった。

〈ピース〉の人気に一段と火がついたきっかけは、翌二十六年のサンフランシスコ講和条約だった。前年に勃発した朝鮮戦争でアメリカ軍の前線基地の役回りを担っていた日本は、特需景気に沸き、その後五年間の特需割合は外貨収入全体の約四割を占め、日本経済は特需とアメリカへの依存を強めつつあった。連合国との対日講和条約については米ソ間で対立があり、日本国内には講和を拒否する世論が高まったが、最終的には、吉田茂内閣がアメリカの方針を受け入れることを決め、西側諸国中心の片面講和となった。調印が行われたのは九月八日で、同じ日に日米安保条約も調印され、日本は西側陣営の一員として極東戦略体制の一翼を担うことになったのである。

さまざまな問題点を棚上げした条約ではあったが、この調印式が行われたサンフランシスコ市オペラハウスの講和会場の向かいでは、サンフランシスコ・バラ会が日本の再出発と平和を祈り、〈ピース〉と〈ローズ・オブ・フリーダム〉を飾っていた。翌月にはこれらのバラ二十七種が届けられ、二十六日から銀座三越で開催された秋のバラ展で披露された。アメリカのバラ〈ピース〉を一目見ようと、三日間の入場者数は数万人に達したという。

会場が手狭になったため、その後のバラ展は銀座三越ほか、銀座松坂屋、日本橋三越、髙島屋、白木屋などのデパートで開催されるようになり、関西でも、戦前に帝国ばら協会の会員であった伊丹ばら園の寺西致知が中心となって関西支部を立ち上げ、昭和二十四年五月に大阪心斎橋の大丸で第一回のバラ展を開催してスタートした。人だかりに引かれて偶然資生堂のバラ展を見た阪急百貨店の清水雅社長は、寺西にバラ展をやってくれと依頼し、阪急百貨店でも開催されるようになっていった。バラ苗販売業者が一堂に会して行うバラ展は、その後百貨店のイベントの目玉となり、バラ栽培の大衆化に貢献していくことになる。

なかでも、髙島屋は、昭和二十七年に就任した四代目社長・飯田慶三が自社の包装紙に赤いバラを採用したことから、以後、髙島屋のシンボルマークとして定着していった。髙島屋が提供する民放ラジオの番組では、「ラ・ビ・アン・ローズ(バラ色の人生)」の優しい調べがマンドリンで奏でられた。

歌姫キャンペーン

昭和二十七年四月、一人の著名なオペラ歌手が日本にやってきた。ニューヨークのメトロポリタン歌劇場の歌手ヘレン・トローベルである。招聘したのは朝日新聞社で、全国各地二十六会場で公演を行うことになった。

ヘレン・トローベルは来日に際して、「戦争で荒廃した日本の諸都市をバラの花で飾りたい」と、自分の名がつけられたバラを日本に贈ることを発表した。〈ヘレン・トローベル〉のバラとは、アメリカの代表的な園芸場アームストロング・ナーセリーに所属する育種家ハーバート・スイムが一九五一年に発表したサーモンピンクの花弁が優雅な大輪のハイブリッド・ティー・ローズだった。五一年にローマ金賞、五二年にはアメリカ最大の賞AARSを受賞し、バラ界で〈ピース〉に続いて注目されていた品種である。東京の日比谷公園はじめ、札幌、仙台、水戸、静岡、名古屋、京都、大阪、宝塚、岡山、広島、八幡、福岡など、演奏会を開催する全国の都市に贈られることになっており、受け入れ態勢は日本バラ会が整えることになった。

朝日新聞は来日の二週間ほど前から、ヘレン・トローベルの特集やコラムを掲載したり、事前にレコード・コンサートを行ったりして期待感を煽った。

来日の四日前、四月十四日には苗木二百五十本が到着し、日本バラ会に引き渡された。十九日には、羽田空港で朝日新聞会長・村山長挙《ながたか》の二人の令嬢から贈られた真っ赤なバラを手にしたヘレン・トローベルの写真とともにその来日が報道され、翌日には宿泊する帝国ホテルで記者会見が行われた。二十一日には新宿御苑で桜と戯れる姿、二十二日には日比谷公園でのバラの植樹式、二十五日からは帝劇の独唱会や日比谷公会堂で行われたNHK交響楽団との演奏会について、音楽評論家の大田黒元雄、近衛秀麿、作家の石坂洋次郎、テノール歌手の藤原義江らの感想が続々と掲載されるという大キャンペーンだった。

ヘレン・トローベルはこの来日について、自伝『セント・ルイス・ウーマン』の中で、四ページにわたって回想している。

公演は、まずハワイから始まり、日本、シンガポール、マニラ、香港《ホンコン》、インド、サウジアラビア、イスタンブールとまわるツアーの一環だった。来日前は、日本語で歌えない自分の歌が日本人に受け入れられるのか、相当不安を抱えていた。日本人は歌よりも楽器演奏のほうが好きだとか、ワグナーのイメージはあまりよくないといった注意も事前に聞かされていた。

だが、実際にはそんな心配は一切吹き飛んでしまう。行く先々で大歓迎され、広島や長崎を訪れたときなどは、人々が彼女の乗った車に駆け寄り、腕にキスをし、花瓶や絹、錦の布や絨毯《じゅうたん》などをプレゼントされた。広島でバラを植えたときには、広島市長の浜井信三から、平和の印として、原爆で溶けた石と鉄の入った美しい木製の小箱を贈られたのが、最も印象に残る贈り物だったという。そこには、「ヘレン・トローベル女史へ、感謝を込めて」と刻まれてあった。

このときヘレン・トローベルは、広島の原爆孤児の四人を「精神養子」として養育費の援助と手紙交換を行うことを約束し、そのニュースも四人の名前と顔写真入りで報道されている。

また、東京公演ではこんなことがあった。会場に来ていた皇太子明仁《あきひと》親王から、戦争で亡くなった皇族の方々に捧げたいとブラームスの子守歌がリクエストされた。殿下のリクエストと聞いて有頂天になったマネジャーは、彼女に舞台で殿下からリクエストがあったことを発表するよう要求したが、彼女はただ、「歌いましょう」とだけ返事をし、そして、いった。

「私がその歌を歌えば、殿下はきっとわかってくださるわ」

ヘレン・トローベルは来日中、少しずつ日本語を耳で覚え、なんとか日本語の歌も歌えるようにと練習した。六月四日に日比谷公会堂で行われた最後の独唱会は、大衆料金として特別料金が設定され、五百円から八百円でチケットが販売された。昭和二十七年六月四日付朝日新聞によると、そのアンコールで、彼女は山田耕筰の「かげの花《ママ》」を日本語で歌い、観客席にいた山田が紹介されて、コンサートは盛会のうちに幕を閉じたという。

　このイベントを行うにあたっては、昭和二十六年九月に開局していたラジオ民間放送の広告効果が絶大だった。一週間の予定で宣伝をしたところ、バラの苗木の方が売り切れてしまってＣＭを打ち切るケースもあったほどだ。演奏会のラジオ用台本は、日本バラ会の理事でもあった英文学者の並河亮が手がけた。大阪の新日本放送（ＮＪＢ・現在の毎日放送）と文化放送で放送され好評を博した「薔薇物語」はこんなふうに始まった。

（拍手、それがしずまってナレーション）ただいま、メトロポリタン、オペラハウスのプリマドンナ、ヘレン・トロウベルさんがお歌いになります。トロウベルさんはバラがたいへんお好きで、ことし、一九五一年、アメリカの有名なバラづくり、スイムさんが新しくおつくりになったオレンジピンクの豪華な大輪を贈られ、その花に「ヘレン・トロウベル」という名がつけられて発表されたのでございます。でもいまトロウベルさんが胸につけていらっしゃいますバラは、一九四八年、アメリカ・バラ協会（ＡＡＲＳ）の人気投票で一位となった「ノクターン」です。びろうどのような濃い紅色の大輪「ノクターン」。（トロウベル、「ロング・ロング・アゴー」を歌う）

いた。

現在、日本ばら会理事長を務める長田武雄は、ヘレン・トローベルの演奏会をラジオで聞

「あの頃のバラ・ブームについて一番印象に残っているのが、ヘレン・トローベルです。二十代の頃でしたが、ラジオで聴いて、いや、すごい才能だと思いました。背の大きい美人で、大変な売れっ子だった。日本バラ会の会報に〝ヘレン・トローベルに煽られる〟なんて記事が出ていますが、これをきっかけに全国にバラの愛好者が増えて、地元のバラ会がいくつもできていったんです」

結局、来日二週間前の四月四日から帰国する六月七日までの二か月間、朝日新聞に掲載された記事の数は朝夕刊合わせて二十三本。たとえ同紙の招聘だとしても、一人のゲストの来日がこれほどとり上げられるのは、今日ではとても考えられないことだろう。講和条約締結後の日米親善の一つのイベントと、その文化的、経済的、そして何よりも政治的効果を盛り上げるため、メディアとバラ界が一体となって仕掛けた力の入った大キャンペーンだったことがわかる。明治時代には文明開化の象徴だったバラは、このとき、自由の国アメリカ、憧れの国アメリカの象徴として主役を演じたのである。

最終的には、六百本のバラが全国各地に届けられた。都市部、特に東京と大阪中心だった

バラの愛好者の輪は、これを機に全国に広がった。東京の日本バラ会本部に設立の連絡があったただけでも、札幌、青森、仙台、宇都宮、安行、水戸、横浜、京都、広島、高知、福岡の十一か所に上った。ヘレン・トローベルの来日期間中に開催された銀座三越の春のバラ展には、五日間で十万人、秋のバラ展も同じく五日間で十万人と大盛況だった。一般客以外に、高松宮夫妻、三笠宮妃、政府要人、各国大使夫人、原節子や東山千栄子といった芸能・文化界の著名人も多数訪れ、バラ展への出品者には、鳩山一郎の名もあった。

実は、このヘレン・トローベルの来日にバラを絡めるというアイデアは、そもそもヘレン・トローベル側にあったものではなく、鈴木省三が朝日新聞社にもちかけたものだ。

資生堂バラ展以来話題となり、政治家や皇族、芸能人など著名な愛好者もたびたび訪れるようになっていたとどろきばらえんには、新聞記者やカメラマンなどメディア関係者もよく遊びにやってきた。朝日新聞社の企画部長だった西野綱三も、そんなメディア関係者の一人だった。ちょうどヘレン・トローベルが来日する二か月前の二月末、いつものようにとどろきばらえんを訪れ、鈴木とバラ談議をしていた西野は、「朝日新聞が今度、アメリカから世界的なワグナー歌手のヘレン・トローベルを招待することになった」と伝えた。鈴木は驚いた。というのも、その春にはアメリカのアームストロング・ナーセリーからその名をつけたバラが発売されることになっていたからである。このタイミングを逃すわけにはいかないと考えた鈴木は、彼女の来日を記念して、〈ヘレン・トローベル〉を大々的に宣伝することを西野に提案した。あからさまにではなく、公演会場ごとにバラを飾るというかたちで……。

鈴木は、すぐにアームストロングあてに電報を打ち、バラ苗を輸入できるかどうかを問い合わせた。輸入が決定したのは、そのわずか二日後のことだった。戦争で荒廃した諸都市をバラで飾りたいと思ったのは、鈴木自身だったのである。

資生堂のバラ展に引き続き、日本貿易博覧会の〈ピース〉、そして〈ヘレン・トローベル〉と、バラ普及の裏方、仕掛け人としての鈴木の才能は、徐々に開花していった。


この年に、日本バラ会は会員数二千五百名を超え、会長に石橋湛山を迎えた。石橋は、その前年に公職追放解除となったばかりの身で第一次吉田茂内閣では蔵相を務めていた。この頃から、日本バラ会は、かつて日本園芸会がそうであったように、一般会員以外に皇族、政治家、経済界の上層部の会員を増やし、たんなる趣味愛好者の会というよりは、政治経済、国際外交の裏方としての役割も担っていく。石橋の後、昭和二十九年からは、駐英大使を務めた親英派で、やはりバラ好きで知られた元首相・吉田茂が会長となっている。吉田はその後、十年間、会長を務めることになる。政敵の鳩山と吉田が共にバラ好きだったことは興味深いが、このため、政治記者の中にもバラ愛好者が増え、内閣改造の折などは、「勲章よりバラ、バラより大臣」（朝日新聞）などと、バラを比喩的に用いた政治コラムが掲載されることもあった。

当時、東京新聞の政治部長だった元環境庁長官の青木正久は、バラに関しては吉田茂より先輩だったため、バラのおかげで吉田の指導が受けられたと「月刊　自由民主」昭和五十三年十月号で回想している。サンフランシスコ講和条約のときには、二、三本しかなかった自宅のバラが、やがて大磯バラ園とまでいわれるようになり、吉田はついに日本バラ会会長になった。ほかには書道会長しか引き受けなかった吉田が、毎朝バラ園を見てまわらなければ気持ち悪くなるほど、すっかりバラ好きになってしまっていたという。特に香りのある剣弁の白バラが好みで、秋になるたびに青木に新種を催促する手紙を送った。

「なにしろ、うちの園丁は、大使と政治部長だから」。スイス大使などを歴任した外務次官の奥村勝蔵、政治部長とは青木のことだった。

バラについては鳩山一郎のほうが先輩だったため、香りの薄い〈ピース〉がお気に入りの鳩山を吉田が「鳩山は香りのない人間だ」と評すれば、今度は鳩山が、香りのある白バラの好きな吉田を「吉田には色彩感覚がない。人間を見る目がないわけだ」と、やり返した。

日本ばら会の理事を四十五年間務めた青木正久はいう。

「吉田茂がバラを好きになったのは、サンフランシスコ講和会議後のことです。吉田は白バラの気品、特にフランスのシャルル・マルラン作出の芳香バラ、ネージュ・パルファンが一番好きでした。大磯の自邸に小さな温室をつくってカトレアなどを置いていましたが、「温帯地域で露地栽培できる最も美しい花、それに日本の象徴であるサクラもウメも、植物学的にバラ科である」と時折思い出していたようです。亡くなられるちょっと前の私への手紙にも、「おかげでやっとバラファンになれました」とありました。

政治家が特にバラ好きだったということはないでしょう。ただ、政治家とバラの関係がよく目につくのは、ドロドロした動物園といわれる政界で白バラ一輪が目立つからでしょうか」

日本バラ会はまた、昭和二十八年と三十年の二度にわたって、〈ヘレン・トローベル〉六本をはじめ四十四本のバラを天皇・皇后に献上し、当時の住まいとなっていた御文庫のベランダ前に植えてバラ園を復興させた。「皇后さまと「ばら」」(宮内庁管理部・斎藤春彦)によると、皇后はみずから灌水、台木から出る台芽の除去、害虫駆除、摘蕾《てきらい》、花がらとり、季節の剪枝《せんし》を行い、昭和二十九年のバラ展から毎春秋には出品するようになったという。平常の手入れは宮内庁庭園課の仕事だが、夏と冬の剪定の時期になると、日本バラ会の中から委員を厳選して勤労奉仕を行うことになった。

バラ展の告知は毎回新聞に載り、昭和三十年十月三十日の朝日新聞夕刊には、銀座松坂屋で開催された秋のバラ展の様子が、天皇・皇后のバラの大きな写真とともに報じられた。このときには、二人が栽培した〈ピース〉や〈ハートデザイアー〉などの「御愛培花」九本が特別展示され、鳩山首相、吉田元首相もそろって自分のバラを展示するなど、大変な盛り上がりを見せた。

バラが皇室や政府関係者に先導され、時に政治や外交の伴走者となるのは、ジョゼフィーヌの十九世紀の時代から、あるいは、開拓使の明治から変わりはない。だがそれは、皇族だからバラが育てられたというよりも、バラを好きな皇族がいたということなのだろう。ただ、日本バラ会が一般の人々には敷居の高さを感じさせるものであったことは事実だった。全国にバラ会ができて愛好者の人数は増えたが、それらは日本バラ会の支部としてではなく、あくまでも地域の独立した愛好者の団体だった。

ところで、バラ流行のきっかけとなった、ヘレン・トローベルが来日していた二か月間、彼女に関する記事は朝日新聞の社会面を中心に掲載されていたのだが、ほかの記事に比べると、かなり浮いている印象がある。

昭和二十七年は、メーデー事件など火炎ビンによる騒擾事件が全国各地で相次いだ年だった。十歳にもならない子どもが花店から売り物にならない花を安く買って、深夜の繁華街で花売りをし、中には月に四万円もの大金を稼いだという記事もあった。こうした子どもの深夜労働は問題となり、「児童福祉法の一部改正案」が国会に提出された。また、ヘレン・トローベルの日比谷公園の植樹祭の記事が載ったその隣にも、「自殺、年毎に増す　大半は生活苦から服毒」と題する記事が掲載され、年間二万二千六百二十二人という自殺者数が発表された。

ヘレン・トローベルは日本を去るとき、一足の白い靴を静岡市東若松町に住む二十歳の女性に贈った。静岡の独唱会に訪れたその女性が、一輪のバラとともに渡した手紙への返礼だった。六月五日付の朝日新聞に掲載されたその手紙にはこうあった。

「長い間、白い靴を買いたいというのが私の願いでした。けれど、あなたの独唱は私の心にとってもっと大切でした。母と共にあなたを見ております。洋子」

〈ピース〉〈ヘレン・トローベル〉と話題のバラが登場した昭和二十年代後半からは、戦前には見られなかったさまざまな色彩の新品種も次々と発表されるようになった。昭和二十八年十一月二十七日付朝日新聞の園芸欄には、日本バラ会の委員・野村忠夫が次のような記事を執筆している。


むかしは、紅、白、ピンクの色彩しかみられなかったバラも、近ごろは実に複雑な色彩を誇るようになりました。もう黄色のバラも一般化しましたし、弁の表と裏が色変わりするバラも別に珍しくありません。バラは花型、香り、そしてこの色彩美と三拍子そろって百花の女王といわれるのですが、なんといっても色彩に一番関心がもたれます。戦後は大変珍しい色彩のバラが多数輸入され、今では百円程度で買えるように大衆化してきました。苗はなるべく大苗を求め、植付の最適期である十一月末に定植すれば来春から沢山の花を観賞することができます。

真赤な中輪房咲種のフロラドラが戦後現れたときには、その鮮やかさにビックリしました。また、ファッションはサンゴ色、オレンジボカシで中輪房咲種、マスケラードという同系統のバラはツボミは黄で、開花につれてピンク、オレンジ、朱色と変化してゆきます。灰フジ色のラベンダー・ピノキオという中輪房咲種はツボミがチョコレート色にみえると

きもあります。（傍点引用者）

ラーメン一杯三十五円の時代に、バラ苗一本に百円とは決して安い値段とはいえないが、一円が現在の価値で数千円だった明治の初めに芝公園の丸山花園で開催されたバラの展覧会での苗の値段が八十円から百円だったことを考えれば、ようやく一般人の手にも届く値段まで落ち着いてきたといえるのだろう。しかも、海外で話題になった新品種が、数か月で日本に輸入されるようになり、愛好者のなかには各国で試作を行っている段階で個人輸入し、新花の試作などと称して栽培し、展覧会で発表する者もあった。この頃、日本バラ会が会員向けに発行していた会報「バラだより」の編集後記のタイトルが「青いバラ」と名づけられ、新しいバラへの夢が綴られた。

花卉の生産量は、戦後一貫してキクが他の三倍以上と圧倒的に多く、その次にカーネーション、ユリやチューリップの順だった。温室での切りバラ生産は、昭和二十三年に神奈川県川崎市の越畑淑平が再開し、三十年代になって神奈川や千葉、静岡、愛知でビニールハウスが利用されるようになると、生産量は急速に伸びた。その背景には、薬剤散布のための動力噴霧器や灌水装置などの技術的進歩があった。

春秋のバラの季節に百貨店で行われる展覧会は、毎度、満員御礼の大盛況。日本ばら会主催だけでなく、三越や白木屋では、長春会といって関東圏のバラ業者十数社が主催するバラ苗販売会なども行われ、「年二回の販売会の収入で、独身時代は一年食べられたよ」と語る業者もいる。

販売会で売り上げナンバーワンの実績をもつ、東光ナーセリ社長・田地良男の回想。

「お客さんもピンキリでね。商売の勘で、この人は金もってるかどうかはすぐわかる。先輩に習ったのは、最初に、にこやかにいらっしゃいませというのは大事なことだよと。いかがですか、と柔らかく。八百屋じゃないんだからね。それで、そのときお客さんが斜めに構えていたら絶対買わない。手を後ろに組んでる人も買わない。いらっしゃいといったときに、半歩でも前に出たらその人は買う意思がある。そうしたら絶対逃すなと。あと、着ている物で判断するなともいわれた。デパートに年中来てる人は変な普段着で来るんだよ。現金もってないと、ちょっとデパートの人呼んでくれといわれてね。口座もってるんだね、たいがいお得意さんっていうのは。デパート商法って全然違うんだね」

たとえバラの起源など知らずとも、明治以来、上流階級の趣味ともいわれたバラを三越や髙島屋のバラ展で購入して栽培すれば、ご近所に対して少しばかりの優越感が得られる。ライフスタイルの変化は、家の中の電化製品から庭のバラにまで及んでいた。

日本の青いバラ・ブーム

ところで、日本人はいつ、青いバラがこの世になく、不可能を意味することを聞き知ったのだろうか。

現在もなお改版され読み継がれている研究社の英和辞典の初版は、発行と同時にそれまでの三省堂優位の英和辞書界に新風を吹き込んだ「岡倉英和」、すなわち、一九二七年（昭和二）発行の岡倉由三郎《よしさぶろう》編『研究社新英和大辞典』である。ここにすでに、「blue rose」は「不可能、できない相談」と記されており、岡倉自身はもちろん、少なくともバラに関心をもつ者は、青いバラという言葉の意味するところをすでに知っていたと考えられる。

岡倉はこの辞典の編纂に際して、『オックスフォード・イングリッシュ・ディクショナリー』や『ウェブスター・ディクショナリー』のほか、一九〇四年に刊行された『センチュリー・ディクショナリー』も参考にしている。「blue rose = an impossibility」、すなわち、「不可能」の記載のある辞典であるから、これを参照したのだろう。

「青いバラが不可能を意味するというのは、今に至るまでいろんな努力をしてきた人々がいたということです」

鈴木の言葉を改めて思い出す。たしかにそのとおりだった。何の意味ももたない言葉など、この世には存在しない。青いバラなどこの世にはないのに、不可能の意味をもったのは、人間がその言葉に恣意的に欲望を重ね合わせたからなのである。バラには青色がない。それだけでもよかったはずだ。だが、人々は、青色がないなら自分たちの手によってつくり出してやろうと欲望をもってしまった。そのために、努力しても到達しえない、「不可能」という新たな共通の認識を「青いバラ」に与えてしまったのである。

ただ、たとえ、辞書で青いバラが不可能を意味することを知ったとしても、それがなぜ不可能を意味するのかを知るためには、欧米の育種家たちが、バラにはない青色を求めて育種の努力を続けてきたという具体的なエピソードが提示されなければ実感できないはずだ。ならば、バラの歴史や文化的背景について、欧米の新しい情報をふまえつつ記述でき、しかも育種に詳しい人物がいなければならない。大正末期から昭和初めにかけて、それに該当する人物といえば、ヨーロッパでバラを中心に園芸文化の研究をしてきた岡本勘治郎が浮かぶ。

そこで、岡本の書き残したものの中に、青いバラに言及したものがあるのではないかと思い、「実際園芸」の連載のバックナンバーをたどっていったところ、一九三三年(昭和八)二月発売の号に、青いバラに関する原稿を執筆していたことがわかった。ヨーロッパでの育種家のエピソードを紹介したものだが、日本で発行された日本人による文献で、青いバラのエピソードに具体的に言及したのは、岡本が初めてなのではないだろうか。この点については定かではないが、岡本は渡航先のフランスやイギリスで育種家の農場を視察しており、育種を目指す者の視点からみれば、この世にない色のバラを生み出そうという彼らの営みを見聞きし、興味深かったのだろう。そして、鈴木がその連載に感銘を受けたように、バラ育種の先駆者である岡本が書いた内容は、園芸誌や大日本薔薇協会の会報などを通じてバラ愛好者たちに読まれ、少なからず影響を与えたに違いない。

青色《あお》バラ、これに就てはバラの文献として稀本たるマーキ・ド・オルブサン(Marquis D'Orbessan)著の『エセイ《ママ》・シュル・レ・ローズ』(Essai sur le《ママ》 Rose)中に同氏が青い自然色のバラを確かに見たと書いて居るが、この事に対し、英国のウイリアム・ポール氏、仏国のコシエ・コオシエ氏は反対して居る。

即ちポール氏は花屋に染色の純黄モスローズがある如く人工的のものであると。（最近黄色のモスが交配の結果出来て居る）

コシエ・コオシエ氏は、重弁の白色バラに印度藍を用いて人工的に染色したと云って居る。其の理由は、

「自然色でなく人工的に染色したと云う理由は古代の文献に人工的に青色バラを作る方法と云う章が掲げてあるからである。次の如く、『根と主なる茎の皮を剝いで、これを前もって乳鉢にて砕いて置いた処《ところ》の印度藍を其の皮を剝いだ皮と木質との間に入れて皮の上より縛って土壌をもとの通りになし、灌水する』

亦其他の理由として、「アラビア人の科学的に精通を想起しまた一方に於《おい》て、埃及《エジプト》の古代織物の藍色が、分析の結果、確実に印度藍の痕跡があり明らかに印度藍をダアンコオン(dinkon)と称してずうと古くより知って居った事を思い出すならば中世紀の回々教徒が青色バラを得る為に染料として印度藍を使用した事は一も二もなく承認し得るのである」

（「実際園芸」薔薇の研究連載五、昭和八年二月第十四巻第二号。引用者注・『エッセ・シュル・レ・ローズ(Essai sur les roses)』の著者はJ・P・ヴィベールの誤りか）

岡本が言及しているイギリスのウィリアム・ポールとは、イギリスのハートフォードシャー、ウィルサム・クロスにあった園芸場の作出家で、ハイブリッド・パーペチュアル・ロー

ズ系を確立したフランスの育種家ラフェイと手紙の交換をしていた友人である。また、フランスのコシエ・コオシエはハマナスの交配種を多く作出し、パリのライ・バラ園を設立した高名な育種家だった。そして、コオシエが引用した古代の文献とは、まさに、第一章で言及した十二世紀アンダルシアのアラブ系植物学者イブン・アルアッワームが書いた『農学の書』のあの一節である。

彼の名は、一九九三年にアメリカで発行された『The Ultimate Rose Book』や九九年にフランスで出版された『Le Roman des roses』にも登場していた。つまり、同じ出典の情報が、約七十年を経た今もなお、世界中で引用され続けていたのである。

岡本がこの原稿を執筆した一九三〇年前後というのは、マグレディの父が青いバラを焼き捨てるよう息子に指示した事件があった頃である。さらに、岡本のこの記述によれば、三一年頃にチェコスロバキアの育種家ボエム作出の青いバラができたというので、この春には見るのが楽しみだといっている。岡本はボエムのこの青いバラをすでに注文しており、「いずれ読者諸氏も本春の大日本薔薇協会の品評会において見られることと思う」と呼びかけている。

二十世紀に入って現代バラ、ハイブリッド・ティー・ローズ系の育種が盛んになり、交配で青色のバラを生み出せる可能性があるのではないかとかなり具体的に考えられ始めたちょうどその頃、フランスとイギリスに渡ってバラの修業をしていた岡本は、バラの育種家の間に青いバラをつくりたいという欲望があったことを聞き知っていたのだ。実際、「つるバラではフェ《マ》ルヘ《マ》ン・ブラウなどの青花のものが、すでに我々のバラ園を飾っている」と、自分のバラ園にも青い(実際には紫だが)バラがあるのだと自慢している。〈ファイルヘン・ブラウ〉は、一九〇九年にT・C・シュミットが〈クリムソン・ランブラー〉と無名種を交配して作出したラヴェンダー色のつるバラで、ヨーロッパではほんの一時注目されただけのバラだった。後に、岡本の蔵書の中には、マグレディ家の焼き捨てられた青いバラの話を披露したニコラの稀覯本『ローズ・オデッセイ』も加わった。

「青いバラをすぐにお金に計算して、億万長者やというけど、そういうのは邪道や」

岡本勘治郎は息子・吉博にそういっていたという。だが、それは決して青いバラを目指した育種を否定する言葉ではないだろう。商売云々よりも、育種家として、その営みには関心を抱いているからこそ、このようなエピソードを紹介したのではないだろうか。

昭和初期、「実際園芸」や「農業及園芸」などにバラの記事を執筆し、「バラといえば岡本さん」といわれていた岡本勘治郎の原稿は、少ない情報の中からなんとかバラを学ぼうとしていた当時の愛好者たちに大きな影響を与えた。大日本薔薇協会が設立されたのが昭和に入ってからであることを考えれば、愛好者向けのエピソードとして書かれた岡本の原稿が、鈴木を含めてバラの愛好者である読者に、バラの歴史的文化的背景のみならず、青いバラに対する特別な印象を与えたとしても不思議ではない。しかも、「実際園芸」は当時の農家、特に花卉園芸関係者に最も広く読まれていた雑誌だ。バラを買い求める上流階級や画家や小説家などの客への世間話に、あるいは、仲間うちの雑談として、青いバラのエピソードを披露することもあったのではないだろうか。

ただ、実際に日本で青いバラ・ブームが起こるのは、ヘレン・トローベルの来日以降、全国に愛好者が増え、青いバラといわれるバラが輸入され始める昭和三十年代になってからである。昭和二十九年七月二十二日に放送されたNHKラジオドラマ「青いバラ」は、まさにその予兆のようなものだったのではないだろうか。

脚本を書いたのはバラの愛好者だった劇作家の飯沢匡《ただす》で、飯沢は、バラに関する文献を読んで世の中に青いバラが存在しないことを知り、早速それを題材にしてラジオドラマを書いてみることにしたのだという。ちょうど、NHK放送劇団第五期生のお目見え放送用の台本を依頼されていたため、当時人気のあった児童番組「ヤンボウ・ニンボウ・トンボウ」でトンボウ役を演じた黒柳徹子を主役に想定し、夢か現《うつつ》かわからない、青いバラのイメージの系譜を受け継ぐような幻想的で甘美な物語をつくった。

あらすじはこうだ。

東京発のAP電が、こんなニュースを世界中に打電した。

「ミスター浜村は、近く東京で開催されるバラ展で、ミス・マサコという名の青いバラを発表する」。

そのニュースを聞きつけた記者たちは浜村の家に押し寄せるが、どうも本人はあまり発表したくないらしい。聞けば、そのバラが捧げられたマサコという女性はすでに死亡しており、その青いバラも浜村が自分でつくったものではなく、その女性がつくったのかもしれない、などと不思議なことをいう。

時は四、五年前の初夏にさかのぼる。マサコという名の若い女性とその姉が浜村のバラ園を訪れ、浜村の息子・民夫にしきりにバラが欲しいとねだる。それは、浜村がバラ展のために丹精込めて育てていたバラで、売り物ではない。断ったものの、マサコはどうしてもときかない。そんなある日、浜村のバラがごっそりと盗まれた。当然、マサコに疑いの目が向けられるが、その当日、彼女がバラを胸に抱えて死んでいるのが発見される。

殺人容疑で留置場に入れられた民夫は、その夜、夢を見る。現れたのはマサコだった。マサコは、自分を「新しいバラをつくる女の子」だといい、バラの棘を胸に刺し、その血でバラの花弁を染める。命と引き換えに、新しいバラをつくる女の子なのだと。

容疑が晴れて家に戻った民夫は、浜村の知らない間にバラが勝手に授粉されているのを知り、それはマサコの仕業だと直感する。半信半疑の浜村もその実を播いて注意深く育ててみたところ、そのバラがついに花を咲かせた。それは、世にもめずらしい青いバラだった。以来、民夫は心を病み、フルートでいつも同じ曲ばかりを繰り返し吹いているだけの生活を送るようになった——という物語である。

飯沢のシナリオのように青いバラが表だったテーマとなっているわけではないが、川端康成もまた、青いバラをモチーフとした小説を書いている。昭和二十九年に北海道新聞、中日新聞、西日本新聞の三紙に連載していた『東京の人』がそれで、バラ屋敷、美人屋敷と呼ばれる家に住むバラ愛好者の母親と美しい二人の娘を主人公にした人気長編小説だった。ブランド物の宝飾品、百貨店、今でいうエステサロンだろう、全身マッサージやパックを行う美容室、テレビジョン・スタジオといった最先端の流行事情がふんだんに取り入れられ、軽文化時代と呼ばれた当時の東京の風俗がよくわかる。

主人公・敬子は、戦争で夫を失ったあと、二人の子どもと、出版社を経営する男とその娘と共に、「バラ屋敷」で暮らしている。敬子は資金繰りに困るその男に金を貸しているが、返済のあてなどない。ただ、宝石や時計などのブランド品のブローカーをしながら忙しく働いて家計を支えており、その唯一の心の安らぎがバラづくりだった。日本バラ会の会員らしく、会報でバラ展の案内が届くと、嬉々として百貨店へ出かけていく。

敬子がバラを育てるきっかけとなったのは、戦争だった。家の庭には、〈ヘレン・トローベル〉や〈アメリカン・ビューティ〉〈ウィリアム・ハーバー〉などがあり、バラのためには、道の馬糞を探して歩くこともあった。そして、肥料づくりを手伝うために馬糞を触ろうとした義理の娘に、敬子は、お嬢さんにはみっともないからやめろといい、こう続けた。

「ママは平気よ。あの戦争がもっとつづいたら、道の馬糞を拾って食べたかもしれないもの……。戦争に苦しんで、そのあと、駅の売店から、敗戦の町や人を見ていて、ママは宝石をあつかったり、ばらをつくってみたりしたくなったところも、あるのかもしれないわ」

百貨店で行われた日本バラ会のバラ展の様子も描写されている。

ここには、日本バラ会員の、みごとな芸術品が、春の花をきそっていた。

イギリスのバラ会員は、およそ二万人、アメリカはおよそ一万五千人、日本は無論、それにおよばないが、戦争で衰えたばらづくりは、今また、盛んになって来て、西洋の新品種輸入も、目まぐるしいほどだ。

フランスの名花、ピイスは、敬子の庭にも咲いている。

一九四二年、ドイツ軍のパリ占領中に、フランス人の作出した新品種のばらを、一九四五年、連合軍のベルリン入城で、平和がよみがえった記念に、ピイスと名づけた。レモン黄にピンクの、七インチもある大花だ。

ばら展では、切り花を、一つ一つ花びんに入れて、幾列にもならべて、審査される。開き過ぎないように、時間を計ったり、花びらを手で直してやったり、出品者は心を使う。

花のいろや花の形が、ばらほど多種多様の花はない。敬子はそれぞれの花のいのちを、愛してながめた。(後略)

また、別のシーンでは、敬子が読んでいる雑誌に掲載された、黄色のバラにまつわるエピソードが披露される。一九〇〇年にペルネ・ドゥシェが完成させたハイブリッド・ティー・ローズ系初の黄バラ〈ソレイユ・ドール〉のことである。これまでになかった黄色を大輪の現代バラに導入したことでペテン師扱いされたペルネは、その中傷の出所を商売敵のギヨーと思いこみ、二人は仲違《なかたが》いする。数年後に、ギヨーの娘マリイとペルネの息子クロウジュが恋に落ちたが、当然親たちは許さない。その後、第一次世界大戦でクロウジュが戦死する。ペルネは悲しみ、自分の作出したバラに息子の名をつけ、〈スーブニール・ド・クロウジュ・ペルネ〉とした。やがて、ギヨーもペルネも亡くなり、一人残されたマリイは、ペルネの息子の名のバラと自分の家のバラの交配に明け暮れ、一九四八年にようやく新しい品種を誕生させた、というバラ版「ロミオとジュリエット」のような物語だ。

　このエピソードは敬子の置かれた状況と微妙にオーバーラップし、胸中にひっそりと影を落としている。「ばらをかざった家には、幸福が来る」。そんな言葉を純粋に信じているわけではないが、敬子の心境は時折バラに投影され、夢は、青いバラに託されるのだった。

> 　敬子は自分のばら園に、目をやった。
> 　いちじくや、あじさいや、ダリヤも、さっぱりとすてて、この庭いっぱいに、ばらをつくれば、市場にも出せるだろうし、
> 「交配の実生で、もし、うすむらさきや、水色のばらを咲かせたら、どんなに楽しいだろう」などと、空想した。（後略。傍点引用者）

飯沢のラジオ放送や川端の新聞小説が発表された翌年、昭和三十年には、続々と話題の青いバラがやってきた。三月十一日には朝日新聞が「青いバラ日本へ」の見出しでマグレディのバラ〈ロイヤル・タン〉と〈ライラック・タイム〉の上陸を伝え、続いてコルデスの〈マゲンタ〉も輸入された。バラの愛好者の間ではもちろん、バラの展覧会は青いバラの話題でもちきりだった。

また、昭和三十五年(一九六〇)二月に皇太子夫妻に浩宮《ひろのみや》が誕生したときには、東京都の姉妹都市になったニューヨーク市からお祝いに、「これまでに日本にはなかった青バラ」(朝日新聞三月十三日付)が六十本、空輸されたという。別の資料によると、〈スターリング・シルバー〉は個人育種家の作品だったため販売輸入までの手続きに時間がかかり、日本に入ったのは、やはり同じ頃とされている。宮内庁の記録では品種まで確認することはできなかったが、このとき皇太子に贈られた青バラとは、〈スターリング・シルバー〉だったのではないだろうか。

昭和三十四年(一九五九)、とどろきばらえんが発行したカタログ「ROSE LIST」の「青いバラ」の項目には、マグレディの〈グレイパール〉一〇〇円、〈ライラック・タイム〉〈ロイヤル・タン〉一五〇円、コルデスの〈グレッチャー〉〈マゲンタ〉一〇〇円、メイヤンの〈プレリュード〉一五〇円、カンプルビーの〈トリステザ〉二五〇円などと共に、〈スターリング・シルバー〉も紹介された。いずれも、当時の映画館の入場料とほぼ同じ値段だった。月に一回買ってみる、ちょっと贅沢な趣味というところだろうか。

「長年の青いバラを追っての最新の傑作。花色は薄紫色に一段と光沢を与えたすばらしさ、これがブルーローズの決定版か？　非常に香りが強く多花性で樹も丈夫です」

鈴木は、まだ見ぬ〈スターリング・シルバー〉をそう宣伝している。だが、値段は「不明」、ただ、「売切」とあった。

二人の夢

十九世紀のヨーロッパがたどった道のりを、日本はちょうど百年遅れで追いかけているかのようだ。〈スターリング・シルバー〉をはじめとする青いバラ、実際にはラヴェンダー色のバラの評判が高まったこの頃、日本にも、本当の青いバラをつくってやろうと密かに決意を固めたバラ愛好者が、素人からプロまでたくさん現れた。

当時、昭和電機に勤めていた二十代の若き電気技師、小林森治《もりじ》もその一人だった。おそらく、後にも先にも、小林ほど青いバラ一筋に突き進んできた育種家はほかにいないだろう。二十代に志して以来四十年以上、六十八歳となった今なお、たった一人で青いバラを目指した育種を続けていた。

戦後、若者の多くがジャズに感じたように、小林にとっては、バラはアメリカの象徴だった。

「崇拝的な気持ちもあったかもしれない」

小林は回想する。

子どもの頃から草花が好きで、栃木県佐野の自宅の庭でカーネーションやアマリリス、ツバキなどを栽培していた小林は、戦後まもなく駐留軍の配給で手に入れたカラー雑誌に掲載されていたバラの数々に魅せられ、趣味でバラづくりを始めた。

小林はもともと育種家ではなかった。もちろん、バラの知識などまったくない。園芸の専門教育を受けたわけでも、家がバラ園だったわけでもなかった。ただただ、バラに魅せられてしまった。ちょうど佐野駅の近くで、佐野高等学校の教師がバラ園をやっていたため、時折通ってはバラの情報を仕入れ、自分でも通信販売を利用して新しい品種を取り寄せたりした。昭和二十八年にできたばかりの栃南《とちなん》バラ会に早速入会し、間もなく日本バラ会の会員にもなった。送られてくる会報は、世界のバラや育種家の情報に溢れていた。青いバラがこの世にないことも知った。

小林が、栽培と育種の内容を綴ったB5判のノートには、昭和二十八年(一九五三)に〈グレイパール〉や〈ピース〉〈イブンローズ〉〈チガーヌ〉といった品種を栽培していたという記録がある。当時、バラ愛好者の間で人気だった品種だ。一本百円から四百円あまりのバラ苗はサラリーマンにとって決して安いものではない。さらにコルデスの〈グレッチャー〉やマグレディの〈ロイヤル・タン〉〈ライラック・タイム〉といった青バラが発表されて日本に輸入されると、小林の青いバラへの想いは徐々に高まった。

「あの頃は、世界的なブリーダー以外にも、われわれのように趣味の人間が相当たくさん青いバラを目指して交配していました。結局誰でも同じなんだけど、ないものねだりというかね。ない色の花をなんとかつくりたいというのは、園芸家の夢なんですよ」

育種の準備を始めたのは、〈スターリング・シルバー〉が発表されてバラ界が大いに沸いた頃で、日本バラ会の青木正久にイギリスのバラ業者の連絡先を聞き、ロサ・ガリカやハイブリッド・パーペチュアル系などの濃紫の品種やオールドローズ、原種を取り寄せた。翌年、交配した五十八組のうち、青いバラを目的とした組み合わせは三十三組だった。次の年には二十八組中十七組、さらに次の年は三十二組中十九組。あらゆる青バラといわれる青バラのほとんどを交配親に利用してみた。

〈マゲンタ〉〈ブルー・ボーイ〉〈バイオレット〉〈ロイヤル・タン〉〈ライラック・タイム〉〈プレリュード〉〈リラ・ビドリ〉〈スターリング・シルバー〉〈グレッチャー〉〈モーブ〉〈カーディナル・ド・リシュリュー〉等々。中でも、赤味が最も少なく、青への期待を最も抱かせたのは、やはり〈スターリング・シルバー〉だった。〈スターリング・シルバー〉を交配の親に使えば、誰がやってもそこそこの色は出るようになってきた。

一次選抜のために種を播く箱(トロ箱)を小林は、〝夢の箱〟と呼んだ。一箱に三百の種を播くと、芽が出るのはそのうちの六、七割だった。春と秋に花が咲くと、そこから選抜して野バラの台木に接ぎ木し、二、三年様子を見るというサイクルだった。だが、近縁の交配を重ねたためだろうか、実がまったくつかないものもあり、当初の計画どおりにはなかなか進まなかった。

時間があればバラを触った。家の近所の会社に転職してからは、昼休みにいったん帰宅してバラを世話した。休日は旅行もせずにバラにつきっきりだった。企業のバックアップがあるわけではない、パトロンがいるわけでもない。家族は助けてくれたが、弟子がいるわけでもない。たった一人の青いバラへの挑戦だった。逆に、一人だったから、青いバラにこだわり続けることができたのかもしれない。

そして、昭和四十年(一九六五)に、〈グレッチャー〉と〈スターリング・シルバー〉の流れから紫ピンクのバラが生まれた。小林の初期の代表品種〈たそがれ〉である。

だが、それでも〈スターリング・シルバー〉より色は濃いが、赤味はあまり抜くことができなかった。もう無理かもしれない……。〈たそがれ〉の系統の交配を続けてあきらめかけていた頃に、今度は、かなり赤が抜けて青に近づいた色のバラが生まれた。

「ただ流れに流されたというかね。宝くじじゃないけど、くじが当たったたような気がしたんです。でも、それが梅雨の長雨で根腐れを起こして枯れてしまった。逃した魚は大きい。これはもっとやっていればできるんじゃないかと、また思ったわけです。お先真っ暗で暗中模索だったけど、やるだけやってみようと……」

青いバラの育種を始めて、すでに七年あまりが過ぎていた。また次のステップに進むためには、さらに十年の年月が必要だった。

この間、小林はやみくもに育種を行っていたわけではない。バラの色素や遺伝研究の本、中でも、有隅健一《ありすみ》という研究者が園芸関係の雑誌に執筆した論文を参考にした。

有隅もまた、庭にバラを植え、福岡ばら会の会員になるほどのバラ愛好者だった。九州大学農学部農学科教授の伊藤寿刀のもとで園芸を専攻していた昭和二十七年(一九五二)頃から、バラの花色の遺伝生化学的な分析を始めた科学者でもあった。大学院在学中に岡本勘治郎の門を叩き、野生種などの材料を提供してもらいながら研究に勤《いそ》しんでいた。

当時、バラの花色と遺伝研究はほとんど未開拓の分野で、育種家の発表論文はあったものの、科学的な裏付けは乏しく、たった一人、〈シャーロット・アームストロング〉や〈フォーティーナイナー〉といったバラを作出した育種家であるカリフォルニア大学のW・E・ラマーツが「アメリカン・ローズ・アニュアル」に発表した「バラ育種の科学的基礎」(一九四五)がある程度だった。ただ、それも花色への言及は少なく、実際の育種に生かすには不充分なものだった。バラには人為が加わりすぎていて、遺伝的にあまりにも複雑怪奇だったためである。また、色素の分析方法としては、青い花論争の当事者の一人でもあったイギリスの有機化学者ロビンソンが開発したロビンソン法があったが、アントシアニン以外には適用できず、方法論としての限界があった。

バラの複雑な遺伝的背景や色素分析方法の頭打ちという状況を打破したのが、四四年に発明された、ペーパー・クロマトグラフィである。これによって、従来のロビンソン法では分析できなかったアントシアニンとフラボンを同時に扱ったり、似た構造をもつ物質同士の分析を同時に行うことができるようになった。有隅は九州大学農学部在学中からペーパー・クロマトグラフィを用いてバラの色素分析を行い、バラが育種改良されてきた道筋をたどることで、科学的裏付けの伴った育種を行おうと試みた。

有隅の着眼が画期的だったのは、現在多く栽培されているバラの色素を分析し、バラの交配に、これまでに行われたことのない組み合わせがあることを発見したことである。それは、紫外線に当たると蛍光オレンジを示すペラルゴニジンと、ニンジンやカボチャのような朱赤を示すカロチノイドの組み合わせで、それらをもつバラ同士を交配すれば、これまでなかった色のバラが生まれるのではないかと推測したのだ。

さらに調べてみると、現代バラのハイブリッド・ティー・ローズ系にはペラルゴニジンを含む品種が見つからない。ニンジンやカボチャに見られるような橙《だいだい》・黄色のカロチノイドや赤ピンク系統のシアニジンはある。また一方で、最近流行し始めた房咲き性のフロリバンダ系は、蛍光オレンジのペラルゴニジンをもっている。ならば、ハイブリッド・ティー・ローズ系にフロリバンダ系のペラルゴニジンを導入すればいいのではないかと考えたのだ。

そこで、有隅は、カロチノイドをもつハイブリッド・ティー・ローズ系の〈ゴールディロックス〉とペラルゴニジンをもつフロリバンダ系の〈ファッション〉を交配してみた。すると予想通り、これまでに見たことのない鮮やかな蛍光色の赤いバラが生まれたのである。昭和三十三年(一九五八)春のことだった。

有隅の回想。

「それまでにもオレンジ系統のバラはあったのです。赤ピンク系統のシアニジンと黄色のカロチノイドの組み合わせですが、ただ、このシアニジンの方は蛍光がありません。ならば、ピンクと黄色を組み合わせるよりは、本来オレンジ系統のペラルゴニジンのオレンジとカロチノイドの黄色を組み合わせた方が、色調として鮮やかなんではないかと思ったんです。実際にやってみて、わあ、こりゃあ、すごいのができた、と思いましてね。すぐに、その生の花弁を岡本勘治郎先生に送ったんです。そうしたら、すぐ来いと。それまでにも岡本先生のところへは出入りしていたんですが、育種を始めることになったのはそのときからです」

二年間様子を見て再び花を咲かせたとき、有隅のバラは、「光る朱のバラ　世界的な新品種　青年植物学者が作る」と題して、昭和三十五年一月六日付の朝日新聞に顔写真入りで大きく報道された。岡本は記者のインタビューに答え、「こういう科学的な方法によれば数十年かかるものが、七、八年でできることが明らかになった。アメリカでは早くもこの光るバラが評判になっているそうだ」とコメントした。

問い合わせや取材依頼が岡本のもとに殺到したが、「光る」という言葉だけが強調されて伝わってしまったため、対応に困り、ある時点から沈黙するようになっていった。鈴木省三もこのとき、関東のバラ業者団体の長春会のメンバーと共に岡本のひらかたバラ園を訪れているが、新聞記事以外のことは何一つわからなかった。絵の具で絵を描くように花の色が自由に発現できる確実な育種法が見つかったという話ばかりが独り歩きして、実物が発表されないために、「岩戸の中におこもり中は少々眉つば物だといわれても仕方のないものではないでしょうか」などと、日本バラ会の会報で批判される始末だった。

「たしか、あの年の歌会始めの御題が〝光〟だったと思います。おそらく記者はそれと掛けて書かれたんでしょうが、ありがた迷惑でした」

だが、欧米のバラの数々を見てきた岡本の育種に対する目は非常に厳しく、よほど納得したものでなければ商品化しようとはしなかった。実際、番号表示だけで終わった品種も多々あった。「光るバラ」については、五年後に商品化すると発表したものの、結局、有隅の発見した交配のアイデアが実際の商品化へと結びついたのは、一九九〇年の大阪花博を記念して京阪園芸が発表した〈鶴見90〉(作出・柴田正)まで待たねばならなかった。最初の発表から実に三十年後のことである。

青いバラを目指した小林森治がそんな有隅の研究を参考にしたのは、有隅がバラの育種研究の先駆者だったからだけではなく、青いバラの色素についてもたびたび言及していたからだった。大きく分けて二点あり、その一つが、バラの赤味が徐々に青黒く変色するブルーイング現象で、もう一つは、マグレディの〈グレイパール〉に始まり〈スターリング・シルバー〉に至った、ラヴェンダー色系の育種についてである。

ブルーイングは決して見た目が美しくはないため、育種家たちはいかにしてこのブルーイングを起こさせないようにするかに心をくだき、赤いバラから青色を取り除く方向へ育種を進めてきた。その逆に試みられたのが、このブルーイング現象を利用した育種を進めることで青いバラに近づこうとする方向だ。その代表品種が、一八四〇年にフランスのラフェイからバルザックに贈られたという濃紫の〈カーディナル・ド・リシュリュー〉や、一九〇九年にドイツのシュミットが作出した薄紫色の〈ファイルヘン・ブラウ〉で、いずれも最初は紫だが時間とともに青味がかっていくのが特徴だった。この方向の育種について有隅は、多くのブルーイングが花を汚く濁って見せるようになるが、もしブルーイングしても美しさを保つ品種が見つかれば、青いバラの可能性があるかもしれないと考えた。

一方、〈グレイパール〉を発端としたラヴェンダー色系のバラを交配し続けることについては、有隅は否定的だった。ラヴェンダー色系の青いバラについては、分子間コピグメント（助色素）説を唱えたロビンソンの孫弟子にあたるレディング大学のJ・B・ハーボンが、すでに一九六一年に論文を発表していた。それによれば、このラヴェンダー色の原因は、アントシアニンのうち、本来は赤色系の色素シアニジンがコピグメントと共存することで青色方向へ変化した結果とされている。だが、この方向の育種でこれ以上青いバラを狙うことは、あまり進歩が期待できないと有隅は考えた。というのも、有隅が〈グレイパール〉から人為的にアントシアニンやカロチノイドを除去したところ、ちょうど〈スターリング・シルバー〉と違わない色となり、結局これまでの育種は、〈グレイパール〉からアントシアニンの赤味やカロチノイドの黄味を取り除く方向で行われただけではないかと考えたからである。それはたしかに、コルデスの「今まで赤バラから青を除くのに苦心してきた。だから、青を再び入れるのは、その逆を繰り返していけばよい」という言葉を証明するものではあった。だが、そのわりにはなかなか色の進歩がなく、果たしてこれが青いバラの育種の方向なのかと疑問を呈したのである。

とはいえ、このように従来の青いバラの育種を疑問視するということは、逆に有隅が青いバラに強い関心をもち、青いバラの育種に新しい方向性を示す可能性があるということでもある。事実、その成果は、光るバラの八年後に公表された。

有隅が助教授として山口大学農学部園芸学研究室にいた昭和四十三年（一九六八）のことだ。ある種のバラの若葉に、これまでバラには存在しないとされていたはずの青色色素デルフィニジンが微量ながら存在することを発表したのである。論文の材料となったある種のバラとは、ドイツのコルデスが作出したフロリバンダ系の〈サンバ〉という品種だった。ほかにも約百八十五種のバラを分析した結果、葉にデルフィニジンを含むのはいずれもフロリバンダ系で、ハイブリッド・ティー・ローズ系には一種もないことが判明した。〈サンバ〉のほかに、〈ジンジャー〉〈バイオレット・カーソン〉〈ドット・レッド〉といった、いずれもフロリバンダ・ローズ系の葉でデルフィニジンが見つかったのである。

となれば、ハイブリッド・ティー・ローズ系の育種の歴史と、フロリバンダ・ローズ系の育種の歴史を比較してみれば、なぜデルフィニジンがハイブリッド・ティー・ローズ系では失われてしまったのかがわかるのではないだろうか。有隅はそう考えた。それが困難であれば、デルフィニジンを含むフロリバンダ・ローズ系のバラ同士を交配していけばどうだろう。

シアニジンに対してデルフィニジンはほんの微量である。有隅は、葉にデルフィニジンをもつこれらのバラ同士の交配を繰り返して、葉中のデルフィニジンを集積させれば、花弁にデルフィニジンが移行し、青いバラも期待できるかもしれないと記した。

だが有隅は同時に、今から三十数年前のその論文「バラの花色に関する研究Ⅳ」で、一九一六年に柴田桂太が唱えた金属錯体説を考慮に入れ、自分の発見を冷静に見つめている。

今かりにデルフィニジンが花弁中に移行したとしても、それが直ちに真のスカイブルーを意味するとは限らないことである。少なくともデルフィニジンは、現在のバラが実現している程度の青、つまり藤色ならば単独でも十分に発現しうるはずである。しかし、それ以上のものを期待するのは危険である。何故なら、藤色と真のスカイブルーとの間には想像以上の深い断絶があるようで、これを飛びこえるためには金属錯塩形成(カルシウムやマグネシウムなどの金属元素とアントシアン分子が結合)のような、本質的機構を要するように思われるからである。

つまり、バラにデルフィニジンを導入しただけでは、青いバラになる可能性は低いだろうと考えたのである。オーストラリアのフロリジン社とサントリーが行ったように、F3′5′水酸化酵素の遺伝子を導入しただけでは、バラは青くなる可能性は低いということだ。もっとも、彼らもすでに遺伝子を入れただけでは青くならないと繰り返し発言しており、青色遺伝子を導入したカーネーション〈ムーンダスト〉が藤色だったことがそれを証明している。ただ、その指摘と青いバラへのヒントがすでに三十年以上も前に、しかも日本人研究者によってなされていたのは驚くべきことである。だが、一九六三年から七七年にかけて発表された有隅のバラの色に関する五本の論文と青いバラづくりについての課題は、その後のバイオテクノロジーの研究者たちに充分に受け継がれることはなかった。

ある種のバラの葉に青色色素デルフィニジンが存在する。その事実だけは一時バラ界の話題にはなったものの、やがて忘れ去られ、バラにはデルフィニジンがないという次元に後戻りした。カルジーン・パシフィック社が設立された頃、知人の研究者を通じて、有隅の日本語の論文が同社に渡った形跡はあるが、定かではない。

それは、当時の日本の科学界の閉鎖性と同時に有隅の意地が影響していたようだ。発表された先が大学内の学術報告書だったことや、日本語で書かれたものであったこと、専門分野がわずかに異なるだけで交流がない等、科学界の目に見えない壁のようなものが影響していたのだろう。

戦後の日本の大学教育では、工学部の、それも採鉱冶金《やきん》科が〝最高冶金〟などといわれて全盛の時代だった。有隅曰《いわ》く、「世の中が見えている研究者はみんなそこへ行った」という。農学部ならイネの研究が超特等席だった。園芸学科なら、まず果樹の栽培と育種、次に野菜、そして、最後が花という順番だった。

「花の育種なんてやるのは馬鹿だといわれていた時代です。僕がへそ曲がりで、物を見る目がなかったということでしょう。論文も、園芸でしたら園芸学会誌に出すとか、海外の雑誌に英語で発表していれば話は違っていたかもしれません。それが大事なことはもちろんわかっていたんですが、悔しかったら日本語で読めばいいじゃないか、僕のところに聞きにくればいいじゃないかという気持ちがないわけじゃなかった。でも、それはやっぱり間違いでした……。

未知のものに対する憧れというのは、人間誰だってもってるじゃないですか。夢というのは誰にもある。ただ、僕の場合は、夢の構築の仕方が多少理屈っぽかったと、そういうことだと思います」

科学が流行に左右されるのか、それとも科学が流行をつくるのか。バラの色を支配する統一原理の解明を目指して、それを将来の育種へと結びつけようとする科学者の志は、バラの育種について充分な土地もない、金もない、歴史も伝統もない日本という国で新しい品種を生み出そうとする育種家の志と、時にぶつかり合い、時に相思相愛の関係となった。有隅は岡本勘治郎の協力を得ながら、そして、岡本のもとで修業する若き育種家たちと意見交換しながら夢をふくらませた。その有隅と、趣味で育種を始めた小林森治の人生が交わることはなかったが、同じ時期に、青いバラを夢見た二人であることに違いはなかった。三十五歳の有隅はこう記している。

とにかくわれわれに求められるのは、可能性という可能性はすべて徹底的に試みるぐらいの心構えをもつ、ということにつきるのではあるまいか。それがただ夢の夢という結果に終ったとしても、その失敗がまったく無意味だったとはいえないと思うのである。

(『朝日バラ年鑑』昭和四十年十二月二十五日)

とどろきばらえん

時代は、造船疑獄に端を発した政情不安が極限に達し、七年間続いた吉田茂のワンマン体制が崩壊して総辞職、昭和二十九年(一九五四)十二月十日に、鳩山一郎内閣が誕生した。同内閣は、日ソ国交正常化交渉や社会保障費の増額、住宅四十万戸建設計画や公務員と業者の麻雀・ゴルフ禁止など国内外の華々しい政策を打ち上げ、翌年の総選挙では鳩山ブームが起きた。追い風を受けた民主党は議席を得て第一党となり、左右両派社会党が統一。民主、自由両党も統一されて自由民主党が誕生し、五十五年体制が成立した。

鳩山内閣が長期経済計画の策定作業を行うために立ち上げた経済企画庁は、昭和三十一年七月発表の『経済白書』で「もはや戦後ではない」と結論づけ、神武《じんむ》景気以降の高度経済成長期を牽引した。

鈴木省三が、とどろきばらえんの小さな圃場《ほじょう》で作出した現代バラを初めて発表したのは、この昭和三十一年である。なかでも、〈薫夫人(マダム・ドゥ・パルファン)〉は鳩山の妻・薫子

(戸籍上は薫)に捧げられたもので、明るいピンク色の剣弁、パイナップルの香りのするつるバラだった。昭和三十四年発行のカタログの最初のページには、「とどろきばらえん作出発表品種」と題して鈴木の昭和三十一年度作出品種以降の作品が掲載された。値段は輸入種の約二、三倍と高く、二百円から三百円の値がついていたが、「試作品とはいえある程度の自信をもって発表します品種ですから、なにとぞ研究費援助のご趣旨でお買いあげのほど、切にお願い申し上げます」と書いて協力を呼びかけた。

鳩山から、今日行くと連絡があると、鈴木は新聞記者に電話して「今日、鳩山さんが来るよ」と教えた。とどろきばらえんは、鳩山首相が国会が休みとなる日曜日には必ず訪れると報道されてますます評判になり、バラの季節には、東急線の九品仏の駅からバラ園まで自動車が連なるほどのにぎわいだった。テレビの園芸番組の講師に招かれて、出演することもあった。「とどろき」の名を騙《かた》り、法外な値で半端物の苗を売りつけて歩く偽者まで現れる始末だった。皇族も、秩父宮、三笠宮、高松宮の三妃殿下らがバラの季節にはよく訪れた。貴賓が来るときは事前に連絡が入るため、鈴木は弟子たちに食堂で待機するよう指示して、自分で案内をし、記念写真を撮影することも忘れなかった。

鈴木の扱うバラはすべて庭向けの園芸用のバラである。当然、庭つきの家をもつ客に限られ、その多くは裕福な人々だった。

とどろきばらえんにいた弟子、斉藤民哉の回想。

「いろんなお客さんがいらっしゃったね。画家、文学者、音楽家、もうあらゆるジャンルの人です。朝日新聞のカメラマン吉岡専三さんや日本放送協会の本間金資《きんすけ》さん。本間さんは、戦時中にインドネシアで日本の落下傘部隊が降下したとき、それを撮影して一躍有名になったカメラマンですよ。ほかに、三菱商事の服部一郎社長や女優の青山京子さん。雪村いづみさんも散歩がてらよく来られた。あと、忘れてならないのが、「リーダーズ・ダイジェスト」の編集長だった福岡誠一さんです。本当にバラが好きでよく知っておられました。

鈴木さんは非常に社交的で話もうまい。鳩山さんをはじめとして、いいお客さんをつかまえたから反響は大きかったですよ。秘書に連れられて、私も音羽の御殿にピースを植えたことがあります」

鈴木だけではなく、それぞれの弟子たちお気に入りの顧客というものもあり、鳩山宅だけでなく、その派閥の領袖の愛人宅で歓待された弟子もいた。「親父(鳩山)がバラをやるなら自分もやらなくては」と、政治家たちが訪れ、愛人宅はさながらバラ教室のようだったという。

鳩山は引退後の昭和三十二年一月一日にNHKラジオ第一放送「新春放談①」に出演し、こんな発言をしている。対談の相手は、「リーダーズ・ダイジェスト」編集長の福岡誠一だ。

「引退してようやく肩の荷が下りたから、今年こそバラを真剣にやって、日曜日ごとに鈴木のとどろきばらえんに行く」

鳩山は、平和と愛の象徴である〈ピース〉を愛した。「朝咲いているときと夕方で違う。実に楽しい花だ」といい、とどろきばらえんを訪れるたびに、〈ピース〉を一本ずつ購入した。

そして、帰りは、門を出ようとするときに必ず、「今日はバラを充分楽しみました。ありがとう」と丁寧に挨拶をした。感激した鈴木は、「また、どうぞ！」と頭を下げた。

温室の設計を依頼された鈴木は、その年に完成させた。亡くなるまでの二年間、鳩山は五百本のバラと共に過ごしたという。鳩山バラ園の管理は、現在もなお、とどろきばらえん時代の鈴木の弟子たちによって引き継がれている。

鈴木の回想。

「あの頃は鳩山さんが来てくれたり、マスコミに取り上げられたりしてたしかに恵まれていた。だけど、研究のほうはちっともできないから、困ったなと思った」

鈴木は焦っていた。鈴木をもり立てようとするさまざまな人間関係は、一方で、鈴木の育種家としての自由と孤独を奪っていた。また、鳩山ら著名人と交流があるということで、同業他社の妬みを買わないわけはなかった。「政治家やマスコミを利用して、うまいことやってる」という陰口は日常茶飯だった。都立園芸高校時代の後輩でもある東光ナーセリの田良男は、後に園芸高校に鈴木のバラ園を設立する発起人として協力者となるが、それでも当時の鈴木には反目した。

「高校三年のとき、とどろきばらえんに台木を買いに行ったんです。普通は一本二円程度なんですが、それを鈴木さんは二十五円といった。アルバイト代が五百円のときですから二十本しか買えない。領収書を書いて下さいと頼むと、但書き《ただしがき》にバラ苗木と書いた。台木ではないんです。この野郎、やなヤツだなと思いましたね。当時はとどろきばらえんは王様のようなものでしたから、有名人がばんばん来る。素人がちょろっと行っても相手にしてもらえないんです。でも、そのせいで、絶対がんばるぞと思いましたね」

昔の鈴木を物語るもう一つのエピソードがある。もう一人の弟子のことである。

当時、とどろきばらえんには、バラの栽培と販売を主に行う斉藤民哉らとは違い、育種の作業を手伝う弟子がいた。都立園芸高校に在学中の昭和二十二年頃、卒論を書くために鈴木の蔵書を見せてもらう代わりに、アルバイトとして働き始めた鴻海《こうのみ》寛一である。昭和二十六年頃からは鈴木の右腕となってデータを作成し、育種を一人で担当するようになった。有望な弟子だったが、鈴木が後に京成バラ園芸に移ったときにすれ違いがあって一緒に移籍できず、以後断絶し、それを機にバラから一切、手を引いた。紆余曲折を経て、明治神宮外苑で庭園部長を務め、平成八年に定年退職している。

鴻海は、鈴木がとどろきばらえんで育種を開始した頃から京成バラ園芸に移るまでの約十年間、新品種を生み出すまでの試行錯誤を今なお詳細に記憶している。バラ関係のものはほとんど全部焼き捨てたが、鈴木の指示で大学の研究室に講義を受けに行ったり、専門家の指導を受けながら研究したノートや写真は、大切に保存していた。そこには、鳩山一郎を案内する鈴木の姿もあった。

鴻海の回想。

「私以外はみんな、将来バラ屋をやるつもりで栽培技術と販売を習いに来ていたんですが、私は花屋になりたかっただけで、バラ屋をやるつもりはなかった。それがいつのまにか棘に引っかかってしまいましてね……。

敵は多かったんじゃないでしょうか。私がやめた後もいろんなところでいわれました。そうか、とどろきにいたのか、クビになったのかって。仕事を探そうとバラ園をまわったこともあったけど、とどろきにいたというだけで、ああ、あそこを出てるヤツはだめだって断られた。関西だと、ひらかたバラ園や伊丹ばら園には鈴木さんの紹介状をもってよく見学に行ったけど、関東の業者の間では評判はよくなかったですね。やっぱり同じ関東圏ではお客の取り合いですから、しかたないでしょう」

鴻海のはじめ二年間の仕事は、ナイフ研ぎばかりだった。西ドイツの鉄鋼都市ゾーリンゲンのアーサー・バーマン商会から戦後初めて輸入した芽接《めつ》ぎナイフで、それをもって田園調布に借りていた段々畑で接ぎ木苗をつくった。冬になると岐阜から接ぎ木の専門家たちが出稼ぎにくるため、彼らの技術を見て盗もうと必死になった。教えてはくれない、それが、当時の徒弟制度の常識だった。

接ぎ木を行う時期の労働時間は一日、十二時間以上。鈴木は書斎のあった二階の八畳間で夜遅くまでよく勉強し、バラの本場はフランスだからとフランス語を学ぶために、アテネ・フランセへ通った。弟子たちにも、夜は自分の時間なんだから、おまえたちも英語を勉強しろ、本を読めといった。だが、昼間の重労働を考えれば、夜は眠くて勉強などできなかった。

「新しい品種がくるとカタログを私たちに見せて、綴りを覚えろ、親を調べてラベルをつくれといわれるんですが、とても覚えきれない。覚えたと思ったら、花がなくなっちゃう。abc順に並べるんですが、iが一つ抜けているだけで、ひどく怒られました」

鴻海が初めて研究したテーマは、「バラの種子の低温処理」だった。花の発芽をそろえるのはむずかしく、これが園芸家にとっても悩みの種だった。ある一定の時期に決まって花が咲いてくれなければ、収穫時期がずれて能率も悪く、商業ベースに乗らない。一度に一斉に発芽させるためにはどうしたらいいか。鴻海がまず最初に鈴木の指示で研究したのが、発芽だったのだ。鈴木が教えを受けていた今井喜孝の後輩にあたる東京都立大学の小野記彦《ふみひこ》研究室に出資し、研究を依頼することもあった。「八重ハマナシ発芽試験」(上野道子)という論文はその一つだ。

鈴木が今井喜孝のもとで勉強した経験は、都立大学だけではなく、今井亡き後、錚々《そうそう》たる人脈として引き継がれていた。国立遺伝学研究所所長だった木原均も時折とどろきばらえんを訪れ、バラ談議を楽しんだ。また、特に、木原生物学研究所時代に、木原と麦のゲノム研究を行った近藤典生教授は年齢が近いこともあって鈴木と仲がよく、鴻海ら弟子たちは、近藤のいた東京農業大学の育種研究所によく出入りした。当時の育種研究所には、若き研究者時代の園芸家・柳宗民《むねたみ》や洋ランの育種改良で知られる江尻光一らがおり、鴻海は、遺伝や交配の専門的な話を聞き、知的興奮を覚えたという。

一九五〇年から六〇年代は、DNAの二重らせん構造が明らかになり、また、遺伝情報を担う遺伝暗号が解読されるなど、遺伝学の大きな転換期だった。とどろきばらえんに集まった若き研究者たちは、そんな遺伝研究のうねりの只中にあった。当時はまだ、遺伝子と形質と環境の関係性も明らかではなく、このため、ロシア農業科学アカデミー総裁だったトロフィム・D・ルイセンコがルイセンコ説を提唱してメンデル遺伝学を批判した頃だった。これは、秋播き型の小麦が春化処理をすることで春播き型に遺伝的に変化する、つまり獲得形質は遺伝するという説で、スターリン政権下で権力を拡大し、研究者たちの間でも盛んにもてはやされた。鈴木の回想。

「幽霊のように現れて、幽霊のようになくなった学説だった。左翼思想と結びついていろんな話を聞かされました。人間は遺伝子で決まるのではなく、生まれたときはみんな同じで、一生懸命勉強すればみんな偉くなるんだというコミュニズムの思想です。決して悪いことではないんだけど、ロシアはこれでうまくいかなくなって、アメリカはメンデル遺伝学を受け継いだことによって小麦の生産で成功したわけです。日本の大学の先生たちもみんな引っかかっていましたね。戦後というのは思想が非常に左右したから、本当のサイエンスじゃなくて、思想になってしまったんです」

とどろきばらえんは、英語表記では、「TODOROKI　ROSE　INST」と書く。ローズ・ガーデンではなく、ローズ・インスティテュート(研究所)としているところに、鈴木の育種に対する自負が込められていた。とどろきばらえんは若き植物研究者たちの生きた研究室であり、また、オアシスのようでもあった。

部屋にはクラシック音楽のレコードが流れ、特に「ツィゴイネルワイゼン」は鈴木のお気に入りだった。鈴木は、酔うとよくシューベルトの「野バラ」をドイツ語で歌った。庭には色とりどりのバラが咲き乱れ、手前から出口にかけてラッパ状にふくらんだ曲線のつるバラのアーチは、訪れる者に安らぎと少しばかりの優越感を与えた。

鈴木は弟子たちに、バラに止《とど》まらず、あらゆる植物を見て自分の糧《かて》とすることを教えた。いい音楽を聴け、いい美術にふれろと、美的感覚を磨くことを説いた。NHK交響楽団の演奏会のチケットが手に入ると、弟子たちを連れて音楽を聴いた。京都御所、修学院離宮、伊丹ばら園、岐阜や愛知県北部の苗木の生産地、東京の尾崎鐵之助のアサガオ園、京都府立大学の農場……とあらゆる場所へ足を運んで勉強するよう、バラの最盛期以外には研修に充分な時間を与えた。斉藤民哉の回想。

「よく先生からいわれたのは、毎朝起きたら、バラに〝おはようさん〟と声をかけなさいということでした。毎日見続けていると、植物からなんらかのことを教えられるものだと。芽出しから花、花が落ちたら何をすべきか、病気や虫のこともそうです。本だけじゃなく、プラス・アルファの知識を得ることができると。それが植物栽培の第一条件だと聞かされました。つーかー、というのでしょうか、挨拶せずともぱっと見たら感じる。ちらっと見ただけで、このバラはどうだろうと気づく。それも植物によって違います。花への愛情のかけ方がわかるのです」

鈴木の評価をさらに高めたのは、昭和三十一年に高陽書院から出版した『原色写真で見る世界のバラ』というバラ図鑑だった。「リーダーズ・ダイジェスト」編集長の福岡誠一と、バラ愛好者だった高陽書院社長の平野喜久二の好意で実現したもので、写真を豊富に用いた日本のバラ図鑑としては、嚆矢と呼べるものだった。バラの栽培技術や歴史、交配の仕方から品種の解説、バラにまつわるエピソードや詩などをちりばめただけではなく、最も評価されたのは、その写真の数だった。二百数十ページあまりの約半分がカラー写真で構成され、直接海外の育種家から送られたフィルムや、朝日新聞社のカメラマンの協力を得たものもあるが、その大半は鈴木や弟子たちが二眼レフで撮影したものだった。また、曽田香料の協力を得て、本にはハマナスの香りをつけた。曽田香料は昭和十二年にフランスからラヴェンダーの種子を輸入して富良野で栽培し、化粧品や食品に利用するための香料を生産していた会社で、札幌にはハマナスの溶剤香料工場をもっていた。本に香りをつけるという試みは初めてのことで、鴻海は、その甘い香りを今も記憶している。

こうして、とどろきばらえんがつくり上げた図鑑の値段は、三千五百円。この年の銀行員の初任給は五千六百円だから、その本がどんな読者を対象としていたのかは明白だろう。

育種を行うにあたって鈴木が当初から野生種、特に日本の野生種に深いこだわりをもっていたことは、鴻海に一番最初に指示した交配の内容からも理解できる。野生種同士、あるいは野生種に園芸品種を交配させたらどんなものが生まれるか、野生種の性質は何なのか、耐寒性、耐暑性、耐病性などを調べてデータを作成するのが鴻海の育種の重要な仕事だった。

戦後、鈴木が北海道、東北の原野を歩いて採集したハマナスやノイバラ、また弟子たちを連れて富士五湖、箱根駒ヶ岳などへ出かけて調査した、フジイバラやサンショウバラ、タカネイバラなどを交配親に使用した。ほとんど実のとれないものばかりで失敗も多かったが、ハマナスとの交配で新品種を得たこともあった。カタログには日本では入手できないような野生種、古代種、その改良種も四十種以上が販売用に登録されているが、それらは鈴木が小石川植物園などの専門家の知人から分けてもらった種を播いてできたものだった。戦後、再出発したときに三百種あまりだったのが、昭和三十年代には一千種を数えた。こうしたバラを見られる場所はほかになく、とどろきばらえんに研究者が集まったのは、ここがバラの宝庫だったことも大きかった。後に、京成バラ園芸やローズガーデン・アルバで実現することになる原種園の基礎は、ここでゆっくりと築かれつつあった。

昭和四十年代、京成バラ園芸の研究所で二年間働いたナチュラリストの荻巣《おぎす》樹徳《みきのり》によれば、当時の鈴木は、サンショウバラと四季咲きの現代バラを交配して、新しいバラをつくろうとしていたという。

「サンショウバラは五、六メートルにもなる大木で、その形質を受け継いだ黄や赤の八重咲きのバラを目指していたと記憶しています。結果的にはうまくいかなかったようですが……」

蛍光色のバラの可能性を探りつつあった有隅健一は、九州大学在学中に一度とどろきばらえんを訪れ、鈴木と育種の方向性について会話を交わしている。当時の鈴木は、日本的で閑寂な風合いの白いバラをつくろうとしており「西洋にないものを求めたら、日本のバラというのはやっぱりわびさびじゃないか」といって、フジイバラなどの交配をやっていたという。だが、そんな鈴木に有隅は即座に疑問を呈した。

「それは方向が違っていると思います。これからは、フロリバンダ・ローズ系の蛍光色が中心を占めますよ」

鈴木が有隅にふと語った想いは、鈴木の育種の夢の本質だったのではないだろうか。言下に有隅が否定してしまったので、それ以上語られることはなかったが、バラの育種研究を目指してとどろきばらえんを訪れた才能ある若者に対して鈴木は、思わず本音を漏らしたのかもしれない。

実際、鈴木がとどろきばらえん時代に作出したバラは、商品性の高いもの、いわゆる売れそうなバラとはいえなかった。いずれも派手さはまったくなく、穏やかで清楚、どちらかといえば地味でおとなしい、たしかに鈴木のいうように日本的なバラである。一重の黄バラ〈天の川〉や一重のピンク〈朝霞〉、淡いピンクの剣弁高芯《けんべんこうしん》バラの〈根室の朝〉などは、純和風の日本庭園にも違和感なくおさまる素朴な色、端正な姿かたちをしている。育種については、まだまだ手探りの時期といえども、鈴木の本音はやはり、とどろきばらえん時代に垣間見えていた。事実、鈴木が初めて応募した国際的な賞であるドイツのハンブルク国際コンクールに〈天の川〉を出品したのは、〈ピース〉のような巨大輪の華やかなバラよりも、日本的なものをと意図したためだった。

ただ、海外の育種家と同じように、鈴木が当初から意識して目指していたバラもあった。

青いバラである。青いバラを目指していた鈴木の姿を弟子の鴻海は鮮明に記憶している。

「青いバラをつくりたいということは、もう最初からいってました。血気盛んな頃ですから、二階に都立大学とか遺伝研究所の若い研究者が月一回ぐらい集まって、青いバラはどうのこうのってワイワイ話し合ってました。私も飯喰っていけって誘われて、前途洋々のこれからという人たちの雰囲気を知ることができてよかったです。当時は、紫やラヴェンダーの青系統バラをよく集めて交配していましたけど、どうやったって青はできなかった。明治時代から輸入されていた紫玉とか、グレイパールとか、グレッチャー、プレリュード。交配しても、実のつき方が悪いんです。今思えば、染色体に青をつくる遺伝子がないからしかたなかったんですね」

ただ、商品性の高いバラを狙うことも、青いバラに挑戦することも、育種を行える圃場の広さや規模、人手を考えれば無理なのはやむをえなかった。鴻海が一日あたりに行った交配の数は、百から二百。種は二千粒播いて約四分の一まで選抜し、三年ほど様子を見ていいものをとった。残りは、他の業者に渡っていい花を咲かせたら困るため売らずに焼き捨てたが、それは、海外の育種家の規模に比べると、子どものようなものだった。

世の中は高度成長にさしかかり、景気は上向きだった。昭和三十三年の銀行員の初任給は二年前の倍の一万二千円。とどろきばらえんも好況を呈し、鴻海らの当時の給料も同じく一万二千円だった。だが、鈴木の育種はまだ初めの一歩を踏み出したばかりだった。

バラが咲いた

この昭和三十年代には、愛好者の裾野を広げるために電鉄会社がバラ園開設に次々と乗り出した。その先陣を切ったのは、京都と大阪を結ぶ京阪電鉄だった。京阪電鉄は明治四十三年の開業以来、動物園、温泉場などの総合アミューズメント施設を設置したひらかた公園を運営し、大菊人形展を行っていたが、キクの季節以外にも入園者を誘致するために、当時世界的にも流行していたバラに注目した。村岡四郎社長は妻とともに当時、日本でただ一人の英国王立バラ協会会員だった岡本勘治郎のもとを訪れ、協力を求めた。長男、岡本吉博の回想。

「あれは、父がタキイ種苗の顧問だった頃でした。村岡社長が来られたのは昭和二十七、八年だったと思います。物も何もない時代で、ひらかた公園もようやく復興しかけたときでしたが、社長は東洋一のバラ園という宣伝文句でやりたいということでした。それまでにも関西にはキクづくりの伝統がありましたから、菊をやる植木屋がバラもやり始めたんです。バラ園は京阪電鉄のもので、栽培と管理、運営を請け負うために昭和三十年に京阪園芸が設立されて、父は常務、僕も呼ばれたというわけです」

約一万平方メートル(三千坪)のバラ園の設計は、京都大学農学部造園学研究室の関口鍈《えい》太郎《ろう》が中心となって行い、岡本が現代バラはもちろん、野生種なども集めた。昭和三十年四月に大バラ園が開園すると、菊人形展を主催していた朝日新聞社が企画に賛同し、各専門家や愛好者のための情報交換を行う場として朝日バラ協会を設立し、バラ園ではその試験栽培なども行った。徐々に全国に支部を設置して大組織となり、日本バラ会と朝日バラ協会という二つの大組織を中心に、それぞれ地元のバラ愛好者のためのバラ会がつくられていくことになった。花など個人的に育てていればいいと思われるものだが、欧米から輸入されるバラはなかなか日本の風土に合わず、高度な栽培技術が必要である。サークルに参加して情報交換し、バラ談議を行うこともまた、バラ愛好者、つまりロザリアンたちの楽しみだった。

京阪電鉄の大バラ園を皮切りに、私鉄のバラ園づくりが相次いだ。鈴木のもとにも、バラ園の設計を求める声が西武や東急など複数の電鉄会社からあった。最終的に京成電鉄に決まったのは、とどろきばらえんの顧客でもあった「リーダーズ・ダイジェスト」編集長の福岡誠一と、その旧制第七高等学校(現・鹿児島大学)時代の同期だった日本生命副社長・国崎裕、そして、京成電鉄の電気機器を取り扱っていた東洋電機製造社長の三輪真吉らが、東洋一のバラ園をつくろうと鈴木を盛り上げ、日本生命が大株主をしていた京成にもちかけたためだった。

福岡誠一は戦前、国家代表通信社だった同盟通信社のロンドン支局長や南方支局長を務めた人物である。戦後、同盟通信社が国策会社としてGHQから業務停止命令を受け、解体した後は「リーダーズ・ダイジェスト」日本支社取締役となった。

アメリカ中間層の生活文化を伝える「リーダーズ・ダイジェスト」誌は、世界六十か国十六言語に翻訳され、一時は三千百万部の世界最大部数を誇り一世を風靡《ふうび》した。アメリカで発行される雑誌の記事を選りすぐったダイジェスト版であるため、これを読めばアメリカ文化がわかるということで、若者からビジネスマンまで貴重な情報源として支持され、戦後、活字文化に飢えていた日本でも、発売日に書店に買いに走らねばすぐに売り切れてしまうほどだった。福岡は資生堂のバラ展で初めて鈴木と出会い、誌面にたびたび登場するバラの話題について詳しく知るために、とどろきばらえんで鈴木が開催していた教育バラ園という講習会によく訪れ、鈴木の理解者となった。ロンドン支局長時代に見たチェルシー・フラワーショーやバラの国際的な展覧会の数々の話題を提供し、鈴木にはいつも、「とにかく世界を見なきゃだめだ」と、鼓舞していた。

福岡誠一の旧制七高時代の同級生だった国崎裕は、戦後の保険制度改革に名を止める人物で、武者小路実篤の「新しき村」でコミュニズムに失望して渡米し、ペンシルバニア大学で保険学を修め、大阪に日本生命の資金を得て保険学の研究所を設立した。西宮市苦楽園にある自邸のバラ園は、後に鈴木が設計を行い、カーテンの色まで鈴木がコーディネイトしたものである。

福岡の旧制七高時代の同級生には、ほかに、弁護士の正木ひろしもいた。正木は、警察の拷問による殺害事件を告発した首なし事件で注目を浴び、その後、三鷹事件、八海《やかい》事件、チャタレイ裁判などを担当した名弁護士だ。キリスト教に傾倒していた正木は、鈴木がバラ園をつくる際には、「君が主になってやるんだから、いつも十字架を背負ったつもりで、日本からバラを出すという観念をいっときも忘れてはだめだ。そうすれば、神が必ず君を助けるよ」と応援した。

鈴木は人間関係に恵まれていた。特に、「旧制七高の人たちには本当に支えられた」と鈴木がいうように、福岡誠一の人脈は鈴木のサポーターとなった。

彼ら鈴木の応援者たちが京成電鉄を選んだのは、昭和三十三年から京成電鉄社長となった川崎千春の存在が大きかった。川崎は、一言でいえば、趣味人である。明治時代の日本画家の大家・川崎千虎《ちとら》を祖父にもち、東山魁夷《かいい》とも親戚で、油絵や邦楽をはじめ、古いバイオリンを修理してその音色を楽しむような人物だった。旧制高校時代の同期の親友には三井不動産の江戸英雄がいて、これが後に鈴木が植物特許の法制化の運動を行ったときに協力を得ることにつながった。

園芸に理解があり、文化を育てようとする心意気がある。それが、彼らが川崎のいる京成電鉄にもちかけた一番の理由だった。京成にとっても、首相をはじめとする政治家や皇族など、幅広い顧客をもつ鈴木にバラ園を一任することに、異論のあるはずはなかった。

まず沿線に客を誘致できる場所を確立しようと、手始めに、昭和七年から京成が所有していた谷津《やつ》遊園にバラ園をつくる話が昭和三十一年の暮れ頃にもち上がった。総合企画を依頼された鈴木は斉藤民哉をバラ栽培と管理の専任として派遣し、とどろきばらえんから大量のバラを運んだ。庭園の設計は当時東大農学部の助手だった池原謙一郎らに依頼した。池原は、それまで日本庭園しかなかった造園設計に近代デザインを取り入れた最初の庭園設計師で、後に代々木公園や沖縄海洋博公園などの大仕事を行うことになるが、当時はまだ近代美術を学ぶ学生で、とどろきばらえんにアルバイトで来ていたところを鈴木に見出されたのだった。

谷津バラ園が翌年の五月に開園すると、斉藤は京成電鉄の嘱託となり、バラ園の中に居を構えて管理した。約五百六十二品種、八千五百株のバラが二万平方メートルの敷地に栽培され、開園式には秩父宮妃が臨席した。中でも、ついに生前の願いは叶わなかったものの、鈴木が鳩山一郎のためにつくった千五百株のピース園は見事だった。

私鉄のバラ園ラッシュは続いた。京阪、京成に続いて、小田急電鉄も岡本勘治郎の協力を得て、昭和三十三年には向ヶ丘遊園にバラ園を開設した。岡本は、これら京阪、京成、小田急に加え、東急電鉄、名古屋鉄道、東武鉄道、京王電鉄、南海電気鉄道、西日本鉄道、宮崎交通の各私鉄のバラ園や栽培に従事する人々を集めた勉強会を行うことを発案し、「私鉄バラ園技術者研究会」を発足、昭和三十四年十一月には京阪電鉄の主催でその第一回の会合を開いた。バラ栽培の技術、土壌の管理、虫害、病気、肥料、そのほか各社がテーマを出し合って発表し、大学から研究者を招いて講義を行うこともあった。各社がもち回りで主催し、その後十年間、昭和四十四年まで存続した。

バラの生産量が伸びて百貨店でのバラ展が満員盛況であっても、庭つき一戸建ての家をもつ人はまだまだ少なく、また、たとえバラを購入できたとしても栽培がむずかしく、よほどの愛好者でなければ手に負えない。また、バラを自分で栽培するつもりがなく観賞したいだけという人にとって、バラ苗専門業者のバラ園の敷居はまだ高い。高度成長期の好況を背景に余暇を楽しみたいという国民のためのレジャー施設の開発が盛んになる中、その一環として、都市部と郊外を結び、宅地開発を行う鉄道会社が、大人向けの遊園地として自然をテーマにした植物園を客の呼べる沿線に開設したのは時代の流れでもあった。

さらにバラ人気に火をつけたのは、昭和三十七年に日本にやってきた切りバラで、ドイツのタンタウが作出した〈スーパースター〉である。フランスのバガテール金賞、ポートランド金賞、AARS賞など名だたる賞を総なめにしたバラで、鮮やかな朱赤と果物のような甘い香りは、人々を驚かせた。この頃より、次々と新築されたホテルやイベント会場での切りバラ発注が増え、「おけいこ花から仕事花へ」とバラの需要の形態が徐々に変化していったという。

「スーパースターの浜田」と呼ばれた浜田バラ園主・浜田光男は語る。

「高度経済成長のシンボルのようなバラでした。あのバラが市場で高く評価されたことで、バラをその後もやろうと思う自信がつきました。普段のセリ値は百四、五十円なんですが、年末になるとその倍にはなったでしょうか。本当にバラが大衆化するのは、昭和四十六年にフロリバンダ・ローズ系の房咲き小輪のバラが登場してからですが」

マイク真木の「バラが咲いた」が大ヒットし、日本レコード大賞作曲賞を受賞したのは東京オリンピック後の昭和四十一年だった。作詞・作曲の浜口庫之助《くらのすけ》は、高度成長の槌音《つちおと》の響く都会の喧噪の中で、ふと、庭に咲く赤いバラを見て、一気にこの歌を書き上げたのだという。アメリカの歌のコピー物ではない、和製フォークソングのはしりとなった。歌詞もメロディも覚えやすいためか、人から人へと口伝《くちづ》てに広がり、知らない人はいないほどの流行歌となった。発売元の新興楽譜出版社（現・シンコーミュージック）の当時の担当ディレクターによれば、関西でキャンペーンを行ったときにバラを配って宣伝したところ、何年も後になって「あのときもらったバラを増やしました」という感想がいくつも寄せられたという。

浜口の妻、真弓の回想。

「主人はよく、あの歌によって誰かの心の中にバラが咲いて、さらにそれを聞いた別の人の心の中にもバラが咲いてというふうに、たくさんの人の心にバラが咲いてくれるのが、とても嬉しくて幸せなことなんだといっていました」

昭和四十四年、農林省発表の花卉生産量の統計に、初めてバラが加わった。

当時のバラ・ブームの白熱した様子を端的に表す「喧嘩花」という言葉がある。文字通り、花同士が喧嘩するという意味で、日本ばら会のコンテストで会長杯や総理大臣杯を獲得するため、ロザリアンたちの壮絶な争いが繰り広げられた。

勝負はまず、勝てる品種を選ぶことから始まる。その時期に最も注目されているハイブリッド・ティー・ローズ系の品種を中心に数種類を選び、土や肥料、消毒剤、農薬まで、自分の庭にあったものを一刻も早く探さなくてはならない。水滴一つ落ちても花弁に傷がつく可能性があるため、屋根付きの庭で育てるという、ガーデン派が見れば邪道ともいわれかねない特殊な栽培方法である。すべて企業秘密だ。

たとえ家でいい花が咲いても、コンテスト会場でタイミングよく最高の姿かたち、色が発揮されなければせっかくの努力も水の泡。コンテストの締め切りは午前十一時頃のため、前夜にはどの花をどのように切ればちょうどいい時間にいいかたちで咲くかを判断しなくてはならない。

会場に到着したときは、花はどんなに開いても五分程度が限界である。一番外側の花弁が水平より垂れ下がっていたら、もう古いと判断されてしまう。外側が五分から六分に開き、内側はきりりと引き締まって巻き上がっていることが重要である。そのためには、窒素、リン酸、カリなど肥料の配合の問題があるが、リン酸が過ぎると堅くなる。堅ければいいというものでもなく、気品が備わっていなければならない。姿かたちの良さから、丸弁よりは剣弁高芯のバラに人気が集中していった。

虫や病気は言語道断。首がだらりと下がるのも素人である。割り箸で支えておけば、一週間もあればなんとか立て直すことができる。葉に消毒液がついて白く汚れているのも失格である。前日に中性洗剤を水で薄めて一枚ごとにスポンジで洗っておく。

コンテスト当日は朝五時に起き、花を切り、棘も下の部分は取っておかなくてはならない。葉同士が互いに傷つけ合ってしまうためだ。一枚でも葉に傷がついていたら予選すら通らない。

運搬の技術も勝敗を分ける大きな要素である。女性が化粧をするときに使う京花紙《きょうはながみ》を正方形に切ってふんわりと花弁を包む。葉の部分もグラグラと揺れないように普通の紙で巻いて固定する。運搬用の容器はポリバケツを使う人もいれば、板金屋にブリキの容器を特注する人もいる。勝つつもりなら、特注は当たり前だった。

さて、そこまで手間をかけて準備したバラをどうやって運ぶのか。コンテスト会場は都心の百貨店のため、車で行くと駐車場に入れない可能性がある。このため、ほとんどの人が電車でもっていくことになるのだが、会場に余裕をもって二時間前に入ろうとすると通勤ラッシュと見事に重なってしまう。経済的に余裕があればグリーン車、そうでなければ各駅停車に乗っていくしかない。頭の上で扇風機が回っていたりしたら花が開いてしまう。風も人も避けながら車両の隅で縮こまっていなければならない。体力も必要だ。

そうやって運び込まれた花が、どんなものなのか。ある日本ばら会会員は「真上から細い竹串を刺すと根元まで一直線で通る」ほど姿かたちが整っていたと表現した。コンテスト優勝最多記録をもち「鬼小島」と呼ばれた日本ばら会元理事長の小島利徳《としのり》などは、アメリカのコンテストに出品したところ、あまりの素晴らしさのために特設展示場に置かれたほどだったという。コンテスト用のバラの栽培技術は日本が世界一だった。日本人の盆栽や庭園技術、生け花の美的感覚は、バラのコンテストにも反映された。

最も気を遣うのが、皇族の出品があった場合である。皇族の順位通りに台座を高くしていくのだが、一番高いのは七、八センチ、次に数ミリずつ低くし、一番低いのは五センチである。「一般の人々は、そこまで私たちが気を遣って生けているとは知らないでしょうね」と、ある関係者はいった。

「一年中が競争だった」

みずからもコンテスト入賞の常連者だった日本ばら会理事長の長田武雄はそう語る。会場で審査が行われるまでのすべてのステップで成功しなければ優勝はできない。そこまで手をかけたバラだから一点差で負けたとなると、悔しさはやがて恨みに変わり、互いに非難し合って家族ぐるみで仲が悪くなってしまった人々もいたという。

「コンテストは、バラを真剣につくる人を育てたというメリットはありますが、ばら会の役員の地位までがコンテストで決まるという弊害を生んでしまった。バラの大衆化の一方で、日本ばら会はますます敷居が高いといわれて会員数を減らしてしまった点は反省しなければなりません」

育種と科学

京成電鉄は昭和三十四年に千葉県八千代市に子会社、京成バラ園芸を設立し、八千代研究農場を建設、研究所所長として鈴木省三を迎えていた。鈴木は販売営業にも精を出しつつ、育種にもようやく打ち込める環境を手に入れることができた。常陸大宮に農林省の放射線育種場ができると、東京大学教授の本間啓《あきら》と共に、放射線がバラなどの育種、突然変異にどう影響するかという研究を行った。平日は京成、土曜日の晩にとどろきばらえんに戻って商売するという二重生活を続けていたが、昭和四十年代なかばに、とどろきばらえんを引き払い、京成バラ園芸専任となった。

ただ、研究所があるからといってすぐに売れる新品種が生まれるわけはない。「育種はやっぱり儲からない仕事だ」と経理担当役員に何度も愚痴をいわれながら、研究を続けた。

鈴木の回想。

「当時はちょうど地価が上がってきていた頃で、とどろきばらえんを売った代金は一億四千万円ぐらいあった。会社が貧乏でお金が使えなかったから、僕は海外はみんなポケットマネーで行ったんだ。ヨーロッパもアメリカも。アメリカは三回も行った」

鈴木にとって最も印象深かったのは、昭和四十年代に京成電鉄社長の川崎千春に連れられて初めて行った一か月半のアメリカ旅行だった。ディズニーランドをはじめとする遊園地やブルックリン植物園、バラ園や植物研究所などをまわった。また、鈴木が長年会いたいと望んでいた遺伝学者・育種家であるカリフォルニア大学のW・E・ラマーツやコナード・パイル社社長のハットンに会うことができたのも、川崎の計らいだった。資生堂のバラ展以来、海外の育種家や研究所と文通を頻繁に行っていた鈴木を見て、現地で実際に彼らに会わせてやろうとしたのである。鈴木が世界に足を踏み出す第一歩となったこの旅は、レジャー施設展開を考えていた川崎にとっても重要な視察旅行であり、これが後に、浦安市の東京ディズニーランド設立へとつながっていく。

さらに、今井喜孝の人脈は、鈴木をアメリカでも支えてくれることとなった。カリフォルニア工科大学モルガン研究室にいた遺伝学者ドブジャンスキーである。ドブジャンスキーは、ロシアからアメリカに亡命した研究者で、一九三〇年代に理論的な基礎を築いた集団遺伝学を、さらに自然集団の調査や実験研究によって展開させた人物だった。今井と親交の厚かったドブジャンスキーは、鈴木を「今井の弟子のドクター鈴木だ」と紹介して歩き、学会や共同研究のために来日したときは必ず鈴木を呼んで、講演会の記念撮影のときなどは隣に座るよう勧めたという。ドクターではないと遠慮しても、そんなことは関係ないと聞かず、育種家である鈴木を高く評価していた。

また、海外の育種家や育種会社を訪問することは、鈴木がこれまで手紙だけで温めていた関係を再確認するため、そして、京成バラ園芸との関係を強化するためだった。

昭和五十年(一九七五)のヨーロッパ旅行では、ナチュラリストの荻巣樹徳が通訳と案内役を務めた。京成バラ園芸を退職して海外留学を目指していた荻巣に、オールドローズのコレクションで有名なベルギーのカラムタウト樹木園を紹介したのは鈴木だった。荻巣は七二年から三年間、カラムタウト樹木園に続き、オランダのボスコープ国立試験場、イギリスのウイズレイガーデンで学んでいた。荻巣は語る。

「二、三週間二人きりで旅をしたんですが、怒られてばかりでした。あの旅で、イギリスのジャック・ハークネスやウィートクロフト、ドイツのコルデス、タンタウ、フランスではアラン・メイヤンらを紹介してもらいました。中には初対面の人もいたと思いますが、それまでに手紙のやりとりをしていたのでしょう。彼らがどんなバラをつくろうとしているのか、見たり聞いたりすることが育種家として大事なことなんだといっていました。ホテルに帰ると、一人ひとりコメントをしていましたね。僕は、ウイズレイガーデンで世話になったグラハム・トーマスを鈴木さんに紹介しました。庚申バラの野生種を見つけるきっかけをくれたオールドローズの権威です。鈴木さんとトーマスの付き合いが始まったのは、これがきっかけだったのではないでしょうか」

中輪のポリアンサ系フロリバンダの基本をつくったデンマークのポールゼンを訪ねたときは、鈴木がポールゼンの功績を称えると、逆に、「それは日本の野バラをいろいろと勉強させてもらったからできたのです。日本のノイバラの耐寒性、多花性、結実性のおかげでスカンジナビア諸国でも寒さに耐えうるバラができたことを感謝している」と礼をいわれた。

ドイツのコルデスを訪ねたときも、耐寒性の優れたバラを作出した功績を称えると、「それは日本のハマナスやテリハノイバラ、ノイバラのおかげだ」と、逆に感謝された。高温多湿の夏をもつ日本のバラの野生種の意味、すなわち、耐寒性や耐病性、耐暑性といった性質の意味を改めて認識させてくれたのは、彼ら海外の育種家だった。

だが、必ずしもそんな理解者ばかりではなかった。極東の小さな敗戦国日本から来たということで、相手の何気ない言葉に屈辱を覚えることもあった。川崎とテキサスのタイラーに行ったときは、第二次世界大戦中、日本軍と激しい戦いをしたテキサス部隊の本拠地だったためか、飛行場に降り立った瞬間から敵意の眼差《まなざ》しを向けられているような気がした。

人工繊維の普及で綿畑が閉鎖されてバラ園となる計画が進行中で、タイラー行きは、その研究と栽培を行っている植物病理学者のライル博士を訪問するためだった。だが、そこで鈴木を驚かせ落胆させたのは、ライルの「日本にもバラがあるのですか」という一言だった。

たんに、ライルがバラの育種の歴史を知らなかっただけなのだろうが、戦後まもなく〈ヘレン・トローベル〉を輸入したアームストロング・ナーセリーと交渉していた頃にも同じようないわれ方をした経験もあり、鈴木にとっては、一生忘れることのできない言葉となっていた。海外の状況を目の当たりにした鈴木は、やはり、世界に通じる日本のバラを作出せねばならないこと、そして、土地も資金も充分になく、環境も適しているとはいえない日本でバラの育種を効率よく行うためには、やはり、科学技術の助けが必要だと実感したのである。

明治学院大学の斎藤規夫が初めて鈴木と出会ったのは、青い花論争を引き継いだ東京教育大学の林孝三のもとでの大学院生活を終え、現在の大学に赴任して数年を経た、昭和四十四年(一九六九)頃のことだった。アントシアニン色素の分析研究を行おうとしていた千葉大学園芸学部助手の横井政人《まさと》と二人で、「青いバラをつくったら有名になれる。鈴木さんを利用して有名になろう」などと画策して京成バラ園芸に押しかけ、鈴木と対面したのだ。ところが鈴木も、ただたんに花を研究材料に提供するだけではおもしろくない。代わりに、斎藤らに、育種に役立つ話題を提供するよう求めた。

「最初の頃は鈴木さんも、こちらに(アイデアを)盗まれるんじゃないかって心配して、論文も発表しないでくれと警戒していました。当時は、まだ鈴木さんも若くて五十代半ばぐらいでしょう。おっかなくてね。でも、男の世界なんてそういうものでしょう」

斎藤と鈴木が付き合った三十年間は、バラの色素組成の調査が中心だった。ある親と親を交配した場合、子どもにどんな成分がどれぐらい含まれるか、その含有量を提示し、掛け合わせのアドバイスをした。

鈴木は晩年になっても、各分野の専門家と常に連絡をとり、あたかも外部スタッフのように遺伝学者や色素研究者、香りの研究者などの人脈を抱え、自分が解明できない疑問が生ずると電話をかけてたずねている。聞かれた方は、相手がその道の専門家だけにいい加減な返事をするわけにもいかず、きっちり調べて返事をしなければならない。斎藤らは、当初は鈴木を利用しようと思っていたものの、いつのまにか、多いときには週に一回、鈴木のもとに通うまでになっていた。斎藤や横井ら千葉大学園芸学部の研究者たちとの関係は鈴木にとっても強力な武器だった。

昭和四、五十年代の鈴木の青いバラに対する関心は依然として高かった。斎藤や横井らと共に栃木県佐野市に行き、青いバラを目指していたアマチュア育種家の小林森治のもとへも訪ねている。ちょうど、紫ピンクの新品種〈たそがれ〉が発表された頃で、〈たそがれ〉の花弁を研究したいからと、庭にあるだけ全部持ち帰ったほどだった。

「子どもに青味がかったものができたとき、その色素を調べてくれといわれて調べたこともあります。もっと青いものをつくりたいといわれれば、これとこれを掛ければ青くなりますね、とかね。鈴木さんもいくつか青いバラといわれるものはつくっているんですよ。昭和四十年代後半頃には、研究開発部長の平林浩君に青同士の掛け合わせをやらせて、青空とか、いくつか青い品種も出たでしょう。グレイパールのようなものでも商品価値はあるわけですから、やはり挑戦しようとしたことはあるでしょう。できるだけ青くなる可能性のあるものはないか、いろいろ研究したことがあります。

われわれと組むことで、それまでは種を五万、十万粒播かないといけなかったところを一万粒にするぐらい能率を上げるのには協力できたのではないでしょうか。やはり、育種はサイエンスを利用しないとむずかしいと思います」

だが、鈴木の立場は微妙だった。研究に協力することに対しては積極的だったが、すぐに利益に結びつくものではなく、会社の方針とは合致しない。鈴木は、青いバラがこれまでのような交配で本当にできるとは考えてはいないのではないか——。斎藤はそう感じていた。

花弁に含まれる色素の吸収スペクトルを測定したいくつかの論文がある。鈴木がそれでも、斎藤らに材料と場所を提供して研究に協力しようとしたものの一部だった。使用したバラはいずれも鈴木が提供したもので、論文執筆者名の中に鈴木の名前があるものもいくつかある。赤バラや黄バラ、そして、〈レディX〉〈ブルー・ガード〉〈シルバースター〉や〈ケルナー・カーネバル〉など、青バラと呼ばれるものを調べた論文もあった。

蕾や開花した状態、開ききった状態など時期の違う生花弁を採取して、分光光度計と呼ばれる機械で波長を変化させながら吸光度を測定し、ペーパー・クロマトグラフィで分離した色素の含有量との関係を研究した。つまり、花色の差をみるときに、従来のようなペーパー・クロマトグラフィによる花色分析だけではなく、花弁のスペクトル測定を行うことによって、花色を総合的に判定し、ひいては、目で見て判断するだけではない科学的な花色判定と育種への応用を示そうとしたのである。

鈴木はそんな、自分たちの行っている研究を長年の悲願のために利用できないかと考えていた。植物特許法の制定である。斎藤らとの共同研究は、植物の新規性や品種判定の科学的裏付けを行うための重要な布石となった。

権利保護

戦後、一九五〇年代に入って、欧米の主要な園芸国は植物特許法を成立させ、新品種の保護をしていた。それに対して、日本には昭和二十二年(一九四七)に農産種苗法が制定されていたものの、それは、優秀なら名称登録でき、登録書が発行されたらその品種を勝手に他者が販売してはいけないという独占販売の保護程度のものだった。海外から輸入した品種にはまったく効力は及ばず、作出者に無断で接ぎ木して増殖したり、交配して新品種をつくって販売してもそれを取り締まる規制はなく、野放し状態で、それが海外から非難されることもあった。

「その国で保護されていても、いったんもち出されれば効力は及ばない。当時、日本ではそういうことをしても、罪にはならなかったということです」(農水省園芸局種苗課法令専門官・岡山忠広)

当時の日本では、工業(産業)特許には植物の新品種は含まれず、植物品種保護制度もなく、育種家の育成権は存在しなかった。だからこそ、他の業者が訪れると、大事な品種は裏に隠したり、盗まれないように引き抜いて別の場所に植え換えるなどの対応をせざるをえなかった。海外に行って隠してもち帰ったり、勝手に交配したり、接ぎ木で増やしたものを売ったりということもまるで自由。園芸後進国と呼ばれても、やむをえない状態だったのである。

実際、京成バラ園芸にもその批判がないわけではなかった。それでなくとも、フランスのメイヤンをはじめとする海外育種家と独占契約を結び、京成バラ園芸を代理店にしなければその育種家や育種会社の品種は手に入らないようにしたために、他の業者の不満は高まっていた。

「研究所を維持するためもあったのでしょうが、日本で試作するために京成に送られた海外の新品種から生まれた新たな品種に違う名前をつけて、あれもこれもと次々新しい名前で何本も発表されたという批判はありました。だから、カタログも新しい品種がしょっちゅう消えたり現れたり」(業界関係者)

だが、それを規制するものがないのだからしかたがなかった。鈴木も海外の育種家を訪問するうち、彼らが日本とは違ってその権利を法律で保護され、社会的にも認められる存在であることを目の当たりにした。

やはり日本はまだまだ後進国である。国際的なルールにのっとった上で初めて、諸外国と対等に競うこともできる。育種家や栽培者の良心に任せているだけでは、スタート地点にすら立つことはできない——。

鈴木は、戦後の焼け跡で行った資生堂バラ展のときのように、自らが発起人となり、植物特許法の制定を目指して関係者に呼びかけた。昭和四十六年三月に最初の呼びかけで集まった中には、名古屋大学教授で植物生理学・園芸学者の志佐《しさ》誠や柳宗民、江尻光一らの顔もあった。

法制化の運動を行うのと同時に、鈴木らはまずその具体的な裏付けとなる研究を先行させた。京成電鉄社長の川崎を通じて、内閣書記官長として終戦の詔書を起草した参議院議員で、日本ばら会の会員でもあった迫水久常に働きかけ、農林省の特別試験研究費を研究補助金として受けた計六年間の研究を斎藤規夫や横井政人らとスタートさせた。名目は新品種を従来の品種とは異なる新しい品種だと同定するために必要な花色の分析方法についてで、千葉大学園芸学部の研究者らを中心に、昭和四十七年から四十九年の研究は「花きの育種における花色の新規性に関する研究」、昭和五十年から五十二年の研究は、「環境による花色の変異と判定に関する研究」としてまとめられた。鈴木は、研究協力者として名を連ね、京成バラ園芸の八千代農場を研究場所として提供した。

昭和四十六年七月には、「植物特許法制定促進協議会」を結成し、シンポジウムや講演会、勉強会を企画し、園芸文化協会などの会員あてにダイレクトメールで協力を呼びかけるなどの活動を行った。迫水が会長、志佐誠が理事長となり、鈴木は理事として世話役・広報担当者として走りまわった。もちろん、多くの園芸関係者や研究者の協力があったのだが、鈴木は当事者である育種家として活動したため、その行動は目立つ。海外の育種家からのエールも数々届き、一九五八年(昭和三十三)に四十七歳という若さで急逝したフランシス・メイヤンの息子、アラン・メイヤンは応援の陳情のために二度も来日し、「優れた新種の誕生は特許制度を通して世界に報告され、その新種がさらに優れた新種を生み出していく。だからこの制度への無理解は日本人だけでなく人類にとっての不幸なのだ」と育種家のプライドとバラへの想いを特許庁と農林省に訴えた。

こうした運動の結果、ようやく昭和五十年、工業(産業)特許の中に植物の新品種を含めることを特許庁が発表し、省内に研究会を設けて検討していた農林省も、園芸植物をはじめとする植物の審査基準案原案を作成するに至った。バラに関しては、昭和三十七年に財団法人として全国組織を一本化された日本ばら会が原案作成者に指名され、鈴木の「葉の柄の托葉《たくよう》等は新品種を論ずるときに大切な特長となる」とした意見なども取り入れられ、ようやく「昭和五十一年種苗特性分類調査ばら部報告書」ができ上がった。

昭和五十三年に施行されたこの改正種苗法によって、品種を登録した者の許諾なしに、その種苗を販売したり、販売のために生産したり輸入することは禁止された。また、登録された品種の切り花を挿し木などで増殖してできた苗や切り花を売ったり、一代雑種の親として育成してできた品種の種子を販売することも許諾なしに行ってはならないことになった。さらに育成者の権利が強化されるのは二十年後の改正を待たねばならないが、昭和二十二年の農産種苗法に比べれば格段の進歩だった。

昭和四十六年から調査を開始した特許庁「花の特許出願件数推移」の調べによれば、この報告書が出た翌年、昭和五十二年の出願件数は過去最高でバラとベゴニアに集中しており、全出願件数二十三件のうち、十六件が京成バラ園芸、七件が東京都だった。

この間、鈴木は斎藤規夫らと、開花した後にカメレオンのように花弁の色が変化していく仕組みも研究し、オレンジ色が徐々に赤くなる〈F10〉やシアニジンにクリサンテミン色素が加わって蛍光色となる〈かがやき〉を発表した。緋《ひ》色の花弁で、裏弁が黄色いという複色の〈かがやき〉は、その後ＡＡＲＳ賞を受賞する〈光彩（ミカド）〉の交配親となる、鈴木の代表作となった。

鈴木はよく、新しいバラができると、これが親だと自慢げに〈かがやき〉を示したという。特に、朱赤のペラルゴニジン色素を使うのが得意で、黄色から橙、赤と色が変わる〈ふれ太鼓〉などはお気に入りの品種だった。だが、思えばそれは、鈴木の「わびさび」の方向性を言下に否定した若き研究者の有隅健一が、近い将来流行していくことを予測した、光るバラそのものだった。

実際に商品としてバラを市場に出すことになれば、売れるものを予測して育種交配をしていかねばならない。鈴木が海外で賞を受けることになった作品〈かがやき〉〈乾杯〉〈光彩〉などはいずれも鮮やかな蛍光色の緋紅、あるいはオレンジの大輪だった。それらは、鈴木がつくりたいといっていた日本的な風合いのバラとは決していえない。バラの育種については先進国である欧米のバラと対等に渡り合うための、戦略的かつ攻撃的な商品といえた。

斎藤規夫はいう。

「育種に科学は役立ったとは思いますが、商売は別。売れるもの、コンテストで勝てるものをサイエンスでは予言できません。それはセンスの問題です。その意味で、鈴木さんはやっぱり芸術家でした」

バラ研究所所長時代の鈴木は、頑固で自己中心的で、育種や栽培を行う部下たちの価値観をなかなか認めようとしなかった。すぐに「けしからん」といっては部下のやり方を否定し、自分の眼で選んだものしかコンテストに出そうとしなかった。それが、名人であり、芸術家的側面をもつ育種家の一面でもあるのだろう。「名人は育てても排除する」といった声もあった。斎藤規夫は、厳しいことをいわれて落胆している鈴木の部下たちの慰め役でもあった。

経済的にも、会社からはたびたびクレームが入った。鈴木の理解者でもあった川崎が逝去した後は、社内の鈴木批判はさらに高まった。

昭和五十五年(一九八〇)から晩年まで京成バラ園芸で鈴木の秘書を務めた、バラ文化研究所副理事長の野村和子は回想する。

「どんな周囲の批判があっても、本人はまったく気にしていませんでした。二十代の頃から戦後三十年、自分が先輩たちを引っ張ってバラ界を支えてきた、自分がトップだという意識があったからでしょう。複数の人間で話をするときなども、みんなが自分の方を向いて話をしないといって怒る人でした。いつも自分がピラミッドのトップにいなければだめだったのです」

鈴木が好々爺といわれるようになったのは、七十歳を過ぎてからのことだ。それまでは、闘志漲《みなぎ》る眼差しで部下たちを威嚇し、震え上がらせていた。

政治家や実業界の顧客との交流は特に大事にし、内閣が新しく組閣されると、そのたびに新聞を切り抜いて壁に貼り、常に情勢を把握するようにしていた。当時の首相、中曽根康弘から、バラ園をつくりたいと西多摩郡日の出町の日の出山荘に呼ばれ、設計から担当したこともあった。

「政治家に働きかけをしていたのは事実です。だからこそ種苗法もできたのでしょう。相手がどんなに偉い人であっても、どんな場所に出てもまったく動じない人でした。ラジオの収録や講演会でも全然平気でふだんと変わらない。外国人に対してもそれは同じでした。百戦錬磨なのでしょう。

特に、人を選別する能力はすごかったです。この人間は自分がこれからも付き合っていってもいいかどうかを瞬時に判断する。新聞記者や取材に来る人でも、何度来られても覚えない人がいるかと思うと、一度来ただけで気に入ってしまって、こちらから突然電話をして付き合いを続けようとする人もいました」

種苗法が制定された頃の鈴木省三はまさに絶頂期といえた。昭和四十五年には〈かがやき〉がオランダのハーグ国際コンクールで銀賞を受賞。鈴木の名前を一躍有名にしたのは、〈聖火〉が昭和四十七年にニュージーランドの国際コンクールで金賞と南太平洋金星賞を受賞したときだった。蕾のときは薄い桃色だが、開花するうちに花弁の縁が濃いピンクになる、いわゆる覆輪《ふくりん》の大輪バラで、東京オリンピックにちなんで〈聖火〉と名づけられたものだ。

そして、〈かがやき〉を交配親にした〈光彩〉が昭和六十三年(一九八八)にＡＡＲＳ賞を受賞したとき、鈴木省三は、名実ともに輝ける〝ミスター・ローズ〟となった。

芳純

ミスター・ローズとの対話 4

Hoh-Jun

芳　純

鈴木省三が1981年に作出したハイブリッド・ティー・ローズで，グラナダとクローネンブルグの交配種．剣弁《けんべん》または半剣弁高芯《こうしん》咲きの巨大輪．花色は華やかな濃いピンク．房咲きになることが多い．現代バラの豊かな芳香が特徴．

一九九九年四月十九日、八千代市の自邸を訪ねると、鈴木は、薬の副作用でかぶれた両手をかばうために白い手袋をし、書斎の椅子に腰掛けていた。私はこの日、これまで聞き忘れていたことをたずねてみた。それは、自分の作出品種の中で最も好きなバラは何かということだった。すると、鈴木は、迷わずこういった。

「芳純だね……」

何人もの人々から、鈴木が最も気に入っていたのは〈かがやき〉だと聞いていたため、意外に思えた。

〈芳純〉は、ダマスクの甘酸っぱい濃厚な香りとティーのモダンな香りがほどよく溶け合った優しい香りのバラで、これまでのハイブリッド・ティー・ローズ系にはなかった上品さと優雅さをあわせもっていた。

「フランスのアラン・メイヤンとそのお母さんが来日したとき、なぜうちでは今までこんな香りのバラをつくれなかったのってお母さんがアランに注意したんだ。ブリーダー同士はお互いがわかるからほかに言葉はいらない。あのときは、これで一歩先んじたと心を強くしたね。それまではメイヤンにもコルデスにも負けてばかりだったから」

花弁は明るいローズ色の半剣弁高芯《けんべんこうしん》で、鈴木が海外で大きな賞を受賞した蛍光色の作品のような派手さはなく、落ち着きのある楚々とした巨大輪。香りも姿かたちも、どこか日本人好みの静かなたたずまいをしている。閑寂さを感ずるかと問われれば、そうだといえるかもしれない。とどろきばらえん時代から鈴木が作出しようとしていた日本人のバラの一つの到達点が〈芳純〉といえた。

「家に植えるバラだったら、花の姿やかたちよりも、次から次へと花が咲いて丈夫で香りがよい、それに尽きるんじゃないかと思うんです。とどろきばらえんの頃、香りのことを非常に考えたことがあってね。香りというのは本当は四百種類以上あるんですよ。でも、実際には五十種類ぐらいしか知られていない。それはなぜなのだろうと考えたんです。芳純ができたのはずっと後のことですが、そのもとにある考えは、とどろきの頃からずっとあったんだ」

〈芳純〉は、ボブ・リンドゥクィストの〈グラナダ〉とマグレディの〈クローネンブルグ〉を交配親としていた。〈クローネンブルグ〉は〈ピース〉の枝変わり。そして、〈ピース〉には、かつてマグレディが焼き捨てた青いバラの血が引き継がれているといわれる〈チャールズ・P・キラム〉の遺伝要素が受け継がれている。そして、〈チャールズ・P・キラム〉には……。

〈芳純〉の交配親についてさらにたずねようとすると、鈴木は「芳純は……」といったまま口ごもった。鈴木にとって、親が何かということなど、どうでもいいようだった。そして、机の引き出しから分厚いアドレス帳を取り出し、あるページを開いた。名前と住所と電話番号、そして、その横には鉛筆で書かれた「正」の字が並んでいた。

「ああ、これはね、今年は年賀状が来たという印なんです。ええと、ああ、あったあった。この人です。彼に会ってみてください」

そういいながら、鈴木はある一人の男性の名前を指さした。バラの香りを共に研究したという人物だった。

現在、世界で香料の原料として利用されているバラは、大きく分けて二つの地域で栽培されている。一つは、ロサ・ダマスセナを栽培するブルガリアとトルコ、もう一つは、キャベジ・ローズといわれる八重咲きのロサ・センティフォーリアを栽培する南仏のグラースとモロッコである。

これらの地域には香料用のバラの精油をとる香料会社が何十社もあり、同じ原料でも、会社が違えば香りも微妙に違う。また、精油の抽出の仕方によっても同じバラで香りが異なり、ヘキサンとアルコールで抽出する溶剤抽出法でつくったアブソルート・ローズ・オイルは香りが濃くて甘さがあり、水で煮て蒸気と一緒に抽出する水蒸気蒸留法でつくったエッセンシャル・ローズ・オイルは、遠くからでも華やかな香りが漂う。つまり、数にすると二、三十種類ある香料会社によって精油の香りが異なることに加え、精油の抽出法によっても香りが異なっているわけである。

私は、こうしたさまざまな香りの差異を成分分析し、新たな商品の香りを模索している資生堂製品開発センター香料開発室主任研究員の蓬田《よもぎだ》勝之を訪ねた。鈴木の手帳にあった人物である。

研究を始めて約八年間、蓬田らはタバコも吸わず、深酒もせず、健康に気をつけながら、東京の神代植物公園や大阪のひらかたバラ園、京都の京都府立植物園、京成バラ園芸の八千代研究農場などで、約千種を上回るバラの香りをひたすらかぎまわっていた。だが、かげばかぐほど、自分たちがバラの香りだと思って香水や化粧品の香りの原料として輸入しているバラの精油と、植物園やバラ園や花店でかいでみたバラの香りが違っている。それは、たんに香りが濃いとか薄いといった違いではなく、質の違いとしかいいようのないものだった。

考えてみれば、香料の主原料であるロサ・ダマスセナもロサ・センティフォーリアも見たことがない。輸入材料だけで香料研究を行うことには限界がある。もっと自然に咲くバラの生きた香りを商品に活かせないものだろうか。

そんな疑問を抱えていたある日、静岡県掛川にある吉岡バラ園に〈ショッキング・ブルー〉という香りのいいバラがあることを知った。花を買いにいったところ、京成バラ園芸から苗を買っているとわかり、鈴木に問い合わせをしたのである。

蓬田が、鈴木のもとを初めて訪れたのは、一九八一年（昭和五十六）の春だった。

「結局、約十数年間、鈴木さんの研究所に通って共同研究を行いました」

蓬田はいった。

香りが強く特徴的な現代バラを提供してもらいながら、蓬田らは、ガスクロマトグラフィやマススペクトロメトリーという質量分析計で、これまでバラの香りの成分として判明しているフェニルエチルアルコールやゲラニオールといった成分の名前と含有量を調べていった。二万種ほどあるといわれる現代バラから、研究のために選抜したバラの品種数は千種類以上に及んだ。すると、調べていくうちに、現代バラにはこれまでの香料が原料にしていたロサ・ダマスセナやロサ・センティフォーリアからは見つからなかった香気成分が含まれていることがわかったのである。それは、ジメトキシメチルベンゼンという成分だった。

「千種ほど分析した中で、古い原種でこの成分が含まれているのは、ティー・ローズの元祖といわれているロサ・ギガンティアだけなんです。もう、僕らはびっくりしましてね。というのも、それまで僕たちが知っていた化粧品や香水には、現代バラには一般的なはずの、このティーの香りがまったく含まれていないことがわかったからなんです」

私は、二度目に鈴木を訪ねたときに手渡された、ロサ・ダマスセナが、妙に甘酸っぱく、ふだん使っている化粧品や石鹼の香りに似ていると感じたことを思い出した。そんな既製の商品が頭に浮かんだからこそ、どこか人工的と感じたのだろうが、あれは、クレオパトラの時代から変わらないオールドローズの香りであり、私たちがふだん花店やバラ園でかいで知っていた現代バラの香りとは異なるものだったのである。すぐに自然のバラの香りと感じられなかったのも当然だったのだ。

甘く咽《む》せるようなロサ・ダマスセナの香りと違い、ジメトキシメチルベンゼンは、現代バラのほとんどの品種に特徴的であることも蓬田らの研究で判明した。調香師はそれを「湿っぽいグリーンノートとフェノリックなスパイシー・パウダリーノート」と表現するが、簡単にいえば、それは紅茶の香り。たしかに、ティーの香りなら馴染《なじ》みがある。花店で買うバラの花束は、そんな優しい穏やかな香りだ。

バラ園でかいだ現代バラの香りと、香料を研究しているときにかぐロサ・ダマスセナやロサ・センティフォーリアからとった精油の香りとは、何かが違うと違和感を覚えて開始した研究だった。結局、蓬田らの職業的直感は、見事に当たった。

研究成果は、八三年の第九回国際精油会議で発表され、反響を呼んだ。さらに、香り成分の科学的裏付けと、イギリスのウイズレイガーデンから取り寄せたロサ・ギガンティアの特徴的な形状などから、鈴木は、翌年の園芸学会等で現代バラの剣弁の性質はこのロサ・ギガンティアから受け継がれたものだと発表した。これは、中国アジア原産のロサ・ギガンティアが、ヨーロッパに渡って現代のバラの育種改良に大きな影響を与えたとする強力な証拠であり、バラの系統研究に大きな波紋を与えることになった。

ロサ・ギガンティアは中国やビルマに自生し、淡い杏黄《きょうおう》色を帯びたクリーム色の花弁をもつ一重の中大輪バラである。写真を見たとき、私ははっとした。バラが、遺伝が、奥深いというのは、こういうことなのかもしれない。それはたしかに、花店で見るハイブリッド・ティー・ローズ系の現代バラを髣髴《ほうふつ》とさせる姿かたちをしていたのである。一重ではあるが弁の幅は広く、弁の先に向かって外側に反り返って剣弁となっている。このバラの祖先が十九世紀のヨーロッパにもち帰られて、育種に利用されたのである。色や姿かたちだけではなく、香りも人間の好みによってさまざまに組み合わされたり、引き離されたりして、次の世代へと引き継がれていったのだ。自分の目の前にあるバラをその姿かたちや香りを手がかりにして調べることは、つまり、プラントハンターたちが大陸を歩き、海を渡り、育種家たちが人々の美意識や流行に応じて交配を行ってきたという、人間の生きた歴史をたどることなのである。現在では、自生するロサ・ギガンティアは弁が平らなものが主流で、反り返ったものは珍しいことから、剣弁はロサ・ギガンティアに限らず、中国の野生種一般に時折現れる性質ではないかと鈴木の説に異を唱える者もいるが、中国と現代バラの関係を結ぶ重要な問題提起であったことは確かだった。

この間、鈴木は、香りに重点を置いて、新しい品種〈芳純〉を作出していた。この〈芳純〉は、これまでの現代バラにはなかったロサ・ダマスセナやロサ・センティフォーリア系の強い甘さとロサ・ガリカ系の華やかさをあわせ持った芳香分子を含む品種だった。つまり、現代バラに特徴的なティーの香りだろうと期待して香りをかぐと、実は、これまでの精油にあったクラシックな香りがするという意外性のあるものだ。蓬田らは、この新しいバラの香りの発見をきっかけに、商品戦略を立てることになった。

資生堂の研究所の袂《たもと》にある鶴見川沿いの畑を借り、〈芳純〉〈パパ・メイヤン〉〈ダブルディライト〉〈ルフトボルケ〉〈桜鏡〉〈ダイアナ〉〈セシルブルンネ〉の七品種を鈴木が選抜してそれぞれ百株ずつ植えた。今は分析技術が発達したため微量でも香りの成分分析はできるが、当時はまだ、一グラムの精油をとるために千四百個の花が必要だったのである。鈴木は、花の選定と栽培、肥料や水について指示を与えて花が立派に咲くまでみずから土にまみれ、手助けをした。

蓬田らはこの間に、半開花の状態が最もバランスよく香りを発散することや、窒素・リン酸・カリといった肥料成分、日照、天候も香りに大いに影響することなども明らかにしていった。

成分分析に続いて嗜好調査を行った結果、七種のうち、〈芳純〉と〈パパ・メイヤン〉を商品化のために採用することを決定し、「ばら園フレグランス・シリーズ」と銘打った商品を開発、八六年三月に、オーデコロンをメインに、シャンプー、リンス、石鹸等を発売した。さらに、六年後には、高級感あるシリーズとして、ウッディフローラルの香りがする「ブルーローズ」を倍の価格で発売した。香りは、ダマスクとティーの香りがミックスされた透明感のあるもので、宣伝には、「現代に息づく、ばら伝説、ブルーローズ」「美しいものを求めて止《や》まない心の、神秘のばら」「青いばらを夢みて、多くの研究が重ねられた」といったフレーズが並んだ。

もちろんそれは青いバラの香りではない。

蓬田は、「本当にスカイブルーのバラが生まれたら、その香りを調べるのはやっぱり夢です」といった。たった一輪でも何メートルも先からわかるような香り、東洋ランのように拡散性のある香りであってほしいと。

「香りの研究では、花の香りの王様がジャスミンで、バラは女王といいます。でもどういうわけか、ジャスミンよりもみんなバラを研究する。バラのほうが、未知の部分が多くて魅力があるということなんでしょう。とにかく、研究したいからするんですけどね。バラの香りの成分は五百四十種類ぐらいといわれてますけど、千から千五百ぐらいあるという人もいます。象徴的ないい方ですが、われわれの世界ではよく、バラの香りで始まりバラの香りで終わるといいます。僕もいろいろな花を分析しましたが、バラはまだまだ奥深くて、知れば知るほどわからない部分が出てくる。未知の部分があるから知りたくなる、研究したくなるということなんでしょう」

過去二千年の歴史において、バラの香料といえばロサ・ダマスセナやロサ・センティフォーリアから抽出するものを意味していた。クレオパトラやシェークスピアのかいだバラの香りは、そのいずれかから抽出したものだった。だが、鈴木や蓬田ら日本人のバラ研究者たちは、そこに、これまで世界にはなかったバラの香りを加えた。古くて新しい、しかし、私たち現代人には最も馴染みのあるティーの香りを加えたのである。

「日本のような狭い土地でバラをつくって世界に太刀打ちするためには、バラのことを深く理解して、センスある選球眼で、父株と母株を選ばないとだめでしょう。その意味で、鈴木さんはやはり芸術家だと思いました」

その後も蓬田は、新しい原種を手に入れたから香りの分析をしてほしいと連絡が入るたびに、鈴木のもとを訪れた。香りは、バラが現代にまで至った進化の道筋をたどるための、一つの貴重な手がかりだった。明治学院大学の斎藤規夫らが鈴木の助けを借りて青いバラをつくろうといいながら、いつのまにか鈴木の壮大なバラのプロジェクトチームの一員となって、色素研究から種苗法制定までを伴走することになったように、蓬田もまたいつしか鈴木のチームの一員になっていた。

　五度目に八千代の家を訪ねた九九年五月のある日、鈴木の顔色はとてもよく、数時間も育種の話をした。それは、バラの育種史と進化の迷宮についての話だった。「冬には、もう今にも死にそうな声を出していたかと思ったら、バラの季節が近づくと急に元気になっていつもの頑固なおやじになる。バラの話をし始めると止まらない」と、弟子たちが笑いながらいっていたことをふと思い出した。

「アンネームド・シードリングという言葉があるんだけどね。バラというのは、名前のない種が親の場合が多いのです。親が何かというのは、人間と違って雑種の親自体が正確ではないから、はっきりしない。だからといって、偶然に任せるということではなくて、その親にはたとえ名前がなくても、これを使えば丈夫なバラができるんじゃないかとか、小さいときから狙いをつけていくのです。種を播くと、本当にいろいろなものが出てきますよ」

　四、五万粒ほど播いた種が、温室の中でいっせいに小さな花を咲かせる。実生《みしょう》と呼ばれるその小さな花があまりにも可愛いため、とどろきばらえん時代には、それを売ってほしいと頼み込む客もあったという。だが、大半は無用になったものだから捨てなくてはならない。それを燃やすときが一番胸が痛むと鈴木はいった。

芸術家だと人はいうが、芸術的なセンスだけでも育種は成功しない。選抜を行う際に一番大事な点は花弁の質、弁質だと鈴木はいった。弁質の弱さは遺伝しやすい。花がどんなによくても、弁質がよくないものは必ず失敗した。

弁質の良し悪しは、種を播いて最初に咲いたバージン・フラワーで決まる。弁質が悪いと致命的だった。弁質は悪いが色は非常にいいものがあったとすると、それを親に使って今度は弁質がよく、なおかつ色のいいものをつくらなくてはいけない。それはひとえに、育種家のセンスにかかっている。鈴木は最後まで自分で選抜を行った。弟子たちの意見を聞こうとせず、頑固ボウズといわれたのはそのためでもあった。

「一〇〇パーセント完璧なバラというのは、なかなか出てこないものなんだ。最初の花がよくても、接《つ》ぎ木をして外に出すとかなり変わるものもあるし、庭へ植えて初めて真価を発揮するものもある。ブリーディングというものは、その花のどういうところに欠点があって、どういうところを長所として次の世代に残せるだろうかと始終考えることなのです。それが園芸の根本です。やっぱりブリーディングをやらなければバラの本当の性格はわからない。どういうふうに小さな芽が大きくなるのか、花がどういうふうに成長していくのか。苗木を買ってきて育てても愛着は生まれるけど、それとは全然違うことなんだよ。もちろん、研究室で顕微鏡をのぞくこととともね」

バラは、棘まで可愛くてね……鈴木はつぶやいた。

「ブリーディングの仕事をさせてもらって本当にありがたいと思ってるんだ、一生涯ね」

鈴木はこの日、三時間以上話し続けた。戦死した小学校の同級生のこと、父親のこと、ヒトゲノム計画のこと……。最後に、私はたずねた。

――外国のコンテストで賞をとることは、本当にご自分が望まれたことだったのでしょうか。

すると鈴木はじっと前を見据え、そして、いった。

「いろいろと僕に対する批判はあってね、それを聞くとちょっと寂しい気はするんだ。キリストがゴルゴタの丘に磔《はりつけ》になったときに、弟子たちは、キリストのことをあれはいろいろなことをいって人をまやかす人間だったといったというね。十二人の弟子が誰一人助けに行かなかったと。今、僕は、そんな感じがするな。これが人生だと思う。

しかし……日本からバラを出さなければいけない。新品種を日本から出さなければいけないんだということを川崎さんやみんなに激励されてやってきたわけだから。とにかく日本から、これが日本のバラだと売り出せるようなものを多少はつくったから。それが、せめてもの気休めだね」

そういうと、鈴木の目にうっすらと涙が浮かんだ。

脳裏に鈴木を激励した人々の名が去来した。園芸高校の安田勲や同級生、会津八一、今井喜孝、福岡誠一、川崎千春、鳩山一郎、育種家のライバルたち、経済界や政界の人々、戦後のバラを共に支えようとしたロザリアンたち、そして、家族……。

青いバラのことはもういいだろう。

私たちはしばらく何もいわず、窓外の風の音に耳を澄ましていた。

書斎のガラス戸を開けて失礼しようとしたとき、そういえばと思い、現代バラが日本に定着したのは、江戸時代のキクづくりの植木職人たちがいたからだとわかったことを伝えた。すると、鈴木は「そう、そう」と微笑み、「そうですか。そこまでたどりつきましたか……」といった。

そのときふと、私は、これまで自分が鈴木の家を玄関から出入りしたことが一度もなかったことに気がついた。門を開けてすぐ左の小道から庭に入り、バラたちを眺めながら——それは時として、こちらが見つめられているようでもあったが——鈴木の書斎に直接入っていく。そして、再びバラたちに見送られ、背中にほのかな甘い香りを背負いながら書斎を後にするのだった。

私は、庚申《コウシン》バラの咲く角で振り返り、一礼した。書斎で右手を肩まで上げた鈴木の姿が、一瞬、老人ジルヴェスターに重なってみえた。青い花を探して旅するハインリヒに、植物とは大地がじかに話しかけてくれる言葉だと教えた、あの園芸師ジルヴェスターに。だが、ゆっくりと門を閉めて再び八千代の静かな町を歩き始めたとき、私は思い直した。いや、ジルヴェスターではない。鈴木省三は、ハインリヒだったのだと。

第四章

ブレイブ・ニュー・ローズ

夢の新種

一九九七年二月、クローン羊ドリーの誕生が「ネイチャー」に発表されたとき、欧米を中心に多くの科学者や宗教家、哲学者、倫理学者たちは、クローン技術を人間に適用することの是非についてさまざまな意見交換を行った。反論の多くは、あらかじめ特定の性質をもつことを予定して人間を生み出すのは人権の侵害であり、人間の育種につながる可能性があるというものだ。同じ顔をした何人ものヒトラー、何人ものマリリン・モンロー……そんなイラストが欧米の雑誌や新聞の表紙を飾った。クローン関係の書籍の出版が相次ぐとともに、全国で生命科学の時代などと題するシンポジウムが開催された。〝たった一人の自分〟の意味を改めて問い直さなくてはならないほどの存在の出現に、誰もが戸惑いを感じた。

この不安を拭うために、クローンという技術がどのようなもので、ドリーが何を目的としてどういう方法で生まれたのかについて、ドリーをつくったイギリス・ロスリン研究所のイアン・ウィルマットはじめ、一部の研究者はみずから講義を行い、技術の意義を訴えた。ウィルマットは、自分は決してクローン人間を生み出す目的でこの技術を開発したのではないこと、技術が病気の治療に正しく有効に使用されるよう強調した。

この間、たびたびシンポジウムなどに参加し、研究者と話をする機会があった私は、彼らの多くがきまって、初めに植物のクローンの話題から語り始めることが気になっていた。クローンというのは今に始まった技術ではなく、植物では日常的に目にしていることなのだという説明だった。園芸でいう挿し木、あるいは、ニンジンやタバコでよく行われる、一つの細胞を培養して分化させ、再び個体に成長させる組織培養の技術である。細い試験管の中のカルスから芽が出ている写真をスライドに映し出す人もいた。たしかに、植物ではクローンづくりが日常的に行われているのだろうが、植物と動物をなぜ同列に語るのか、違和感を覚えたものだった。

そうして、いろいろな研究者の話を聞き歩くうちに、だんだん理解できるようになった。精神医学者ウィラード・ゲイリンが語った「科学的思考の持ち主にとっては、一個の細胞からクローンニンジンをつくりだすという飛躍のほうが、クローンニンジンの成功からクローン人間をつくりだすという飛躍よりも大きいだろう」という言葉の意味を、である。科学者がドリーの誕生に興奮を覚えたのは、動物と植物が同じだったことが証明されたという事実に対してだったのである。一つの細胞があるだけで、再び個体に成長する。これを全能性と呼ぶが、動物の体細胞も植物のように全能性がある。動物も植物も、生命現象としては同一のシステムが機能しているのだという興奮が科学者のうちにあったのだろう。今頃そんなことに気づいたのかと研究者は笑うだろうが、これはまぎれもない私自身の実感だ。

だがそれは、あくまでも科学的な解釈にすぎない。人間を社会的な存在として考えるごく一般的な視点と、科学的視点が食い違い、ぶつかり合うのは当たり前のことだ。科学的意義を理解しなければ、研究者と同じ目線で議論することはできない。逆もまたしかりだ。人間のクローンづくりが問題となっているときに、一般人に対して植物の挿し木の話から始めるのは、誤解を招くことなのである。植物でも頻繁に目にしていることだから、人間はその延長線上にあるだけで原理は同じだと説くのは、科学的視点に傾きすぎた見方ではないか。

それはたしかにブレイクスルーなのだろう。これまで未開の地だった「発生」の謎に、ついに人間が踏み込んだのだから。

しかし、社会的視点からみるならば、食用、園芸、観賞用として利用している植物と、家畜としての動物、ペットとしての動物、そして、家族や学校、会社など人間関係の中で互いの人格を尊重しながら日常生活を営む人間とでは、たとえ生物学的に同じ原理が働いていたとしても、何かが異なるから技術の利用に慎重を要するのである。

では、その何かとは、何なのか。

人間以外の動物ならいいのか。ペットなら認めてもいいのか。植物は同じ品質のものを安定して供給する必要があるが、人間はその唯一性を尊重すべきだからだめなのか。植物には安全性を確認するための何段階もの評価プロセスがあるが、人間を安全性確認の被験者にするわけにはいかないからなのか……。しかし、この何かに答えられたとして、では、動物だったらここまではいい、植物だったら何でもできるという理由には決してならない。クローン羊ドリーは、植物と動物の発生原理に共通性を与えたことによって、生きとし生けるものすべてを同列に並べたわけではない。生きとし生けるもの同士の壁をいったん一切取り払い、再びその壁を組み立てるのであれば、その理由を人間は探さなくてはならない——そんな問いを突きつけられているような気がしてならない。

九八年七月、イアン・ウィルマットに二日にわたって話を聞く機会のあった私は、クローン動物の医学的側面や今後の倫理的課題への意見を聞いた二日目のインタビューの一番最後に、本題とは違うことだがと前置きしてこんな質問をした。

数年後に、遺伝子組換え技術によって、青いバラができるという。しかし、青いバラは、長年の交配ではできなかった育種家や園芸家の夢の花だ。それを新しい技術で簡単につくってしまうのは、彼らだけではなく、青いバラにさまざまな想いを抱いていた人たちの夢を壊すことにはならないだろうか、と。

するとウィルマットは穏やかな笑みを浮かべながら、こういった。

「また、次の夢を探せばいいんです」

その三か月後、青いバラのイラストが添えられた「ブレイブ・ニュー・ローズ」と題する記事が、イギリスの科学誌「ニュー・サイエンティスト」十月三十一日号に掲載された。副題は、「二〇二〇年――。あなたは、レモンの香りのする芝生に寝ころんでいる。そして、青いバラが咲いている」とある。タイトルは、科学技術のもたらす近未来へ警告を発したオルダス・ハックスリーのSF小説『ブレイブ・ニュー・ワールド(邦題『すばらしい新世界』)』をもじったものだろう。

生化学者でもある同誌編集者デヴィッド・コンカーが執筆したこの記事は、花の色やかたち、香りや背丈、開花の季節や寿命の調節まで自在に行える遺伝子操作技術がもたらす近い将来の状況について、青いバラを研究するオーストラリアのフロリジン社や、レモンの香りのするバラを開発する米フィラデルフィア州のノヴァ・フローラ社などを例に挙げて紹介している。ここに、コンカー自身の結論はない。「この技術をなぜ止められるのか、一緒に遺伝子操作の世界をつくらないか」と皮肉っぽく呼びかけている。

ゴルフクラブを一振りするたびに、レモンの香りの分子が飛沫を上げるなんて爽快だ。スポーツとリラクゼーションの一石二鳥――もう何でもありである。

フロリジン社とサントリーが開発した遺伝子組換え藤色《ふじ》カーネーションが、欧米で発売されることになったのはその翌年のことだった。六月にはカンザスシティの主要な園芸ショーに、十一月にはオランダの世界最大市場アールスメーアのグローバル・フラワー・コンベンションに進出が決定した。閉鎖系の温室で栽培され、花粉はほとんどつくらないか、あっても重くて粘着性があるため飛散することはなく、切り花になってしまえばそれ以上花粉をつくる心配もない。このため、アメリカ政府、欧州委員会も販売を認可し、あたかも遺伝子組換え技術の最後の頼みの綱のように、消費者の前にお目見えすることになったのである。

消費者運動

だがこの年、一九九九年は、遺伝子組換え植物への消費者の不安が最高潮に達した年だった。遺伝子組換え食品に警告を発する意見やレポートが出されると、即座にそれを覆す意見や科学実験、政府の審査結果が発表される。一部の消費者団体が遺伝子組換え食品を否定するキャンペーンを繰り広げ、メディアもそれを煽るような記事を書く。いったい何が真実なのかわからない普通の消費者は、目先の情報に振り回され、スーパーマーケットで右往左往する。遺伝子組換え植物という言葉に対する丁寧な説明もされないまま、技術そのものを否定するような風潮が高まっていった。時間をかけてこの技術の意味を考えたいと思っていた私には、これもまた不可解な現象でしかなかった。遺伝子組換えを行う農産物に対する報道のトーンが変化してきたのもこの頃だ。

発端は九九年二月十二日。世界の科学者二十名が、アーパド・パズタイ教授の報告を支持するという声明を発表したことだった。

パズタイ教授の報告とは、その前年の八月十日、イギリスのグラナダ・テレビ制作の「ワールド・イン・アクション」に出演したスコットランドのロウェット研究所の分子生物学者パズタイが、その放送中に報告した、遺伝子組換え食品に対する否定的な研究結果である。殺虫効果をもつレクチン遺伝子を組み込んだジャガイモを十日から百十日間、五匹のラットに食べさせたところ、一部のラットに免疫力の低下と発育障害が見られたというものだ。九五年からスコットランド政府の助成を受けて、遺伝子組換え食品の安全性の研究を行っていた研究者の爆弾発言だった。

これに対して、当のロウェット研究所は、パズタイ発言直後の十二日に緊急記者会見を開き、パズタイ博士の実験は不完全なもので社会を無用に混乱させたと非難し、博士を停職処分にするという異例の素早い対応を見せた。その後、研究所はパズタイに提出させたレポートを検証し、このレポートが予備実験的なもので、科学的に不充分な実験であるとさらに非難した。しかし、イギリスのブレア首相が「英国では安全性が確認された大豆などしか市販していない」「組換え食品は安全だ。私は喜んで食べる」などと発言したことから、消費者・環境市民団体の反対運動が加速し、野党保守党も遺伝子組換え食品のモラトリアム延長を主張したのである。飲食店のメニューには表示が義務づけられ、スーパーから遺伝子組換え食品を排除する動きが起こった。

遺伝子組換え食品を推進する政治的な背景があることが、次々とイギリスのメディアによって暴かれていく。組換え技術の安全性評価の責任を負う科学相がバイオテクノロジー企業を資金援助し、みずから特許を所有していることや、組換え植物の栽培を審議する環境庁諮問委員会の委員の八割がバイオ関係企業と関係をもち、ロウェット研究所所長がブレア首相と親しかった点なども指摘され、政府、科学者、企業三者ぐるみで遺伝子組換え食品を推進していたという背景も明らかになった。三月には、政府はすべての飲食店・総菜店に組換え食品使用の表示を義務づけ、違反者には最高五千ポンドを科すことを発表し、環境庁も諮問委員会の委員の変更を行った。スーパーや役所、学校、病院などでは、さらに組換え食品排除への動きが高まった。

イギリス政府は最終的に、英国王立協会が任命する六名の毒物学、栄養学の研究者から成る英国農林水産食品省の新規食品・加工諮問委員会(ACNFP)に、パズタイの実験について検討、評価を委ねた。九九年五月十七日に発表された結論は、ACNFPに提出されたパズタイの実験データから意味のある結論は何ら得られず、実験の設計と使用された組換えジャガイモの栄養上の質の面で重大な疑問があった、というものだった。しかも、同委員会委員長のベインブリッジは、「ACNFP委員会は、レクチン遺伝子を用いたパズタイ博士の実験結果は、食用として開発されている多くのジャガイモ(筆者注・害虫抵抗性ジャガイモなど)とは関連性はなかったが、博士の実験について審査することは重要だと考えた。その結果、パズタイ博士の実験結果は、組換え食品全体の安全性に疑問を投げかけようとする不当なメディアキャンペーンによって著しく歪曲されているとの結論に達した」「パズタイ博士が実験を行ったようなレクチン遺伝子を導入したジャガイモが食品として承認されることはない」と述べた。このACNFPの声明は、日本では新聞報道すらされていない。

ところが、この三日後に発表された英科学誌「ネイチャー」五月二十日号の論文が再び波紋を呼んだ。

それは、アメリカのコーネル大学教授のジョン・ローシーらのグループによる実験報告だった。土壌微生物バチルス・チューリンゲンシス由来の毒素タンパク(Bt)を導入した遺伝子組換えトウモロコシ(Btコーン)から採取した花粉を、肉眼で確認できるほど過剰にまぶしたエサ(トウワタの葉)を蝶の一種オオカバマダラの幼虫に四日間与えたところ、四四パーセントの幼虫が死亡し、普通の葉を与えたものは死亡率〇パーセントだったというのである。Btコーンはアワノメイガという害虫から植物を守るためにモンサント社によって開発されたもので、九六年には実用化の認可が出ていた。この記事に最も早く反応したのがEUで、五月二十日当日に新しくBtコーンの認可を凍結することを発表したのである。

六月十日には、「ネイチャー」誌に記事を書いたコーネル大学のローシー自身が、アメリカの産業団体、ネブラスカ大学の研究者グループなどと共に、論文は自然では考えられない状態をつくり、データ解釈に行き過ぎがあったとする釈明を行っている。だが、バイオテクノロジー企業をバックとする釈明は当然色眼鏡で見られ、その影響は依然として続いた。アメリカのパイオニア・ハイブレッド・インターナショナル社がEUに申請していたBtコーンも審査が棚上げされている。こうしたヨーロッパの状況は日本にも大きな影響を与え、ある消費者団体は遺伝子組換え食品反対キャンペーンを繰り広げた。

日本で遺伝子組換え食品に対する企業側の姿勢を一斉に転換させた契機の一つは、キリンビールの発表だった。遺伝子組換えの原料がビールに使用されていることを危惧した消費者からの問い合わせや苦情が相次いだキリンビールは、八月二十四日、アメリカのカルジーン社から導入した日持ちする遺伝子組換えトマト「フレーバーセーバー」の開発を凍結し、ビールについては二〇〇一年までに副原料のトウモロコシをすべて非組換えのものに変えることを決定したのである。その後、発泡酒や清涼飲料に含まれているコーンスターチも含めて全品を非組換えにすると発表したために、日本の食品メーカーが続々と右へ倣《なら》えの状況となり、非組換え原料探しに商社担当者が東奔西走する事態が生じた。消費者の理解が得られていないことは、食品会社にとっては致命的な問題だった。

ただ、一九九九年にこのように遺伝子組換え食品に反対する消費者運動が高まる前から、ヨーロッパに大きな反対運動が起こる地盤が整えられていたことは否めない。

さかのぼること四年、すでにEU欧州委員会の正規の手続きを経て、七種類の遺伝子組換え作物が市場に出ているときだった。狂牛病騒動の直後の九五年五月、殺虫作用をもつBtエンドトキシンという遺伝子を組み込んで害虫抵抗性をもたせたBtコーンを販売することに対して、七か国が異議を唱えたのである。Btコーンは、チバガイギー社(九六年にスイスのサンド社と合併し現・ノバルティス社)がフランスの所轄機関を通じて届け出たものだ。この異議を受けて、EUは三つの独立した科学委員会に助言を求め、狂牛病騒動後の厳しい食品安全性基準にのっとって、結果的には翌九六年に認可する。

狂牛病騒動と遺伝子組換え作物は、直接には何の関係もない。だが、狂牛病騒動は、消費者の科学者への不信が高まり、食品安全性に対する意識が上昇したという意味で、大きな分岐点だった。

ＥＵ環境総局産業・環境問題担当局長のルース・フロマーリンガーは、九九年九月三日、東京有楽町の朝日ホールで開かれた「朝日新聞社フォーラム21」で、九五年のBtコーン事件は、次の二つの事実を確認したと述べている。

一つは、ヨーロッパ各国で、遺伝子組換え食品の潜在的な影響に対する懸念が高まっているということ。そして、もう一点は、各加盟国の当局が認可承認に慎重になっている大きな理由は、遺伝子組換え作物であることの表示を届け出人に対して義務付けられないためだということだった。

結局、ＥＵは、九六年のBtコーンの認可にあたって、表示の義務化と遺伝子組換え製品の登録を規制の中に取り入れることになった。だが、その後、防衛手段として加盟国のうち二か国で現在もなお、遺伝子組換え製品の販売が禁止されており、消費者による反対運動も行われて現在に至っている。ＥＵでは、九八年四月にアメリカのモンサント社やドイツのヘキスト・シェリング・アグレボ社の組換えトウモロコシが認可されたのを最後に、一年以上も新規の認可を事実上行っていない。

遺伝子組換え食品に対する慎重論は、世界最大の輸出国であるアメリカの農業関係者に打撃を与えた。その後、遺伝子組換え食品の国際的な安全基準を策定するための政府間組織、コーデックス委員会（食品規格委員会）や経済協力開発機構（ＯＥＣＤ）での議論を経て、二〇〇〇年七月の沖縄サミットにおいても、アメリカとヨーロッパとの対立は決着しなかった。

遺伝子組換え食品は、何も土壌細菌の毒素タンパクを導入した食品をつくるためだけに開発されたわけではない。塩分を含んだ土地や乾燥した土地でも育つ植物、寒冷地でも育つ植物、長期保存が可能な植物等、二十一世紀に予測される人口増加による食糧危機を救う作物として有効とされるものもある。また、アレルギーを抑える植物、コレステロール値を下げる効果が期待できる植物といった、健康面でメリットをもつ利用法も考えられている。

だが、企業は消費者の反発を恐れて遺伝子組換え技術に対する説明を一切行わず、それをまったく使用しないという態度に出てしまった。モンサント社やノバルティス社、デュポン社など、組換え技術を推進する大手企業の情報開示はまったく遅きに失した。これらの企業がバイオ・インフォメーション・カウンシルを組織し、三〜五年間で約五千万ドルの予算をかけ、安全性や技術の利点について一般市民の理解（パブリック・アクセプタンス）を得るための活動を行うことを発表したのは、二〇〇〇年の四月になってからだった。なお、日本で市民参加型の技術評価会議「遺伝子組換え農作物を考えるコンセンサス会議」の市民パネラー募集広告が新聞に掲載されたのは、その四か月後の八月のことだった。

一九七三年、コーエンとボイヤーが遺伝子組換えに成功して以来、二十数年が過ぎた。科学者による自主規制、国際的取り決め、各国による規制、消費者運動と、新しい技術は社会的な認知を得るために、紆余曲折を経て今に至っている。この四半世紀は、科学者主導で技術の推進と規制がコントロールされてきた。だが、目覚めた人々と向き合うための方策については、これまでまったくノー・アイデアだったことを思い知らされる結果となった。

青への道

「遺伝子組換えクッキーはいかがですか。おいしいですよ」

ある日、関係各省庁の後援で行われたバイオ関連企業交流イベントの、ほんのつけ足しのように設置された市民のためのバイオ食品試食コーナーを歩いていると、そんな声が耳に飛び込んできた。あまりの無神経さに思わず苦笑するしかなかった。人々がとまどっていることの本質を理解しようともしない国家戦略というものの鈍感さを垣間見《かいまみ》たようだった。

同じコーナーには、サントリーとフロリジン社が開発した藤色カーネーションも展示されている。結局、ＥＵの認可を受けることができたのは、花粉が飛散する可能性がほとんどない、この藤色カーネーションだけだった。

遺伝子組換えによる青いバラを目標に掲げたフロリジン社やサントリーに、消費者からクレームが届くことはほとんどないという。花なら許されるのかと、サントリーに続いて遺伝子組換えフラワーの開発に乗り出す企業も現れた。花は食べるわけではないから、遺伝子組換えを行っても消費者の抵抗は少ない。しかも、野菜の変わりものは抵抗を受けやすいが、そもそも変わったもの、これまでにない新しいものを望まれるのが花だ。口に入るものではないから構わないというのが受け入れられる理由なのだとすれば、消費者心理というのも、なんと単純で正直なのかと思わずにいられない。

明治学院大学教授の斎藤規夫は物事を歯に衣着《きぬ》せず率直に語る実に気持ちのいい人、というのが鈴木省三《せいぞう》の評価だった。頑固で部下と始終ぶつかる鈴木とは、とても馬が合うとは思えないようにみえるが、実は似合いの研究パートナーだった。終始穏やかに淡々と花の色素について語る。だが、時折思い出したように、花の色素のことがわかったって別に命に関係があるわけではない、儲かるわけじゃないとつぶやき、日本の科学研究における植物、特に花の色素研究への意識の低さを嘆くのだった。日本にサイエンスなんてない――それが斎藤の口癖だった。

斎藤は、一九八〇年代に、ロビンソンの後継者であるイギリスのレディング大学教授ハーボンのもとで研究生活を送った。この間、ユダヤ系だったためにドイツ国外に逃れざるをえなくなり不遇な晩年を送ったヴィルシュテッターや、工場の煤煙でくすんだマンチェスターの町で鮮やかな花の青色を試験管の中で合成することに成功したロビンソン、そして、ロビンソンのもとで共同研究した若き日本人研究者たちの足跡をたどり、ヨーロッパの優れた研究者たちが二十世紀前半の近代有機化学の基礎を築き上げたことを確信した。彼らが展開した青い花論争は、今ではバイオテクノロジーという新しい場所に舞台を変え、引き継がれている。やはり、青いバラをターゲットとして。

「当時の論争は、化学者の偏見と生物学者の道理の闘いだったのでしょう。今は、論争というよりは、誰が最初に青の統一原理を見つけるか。真実探しの先陣争いではないでしょうか」

青い花論争とは何だったのかという問いに、斎藤はそう答えた。

青いバラについてたずねると、「そんなつまらんことは……」と前置きしつつも、話し始めると数時間は止まらなかった。斎藤は現在、分子生物学の分野で活躍する若手の研究者とたびたび共同研究を行っている。千葉大学だけではなく、サントリーや岡崎国立共同研究機構・基礎生物学研究所のアサガオ研究グループなど、斎藤に教えを請う研究者は多かった。アントシアニン色素に関する研究発表の陰に斎藤あり、とはよく耳にした言葉だった。

斎藤は、一枚の写真を示しながらいった。

「バラの花弁には、シアニジンとペラルゴニジンしかない。青い花にはあるデルフィニジンがない。でも、ペラルゴニジンをもつもので青い花は聞いたことがないのですが、シアニジンで青くなったものはあるんですよ」

その写真は、ステンドグラスのように青く透き通った花弁をもつヒマラヤの青いケシ、標高四千メートル以上の氷河堆積斜面に自生する、メコノプシス・ホリドゥラだ。

「シアニジンという色素は、バラなどのほかの花では普通は赤い色になるものなんです。それなのに、ケシでは青くなる。なぜなのでしょうか。青いケシの分子構造がどうなっているのかがわかれば、そのからくりをバラに応用できる可能性はあります」

メコノプシス・ホリドゥラに含まれるシアニジンならば、バラももっている。では、メコノプシスのシアニジンの構造はどうなっているのか。何が結合して青くなっているのか。金属元素が結合しているのか、有機酸が結合しているのか。それがわかれば、青いバラをつくる鍵になるというのだ。

「それをよく調べないから、なぜシアニジンが青くなるのかわからないのです。でも、研究のためにはメコノプシスが数キロぐらい必要ですが、そんなことは経済的にもまず不可能です」

それまで穏やかに話をしてきた斎藤は突然身を乗り出し、別の写真を示して、「これは何ですか」といった。「アサガオではないですか」と答えると、我が意を得たりという表情でいった。

「そうでしょう、ねえ。アサガオは青くなるんです。アサガオはシアニジンの系統なのに青いんですよ。デルフィニジンじゃなくて、シアニジンなのに青いのはなぜか。これが明快にわかれば、そのルールがバラに応用できるかもしれないというのが、かれこれ十五年以上、千葉大の横井さんらと第一のテーマとしてきたことなんですよ。アサガオは側鎖《そくさ》がとても長いんです。それだけじゃだめだとは思いますが、もし、バラで同じような構造をしているものが見つけられれば、チャンスはあると思うんです」

つまり、メコノプシスは経済的にも物理的にも困難だが、自分たちにはアサガオがある。アサガオにはバラと同様に、シアニジンがある。側鎖が長いというのは、アサガオがたんにシアニジンで青くなるわけではなく、シアニジンの基本分子に糖類や有機酸などの化合物が結合し、その構造の違いで青くなったり、紫になったりするということだ。さらに、アサガオには〈ヘブンリー・ブルー〉のように、朝咲いたときに青くなり、午後になると紫に変色するようなものもある。なぜか。

「それがはっきりわからないのは、私たちが、まだ完全に青い花の本当の本質的な原理をつかんでいないということなんですよ。それは、色素が溶けている液胞のむずかしさなんです。植物はもっと巧みな素晴らしい原理をもっている。それを私たちは気づかないし、それに気づくほど真面目に努力していないということなんです」

やっぱり、花の色の研究なんてそれほど重要じゃないということなんでしょう、政府は農業なんかつぶれたらいいと思ってるしね——斎藤はいつものように嘆くのだった。


青いバラ完成のニュースは、依然として飛び込んでこない。一九九九年六月の新聞報道で、サントリーの鳥井信一郎社長は「今世紀中に咲かせたい」と意気込みを語っていたが、結局、果たされなかった。ただ、手続き上は、いきなり「青いバラ誕生」というニュースが飛び込んでこないようなシステムになっている。日本の場合は、農林水産省のホームページにある「組換え植物の栽培試験状況」で、国内の遺伝子組換え植物の開発状況がわかる。どんな植物がどこの研究機関によってどのような遺伝子組換えが行われているか、今それがどの段階にあるのかが一目でわかるようになっている。農水省に届けられてから、順当に進んだとしても商品化までは一、二年以上は要する。だが、サントリーもフロリジン社も、カーネーションやペチュニア、トレニアは申請しているものの、日本国内においては、バラは申請すらしていなかった。

フロリジン社との共同研究が開始されてから約十年が過ぎ、この間、遺伝子組換え技術によって、藤色カーネーションや白や白青混合色のトレニアが開発されたものの、バラはあくまでも象徴技術、目標として語られるだけだ。ランニングコストは数億円ともいわれ、企業としてはもう断念せざるをえないようだ、などという噂も業界内のあちこちで流れていた。

やはり、サントリーが公言しているとおり、バラの再生化にまだ成功していないということなのだろうか。遺伝子を操作するためには、バラの細胞をカルスの状態から発芽させ、花をつけるまでに育てることができなければならない。いくら遺伝子を入れたとしても、植物体に育たなければどうにもならない。そこが乗り越えられない限り、青いバラへの道は遥か彼方である。

バラは、なぜ再生化に手間取るのか。京成バラ園芸との共同研究でも最重要テーマだった点だ。

「要は、木本性の植物だからなんですよ。千葉大学園芸学部助教授の上田善弘はいった。

試験管内のような単細胞系にもっていって実験系をつくるのがむずかしいんです。草より木のほうが原始的。より原始的なほうが動かないんですよ、なかなか。たとえば、モクレン科やキンポウゲ科などは原始的だから非常に扱いづらい。バラ科も進化上でみると原始的、保守的なんですね。その一方で、イネ科やナス科などの草本性の植物、特にペチュニアやタバコなんて、〝フーリッシュ・プラント〟といわれるぐらい、なんだってできるんです。

バラも、品種によって再生化しやすいものとそうでないものがあって、原種なんかよりは、現代種のほうが培養はしやすいでしょうね」

分類遺伝学者ステバンスが作成した円状の植物進化図を見ると、円の中心にいくほど原始的で、外側ほど進化的な植物になり、ランなどは一番外側にある。外側にあるものほど、変わりやすい植物だという。たしかに、バラは中心に近いところにある。

なぜこういうことを聞くのかといいますと……と私がいいかけると、上田は「青いバラでしょ」といって笑った。上田もまた、中国やラオスなど諸外国へ植物探索に出かけるたびに、青いバラを探し歩く一人だったのだ。上田の研究室の大学院生・早川史乃は、小林森治《もりじ》の作出したバラなど藤色系のバラの色素分析も行っていた。

「とにかく、カーネーションは昔から組織培養で簡単に苗を増やすことができますし、なんとでもなる。バラの場合は、細胞の段階で遺伝子をたくさん入れられても、なかなか植物体にならないということなんでしょうね」

実際に遺伝子を入れる植物の選抜がまだ的確になされていない。デルフィニジンの生合成系ができていない。再生化の実験系が樹立できていない。それらが確立されても、カルスを育てる培地の培養液の成分も関係する。関門はいくつもあるというのだった。

「細胞には、トティポテンシーといって全能性があって、一つの細胞から根や葉を出す情報をもっています。ただ、不定形のカルスにはどうやれば根や葉になるという方向性はなくて、場合によっては動物の癌《がん》細胞のように変異してしまうこともあるんです。培地に用いる成分の組成によっても成功率が違います。窒素、リン酸、カリ、カルシウム、鉄などが主要成分で、微量要素として、硼素《ホウソ》、ヨウ素、マンガン、亜鉛、銅、モリブデン、コバルトがあります。そこに、さらにアミノ酸やビタミンが入って、サイトカイニンやオーキシンのようなホルモンも入れてやる。根を出すためにはオーキシンをサイトカイニンより多くし、芽をたくさん出すためには、その逆の比率となります」

つまり、ホルモン・バランスを調節することによって分化のさせ方が異なる。これらの条件をクリアして再生化に成功し、遺伝子を入れられたとしても、それがうまく花弁で発現するとは限らない。

上田の隣室には、『夢の植物をつくる』という本でやはり青いバラの夢を語っている、植物細胞工学研究室の三位《みい》正洋《まさひろ》教授がいた。三位によれば、サントリーにはすでにいろんな品種を再生化できる培養物はあるが、デルフィニジンを合成したり、pHを上げたりするための遺伝子組換えをしたものの、それでも色は変わらなかったという。もちろん、三位はその説明で納得したわけではない。

「そもそもサントリーは、これが遺伝子組換えをして得られた植物です、というのを公の場では全然示してないんですね。遺伝子組換えをした結果、花の色は変わらないというだけでも普通は論文になるはずなんです。でも、そういう論文は出ていない。サントリーとしては同じテーマを掲げて別の会社にやられたら抜かれちゃうかもしれないでしょう。だから牽制するためにそういってるのかなあ。カーネーションは表に出てるけどねえ。青くないけど」

やはり、青いバラをつくるというシンボルを掲げることは、同じ世界にいて心穏やかではないのだろうか。

「心静かではない人はいるでしょう。私は抜かれて当たり前と思ってますから。やっぱりこのタイプの仕事は、いろんなことができる専門の研究者を寄せ集めてやらないと。組織培養をやってバラをカルスからうまく植物体に再生できる人と、遺伝子を取ったり組み換えることが得意な人、取られた遺伝子を植物に入れるのが得意な人、そういう人たちが協力してやらないと仕事が全然進まないんです。できたらできたで、導入した遺伝子が本当に入ったのかどうかを確認しなくてはいけない。一方はまったく手業《てわざ》の世界で、一方は理詰めの世界。大学ならむずかしいけど、企業ならできるでしょうね」

私はふと、ドイツのカール・イルメンゼーという研究者のことを思い出した。スイスのジュネーヴ大学にいたイルメンゼーは、アメリカのジャクソン研究所のホップとともに、一九八一年、核を取り除いたマウスの受精卵に別のマウスの核を移植し、三匹のクローンマウスをつくったという論文を発表した。哺乳類初のクローンとして大きな反響を呼んだが、ほかの研究者が追試できなかったため、偽造だとして認められなかった事件だ。核移植という技術は、同じ方法でやっても人によって出来がまったく違うという。それほどに手業の世界なのだが、イルメンゼーは「黄金の手」と呼ばれる名人技で名を上げていた研究者だった。

「手業と論理ですね」。三位はいった。

「この両方を得意とする人間は、大学では養成できない。かなり質が異なりますから。でも、企業がいったんチームでやり始めたらもう勝てるわけないんです。キリンビールもＪＴ

も、目標を決めてやっているところはみんな成果を出してますね」

政府の産学共同研究の支援政策が開始される前から、サントリーは大学の研究者や何人かの育種家にもアプローチし、勉強会を開いては演者として招聘していた。一度世話になった人々へは、毎年のように年賀状やビールを送った。わからないことは教えてもらおう、一緒に勉強しよう、その代わり、毎年多からず少なからずの研究助成金を送るといった関係性を保つ。それが、サントリーの流儀だった。

名古屋大学化学測定機器センター助教授の近藤忠雄と椙山《すぎやま》女学園大学生活科学部助手の吉田久美のチームは、サントリーからアプローチを受けて共同研究を行ったグループの一つだった。

「サントリーはもうフロリジン社と共同研究を始めていたんですが、遺伝子をとる技術はあったけど、花弁から色素をとるとか、構造を決めることはできなかったので、そのあたりの方法論を教えただけです」(吉田)

近藤と吉田の名古屋大学チームは、有隅健一《ありすみ》にいわせれば、「花色研究の世界に彗星のように現れた」という印象であったらしい。天然物有機化学のうち、蛍の光など生物の発光研究の権威だった後藤俊夫の弟子たちだ。林孝三グループ、斎藤規夫らとはライバル関係にある。

彼らの研究成果の主たるものは、それぞれ一九九二年、九五年の「ネイチャー」誌に発表されている。前者は、一九年に柴田桂太が提唱して以来続いていた、金属錯体説を実証する画期的な研究だった。ツユクサの青色色素の結晶をX線結晶解析し、色素の構造を明らかにしたのである。それは、アントシアニンがマグネシウムと錯体を形成して青色になり、そこに、フラボンや別のアントシアニンが規則的にサンドイッチ状に並んで、液胞の中でも安定していることを証明した実験だ。

また、後者の研究では、西洋アサガオ〈ヘブンリー・ブルー〉で、赤紫の蕾《つぼみ》が開花と同時に空色になる現象をpH測定したことだった。通常花弁のpHは、花弁を搾って測定するが、それでは色素の含まれない表層の細胞以外も含まれてしまい、不正確である。このため、彼らは細いガラス製のpH電極で生きたままの花弁表層の液胞pHを測定した。すると、蕾のpHは6・7と酸性なのに、開花の状態では7・7とアルカリ性を示していたのである。

これは奇《く》しくも、二十世紀初頭、青い花論争の口火を切ったヴィルシュテッターのpH説を裏付けるものとなった。青い花びらはアルカリ性だから青なのだと主張したその説に、生体内で花弁がアルカリ性になるわけがないと批判したのは、金属錯体説を唱えた柴田桂太だった。だが、西洋アサガオに含まれるアントシアニンのペオニジンと呼ばれる色素に限っていえば、花の中でpHが酸性からアルカリ性に劇的に変化しても死なずに安定していることが証明されたのである。安定する理由は、アントシアニンが芳香族の酸と分子内会合して、水分子が接近するのを防いでいるためだともわかった。

つまり、青い花論争の中で唱えられてきた諸説がいずれも否定できないこと、そして、いずれもが複雑に関わり合う中で、花が青くなっているらしいとわかってきたのだ。

近藤と吉田のもとには、フロリジン社からエドウィナ・コーニッシュも訪れた。近藤らはpH調節や金属錯体、つまり、色素の基本的なルールを話したが、最初はなかなか理解されなかった。青いバラづくりに乗り出して青色遺伝子を手にしたとはいえ、まだ、色素の基本すらこれからという状態だったのである。サントリーが大学へ助成した研究費は年間五十万円。決して多額とはいえないだろう。


こうした日本国内の花色研究の高まりもあって、農水省の農林水産技術会議は、九六年から新産業創出フロンティア研究の一環として、野菜・茶業試験場を中心とした国としての研究課題に「アントシアニンの発色機構解明」を掲げた。青いバラを目標に、色素の生合成経路や花色の発現機構を解明するために企業や大学と共同研究を行い、近藤らのグループにも四年間の研究費援助を行った。企業や個人の趣味で青いバラを目指すのではない。多額な予算を投入する国家戦略の象徴技術として、青いバラが掲げられたのである。

「ただね……」と、近藤がいう。「現象的にわかっているのは、アサガオだけなんですよ。ドラスティックに目に見えて色がpHによって変わるのは。ほかの植物でも同じことが起こっているのかどうかはわからないんです」

さらに、pHが同じ花の中で動くのはなぜかとたずねると、近藤はいった。

「そこもわからないのです」

つまり、蕾が開花して花弁が青くなるとき、pHが酸性からアルカリ性になるという事実はわかったが、なぜpHが同じ花の中で上昇するのかはわからないというのだ。

「青いバラをつくる攻め方としては何段階もあるんです。今、サントリーやフロリジンがカーネーションでやっているようにデルフィニジン系の色素をつくらせるようにするとか、pHを上げることも一つです」

pHをアルカリ性にするための遺伝子を導入すればいいということだろうか。

「植物細胞の液胞膜にあって水素イオン濃度を調節する遺伝子はもうとれているんです。でも、フロリジンは、それを入れてもうまくいかなかった。pHを上げるといっても、花の色の細胞だけのpHを上げるために何段階もの制御機構を行うように遺伝子制御しないといけないので、そこまではまだわかっていないということです」

さらに、吉田もいう。

「どんな生合成系の遺伝子を入れても、花びらで発現しなきゃ困るわけです。葉や茎じゃ困る。でも、どこでどのレベルの開花のステージで発現するか、そのあたりの制御機構まではわかっていなくて、やってみたらできましたという世界なんです」

そして、近藤が開き直るようにこういった。

「今の遺伝子組換えはみんな結果オーライで、千個やってみて三個うまくいったらいいというもので、なぜその三個はうまくいってほかがだめなのかもわかっていない。そこがわかれば、違いを比べることができるわけですが、今はある程度考えをもって数をこなすしかないという状態です」

カーネーションはあれだけ公表されているけど、バラは遠いという様子だった。

「現実にはおそらく、本当の空のような青い色を出すのはとてもじゃないけど遠い先だと思います。あんまり悲観的なこといっちゃいけないけど、それが現実だと思うんです」

ブレイクスルーとなる技術はあるのかと聞けば、その第一歩はやはり適切な材料となるバラを見つけることと、再生化を成功させることだといった。カルスの状態で操作し、花が咲くサイクルが縮まれば、それだけでも大きな進歩だと。

「結局、青いバラができるためには、生体内での場所と時間と物質の制御が必要なんです。遺伝子を導入するだけではなく、場所と時間を制御するシステムが組み込まれなければいけないのです。一つの遺伝子をちょろちょろと操作したっておそらくむずかしいでしょう」

企業の夢

年間のランニングコストは数億円……。カルジーン・パシフィック社時代にマイケル・ダーリング社長が青いバラを完成させると発表した目標期限である一九九七年から、すでに三年以上が経過している。やはり象徴技術にすぎなかったのだろうか。青いバラは、藤色のカーネーションなど他の遺伝子組換えフラワーの販売のための宣伝にすぎなかったのだろうか。そんな憶測も流れていた。

サントリーとフロリジン社は、青いバラといってもどんな完成イメージを抱いているのか。

青といってもどんな青なのか。花弁はどんな質感のもので、それはどんな香りをもつのか。

サントリー花事業部の金山典生《のりお》はいった。

「残念ながら、そんなことをいえる段階ではないのです。とにかく青くなればいい。バラの品種によってやりやすさに違いがあるようですから、どれでもいいからできる品種からやろうという意識です。それに、香りですか……弱りましたね。もう一つ遺伝子を入れないといけなくなるんでしょうか」

私は、最近の花は色の鮮やかさや姿かたち、日持ちなどを重視して改良され、香りのないものが増えたこと、ミシガン大学とパーデュー大学の研究者がキンギョソウなどを使って香りの遺伝子の研究に乗り出したこと、などを話した。つまり、青いバラをつくろうとするのであれば、バラの重要な要素である香りも念頭に入れるのが当然ではないかと思ったのである。

「なるほど……。あなたは青いバラに何か特別な想いがあるんですね」

何気なくいった金山の言葉に、私は驚いた。ということは、金山には青いバラに特別な想いがないということなのだろうか。たしかに最初にサントリーを訪ねたときも、花事業部長の村が同じように特別な想いなどないといっていた。たんなる商品にすぎないということなのだろう。

だが、では逆に、私は青いバラに特別な想いがあるのだろうか。花を人より大切に育てた覚えもなく、花の名前もほとんど知らない。ただ、バラとはこれほど多様な物語を背負った花である。将来、青いバラが最初の蕾をふくらませ、何百年もの夢が実現するその瞬間までの時間を、人々はどんな想いで待つのだろうかと気になっただけではなかっただろうか。それに、商品というものは、自動車にしても住宅にしても、完成イメージ、予想図があって当然だ。植物にしても、商品であるからには完成イメージ図ぐらい描かれているはずではないか。ごく自然にそう考えたのだった。

だが、そんなものは、ない——。

鈴木省三は、自分の望むバラをつくるときには、目指す花色や花弁の姿かたち、葉や香り、大きさに至るまで、どれだけ自分が欲しいもののイメージを具体的に描けるかが重要だとよく後輩たちにいっていたという。そして、その実現を確信することがもっと重要なのだ、と。二十世紀末に誕生したバイオテクノロジーによって青いバラを誕生させようとするのであれば、それが一企業の利益になることを目標とするものであっても、その技術が過去の科学技術の歴史の流れに立つ同じ人の営みであり、その夢が本当の夢であるのなら、夢の実現を推し進める意志の力をもたなくてはならないのではないか。そうでなければ、それはたんに技術を手にした者の傲《おご》りでしかないのではないかと思うのである。

今、それを一人の社員に追及するのは違うのかもしれない。フロリジン社の研究者からも、切り花市場で最も魅力のある商品だから青いバラを開発するだけだという以上の回答はなかった。そうなのだろう。共同研究の目標として掲げただけの、技術の象徴なのだろう。だが、企業の掲げる夢というのは、いったい誰の夢なのだろうか。

かつて、中尾佐助という人がいた。照葉樹林文化という概念を唱えた著名な民族植物学者だ。照葉樹林文化とは、ヒマラヤからアッサムを通して中国南部、日本列島と連続した地域に、広葉樹林がつながっていて、そこには、茶や絹、漆、シソ、米の酒など、農作物やその利用方法に共通の文化が見られるという発見だった。中尾は木原均《ひとし》や生態学の今西錦司《きんじ》の弟子で、人と植物の関わりを通じて民族の文化を研究してきた。その中尾の代表作『花と木の文化史』に、次のような一節がある。

花卉《かき》園芸の歴史をみると、世界の歴史の中に登場するすべての諸民族、諸国家に、それぞれの固有文化に応じて、固有の花卉園芸文化が発達してきたというわけのものではない。花卉園芸文化は、ある社会で、その時代の生産力段階とか、社会構造にピッタリ対応して発展してくるものであると考えるのは大きなあやまりである。花卉園芸文化は、衣食住の文化のように、人間生活の生理的必要性に根ざして、あらゆる社会でそれなりの固有性のある文化が生み出されるという性格のものではない。高い生産力、安定した社会構造などは、高度の花卉園芸文化の発達のために、不可欠な要因となっている。しかしその要因がみたされれば、高度の花卉園芸がかならず生まれてくるかというと、歴史はそうではなかったという事実を示す。たとえば古代ギリシア、古代インドは、古代の輝かしい大文明を生んだが、その文化の中では、花卉園芸は皆無とはいわないまでも、きわめて貧弱な程度にとどまっていたのである。

社会が安定し、経済的に繁栄していることは、園芸文化が栄える必要条件の一つではある。だが、社会が豊かで安定していたからといって必ずしも花卉園芸が育つわけではない、というのである。中尾は、ローマ時代に、あるローマ人がアフリカ北岸のアトラス山からカーネーションをもち帰り、自宅の庭で育てて観賞したことから園芸が発達したことや、江戸時代に花卉を好んだ将軍がいたことで、キクやハナショウブなどの栽培が全国に広まった例などを挙げた。そして、園芸文化の発展する要因は、社会経済の発展などではなく、偶然の事情によるものだといっている。

思えば、十七世紀のオランダで異常な投機ブームを巻き起こしたチューリップもそうだった。フランドルの商人がトルコから織物を輸入したところ、そこに御礼代わりに入っていた球根が人手を経て植物学者カルロス・クルシウスの手に渡った。美しく珍しいチューリップに魅せられたクルシウスが、球根をヨーロッパ中の知人に贈り、緻密な研究も行った。そのクルシウスがオランダのライデン大学に招かれ、チューリップの新しい園芸種を次々と生み出したことから、オランダ中にチューリップが広まっていったのである。

バラも同じだ。ジョゼフィーヌという人がいたからこそバラの遺伝資源が集まり、育種が行われ、モダンローズ、現代バラと呼ばれる品種が次々と誕生した。そして、日本には、山《さん》東《とう》一郎が、横山新之助が、岡本勘治郎が、鈴木省三が……いた。

初めに、花を愛する人がいた。そして、そこに夢を賭けた人がいた。彼ら一人ひとりの牢《ろう》乎《こ》たる意志の力によって花はその儚《はかな》き命を紡ぎ続け、夢が託され続けてきたのではないだろうか。

青いバラがまもなくできるかもしれないと耳にしたときに覚えた違和感とは、私たちがこの両腕を思い切り伸ばしてつかみたいと願っていたものが、本当に青いバラだったのかという「問い」だったのではないだろうか。

まるで、ヘルマン・ヘッセが『デミアン』で描いた、星をつかもうと虚空に飛び込んだ少年のように……。それは、長いあいだ叶わなかったのだ。飛ぶ瞬間、少年の脳裏にやっぱりだめだという考えが過《よ》ぎって海岸に転落し、波間にうち砕かれたように、人々は自分の望む青いバラがいったいどんな花なのか、それが本当に青いバラなのかを思い描くことができず、伸びきったままの腕をそのままだらりと宙に漂わせるしかなかったのだ。だが、だからといって、青いバラをつかむことが星をつかむことなのだろうか。

この日最後に、私は、金山とハイポニカ理論の話をした。それは、八五年のつくば科学万博で展示された、トマトの水耕栽培の試みだった。植物の生育メカニズムを科学的に検証し、土は植物の成長にとっての阻害要因だと考えて使用せず、水、光、空気、肥料だけで育てた結果、一本の苗木から一万三千個以上のトマトが実ったというものだ。さらに、開発者の野澤重雄は、毎日毎日、トマトに「大きくなっていいんだよ」と語りかけることが大切だったといっている。

植物は人間より環境適応性がある、植物にも心がある、人間と植物の心は互いに共鳴する、などを唱えるハイポニカ理論は、科学的ではないとして、学会では正式に認められていない。だが、現在トマトの水耕栽培を行う農家の半分以上がハイポニカ農法を利用し、他の農作物にも応用され始めているという。実際に人間の目に見えている部分はごくわずかだ、私たちは本当の植物の生命力をまだまだ知りはしない――ハイポニカ理論は、決してマジックやオカルトではなく、自然の潜在的能力の豊かさを考える一つの材料だった。

「青くなってもいいんだよとバラに語りかけてみましょうか」

金山は笑った。

「僕も、もともとは花には興味がなかったのです。でも、育てていると、その植物が応えてくれるという気持ちはよくわかります。仕事とは関係なく、そういうことはあるんです。そして、それがなぜなのか、考えることがよくあるんですね。当社の百周年記念式典があったとき、過去のコマーシャルが放映されたんです。すると、あ、飲みたい、食べたいというふうに五感に訴えるものが多かった。花でもそういうものをやれたらと思っているんですが……。花の何が魅力なのでしょうか。園芸雑誌でよく花が咲き乱れている写真が掲載されますね。でも、次第にみんな同じように見えてくる。実際に花を育てて感じる気持ちと同じものは起こらない。なぜなんでしょうか」

花になぜ感動するのか、ということですか。

「そう。それが目下一番のテーマなんですよ」

不可能が可能になる日

事態は、ゆっくりと進行していた。

九九年の春からオーストラリア科学産業機構（CSIRO）の林産科林業科学研究所の客員教授として現地に滞在していた斎藤規夫は、その夏、フロリジン社を訪れた。たんに見学するつもりだったのだが、世界的な色素研究者の来訪とあって、四十代前半までの若き研究者たちは、斎藤に講義をしてくれるよう要請した。その際、斎藤は、リサーチマネジャーのジョン・メイスンから花弁に青色色素のデルフィニジンが五〇パーセント入ったバラを見せられた。親は〈ソニア〉というメイヤン作出のサーモンピンクのハイブリッド・ティー・ローズで、写真を見たところ、その花弁は赤というより赤黒っぽいものだった。

青色遺伝子をバラに入れた、つまり、F3′5′水酸化酵素の遺伝子をバラに導入することによって、花弁の色素構成中の半分までをデルフィニジンにすることができたのである。そして、花も咲いた。バラの再生化は成功していたのである。第一関門は突破されていたのだ。

だが、斎藤は彼らにこう告げた。

「二次、三次、高次構造の遺伝子を操作しないと、まだまだハードルは越えられないでしよう」

青色遺伝子を導入してアントシアニンの構造をデルフィニジンにするだけでは、一次構造をクリアしたというだけにすぎない。再生化に難易度の差はあったにしても、この部分は彼らが特許でもっている技術であり、藤色カーネーションがすでにできているわけだから、遅かれ早かれバラでもデルフィニジンにすることができて当然だったのだ。

斎藤は、青色を制御する統一原理を探すための、これまでに解明された六つのルールを改めて彼らに説明した。すでにみてきたことだが、今一度まとめてみる。色の本質は、まず、以下の一次、二次構造によって決まる。

①　アントシアニンの構造（水酸基の数や糖、メチル化、アセチル化など）

②　pH調節

だが、フロリジン社がクリアしているのは、この①段階の一次構造にすぎない。これだけでは、藤色カーネーションでわかるように、青ではなく紫でしかない。pHも、依然として5〜6程度と酸性を示している。これでは、青くはならない。

そこで、②のpH調節を行わねばならないが、通常の植物では液胞内は中性か弱酸性である。バラはカーネーションよりさらにpHが低く、水素イオン濃度を調整する遺伝子を導入してpHをアルカリ性に近づけようとしたが、成功しなかった。アルカリ性で青を示すのは、アサガオやアジサイの変異、青いケシなどごく一部でしかない。しかも、液胞の中が中性か弱酸性では、アントシアニンは水に溶けて水和反応を起こし、すぐに退色してしまうという不安定さがある。青い花が常に青くあるためには、そんな周囲の環境には無関係なからくり、すなわち、水からの防御構造が必要だった。

そこでさらに、以下の三次構造から高次構造が必要になってくる。

③ 自己会合(アントシアニン濃度を高くして水分子が入る隙間をなくす)
④ 分子間コピグメント(液胞内のフラボンやフラボノールが両側からアントシアニンをサンドイッチ状にはさんで積層構造をつくり、水分子の接近を避ける)
⑤ 分子内コピグメント(芳香族有機酸がアントシアニンをはさんで積層構造をつくり、水分子の接近を避ける)
⑥ 金属錯体(アントシアニンが金属原子と錯体をつくることで固定され、さらにフラボンと積層構造をつくることで水分子の接近を避ける)

フロリジン社では、デルフィニジンが五〇パーセント導入されたバラと、白バラを盛んに交配しつつあった。白バラはフラボンを含むため、交配を繰り返すことでフラボンを蓄積してアントシアニンをはさみ、積層構造をつくって水分子を避けられるようになるからである。

今後、デルフィニジンが五〇パーセント含まれるバラと白いバラ、さらに、液胞内のpHがアルカリ性に近いバラとの交配で、かなり青に近づく可能性はあるだろう。たんに遺伝子を導入するだけではなく、交配によって色素分子を花弁に貯めていくという従来の方法を利用するのである。

つまり、デルフィニジン、青色遺伝子を入れただけではやはりだめなのだ。現在の分子生物学の手法では遺伝子を入れても分子の骨格や側鎖を変化させるのが限界で、それ以上の、二次、三次、高次構造まで遺伝子を制御していくのは困難だった。名古屋大学の近藤と吉田がいった「場所と時間と物質の制御」、すなわち、的確な場所で、目指す時間に、適切な物質が生成されるよう遺伝子をコントロールすることは、現在の技術ではまだ第一段階にしか至っていないのだ。それでもなお、目指すとすれば、年月をかけ、プロセスを積み上げ、交配の力も借りていくしかない。

しかし、それは、今から三十二年前、有隅健一がすでに指摘したこと、そのものであった。「あんなに早くから、お書きになっていらしたのですね」。数年前、有隅は、斎藤からそんな労《ねぎら》いの言葉をかけられたという。

「青いバラというテーマは、サイエンティストが挑戦するにはいい材料ではあります」

斎藤はいった。

「しかも、それが経済活動に結びつくのもいいことなのでしょう。花を綺麗だと思って見ていたら研究の対象にはなりません。すりつぶして破壊することが、われわれの商売なんですから。材料としか見ていない。どういう分子構造なのか、青色の統一原理を導くヒントが見つけられるのか、色を変化させる本質的な特性はあるのか、あるとすればそれは何で、誰が与えるのか。生物の進化の過程でつくられてきたものであれば、昆虫や動物がそれを助けてきたのか。そういった物質の本質的なものを探すのが私の仕事です。科学者が神を考えたらだめなのです」

だが、それが最終的には人に感動を与えることになるのではないだろうか。

「そこに特殊な効果、感動を与えるのが、鈴木さんなのでしょう」

斎藤は、『ナチュラル・ヒストリー・オブ・ポリネーション(授粉の自然誌)』という、昆虫と花の関係を著した図鑑を取り出した。そして、その中の一枚の写真を示しながら、「ほら、まるでランと虫がセックスしてるみたいでしょう。虫はね、花をメスだと思ってランディングしたんですね」といった。それは、見ている側がとまどいを覚えるほど鮮烈な写真だった。昆虫が、女性の性器のような形状をしたランの花弁に寄り添い授粉する姿だった。

「植物というのは、三つの化学物質を巧みに使って、うまく動物や虫を巻き込んで進化してきたのです。色で引きつけること。そして、香りで誤解させること。引き寄せてランディングすれば、そこには蜜、糖があります。だから、昆虫や鳥に見つけてもらいやすい目立つ植物が地球に残ったのです。人間と同じように、植物も化粧が大事なのです。進化してたくさんあるものが、動物との関係がうまくいったと考えるのです。

植物は原始的なものほど、バラのように花のかたちがらせん状、渦巻き状になっています。そして、進化するほど左右対称になって、やがてランのように対称性がなくなってかたちが複雑になります。

色については、風媒花、鳥媒花、虫媒花でまったく異なっています。風媒花は地味な花が多くて色も目立ちません。風媒花のアントシアニンの中心色素はシアニジンです。花の色は、そのあと大きく二つの方向に進化したと考えられています。一つが、ミツバチのような昆虫が媒介する虫媒花で、温帯地方で青色へと進化しています。もう一つが、ハチドリのような鳥の媒介する鳥媒花で、熱帯地方で鮮明な緋《ひ》色や橙《だいだい》色など明るい色へと進化しています。これらの色素構造をみると、シアニジンを出発点として、水酸基が脱離すると緋色や橙色方向へ向かい、水酸基やメチル基が付加すると、青色の方向にいきます。その中でも、原始的なものほど単純なコピグメントで、進化するほど、色素分子が金属原子と錯体をつくって長い側鎖がついているのです。

自然の中には必然性があります。それが、フィロソフィーというものです。なぜ、青色の研究が大事かといえば、青色の複雑さの中に、植物と動物との長い共進化の裏付けができているはずだと考えるからなのです。こうした進化の流れを見ていけば、なんらかの知見が得られると思っているのです」

バラは原始的。青色の色素構造は進化的。そうすると、遺伝子組換え技術で青いバラをつくるということは、そもそも自然の行おうとしている進化に背くことにはならないのだろうか。進化に反することを人は望もうとしているのだろうか。

「進化の必然となるのかどうかはわかりません。環境に沿わなければ、死滅するでしょう。ただ、あまり近視眼的に考えないほうがいい。何億年という時間の中で起こっていたいろんなことの、一つの変形かもしれません。ただ、私たちの知識がつながっていなかっただけとも考えられますから」

私はサントリー基礎研究所主任研究員・久住高章《くすみたかあき》に、斎藤から聞いた最新情報について問いただした。それは、九九年十二月、大阪大学蛋白質研究所セミナー「植物細胞の代謝工学――フラボノイド生合成の基礎から応用への展開」と題して行われたサントリーと大学関係者との勉強会の場だった。久住は一瞬驚きの表情を浮かべた後、こういった。

「たしかに、再生化には成功しました。遺伝子も入れました」

遺伝子導入だけでも成功しているなら、論文で発表すればいいという声があることを告げると、残念そうな笑みを浮かべてこういった。

「再生化というのは特許ではなくてノウハウだから、論文が出せないんです。昔はそれだけでも論文にしていた時代もあったようですが。カーネーションができてバラができない壁になっているのは、細胞内の遺伝子がうまくコントロールできないことなのです」

企業秘密だからとこれまで真実をはぐらかし続けてきたサントリーの、おそらくこれは本音なのだろう。販売戦略上、牽制しているようには思われなかった。

この勉強会には、名古屋大学の近藤・吉田ほか、九四年にアサガオが斑《ふ》入り模様になる仕組みを解明して、それに関与する転移因子・トランスポゾンを取り出すことに成功した、岡崎国立共同研究機構・基礎生物学研究所教授の飯田滋もいた。また、シソを用いたアントシアニン生合成系の研究を行う千葉大学薬学部教授の斉藤和季や、この夏にサントリーと共同でキンギョソウとトレニアからフラボン合成酵素Ⅱのクローン化に成功したと発表した日本大学生物資源科学部助教授の綾部真一らの顔もあった。こぢんまりとした雰囲気ではあったが、現在、植物色素について遺伝子工学の手法でアプローチするトップ・グループが勢揃いしていたのである。つまり、サントリーとしても、自分たちがわからないことは開陳し、大学研究者と情報交換を進めて共同研究したほうが得策であると踏んだのだろう。研究委託ならば莫大な経費のかかるところだが、共同研究であれば問題はない。遺伝子組換え植物に対する風当たりが強い状況にあって、花の色の産学共同研究を、バイオテクノロジー界の救世主のように期待する声もあった。

だが、この背景に、サントリーとフロリジン社がすでに重要特許を押さえているという安心感があるのは間違いないだろう。中でも、青い花をつくる場合に、ペチュニアのF3′5′水酸化酵素の遺伝子を入れてデルフィニジンをつくるという一次構造に関わる技術は、サントリーとフロリジン社の特許である。つまり、青い花をつくるときの第一歩となる最も簡単で最も便利な近道を通るには、必ず彼らにロイヤルティーを支払わなくてはならない。他の企業がすべて青いバラの研究から撤退したのもそういう理由だったのだから。

私は、昨年は青いバラまであと四年という話だったが、今はあと何年と考えればよいのかと久住にたずねた。

「まだ積み重ねていかないといけないでしょう。いつ、青いバラができるのか。それが一番つらい質問です。残念ながらお約束できません」

各大学の研究者の発表が一通り終了すると、青いバラの研究当事者であるサントリーの田中良和が演台に立った。題目は「青いカーネーションの開発と商業化」。農水省の研究会や園芸学会に引き続き、田中のこの同じ題目の講演を聞くのは三度目だった。

「企業ですので、こういうことは利益のためにやっています」

田中の第一声に、どっと笑いが起こった。

「なぜ切り花に着目して青い花をやり始めたかといいますと、切り花の市場では、バラ、キク、カーネーションの三つが世界の市場の半分程度を占めているにもかかわらず、三つとも綺麗な紫や青がないからです。そこで、切り花で新しい市場を開拓できるのではないかとやり始めました」

それは、どこかで聞いたセリフだった。

そして、青いバラを象徴技術に掲げてきたサントリーが、この間開発してきた遺伝子組換え技術による花、たとえば、カーネーション、トレニア、ペチュニアの新品種を紹介し、それぞれが、青いバラ作出と関係する研究であることが示された。

また、田中は、藤色カーネーションでの研究成果をもとにF3′5′水酸化酵素の説明を始め、フラボノイド合成に関わるP450の分子系統樹、枝分かれの進化図のようなものを示した。赤い花と青い花の両方をもつものと、カーネーションやバラのように赤い花しかないものが、進化の過程でどのように遺伝子を分離させ、系統を分けてきたのかを説明する図だった。目の前の花を操作するだけではなく、進化を語り始めたことに、これまでには見られなかった彼らの新しい方向性と希望をわずかに垣間見たようだった。

最後に、研究に携わるフロリジン社とサントリーの数十名の研究者のスナップが映し出された。二十代から四十代前半までの若き研究者たちは、満面に笑みを湛《たた》えていた。

「ここにおられる先生方と共同研究させていただいて、究極の青いバラを目指して頑張っています」

田中がそう講演を締めくくると、再び大きな拍手が起こった。

かがやき

ミスター・ローズとの最後の対話

Kagayaki

かがやき

鈴木省三が1970年に作出し，同年のハーグ国際コンクールで銀賞を受賞したハイブリッド・ティー・ローズ．半剣弁《けんべん》の高芯《こうしん》咲き．花径8 cm，花弁数は25〜30枚ほどの中大輪．複色花で，表弁はビロード状の光沢のある明るい深紅色，裏弁は濃黄色．房咲きになる．英名はBrilliant Light.

一九九九年秋、私は、千葉県佐倉市にある東邦大学医学部附属病院をたびたび訪ねた。病院の近くにあるローズガーデン・アルバのバラたちが花を咲かせた十月のある日、七階の個室の扉をノックして部屋に入ると、ベッドに横たわっていた鈴木はふと目を開け、ああ、と微笑《ほほえ》んだ。窓際には、赤い一輪のバラが飾られ、枕元には童謡のCDが置かれていた。このところは、クラシックではなく、もっぱら「ふるさと」や「箱根の山」「お山の大将」といった唱歌ばかりを聴いていた。

「どうぞ、かけてください」

鈴木は半身を起こしながら、ベッドの脇にある椅子を勧めた。前日に親しい人の見舞いがあり、バラの話をしすぎて疲れていると付き添いのフジさんに聞いていたため、面会は三十分以内で切り上げることにした。

フジさんに支えられてゆっくりと上半身を起こすと、掠《かす》れた声で、「僕の目的はね、日本からバラを出すことだったのです……」といった。それはいささか唐突な話題で、私は一瞬身構えた。

鈴木が突然話し始めたのは、世界的に最も権威のあるフランスのバガテール国際コンクールでの経験だった。

　とどろきばらえん時代に〈天の川〉でハンブルク国際コンクール銅賞を受賞し、多少なりとも自信をつけていた鈴木は、欧米のバラ試作場を毎年のように調べて回ったところ、鮮やかな緋《ひ》色のバラがないことに気づき、〈かがやき〉を自信をもって応募した。だが、結果は落選だった。審査員からは、「ハイブリッド・ティー・ローズの大輪系のバラとしては花が小さい。フロリバンダ系としては、花がちょっと大きいということで、該当する系統がない。花の色はきれいだが、賞には入れるわけにはいかない」との回答があっただけで充分な説明はなかった。

　該当する系統がないというのは、そもそも審査のスタート地点にすら立てないということでもある。そんな馬鹿なことがあるものかと納得のいかなかった鈴木は、その夏にすぐパリに渡り、審査員に集まってもらって理由を問いただした。だが、答えは同じだった。

　こんなに美しいバラが、なぜ賞をとることができないのか。

　鈴木はこのとき、日本人にバラがわかるわけがないというように見下す、フランス人の冷ややかな眼差《まなざ》しを痛いほど感じた。

「僕も若かったもんだから、審査員につめよった。英語しかできないから、英語でね。でも、みんな全然知らん顔だ。ちょっと英語ができる人にいっても、色はいいけど花弁が少ないだとか、花の大きさがどうのこうのって同じことしかいわない。日本からいいバラを出しても、こっちでは認められないようなこともいわれたんだ。無性に腹が立ってね。外国では日本人は文化的でないとまで思われているんだよ。日本にだってバラはあるんだぞといったら、びっくりした顔もされた。日本人はバラなんか知らないと思っている人が、ヨーロッパにもアメリカにもいるんだ」

日本人が野蛮人のように思われている、花を愛する文化などないと思われている。欧米で生まれた現代バラの四季咲き性や耐病虫害性は中国や日本の野生種の力だというのに、彼らは何も知らず、日本人を文化のない劣等民族だと思っている。技術や経済で比較されるならまだしも、文化が劣るといわれることがどれほど屈辱的なことであるか。

今となれば乱暴な批判として退けられるものを、当時の日本人には、それを跳ね返して誇れるだけの自信も勇気も力もなかった。鈴木の通訳をしたソルボンヌ大学を出たばかりの若い女性も、別れ際、ハンカチで悔し涙を拭っていた。以後、鈴木は、バガテール国際コンクールには頼まれても出展することはなかった。

実は、バガテールのこの話を聞くのは、これで二度目だった。いや、正確にいえば、三度目になるだろうか。一度目は春に訪ねたとき、二度目は、一九九六年に放送されたＮＨＫラジオで鈴木が語った台本を読んだとき、そして、この日が三度目だった。私は、三度目の話にただただ耳を傾けた。おそらく、晴世や弟子たちは、私以上に何度もこの話を繰り返し聞かされたに違いない。同じ人間であってもかまわず、何度も語らないではいられないほどの苦々しい経験だったのだろう。繰り返し語ることで希釈し、なだめなければならないほどの重苦しい執念を己の中に抱えていたのだろう。

本来は、閑寂な風合いの静かなバラや素朴なノイバラを愛したはずの鈴木が、交配親に〈かがやき〉を使うことにより強くこだわり、自信をもっていたのも、そんな想いがあったためのような気がしてならなかった。

「ナショナリズムはありました。ドイツ人もフランス人も、ブリーダーというのは、みんなそうです。僕は、日本人にもバラをつくっている人間がいるということだけでも伝えたかった。日本人は野蛮人じゃないということを……」

やがて鈴木は、明治時代に日本で初めてバラの栽培法の本を出版した、京都の園芸家の話をした。翻訳物ではなく、日本人によって書かれた専門書としては秀逸で、著者は外国の文献を研究し、日本で栽培する場合の肥料や土壌づくり、病虫害、かび対策、移植法などを克明に記述し、温湯灌水法《おんとうかんすい》を考案した人物だったという。鈴木はその人の本を本郷の古書店で入手したのだが、どんな人だったのかと知りたくて気になっていたところ、とどろきばらえん時代にその著者の遠縁を名乗る人物が訪ねてきて、しばらく交流が続いたという。

「今、名前がどうしても思い出せないのだけれど、あの本は素晴らしかった。あの時代に、そんな日本人がいたということを心から誇りに思ってるんだ」

鈴木はふと、窓際のバラに目をやった。それは、長年、鈴木の送り迎えをしていた運転手が見舞いに届けてくれたものだった。

「……この四十年間、いろんなことがあったよ、本当に。でも、僕としては、やることはやった」

約束の三十分が過ぎた。窓の外はもう真っ暗になっていた。私はまた来ることを告げ、帰ることにした。鈴木はゆっくりと目を細め、「ありがとう。じゃあ、また」と、右手を上げた。

病室の扉を閉めようとすると、フジさんが出てきて私に一枚の紙を握らせ、囁《ささや》いた。

「このところ具合が悪くて……。念のため、先にこちらへお電話していただいてからいらしてくださったほうがいいかもしれません」

それは、病室の電話番号だった。私は無言でうなずき、ゆっくり扉を閉めた。それが、永遠の別れとなった。

鈴木の葬儀が営まれた二週間後、二〇〇〇年二月初めの土曜日、等々力《とどろき》にある都立園芸高校のバラ園では、鈴木の後輩たちが剪定《せんてい》作業を行っていた。それぞれが一枝一枝丁寧に芽の上で枝を刈り込み、枯れ枝があれば根元から切って整えた。伸び放題になっていた枝は、三分の二から半分程度に切りそろえられ、五月の花の準備が整えられた。棘のある枝は茣蓙《ござ》でまとめて運ばれ、燃されて灰となった。この日は、恵泉女学園の同窓会の女性も集まり、鈴木の弟子たちが剪定の方法を手取り足取り教えた。

それは五月のバラを待つ人々の、去年と何一つ変わらない光景だった。ただ一つ違うのは、これまでは怖い先輩の一喝にも感じられた「この薔薇《ばら》を愛す」という記念碑の言葉が、今日は透徹した祈りのように胸に響いたことだった。

亡くなる直前まで鈴木の秘書を務め、ローズガーデン・アルバで鈴木が守り続けたオールドローズを引き継いだ、野村和子はいった。

「バラの神様のように人はいいますが、本当はとても人間的な魅力のある人で、だからこそこれだけ長い間お付き合いしてきました。現代バラの原種をこうして保存しようとしたことも、絶滅種だから保存しておかなければならないというような自然保護の観点からではなかったと思うんです。それよりも、日本の気候風土に合う新しいバラを追い求めるため。これまでなかった新しいバラを自分がつくる。あくまでも自分の育種の資源として考えていたのだと、私は思うんです。最後に準備していた育種の夢はとうとう叶いませんでしたが、つくりたいもの、やってみたいことはまだまだたくさんあったのです」

もし、サントリーとの共同研究が現在も続いていたとしたら、遺伝子組換えで新しいバラをつくることもためらわなかっただろうか。

「そう思います。今までにないものをつくろうとするのが、育種家ですから」

二十世紀最後の年は、全国各地でバラ展やガーデニング展が次々と開催された。震災復興の祈りを込めて淡路島で開催されたジャパンフローラ２０００は、千七百種・百五十万本の花々、四十五万本の樹木が家族連れや団体客を迎えた。

関東では二つの大型バラ展が開催された。千葉幕張メッセで行われた世界ばら展はシンボルローズを青いバラとし、今最も青に近いバラとして、青バラ一筋に育種を行ってきた小林森治の赤味の抜けた藤色のバラ〈青龍〉を展示した。「小林さんのお庭のバラが、だんだん青くなってきたね」。近所の人々が、最近では、小林にそう声をかけてくれるようになったという。

また、西武ドームで開催された国際バラとガーデニングショウでも、日本初公開の青いバラとして、イギリスのアマチュア育種家フランク・コリンショーが作出した濃紫の〈ラプソディー・イン・ブルー〉が展示された。ショウの一角には、鈴木省三を偲《しの》び、遺品や作出品種を展示した特別ブースが設けられた。〝ミスター・ローズ〟の面影に一目ふれたいと、身動きできないほどの人々が集まった。かつてのバラ・ブームと大きく異なるのは、コンテスト一辺倒への反省からか、ハンギングバスケットや庭づくりなど、大人から子どもまで誰でも自由に参加できるイベントを設けていることだった。バラも、ハイブリッド・ティー・ローズ系ばかりではなく、オールドローズや、オールドローズとモダンローズの交配から生まれたイングリッシュ・ローズなどさまざまなバラが紹介された。

また、この年は、サントリーとの共同研究を発表した研究グループが、次々と新しい成果を発表した年でもあった。

三月には、青森県グリーンバイオセンターが、バラの細胞から発芽させるまでの組織培養期間を従来の半分の三か月にまで短縮する技術を開発したと発表した。バラの葉柄《ようへい》といわれる葉の付け根の部分を葉とともに切り取り、培養液に浸したところ、約三か月で発芽し、個体差はあるものの半年で花が咲くまで成長したのである。これまでの方法では発芽までに半年かかっていたので、花色の確認までの時間が短縮されて研究が迅速化するだけではなく、世代交替の早期化に期待がかかることになった。この再生化の方法は、一九九五年にすでにオランダの植物育種再生研究センターのＬ・Ａ・Ｍ・デュボアとＤ・Ｐ・ド・フリースが成功させているため、青森県のチームはこれに遺伝子を組み入れて形質転換が成功した段階で論文発表するという。

かつて、建部到《たけべいたる》のもとでプロトプラスト研究を行ったときから青いバラの夢を語っていた、青森県グリーンバイオセンター所長の鈴木正彦はいう。

「青いバラというのは、これまでは象徴技術にすぎませんでした。青いバラもできるよといえば、この技術の意味が説明しやすかったのです。でも、おそらくあと二、三年もすれば本当に青いバラはできるでしょう。バラでまだ取られていない遺伝子には、アシル化や配糖化に関するものがありますので、これらが取れれば、サントリーに対してクロスライセンスをもちかけてみるつもりです。青いバラはもう夢ではなくて、現実になっているのです」

また、十月に開催された天然有機物討論会では、サントリーと東洋大学生命科学部のチームが、「バラ花弁の新規色素ロサシアニン類の構造」と題して研究発表を行った。従来のラヴェンダー色のバラに含まれている主な色素は赤色色素シアニジンで、これがpHやコピグメント効果によってラヴェンダー色を呈するとされている。ところが、この機構を解明しようとしたところ、ごく微量の青色色素も共存していることがわかったのである。彼らはこの新しい青色色素をバラ由来の青色色素であることから、ロサシアニンと命名した。

さらに、アサガオの斑入りを引き起こすトランスポゾンを突き止めた、岡崎国立共同研究機構・基礎生物学研究所教授の飯田滋らのグループも、アサガオの青い色の発現をコントロールする遺伝子をつきとめ、十月五日付「ネイチャー」誌に発表した。

アサガオの原種は本来青い花を咲かせるが、青いアサガオと突然変異によって花が青くならず紫になる品種を比較したところ、双方に共通する遺伝子のうち、紫の花を咲かせるアサガオだけに正常に働いていない遺伝子があることが判明したのである。しかも、紫のアサガオのほうではpHが上昇せず、花が青くならない。こうしたことから、この遺伝子の働きによってつくられるタンパク質は、ナトリウムイオンと水素イオンの流れを調節して細胞内のpHを押し上げる性質をもつことがわかったのだ。細胞の中のpHをコントロールして花の色を変える遺伝子が同定されたのは、世界で初めてのことだった。

「ネイチャー」誌編集部次長のクリストファー・サリッジは、「青いバラへ」と題するコラムで飯田らの論文を紹介し、「彼らの成果によって、園芸家の青い花への夢は一歩前進したであろう。それだけではない。シロイヌナズナやイネのpH調節に関連した遺伝子は、高い塩分濃度に反応することがわかっている。アサガオの青い花は、また、塩害に襲われた厳しい土壌でもよく育つ植物の開発への扉を開いたといえるかもしれない」と称えた。

青いバラの夢について尋ねると、飯田はいった。

「私自身は一言も青いバラとはいっていないのですが、どうやら方々で報道されているものはみんな、青いバラへの前進だと書いていますね。もし、十年後に青いバラができたのなら、その第一歩だったといわれるのかもしれません。ただ、ナトリウムイオンは本来植物にとっては外に吐き出したい毒ですので、それがあっても花が生きていける理由がわからない限り、バラにこの遺伝子を入れたからといってすぐに青くなるものではないでしょう。まだまだわからないことばかりなのです」

今回の論文に記載された共同研究者名には、斎藤規夫の名があり、また、参考文献には、鈴木が慕っていた遺伝学者・今井喜孝が易変性変異を研究した一九三四年の論文も挙げられていた。

科学は人の営みである。先人の研究の上に新たな仮説を立て、それを証明し、新たな知見を得る。その蓄積こそ真実への限りなき挑戦である。そんな科学と、私たちは、隣り合わせに生きてきた。

青いバラもできるのかもしれない。いや、きっとできるのだろう。そのとき私たちはきっと、ことさら感情を逆なでされることなく、ただ淡々と対面できるのかもしれない。なぜなら、私は、私たちのような世代は、ましてや、私たちよりも後に生まれてくる世代は、花弁や葉や茎の堅さ柔らかさも、土の匂いも、蕾《つぼみ》が開く瞬間も知らず、自分の中に植物を育てたことなどなかったのだから。青いバラが、初めて自分の中に種を播《ま》かれ、育《はぐく》まれ、咲く花になるのかもしれないのだから——。

ただ、科学技術によって生み出された花でなかったならば、もっとよかっただろうにと思わないわけではない。おそらく鳴り物入りでまもなく登場するだろう未知のバラに惑わされて、その背後にある影に気づかないほど、私たちはもはや純粋ではないのだ。

かつて、青いバラを目指した育種家の一人、スペインのペドロ・ドットはいった。「人がバラを征服したのではない。科学がバラをつくるのでもない。バラが人の愛情に応えてわれわれに近寄ってきたのだ」と。

今、少なくとも一つだけいえるのは、自然の声に謙虚に耳を澄ませた人々のこのような言葉を、マウスでコピーしてクリック一つで別の画面に貼り付けるようなことだけはしたくないということだ。

二十世紀末、科学はゲノムという生命の設計図を解読し、また、生命の誕生と死の境界線を押し広げた。人間も植物も、自然の生きとし生けるものはすべて、私たちの手の中に入ったかのようにみえる。だが、科学が、一つひとつの固く閉ざされていた自然の扉を開ければ開けるほど、自然と私たちの関係を解き明かすための言葉は遠ざかっていく。それは、絶望なのだろうか。

青いバラの夢は、二十一世紀へと引き継がれた。

アフターノーツ　あとがきにかえて

「そんなの撮っても全部、空。空だけですよ」

空に向けてシャッターを切ろうとする私を見て、久木《ひさき》テルモと小原《おばら》敬二は笑った。

花の都と呼ばれる、アルゼンチン・エスコバルでの出来事だ。日本の空の色と違ってあまりにも濃い青だったため、思わず写真に収めておきたかったのだ。ハワイの空は鮮やかなエメラルドブルーという印象が強かったが、アルゼンチンの空は吸い込まれそうなほど深く透明な、まさに青い青といった表現が似合いそうな色だった。空がこれほど多様な色をしているのだから、青といっても世界中の人々がいろいろな青を思い浮かべるのは当然なのだろう。でも、あなたの好きな色は何かと問うと、決まって、青という回答が一番多いのだという。

私がアルゼンチンを訪ねたのは、二〇〇〇年三月だった。三年前から花の育種指導のためにブエノスアイレスに派遣されていた、有隅《ありすみ》健一に会うためだ。

戦後まもない頃からバラの色素研究を行っていた有隅は、その後、時間とともに色変わりする花の色素機構や、ツツジ、シャクナゲの育種研究を行った後、一九九六年(平成八)に鹿児島大学を退官して名誉教授となった。その後、国際協力事業団(JICA)の要請を受け、育種の専門家として花卉《かき》育種を中心に据えた「アルゼンチン園芸開発計画」という五か年プロジェクトの指導を行っていた。

今から四十年以上前に青いバラの研究をしていた有隅は、今頃になってまた青いバラが話題になっていることに当初はとまどいを覚えていたようだが、三日間、少しずつ記憶をさかのぼっていくうちに、自分の残したものが少しでも今の研究者に役立つのであればと、大量の関連論文を託してくれた。

アルゼンチンで私を待っていたのは、次から次へとつながっていく人の縁だった。有隅に日系人コーディネイターの小原敬二を紹介され、せっかくここまで来たのだからと無理をいって花卉栽培の盛んなエスコバルまで連れていってもらったところ、バラ生産農家の日系人、久木テルモに出会い、広大なバラ園を見学できた。久木はフランスのメイヤン社と販売契約を結んでいて、このときは未公開の新しい黒バラが試験栽培されていた。さらに車で二十数分ほど走った、緑の移植地という意味をもつローマ・ベルデでは、日系農業者団体連絡協議会会長の玉置昭雄に出会い、玉置が戦後、とどろきばらえんでアルバイトをしていたという事実を偶然知った。実は、一九七七年(昭和五十二)にJICAからアルゼンチンへ園芸の指導のために派遣された花卉専門家の第一号が、鈴木省三だったのである。鈴木は日系人の花の栽培農家をまわり、今後専門家を派遣するための事前調査を行った。玉置の妻ヨシエは、

「花が病気にならないように衛生に気を付けて、一日の終わりに五分でも十分でもいいから、落ちている葉を拾う習慣をつけなさい」と鈴木に指導されたことを覚えているという。鈴木が玉置に贈った自著『ばら・花図譜』の扉には、「地球を支える園芸家　玉置昭雄さんにこの拙著を贈る」と記されていた。

そして、玉置が七三年にバラの栽培を始めるために世話になった人物が、賀集九平だった。三五年(昭和十)九月に発行された「実際園芸」誌で「バラの品種解説」と題し、欧米の人気種の紹介記事をアルゼンチン発で執筆していた人物である。

開拓移民として二十世紀初頭にアルゼンチンへ渡った日本人の大半は、言葉がまだ不自由だったために、クリーニング店や庭師を職業とするものが多かった。北海道平取《びらとり》出身の賀集九平は秋田県立農学校を出て興津《おきつ》や明石の農林省園芸試験場に勤務し、一九一八年に開拓の志をもって海を渡り、ブエノスアイレス近郊で庭師をやりながら、日本のアサガオやキク、ダリアを取り寄せていた。露店から始まって、裕福な家の庭の手入れを行いながら少しずつ商売を広げ、三〇年には仲間とともに花卉産業組合を設立した。二十世紀なかばには「アルゼンチンで花卉業といえば日本人」といわれるまでになり、先に入植していたイタリア人らと協力しながら、壮大な南米一の組合に成長させていったのである。

賀集は、二二年(大正十一)から明興《めいこう》園という花卉園を経営してバラの鉢栽培を行い、多いときは一万二千鉢のバラを栽培し、その六割は競売にかけていたという。小原も賀集がつくったバラを市場で売った一人だった。賀集はその後、もっぱらカーネーション栽培に打ち込み、アルゼンチンではカーネーションは日本の花という誤解も生じたほどだった。

また、ハイブリッド・ティー・ローズ系の品種を初めてアルゼンチンに導入したのは、温室村の森田喜平のもとで修業をしていた吉宮忠雄で、追って入植した久木テルモの父・末次郎とともにアルゼンチンのバラ産業に貢献した。現在、アルゼンチンにいる日系人八千世帯の一割にあたる八百世帯が、バラやカーネーション、キクなどの花卉栽培に従事している。

彼らをはじめとする日系人の花卉産業については、バラの育種とはテーマが異なるため本書では言及できなかったことをお断りしておく。

取材旅行から帰国後まもなく、私は一つの出会いの場をセッティングした。アルゼンチンから一時帰国した有隅健一に、〈青龍〉を発表したばかりの小林森治《もりじ》を紹介したのである。青いバラ一筋に四十年以上育種を続けてきた小林にとって、有隅は最も信頼していた研究者だった。

小林は、朝早く自宅の庭で摘み取り、新聞紙で束ねた〈青龍〉を差し出した。有隅は愛《いと》おしそうにそのバラを見て、花弁に触れ、こういった。

「究極のところまでいかれましたね……小林さん」

照れくさそうに、小林は微笑《ほほえ》んだ。フランスの育種家ラフェイがバルザックに贈ったといわれる〈カーディナル・ド・リシュリュー〉から、マグレディ家が焼き捨てたといわれる無名のバラ、そして、〈グレイパール〉〈スターリング・シルバー〉〈たそがれ〉〈オンディーナ〉と続く青いバラへの道のりの、それは一つの到達点だった。

それから数日後、鈴木が病室で最後に話していた明治時代の園芸家のことが気になった私は、国会図書館でマイクロフィッシュを検索し、その園芸家とおぼしき人物に出会うことになった。それは、明治三十五年に京都朝陽園から刊行された二百ページにも及ぶ『薔薇《ばら》栽培新書』を著した賀集久太郎だった。

同書には、日本でバラを栽培する場合の肥料や土壌づくり、病虫害、かび対策などが詳細に記述されており、賀集が考案した温湯灌水《おんとうかんすい》法にも言及され、職人技として見よう見まねで伝えられてきた接《つ》ぎ木法も図版とともに紹介されていた。当時欧米で流行したアール・ヌーボー風のデザイン画がところどころに施してあり、バラを飾った花馬車や人力車の写真、花言葉、ゲーテの詩を紹介するなど、外国の文献も相当量研究した形跡があった。

賀集久太郎は淡路島南淡《なんだん》町賀集村の出身の名士で、後に京都の種苗《しゅびょう》園を譲り受けて朝陽園を開き、植物の栽培と研究に勤しんだ人物である。本書の前には『朝顔培養全書』も著しており、明治時代にはすでにアサガオの人工交配が始まっていたことも記録している。『薔薇栽培新書』は賀集が脳出血で急逝したため友人によって出版されたものだが、編集はすでに三年以上本人の手で行われていたようだった。

その「維新後の薔薇」と題する章には、山東《さんとう》一郎のことが紹介されていた。「山東一郎君は西洋より薔薇を取り寄せたる元祖なり」と記した「日本園芸会雑誌」の「ツルムメ」の手紙を引用し、日本で現在栽培されているバラの源は、そのほとんどが山東がこのとき輸入した西洋バラだと思われる、と記している。ただ、残念なことに山東のその後の行方がわからないのでどんな品種だったのかは特定できないといい、賀集はこう呼びかけていた。

読者中、山東一郎氏を知る方があるならばどうか御知せくださる様、願います。

なんということだろう。鈴木省三が探そうとしていた賀集久太郎は、山東一郎を探そうとしていたのだ。

賀集という苗字からアルゼンチンの賀集九平との接点が気になった私は、さらに、淡路島南淡町(現・南あわじ市)役場の協力を得て賀集家の家系図を調べてみた。二人が親族関係にあったかどうかまでは確認できなかったが、賀集九平の父・与三郎はもともと南淡町賀集の出身で、明治後半に開拓のために一家で北海道へ移住していたことが判明した。

人の縁はさらにつながっていく。二〇〇一年二月二十八日、私は千葉大学園芸学部でナチュラリスト荻巣《おぎす》樹徳《みきのり》の講演会を聞いた。一九八三年に中国四川省で庚申《コウシン》バラの野生種ロサ・シネンシス・スポンタネアを発見した荻巣は、現在、東方植物文化研究所を主宰し、また、幼い頃から親しんできた変化アサガオなど江戸の伝統園芸植物ほか、絶滅危機に瀕する園芸植物三千品種を民間の研究機関で保存している。九五年には、園芸の発展に貢献した人物に贈られる英国のヴェイチー賞を受賞し、二十世紀を象徴する写真を集めた英タイムズ社の『ア・センチュリー・イン・フォトグラフ　ガーデニング編』に紹介されるなど、ヨーロッパで高く評価されている人物だった。二十年間の移動距離はすでに二十数万キロ以上、五十種以上の新種や幻といわれていた植物を再発見し、現在も一年の大半を海外で過ごしている。植物は身体の一部だという想いから、プラントハンターではなくナチュラリストを名乗るが、そこには、人々の自然に対する無関心や、美しいからというだけの理由で安易に植物採集をする態度への批判が込められていた。

一年前に刊行された自著『幻の植物を追って』には、自分の興味をバラへと導いたのは鈴木省三であり、鈴木から「多くの薫陶を得た」という短い一節があった。

午後一時に始まった講演会は、途中わずか十分程度の休憩を二度はさんだだけで六時まで続いた。映写されたスライドは百枚以上あったのではないだろうか。自分の足で歩いて発見した植物の写真を一枚ずつ丁寧に解説し、「新種や再発見した幻の植物には、決して偶然に出会っているわけではなく、勘で見つかるわけでもない。事前に少なくとも根や葉だけでも見分けられるようにしておくなどの準備が必要だ」などと語った。そして、二十一世紀には、欧米の人々が高温多湿のアジア向けに品種改良を工夫しなければならないような〝アジア主導型〟の園芸が盛んになるべきだと、学生たちを鼓舞激励した。

講演会が終了した後、荻巣は私にこう語った。

「僕が三十年かかったことを君が三十年かかってはいけない。鈴木さんからそういわれました。自分ができなかったことをなんとか若い人たちにやってもらいたいという気持ちは強かったと思います。僕はフィールドワーカーという道を選びましたが、やっぱり鈴木さんに会わなければ僕の人生はまったく違うものになっていたでしょう。その品種が作出された国の言葉で、おはよう、おやすみ、と語りかけなさいということの意味は、たんに植物を愛することとは違うことなんです。自分がその植物にどう向き合うのか。植物に対する姿勢を学べたのは鈴木さんのおかげだと思います。今でも、聞こえてくるようですよ。ああ、その根は切っちゃだめだとか、おい君、スコップをそういうふうに入れちゃだめだ、なんて怒る声がね……」

鈴木省三は一人も弟子を残さなかった——荻巣は最後にそういった。だが、弟子とはいったい何なのだろう。荻巣の胸にあるもう一つの声に耳を澄ませながら、私はそう思っていた。

バラ育種家、鈴木省三との出会いから三年間、私は、毎日のように新聞紙面をにぎわすヒトゲノム計画や遺伝子組換え植物、クローン技術などの情報に接しながら、人間は科学とどのように向き合えばよいのか、その技術を受け入れるのか、受け入れないのか、日常生活にひたひたと浸透する変化の波に抗して、決して譲れないものとは何なのかを考えようとしていた。鈴木は、そんな私にさらなる問いを発し、突き放すこともあった。たった七度の対話にすぎず、また、その問いにしても、鈴木にとっては何気ない一言だったのかもしれない。

だが、それを私が安易に受け流すことができなかったのは、その問いと私自身が抱えていた問いが合致してしまったからなのだろう。

一方で、取材の最中に聞き流してしまっていた些細な一言が、後になって、実は大変重大なことだったと気づくこともたびたびだった。そして、日本におけるバラ園芸の基盤をつくり、花店で見かけるほとんどの現代バラには日本や中国の野生種の血が流れていることを気づかせてくれた、鈴木をはじめとする日本のバラ育種家や園芸家、愛好者の歴史をたどるうちに、私は、人の決して譲れないもの、その問いの本当の意味に気づき始めていた。

さらにその問いは、十八世紀末から十九世紀にかけて生きた若き詩人ノヴァーリスが『青い花』で発した問いと重なり、仄《ほの》かな希望の道を探そうとする私を勇気づけた。かつて市民革命・産業革命後のヨーロッパにおいて人々のあらゆる価値観が大きく揺さぶられようとしたとき、変わらない確かなものを求め、それをメルヘンというわかりやすいかたちで表現しようとしたのがノヴァーリスだった。青い花とはその夢の象徴であり、十九世紀ヨーロッパ近代化の中では、時に、育種交配によっては得られない青いバラのイメージと重ね合わされていったのである。

バイオ革命、IT革命とかつてないほどの転換期であるこの世紀の変わり目に、青いバラは夢の技術の象徴として再び現れた。青いバラができる前に立ち止まり考える時間を与えられた私は、できうる限りの問いを発し、科学技術と人間をつなぐ言葉を探そうとした。だが、そこに答えが得られないうちに、二〇〇〇年一月二十日、鈴木省三は八十六年の生涯を閉じた。その数か月後に予定していた拙著の刊行が結局一年も遅れてしまったのは、私自身の遅筆はあるものの、それまでに書き上げていた原稿を今一度白紙に戻し、鈴木が問いかけた言葉の意味を改めて考え直す必要があると思ったからである。

人は結局、先人に手がかりを求めることしかできないのだ。先人もまた、その先人に道を問うしかなかった。先人こそ未来の教師であり、たとえそこに直接の回答が見出せなかったとしても、現在を過去から寸断し、脈絡を断ち切ることは許されざる罪なのではないだろうか。不可能という意味をもたされた青いバラとは、過去を忘却の河に放たぬための最後の堰《せき》であり、迷い道に立つ人に、人と人、人と動物、人と植物との関わりを気づかせるための道標だったのではないかと思えてならない。

そして、今、改めて読者に問いかけたい。青いバラができたとして、それは本当に美しいのだろうかと――。

今、執筆を終えるにあたって、私は、ちょうど五年前に取材し始めた前作(『絶対音感』)のことを思い出し、今回もまた、あのときと同じように自分の中に違和感を抱えながら旅に出て、同じことを考え、また同じ地点に着地したのだと改めて感じている。ここは終着点ではなく着地点である。これから先も、きっとまた同じ何かを求めて歩き回るのだろう。そんな旅路を思うと途方に暮れたりもするが、やはり私はまたここから旅立ち、時には放り出され、どこかで時折立ち止まり、そしてまた、旅立たねばならないのだと思っている。そんな旅が、私は嫌いではない。

本書に登場する方々をはじめ、取材にご協力くださったすべての方々に、心より御礼を申し上げます。特に、東光ナーセリの田地良男氏ほか日本園芸商協会の皆様には、中国雲南省昆明で開催された世界花博覧会への旅に同行させていただき、園芸業の世界についてご教授いただきました。そして、千葉大学園芸学部助教授の上田善弘先生には、バラ育種と花卉栽培文化について、また、東京農工大学助教授の丹生谷《にゅうのや》博先生には科学的な動向および技術の詳細や図版作成において貴重なアドバイスをいただきました。

最後になりましたが、前作に引き続き素敵な装幀をしてくださった、吉田篤弘・浩美ご夫妻、小学館出版局チーフ・プロデューサー・黒川雄一氏、そして、担当編集者として、三年間という長旅を伴走してくださったサピオ編集部・関哲雄氏に心より感謝申し上げます。

二〇〇一年五月

鈴木省三氏は二〇〇〇年(平成十二)一月二十日、八十六年の生涯を閉じられました。

鈴木氏のバラへの想いにふれることができたことを感謝し、心よりご冥福をお祈りいたします。

参考文献

・文献資料から本書で参考および引用したものをピックアップした。
・新聞・雑誌のうち文中に出典を明記したものは本欄では省いた。

エピグラム

ギヨーム・ド・ロリス、ジャン・ド・マン『薔薇物語』見目誠訳、一九九五(未知谷)

問い

朝日新聞夕刊、一九九五年五月二十四日「変わる園芸新しい花色」
日経産業新聞、一九九六年五月二十一日「青いバラ、対日輸出視野」

◇第一章

イメージの系譜

春山行夫『花の文化史』一九六四(雪華社)
アポロドーロス『ギリシヤ神話』高津春繁訳、一九五三(岩波文庫)
ブルフィンチ『ギリシア・ローマ神話』野上弥生子訳、一九七八(岩波文庫)
呉茂一『ギリシア神話　上・下』一九七九(新潮文庫)
白幡節子『花とギリシア神話』一九九二(八坂書房)

春山行夫『花ことば　花の象徴とフォークロア　上・下』一九九六(平凡社ライブラリー)
ジャン・シュヴァリエ、アラン・ゲールブラン『世界シンボル大事典』金光仁三郎・熊沢一衛・小井戸光彦・白井泰隆・山下誠・山辺雅彦共訳、一九九六(大修館書店)
アト・ド・フリース『イメージシンボル事典』山下主一郎主幹・荒このみ・上坪正徳・川口紘明・喜多尾道冬・栗山啓一・竹中昌宏・深沢俊・福士久夫・山下主一郎・湯原剛共訳、一九八四(大修館書店)
『完訳　千一夜物語(一)〜(十三)　十三』豊島与志雄・渡辺一夫・佐藤正彰・岡部正孝共訳、一九八八(岩波文庫)
ロバート・アーウィン『必携アラビアン・ナイト　物語の迷宮へ』西尾哲夫訳、一九九八(平凡社)
『アラビアン・ナイト』前嶋信次訳、一九八五(平凡社東洋文庫)
『千夜一夜』大宅壮一訳、一九三〇(中央公論社)
『世界古典文学全集31〜34　千一夜物語(一)〜(四)』佐藤正彰訳、一九六四〜七〇(筑摩書房)
ノヴァーリス『青い花』青山隆夫訳、一九八九(岩波文庫)
ノヴァーリス『青い花』小牧健夫訳、一九三九(岩波文庫)
ノヴァーリス『青い花』田中克己訳、一九三六(第一書房)
ノヴァーリス『ドイツ・ロマン派全集第二巻　ノヴァーリス　青い花・ザイスの弟子たち』前川道介責任編集・薗田宗人・今泉文子訳、一九八三(国書刊行会)
今泉文子『ロマン主義の誕生　ノヴァーリスとイェーナの前衛たち』一九九九(平凡社)
中井章子『ノヴァーリスと自然神秘思想』一九九八(創文社)
セルジュ・ユタン『錬金術』有田忠郎訳、一九七二(白水社文庫クセジュ)

ガレス・ロバーツ『錬金術大全』目羅公和訳、一九九九(東洋書林)
ジョゼフ・キャンベル『神話のイメージ』青木義孝・中名生登美子・山下主一郎訳、一九九一(大修館書店)
『澁澤龍彥空想博物館』巖谷國士編、一九九五(平凡社)
種村季弘『薔薇十字の魔法』一九九三(河出文庫)
マンディアルグ『薔薇と象徴』赤井義弘訳、一九九四(神戸女子大学紀要　二七巻一号　文学部篇)
ゴーティエ『モーパン嬢』田邊貞之助訳、一九五二(新潮文庫)
ボードレール『悪の華』堀口大學訳、一九五三(新潮文庫)
バルザック『バルザック全集　第十七巻』小西茂也・堀口大學訳、一九七四(東京創元社)
バルザック『知られざる傑作　他五篇』水野亮訳、一九六五(岩波文庫)
バルザック『「絶対」の探求』水野亮訳、一九七八(岩波文庫)
ジェラール・ド・ネルヴァル『ネルヴァル全詩』篠田知和基訳、一九九四(思潮社)
山中哲夫『花の詩史　ヨーロッパ文学　詩にうたわれた花の意味』一九九二(大修館書店)
モーリス・メーテルリンク『青い鳥』堀口大學訳、一九六〇(新潮文庫)
モーリス・メーテルリンク『花の知恵』高尾歩訳、一九九二(工作舎)
クリストファ・コードウェル『幻影と現実』長谷川鑛平訳、一九六九(法政大学出版局)
岩野泡鳴『明治文学全集71　岩野泡鳴集』一九六五(筑摩書房)
舟橋聖一『岩野泡鳴伝』一九七一(角川選書43)
ケヴィン・マイケル・ドーク『日本浪曼派とナショナリズム』小林宜子訳、一九九九(柏書房)
『コギト』第二十五号—第三十号、一九三四(コギト発行所)

橋川文三『日本浪曼派批判序説』一九九八(講談社文芸文庫)
テネシー・ウィリアムズ『ガラスの動物園』小田島雄志訳、一九八八(新潮文庫)
山岸凉子『ブルー・ロージス　自選作品集』一九九九(文春文庫)
里中満智子『ミスター・レディ』一九七七(講談社)
青池保子『Z　ツェット』一九九五(白泉社文庫)
『デビッド・リンチ　Paintings & drawings』東高現代美術館編・梅宮典子訳、一九九一(トレヴィル)
『映画作家が自身を語る　デイヴィッド・リンチ』クリス・ロドリー編・廣木明子・菊池淳子訳、一九九九(フィルムアート社)
監督・脚本デビッド・リンチ　劇場版『ツイン・ピークス　ローラ・パーマー最期の7日間』ⓒ1992 TWIN PEAKS PRODUCTIONS.INC.　製造・発売元=日本ヘラルド映画株式会社、販売元=パイオニアLDC株式会社、訳詞=関美冬
C・G・ユング『心理学と錬金術　I・II』池田紘一・鎌田道生訳、一九七六(人文書院)
John Henry Ingram, *Flora Symbolica, or, The Language and Sentiment of Flowers. Including Floral Poetry, Original and Selected*, London, F. W. Warne and co., 1869
David Lynch, TWIN PEAKS FIRE WALK WITH ME, New Line Cinema Home Video, 1992
Stirling Macoboy, *The Ultimate Rose Book*, Harry N. Abrams, Inc., 1993
Full of Secrets, Critical Approaches to Twin Peaks, edited by David Lavery, Wayne State University Press, 1995
Lynch on Lynch, edited by Chris Rodley, Faber and Faber, 1997
Alice Caron Lambert, *Le roman des roses*, Editions du Chene, 1999

「不可能」の花

マイク・ダッシュ『チューリップ・バブル』明石三世訳、二〇〇〇（文春文庫）
大場秀章『植物学と植物画』一九九六（八坂書房）
大場秀章『バラの誕生』一九九七（中公新書）
春山行夫『花の文化史』一九八〇（講談社）
白幡洋三郎『プラントハンター　ヨーロッパの植物熱と日本』一九九四（講談社選書メチエ）
『知っておきたい　魅惑のバラ　オールドローズ』高橋和彦監修、一九九七（学習研究社）
A・M・コーツ『花の西洋史　花木篇』白幡洋三郎・白幡節子訳、一九九一（八坂書房）
バルザック『バルザック全集　第十七巻』小西茂也・堀口大學訳、一九七四（東京創元社）
青木正久『薔薇　バラの文化史』一九五六（作品社）
青木正久「青バラ交配親の研究」『バラだよりNo.１３９』一九六五年十一月（日本ばら会）
鹿島茂『絶景、パリ万国博覧会』二〇〇〇（小学館文庫）
アンリ・トロワイヤ『バルザック伝』尾河直哉訳、一九九九（白水社）
ボードレール『ボードレール全詩集Ⅱ　パリの憂鬱ほか』阿部良雄訳、一九九八（ちくま文庫）
大瀧克己・青木正久・野村忠夫『ばら』一九五五（鎌倉書房）
中井英夫『中井英夫全集11　薔薇幻視』二〇〇〇（創元ライブラリ）
「海外の名作出家寄稿2　私の将来の交配計画」『ばらだより　バラとともに』14号、一九六三（日本ばら会）
小林森治「特集　実生づくり　青いバラはできないか」『薔薇の海』京成バラ会会報

塚本洋太郎・椙山誠治郎・坂西義洋・脇坂誠・堀四郎『原色薔薇洋蘭図鑑』一九五六(保育社)
Caroli Petri Thv̈nberg, *Flora Iaponica*, Lipsiae in Bibliopolio I. G. Mülleriano, 1784　ツュンベリー来日二〇〇年記念出版、復刻一九七六(井上書店)
William Paul; *Ibid*: Laffay writing to Pual in the fall of 1847
Notes and Queries; Vol. 11 (285) Apr. 14, 1855, Page 280, (288) May 5, 1855, Page 345-346, (294) June 16, 1855, Page 474, (302) Aug. 11, 1855, Page 109-110, (305) Sept. 1, 1855, Page 176
Notes and Queries; 7th Ser. Vol. 5, Feb. 11, 1888
The century dictionary; an encyclopedic lexicon of the English Language: prepared under the superintendence of William Dwight Whitney, London, Times, Vol. 6, 1904
J. H. Nicolas, N. Sc. D., *A Rose Odyssey Reminisceneces of Many Trips To European Rose Centers*, Doubleday, Doran & Company, Inc., 1937
Jack Harkness, *The Makers of Heavenly Roses*, Souvenir Press Limited, 1985
Rayford Clayton Reddell, *The Rose Bible*, Chronicle Books, 1998

アルバ

若桑みどり『薔薇のイコノロジー　新装版』一九九三(青土社)
『知っておきたい　魅惑のバラ　オールドローズ』高橋和彦監修、一九九七(学習研究社)
大場秀章『植物学と植物画』一九九六(八坂書房)
荻巣樹徳『幻の植物を追って』二〇〇〇(講談社)
『週刊朝日百科　植物の世界55　バラ・ノイバラ・ハマナス』一九九五(朝日新聞社)

上田善弘「中国の野生バラと古い栽培バラ」『ばらだより№507』一九九八年十一・十二月(日本ばら会)

◇第二章　バイオ革命

読売新聞朝刊、一九八七年五月十六日、AP電
シンポジウム集『バイオ世紀の生命観　遺伝子組み換え食品からクローンまで』一九九九(朝日新聞社総合研究センター・フォーラム事務局)
山田康之・佐野浩編著『遺伝子組換え植物の光と影』一九九九(学会出版センター)
天笠啓祐文・あべゆきえ絵『遺伝子組み換え(食物編)』一九九七(現代書館)
岡田吉美『DNA農業』一九九七(共立出版)
岡田吉美『夢の植物を創る』一九九四(東京化学同人)
塚本洋太郎編著『園芸の世紀1　花をつくる』一九九五(八坂書房)
鎌田博・原田宏『植物のバイオテクノロジー』一九八五(中公新書)
大澤信一『新・アグリビジネス』二〇〇〇(東洋経済新報社)
猪口修道『種子ビジネスの現場「ハイブリッド革命」の最前線を探る』一九八四(ダイヤモンド社)
日経産業新聞編『「農」を変える企業「ビジネス化」が拓く100兆円市場』一九九六(日本経済新聞社)
アーサー・コーンバーグ『輝く二重らせん　バイオテクベンチャーの誕生』上代淑人監修・宮島郁子・大石圭子訳、一九九七(メディカル・サイエンス・インターナショナル)

中村靖彦『遺伝子組み換え食品を検証する』一九九九（ＮＨＫブックス）
武部啓監修・青野由利・渡辺勉『3日でわかる遺伝子』二〇〇〇（ダイヤモンド社）
渡辺政隆『ＤＮＡの謎に挑む　遺伝子探究の一世紀』一九九八（朝日選書６０８）
小林弘『チャート式シリーズ　新生物ＩＢ・Ⅱ』一九九八（数研出版）
マイケル・ライス、ロジャー・ストローハン『生物改造時代がくる』白楽ロックビル訳、一九九九（共立出版）
生命操作事典編集委員会編『生命操作事典』一九九八（緑風出版）
鈴木正彦『植物バイオの魔法　青いバラも夢でなくなった！』一九九〇（講談社ブルーバックス）
三位正洋『夢の植物をつくる』一九九一（裳華房）
駒嶺穆・嶋田拓・堀津圭佑編著『生物学の世界』一九八五（朝倉書店）
ジーナ・コラータ『クローン羊ドリー』中俣真知子訳、一九九八（アスキー）
Roger Phillips, Martyn Rix, *The Quest for the Rose*, Random House Inc., 1994

青の野望

佐治敬三『へんこつなんこつ　私の履歴書』二〇〇〇（日経ビジネス人文庫）
中田重光『キリンが挑む「花」ビジネス　世界のガーデニング文化を育てる』一九九九（日刊工業新聞社）
久住高章「幻の花　青いバラはできるのか？」『化学』46巻7号・一九九一（化学同人）
『世界を制覇した植物たち　神が与えたスーパーファミリーソラナム』日本農芸化学会編、責任編集／大山莞爾・天知輝夫・坂崎潮、一九九七（学会出版センター）

『岩波　理化学辞典　第五版』長倉三郎・井口洋夫他編、一九九八(岩波書店)
緒方宣邦・野島博『遺伝子工学キーワードブック』一九九六(羊土社)
農林水産省経済局統計情報部『1995年農業センサス第6巻　経営部門別農家統計報告書』第2集　野菜・果樹・花き、花木・施設園芸(農林統計協会)
農林水産省経済局統計情報部『平成10年農業総産出額及び生産農業所得　概算』一九九九年十月
農林水産省経済局統計情報部『平成11年産花き作付(収穫)面積及び出荷量』二〇〇〇年六月
農林水産省経済局統計情報部『平成11年農業構造動態調査基本構造結果概要』一九九九年一月
農林水産省経済局統計情報部『平成10年産花き作付(収穫)面積及び出荷量』一九九九年六月
農林水産省野菜・茶業試験場『平成11年度　野菜・花き並びに茶業課題別研究会資料　バラ生産の動向と今後の課題』一九九九年十月
日本花普及センター編『フラワービジネスQ&A』一九九四(技報堂出版)
秋山庄太郎『秋山庄太郎自選集1　女の素顔』、『秋山庄太郎自選集2　花の表情』一九九九(小学館)
秋山庄太郎『薔薇よ！　Rose365』一九九七(集英社)
加藤哲郎『昭和の写真家』一九九〇(晶文社)
榊原昭二『昭和語　60年世相史』一九八六(朝日文庫)

ブルー・ジーン

池上正人『植物バイオテクノロジー』一九九七(理工図書)
安田齊『改訂版　花の色の謎』一九八六(東海大学出版会)
ISAAA報告書『商業化組換え作物の世界情勢1998年』平成11年度バイオテクノロジー・パブリ

ック・アクセプタンス・ライブラリー文献全訳・第一報(社団法人農林水産先端技術産業振興センター)
斎藤規夫「青色花の色素と花色の安定化」『バイオホルティ② 農耕と園芸九月号別冊』一九八九(誠文堂新光社)
斎藤規夫「花色と水」『明治学院大学一般教育付属研究所 紀要一八号』一九九四
斎藤規夫「花色の発現と育種への応用」『農工研通信』一九九六年第二号(社団法人長野県農村工業研究所)
田中良和「遺伝子工学で花の色を変える」『ファルマシア』34・一九九八(日本薬学会)
田中良和・久住高章「チトクロームP450遺伝子を用いて花の色を変える」『植物の化学調節』33—1、55—61、植物化学調節学会編、一九九八
芦刈俊彦「花卉育種におけるバイオテクノロジーの利用」『育種学最近の進歩』第34集、日本育種学会編、一九九二(養賢堂)
『有隅謙一教授研究業績集』平成八年四月(有隅健一教授退官記念事業実行委員会)
『組換え農作物早わかりQ&A』一九九六(農林水産省農林水産技術会議事務局)
『東京農工大学遺伝子実験施設活動報告2000』(東京農工大学遺伝子実験施設)
『ジェトロセンサー』一九九九年九月号(日本貿易振興会)
Mark Lawson, "Australian Company near to a blue rose", *Nature* 352, 653, 1991
Timothy A. Holton, Fillppa Brugilera, Diane R. Lester, Yoshikazu Tanaka, Craig D. Hyland, John G. T. Menting, Chin-Yi Lu, Killane Farcy, Trevor W. Stevenson and Edwina C. Cornish, *Nature* 366, 276–279, 1993

Timothy A. Holton, Yoshikazu Tanaka, *TIBTECH* 12, 40-42, 1994

Jos Bijman, Flower Colour, "Is Major Target in Genetic Engineering of Cut Flowers", *Biotechnology and Development Monitor* No. 20, Sep. 1994

Yoshikazu Tanaka, Shinzo Tsuda and Takaaki Kusumi, *Plant Cell Physiol.* 39(11)1119-1126, 1998

Brad Collis, "Flower Power" *Qantas The Australian Way* No. 75, Sep. 1999

モッコウバラ

東園同窓会『東園の七十年』一九七八(東京都立園芸高等学校)

東園同窓会『写真で見る東園の九〇年　創立九〇周年記念誌』一九九八(東京都立園芸高等学校東園同窓会)

◇第三章

文明開「花」

藤原定家『第五十八巻　明月記3　冷泉家時雨亭叢書第三期第三十回配本』冷泉家時雨亭文庫・一九九八(朝日新聞社)

藤原定家『明月記　全三巻乃二』難波常雄・田口重男・文傳正興校、一九七三(国書刊行会)

ロバート・フォーチュン『幕末日本探訪記　江戸と北京』三宅馨訳、一九九七(講談社学術文庫)

Caroli Petri Thvnberg, *Flora Iaponica*, Lipsiae in Bibliopolio I. G. Mülleriano, 1784　ツュンベリー来日二〇〇年記念出版、復刻一九七六(井上書店)

川添登『東京の原風景　都市と田園との交流』一九九三(ちくま学芸文庫)

川添登・菊池勇夫『生活学選書　植木の里　東京駒込・巣鴨』一九八六（ドメス出版）
『東京人』二〇〇〇年五月号（都市出版）
『資料　御雇外国人』一九七五（ユネスコ東アジア文化研究センター編）
原田一典『お雇い外国人13　開拓』一九七五（鹿島出版会）
北海道編『新北海道史　第二巻』一九七〇（北海道）
大蔵省編『開拓使事業報告　第二編』一八八五（大蔵省）
『明治大正国勢総覧』一九二七（東洋経済新報社）
『日本貿易精覧』一九三五（東洋経済新報社）
『日本長期統計総覧　第三巻』総務庁統計局監修、本統計協会編、一九八八（日本統計協会）
農林水産省経済局統計情報部編『ポケット園芸統計　大蔵省・日本貿易月表による』二〇〇〇（農林統計協会）
石井研堂『明治事物起原　八』一九九七（ちくま学芸文庫）
篠田鑛造『明治百話　上・下』一九九六（岩波文庫）
森鷗外『雁／阿部一族　森鷗外全集４』一九九五（ちくま文庫）
伊藤晴雨『文京区絵物語』一九五二（文京タイムス社）
横山六太郎『三代目新之助ノート』昭和十二年、横山昭一郎提供
『東京都港区近代沿革図集　麻布・六本木』一九七七（東京都港区立三田図書館）
『開拓使外国人関係書簡目録』一九八三（北海道大学附属図書館）
北海道編『北海道所蔵簿書件名目録　第二部　開拓使公文録・東京出張所原本の部　その３』一九六八・三

北海道編『新北海道史　第三巻』一九七一(北海道)
佐々木央「槐多の〝モナ・リザ〟たち」『芸術新潮』一九九七年三月号(新潮社)
青葉高著作選II『野菜の日本史』二〇〇〇(八坂書房)
週刊朝日編『値段の明治・大正・昭和風俗史　上・下』一九八七(朝日文庫)
『日本園芸会雑誌』第二十六号・明治二十四年六月二十日発行―第六十七号・明治二十八年十一月二十五日発行(日本園芸会)
中野孝夫「横浜の薔薇in明治初期」『ばらだよりNo.507』一九九八年十一・十二月、同『ばらだよりNo.519』一九九九年十二月(日本ばら会)
中野孝夫「最古の薔薇栽培翻訳本の著者」『ばらだよりNo.496』一九九七年十二月(日本ばら会)
読売新聞社編『明治の読売新聞』CD―ROM、一九九九(読売新聞社)
入沢正義・小野寺透「日本バラ事情近代史　明治の近代バラと戦前のばら会のあらまし」『ばらだよりNo.368』一九八六年十二月(日本ばら会)
青木正久「文献にみる日本のバラ小史　明治・大正・昭和のバラ」『ばらだよりNo.403』一九八九年十二月(日本ばら会)
青木正久『薔薇　バラの文化史』一九五六(作品社)
太田嘉一郎「ばらの昔話」『ばらだよりNo.311』一九八二年二月(日本ばら会)
大野史朗『農業事物起源集成』一九三五・一九七八復刻(青史社)
小笠原亮『江戸の園芸・平成のガーデニング』一九九九(小学館)
高橋善七『日本電気通信の父　寺島宗則』一九八九(国書刊行会)
『新版　地方史研究必携』地方史研究協議会編、一九八五(岩波書店)

小田康徳「歴史を旅して　山東直砥のこと」『大阪電気通信大学学報』一九九五年五月～十一月号
「山東直砥翁小伝」『郷土文化のかおり・先覚文化功労者小伝集』一九八四(和歌山文化協会)
田中敬忠『紀州今昔　和歌山県の歴史と民俗』一九七九(帯伊書店)
吉田武三『北方の空白　北方圏における日本・ロシア交渉史』一九六七(北方文化研究会)
高嶋雅明『和歌山県の百年』一九八五(山川出版社)
『北海道史人名字彙　上』三五八～三八六頁、河野常吉編著、一九七九(北海道出版企画センター)
『北海道史人名辞典』橘文七編、一九五五(北海道庁史料編集所内北海道文化資料保存協会)
宮永孝『幕末おろしや留学生』一九九一(ちくまライブラリー・52　筑摩書房)
大鹿武『幕末・明治のホテルと旅券』一九八七(築地書館)
井上和雄「山東一郎の面影」『新旧時代』第一年・第十冊・一九二五年十二月号(明治文化研究会)
山本大『坂本竜馬』一九七四(新人物往来社)
榎森進「変革期の北海道新興商人　柳田藤吉」『明治の群像8　開拓と探検』高倉新一郎編、一九七一(三一書房)
『明治文化全集　第五巻　雑誌編』明治文化研究会編、一九六八(日本評論社)
『新聞記事で綴る明治史　上・下』荒木昌保編、一九七五(亜土)
『神奈川県史料　第八巻』一九七二(神奈川県立図書館)
秋山勇造『明治翻訳異聞』二〇〇〇(新読書社)
『東京都教育史　通史編』東京都立教育研究所編、一九九四～九七(東京都立教育研究所)
『早稲田大学百年史』早稲田大学大学史編集所編、一九七八～九七(早稲田大学出版部)
依田学海『学海日録　第二巻』学海日録研究会編、一九九一(岩波書店)

林董『後は昔の記 他 林董回顧録』由井正臣校注、一九七〇（東洋文庫）
畠山けんじ『鹿鳴館を創った男 お雇い建築家 ジョサイア・コンドルの生涯』一九九八（河出書房新社）
草森紳一「薔薇香處 副島種臣の中国漫遊」『文学界』第五四巻第二号・二〇〇〇年二月、同『文学界』第五四巻第五号・二〇〇〇年五月（文藝春秋）
萩原延壽『陸奥宗光』一九九七（朝日新聞社）
福沢諭吉『新訂 福翁自伝』富田正文校訂、一九七八・第一版（岩波文庫）
惣郷正明『洋学の系譜 江戸から明治へ』一九八四（研究社出版）
惣郷正明「辞書をめぐる人びと5 〝玉篇〟という名の英語辞書」『三省堂ぶっくれっと』58号、一九八五（三省堂）
『現代日本文学大系43 芥川龍之介集』一九六八（筑摩書房）
日耳爾便撒謨『利学正宗 上・下』陸奥宗光訳、一八八三（薔薇楼）
山東直砥述、宮崎八百吉筆記『悔改事歴』一八九二（堀卯三郎）
賀集久太郎『薔薇栽培新書』小山源治編、一九〇二（朝陽園）
『新撰 山東玉篇』山東直砥増補、一八七八（東京・稲田佐吉、坂上半七）
『明治過去帳』大植四郎編、一九七一（東京美術）
『自由党史 中』板垣退助監修、遠山茂樹・佐藤誠朗校訂、一九五八（岩波文庫）
A・トクヴィル『アメリカの民主政治 上・中・下』井伊玄太郎訳、一九八七（講談社学術文庫）
『和英対照・日本歴史 桜と薔薇』堀野與七編、一九〇三（文禄堂書店）
『明治文化全集 第八巻 風俗編』明治文化研究会編、一九五五（日本評論社）

針塚長太郎「園芸に関する教育事業」『日本園芸研究会誌』(日本園芸研究会)
渋沢栄一述『雨夜譚余聞』石井浩解説、一九九八(小学館)
日本園芸中央会編『日本園芸発達史』一九七五(有明書房)
日本園芸研究会編『明治園芸史』一九七五(有明書房)
『日本人名大事典　第五巻』一九八六年三月十五日覆刻版第四版発行、初版一九三八年三月五日(平凡社)
城南園芸柏研究会編『世田谷の園芸を築き上げた人々』湯尾敬治記録、一九七〇(城南園芸柏研究会)
『日本長期統計総覧　第二巻』総務庁統計局監修、一九八八(日本統計協会)
『大日本園芸組合報』一九二九〜三四(大日本園芸組合・西田蔵書)

美しい花がある

角田房子『わが祖国　禹博士の運命の種』一九九〇(新潮文庫)
寺西致知『ばらと我が人生』一九三五(寺西致知先生の米寿を祝う会)
入沢正義・小野寺透「日本バラ事情近代史　明治の近代バラと戦前のばら会のあらまし」『ばらだよりNo.368』一九八六年十二月(日本ばら会)
「バラ界の長老は語る　おもいでの花咲く　河上さんと帝バラ時代」『バラとともに』12号、一九六一(日本バラ会)
『日本の園芸』園芸学会監修・第24回国際園芸学会議組織委員会出版委員会編、一九九四(朝倉書店)
並河功・岡本勘治郎「温室薔薇管見」『農業及園芸』一九三四年一月号(養賢堂)
『資生堂ギャラリー七十五年史　一九一九―一九九四』富山秀男監修、資生堂企業文化部企画・編集、

一九九五（資生堂）
青木正久『薔薇物語』一九六五（光和堂）
亀岡泰家「戦後はじめてのばら展を顧みて」『ばらだよりNo.２８９』一九七九年十一・十二月（日本ばら会）
豊田穣『英才の家系　鳩山一郎と鳩山家の人々』一九九六（講談社文庫）
鳩山一郎『若き血の清く燃えて　鳩山一郎から薫へのラブレター』川手正一郎編・監修、一九九六（講談社）
「悲しみの特集　F・メイヤンの急逝を悼む」『バラだよりNo.７５』一九五八年六・七月（日本バラ会）
「日本バラ会顧問　鳩山一郎氏の急逝を悼む」『バラだよりNo.７９』一九五九年三月（日本バラ会）
『鳩山一郎・薫日記』上巻　鳩山一郎篇、伊藤隆・季武嘉也編、一九九九（中央公論新社）
梁取三義『バラの咲く庭』一九五九（彩光新社）
麻生太郎『祖父・吉田茂の流儀』二〇〇〇（PHP研究所）
『近代日本生物学者小伝』木原均・篠遠喜人・磯野直秀監修、一九八八（平河出版社）
森脇大五郎『遺伝学ノート　ショウジョウバエと私』一九八八（学会出版センター）
大庭みな子『津田梅子』一九九三（朝日文庫）
青木正久「バラは語学に勝る……」『ばらだよりNo.３７９』一九八七年十二月（日本ばら会）
並河亮『薔薇と人生』一九六二（現代教養文庫３６４）
『会報』第3号・一九五一、第7号・一九五五（日本バラ会）
斎藤春彦「皇后さまと『ばら』」『バラだよりNo.９６』一九六一年二月（日本バラ会）
『日本ばら会創立40周年記念号』『ばらだよりNo.３８９』一九八八年十月（日本ばら会）

飯沢匡『日本陥没』一九五五（宝文館）
『戦後初期日本ＳＦベスト集成１』横田順彌編、一九七八（徳間書店）
『バラだよりNo.３８』一九五四年八月（日本バラ会）
小林森治「特集　夢の青薔薇物語　青いバラを目指して」『園芸世界』二〇〇〇年六月号㈱改良園企画部）
塚本洋太郎編著『園芸の世紀１　花をつくる』一九九五（八坂書房
川端康成『東京の人』一九五五（新潮社）
『とどろきばらえんＲＯＳＥ　ＬＩＳＴ』一九五九
『有隅健一教授研究業績集』平成八年四月（有隅健一教授退官記念事業実行委員会）
有隅健一「バラ花色の育種」『新花卉』第六三号、一九六九（タキイ種苗）
有隅健一「バラの色・花の色」『新園芸手帖　バラ「家庭のバラづくり」』一九六六（誠文堂新光社）
有隅健一「バラと育種」『朝日バラ年鑑』一九六五（朝日バラ協会）
有隅健一「緋紅色をめぐるバラの育種」『朝日バラ年鑑』一九六六（朝日バラ協会）
有隅健一「青いバラ・スカイブルーへの手がかり」『朝日バラ年鑑』一九六七、「青いバラ・スカイブルーへの手がかりⅡ」『朝日バラ年鑑』一九六八（朝日バラ協会）
『鉄路五十年』一九六〇（京阪電気鉄道株式会社）
『京阪70年のあゆみ』一九八〇（京阪電気鉄道株式会社）
『小田急五十年史』一九八〇（小田急電鉄株式会社）
鈴木省三『カラー図鑑　バラの育て方　よくわかるバラの栽培12ケ月』一九九四（成美堂出版）
鈴木省三「日本ばら会国法を作成す」『ばらだよりNo.２６４』一九七七年六月（日本ばら会）

鈴木省三「NHKラジオ深夜放送ナイトエッセイ　バラを召しませランララン」『薔薇の海』VOL.38、一九九七年京成バラ会創立四十周年記念号(京成バラ会)
植村猶行「粘り強く真理を追求した鈴木さん」『薔薇と生きて』鈴木省三・バラ文化研究所編、二〇〇〇(成星出版)
種苗法関係講習会『植物品種の権利保護』配布資料、一九九九(農林水産省)
社団法人農林水産先端技術産業振興センター『品種登録制度と育成者権』パンフレット、二〇〇〇
志佐誠・鈴木省三・片岡節男・横井政人・斎藤規夫「花きの育種における花色の新規性に関する研究」第三報『昭和四九年度農林水産特別試験研究補助事業費による研究報告書』一九七四
小杉清・小島道也・嶋田典司・横井政人・斎藤規夫・鈴木省三「環境による花色の変異と判定に関する研究」『昭和五〇年度農林水産特別試験研究費補助金による研究報告書』一九七五、同『昭和五二年度農林水産特別試験研究費補助金による研究報告書』一九七七
横井政人・斎藤規夫・川畑優子・鈴木省三・平林浩「バラ花色の定量的な分析と花色との関係」『千葉大学園芸学部学術報告』第二六号、一九七九
鈴木省三「華麗なるノバラ」『ばらだよりNo.322』一九八三年一月(日本ばら会)
Helen Traubel, *St. Louis Woman*, University of Missouri Press, 1959, 1999
Tech. Bull. Fac., Chiba Univ. No. 26; 1-8, 1979

芳純

中村祥二『香りの世界をさぐる』一九八九(朝日選書378)
資生堂研究所香料研究部『私の香り　美しく年を重ねるために』一九九五(求龍堂)

渡辺修治『香り選書3　花はなぜ香るのか　その秘密を探る』一九九九(フレグランスジャーナル社)
蓬田勝之「現代バラの香りとその成分」『ばらだよりNo.496』一九九七年十二月(日本ばら会)
蓬田勝之「ローズオイルの香気組成について」『aromatopia』No. 28(VOL. 7, No. 3, 1998)(フレグランスジャーナル社)
蓬田勝之「バラの香りと香り審査」『ばらだよりNo.510』一九九九年三月(日本ばら会)

◇第四章
ブレイブ・ニュー・ローズ

ハックスリー『すばらしい新世界』松村達雄訳、一九七四(講談社文庫)
『「遺伝子組み換え作物の可能性と課題」報告書』ノバルティス・ライフサイエンス・フォーラム'99、一九九九年九月二十九日(ノバルティス)
毎日新聞一九九九年五月十八日朝刊
斎藤規夫「ダーレムへの道――植物色素化学の先人の跡を尋ねて」『紀要第9号　特集　紀行』一九八五年三月(明治学院大学一般教育学部付属研究所)
本多利雄・斎藤規夫「花の色の化学　多様な色をつくりだすアントシアニン」『現代化学』一九九八年五月号(東京化学同人)
中尾佐助『花と木の文化史』一九八六(岩波新書)
中尾佐助『栽培植物と農耕の起源』一九六六(岩波新書)
川添登・山田宗睦『エナジー対談12　菊』一九七八(エッソ・スタンダード石油株式会社)
野沢重雄インタビュー、『MENZ V.O.X』創刊号、一九九九(小学館)

鈴木省三『カラー図鑑　バラの育て方　よくわかるバラの栽培12ケ月』一九九四(成美堂出版)

かがやき

『第一回　世界バラ展公式ガイドブック』二〇〇〇(産経新聞メディックス)
『第二回　国際バラとガーデニングショウ』公式ガイドブック(国際バラとガーデニングショウ組織委員会事務局)
福井祐子・田中良和・久住高章・岩下孝・益田勝吉・野本享資「バラ花弁の新規色素 Rosacyanin 類の構造」天然有機物討論会、二〇〇〇年十月
Sachiko Fukuda-Tanaka, Yoshishige Inagaki, Toshio Yamaguchi, Norio Saito, and Shigeru Iida, "Colorenhancing protein in blue petals", *Nature* 407, 581, 2000
Christopher Surridge, "lifelines: Blue as a rose", *Nature Science update*, Thursday 5 October 2000

アフターノーツ

賀集久太郎『薔薇栽培新書』小山源治編、一九〇二(京都朝陽園)
『花卉園芸四十年』賀集九平・アルゼンチン花卉産業組合編、一九六三(ニッパル・クルブ)

◇岩波現代文庫版あとがき

田中良和「青いバラとカーネーションの開発から実用化まで」『植物の分子育種学』二〇一一(講談社)
田中良和「自然にはない色の花を咲かせる〜青いバラを求めて〜」『化学と教育』二〇一三年六一巻九号(日本化学会)

御巫由紀・帯金葉子・野村和子編『ばらの夢を未来につないで』二〇一三(鈴木省三生誕100年記念祭実行委員会・NPOバラ文化研究所)

◇全編にわたって参考にしたもの

昭和史研究会編『昭和史事典　事件・世相・記録　一九二三〜一九八三』一九八四(講談社)
『花図鑑　薔薇』上田善弘監修、野村和子・梶みゆき執筆、一九九七(草土出版)
『バイオテクノロジー用語小事典』渡辺格監修、ディー・エヌ・エー研究所編、一九九〇(講談社ブルーバックス)
鈴木省三『ばら・花図譜　国際版』一九九六(小学館)
鈴木省三『ばら花譜』二口善雄画、鈴木省三・粉山泰一解説、一九八三(平凡社)
鈴木省三『原色写真で見る　世界のバラ』一九五六(高陽書院)
『薔薇と生きて』鈴木省三・バラ文化研究所編、二〇〇〇(成星出版)
『Mr. Rose　鈴木省三　僕のバラが咲いている』野村和子監修、二〇〇〇(成星出版)
『日経バイオテク』一九九六〜二〇〇〇(日経BP社)
Graham Stuart Thomas, *The Graham Stuart Thomas Rose Book*, Sagapress, Inc. Timber Press, Inc., 1994
Oxford English Dictionary, 2nd edition, CD-ROM version 2.0, Oxford University Press, 1999

◇資料収集ほか協力者

函館市立函館博物館館長　菅原繁昭

北海道函館の幕末維新開化叢書　黒田俊光
南淡町役場教育委員会　藤平明
財団法人日本ばら会
社団法人園芸文化協会
関西学院大学付属図書館　市河原雅子
愛知文教大学　大槻信
沖敬子
城川佳子

新潮文庫版あとがき

二〇〇三年十二月、東京・原美術館で開催されているオーストラリア在住のアーティスト、パトリシア・ピッチニーニの「WE ARE FAMILY」展とその記者会見に行った。科学技術の展開は、小説や漫画、映画、アートに大きなインスピレーションを与え続けているが、なかでも、一九八〇年代に解剖学の素描から出発したピッチニーニの表現方法はいつも直截《ちょくせつ》である。一九九七年、再生医学のデモンストレーション用に作られた耳マウス(背中に人間の耳が生えたねずみ。二〇一四年に話題となるSTAP細胞の提唱者チャールズ・バカンティによって作られた)をいち早く作品に採り入れたのも彼女で、その後もこの世に存在しない現実味のある動物を作り続けている。今回も、昨年のヴェネツィア・ビエンナーレで物議を醸した作品らしく、恐いもの見たさの誘惑にかられながら彼女の世界に足を踏み入れた。

いきなり出くわしたのが、Tシャツ姿の二人の少年である。肩を寄せ合い、ファミコンに夢中になっている。たんなるマネキン人形かと思い素通りしかけたが、ふと違和感を覚えて顔をのぞきこんでぎょっとした。額と目尻、首筋にくっきりと皺が刻まれ、皮膚には黄色いシミが浮き出ている。少年と思った二人はすでに老いていた。二人の向かいには、奇妙な肉の塊を撫でたり抱きしめたりして可愛がっている幼い少女がいる。その塊は私たちの肌と同じ色をしていて、血液が流れているのか、多少赤みを帯びて産毛も生えている。別の部屋では、ブタとも人ともいいがたい異様な動物の親子が寝そべっていた。こちらも、皺や産毛、毛穴まである。合成樹脂と高度な造形技術が、そう遠くはない近未来を表現していた。

二人の少年はクローン人間である。老いているのは、クローンは染色体のテロメアと呼ばれる部分が通常より短く、それが寿命に影響するといわれているためだ。少女が抱いているのはES細胞からつくられた肉塊。分割を始めたある段階の受精卵から採りだして培養すれば、さまざまな組織や臓器になるといわれる万能細胞だが、目の前に転がっている塊たちは、目的の臓器になり損ねてテラトーマと呼ばれる腫瘍《しゅよう》になってしまった失敗作のようだった。ずんぐりとした動物の親子は、ブタと人間の遺伝子を操作した結果だろうか。

何度も息を呑みながら、私は、ピッチニーニの言葉を反芻していた。「私はこの家族を心から愛しています。私にとって彼らはグロテスクであるより前に美しく、奇異であるというよりむしろ奇跡的な存在なのです。そして私は彼らのことを心から心配しています。なぜなら、彼らの存在に対して世界はあまりに大きな問題を抱えすぎているのですから」

彼女の作品は、美しいもの、かわいらしいものとは対極にある。思わず目を背けたくなるいかがわしいもの。不快感も残る。それを愛してるだなんて、まったく人騒《いっく》がせである。だが、よくよく見ると、動物たちの瞳は愛らしい。母のほうも、子供たちを慈しむ優しいまなざしをしている。私が青いバラをモチーフに本を書いたのも、ピッチニーニの作品群と同じように、人の神経をさかなでしかねない異物を愛せるかどうかと問いたかったからではないか。感情が揺れ動く。

会見終了後、私はピッチニーニのもとに駆け寄り、彼女の住むオーストラリアで開発中の青いバラについて、私が思うところを伝えた。そして、あなたの作品もすでに実験室の現実ではないかとたずねてみた。すると、彼女は興味深そうに頷《うなず》き、自然の生態系から生まれた動物ではないからといって、彼らを私たちの生態系に入れないのかと問いたいのだといった。

「私たちには彼らを愛する義務があるのです」

マグレディ家の青いバラ伝説を書き残したJ・H・ニコラの、「本当の青いバラが出現したら、私たちはみんなだんだん好きになるだろう」という言葉を、そして、鈴木省三の「青いバラができたとして、あなたはそれを美しいと思いますか」という言葉を思い出す。古来、花も木も動物も、人との関わりの中で共に進化してきた。偶然と意図したものとの違いはあるだろうが、生命とはそのように誕生し、未来へといのちをつないできた。人間とバラひとつとっても、これほど深い歴史がある。不可能の花、幻想の花といわれたその背後に、人の人生と花たちとの生き生きとした交歓がある。それは、幻想ではない。多少格好が悪くても、歪《ゆが》んだり捻《ねじ》れたり、皺くちゃだったり悪臭を放ったりしていても、なんらかの生物学的理由で子孫を残せなかったとしても、短命であっても、その一生に責任がないとだれがいえるのだろう。

ニコラや鈴木、そして、ピッチニーニの問いかけには、是か否かで割り切れない、短絡的に答えが出せない時代を生きる者としての共感がある。私がピッチニーニの「彼らをあなたの家族に迎え入れられますか」という問いに、戸惑いつつも深く共振したのはそのためだろう。実のところ、そんな苦渋の末にかすかに生まれる共感にこそ、未来への希望が秘められているような気がしてならないのだ。私がこれから書き続けていきたいことも、その共感のかたち、そこへ歩み寄る人々の営みなのである。

単行本の刊行から、ちょうど三年が過ぎた。幸いにして、いや、残念ながらなのかもしれないが、本当の青いバラはまだできていない。青いバラができたといわれても動じないだけの心の準備はしたつもりでいたが、今ほどの科学技術をもってしても花の色ひとつ思い通りにできないとは、どういうわけなのだろうと思う。営業上の戦略として、遺伝子操作を行う際に使用する根幹技術の特許期限が訪れるのを待っているのか、それとも、バラのほうが頑として青くなりたくないといっているのか。

ただ、本当の青いバラと書いたが、それは、私にとっての本当なのだろう。青いバラならもうとっくの昔にできているよ、という人がいても私は決して否定はしない。だれにも否定できない。歴史がそれを物語っている。

最後になりましたが、文庫化にあたっては新潮社出版部の北村暁子さん、田中範央さんに大変お世話になり、金森修さんには過分な解説(岩波現代文庫版では略)をいただきました。なお、バラは、薔薇、ばら、バラ、と三通りの表記ができますが、言葉自体にあまり意味を持たせないよう本文では片仮名表記を用いています。金森さんが薔薇という漢字を用いたのは、数多い漢字の中でも最も美しいと思うからとのことでした。そこで、あえて表記は統一せず、ご意向を尊重させていただきました。バラを薔薇と書いただけで、芳醇な香りがふわりと立ちのぼるような気がするのだから不思議なものです。

二〇〇四年四月

最相葉月

岩波現代文庫版あとがき

二〇〇一年に本書が刊行された後もサントリーの青いバラ研究は続いていた。田中良和らは数百品種にのぼるバラのうち、フラボノールを生産してpH濃度が相対的に高く、シアニジンをあまり作らない品種の中から形質転換しやすいものを選択し、パンジーの青色遺伝子、F3′5′遺伝子の導入を行った。リンドウ、チョウマメ、パンジーなどに由来するF3′5′遺伝子をバラに導入した結果、パンジーの遺伝子を導入したバラだけが多くのデルフィニジンを蓄積していることが判明したからである。

バラに含まれるデルフィニジンの含有率が一〇〇パーセント近くに達して、従来のバラにはない青さをもつ系統が得られたのは二〇〇二年のこと。これを接《つ》ぎ木で増殖し、安定的に同じ色の花を咲かせることを確認した上で、〇四年六月、青いバラの誕生を正式に発表した。サントリーの社員がバラの育種を学ぶために鈴木省三のもとを訪れてから三十年あまり、遺伝子組換え技術を用いた研究が始まってから十四年の月日が過ぎていた。

二〇〇九年十一月に発売された青いバラの商品名は、喝采という意味をもつ「アプローズ」。一本あたり三〇〇〇円以上の高額商品で、贈答用が中心だ。花言葉は「夢かなう」だが、青といってもスカイブルーやコバルトブルーではなく、やはりまだ淡い青紫である。研究者自身これがゴールとは考えていないとみえ、自然界の青い花と同じように誰が見ても青といえる本当の青いバラを目指して挑戦は続いている。

「人がバラを征服したのではない。科学がバラをつくるのでもない。バラが人の愛情に応えてわれわれに近寄ってきたのだ」というペドロ・ドットの言葉を改めて嚙みしめる思いだ。二〇一四年八月現在、国内で第一種使用規程の認可を得た遺伝子組換え作物はトウモロコシやダイズ、イネ、ナタネなど十一作物二百二十二系統にのぼる。ただし食品に対する消費者の抵抗は依然として強く、栽培を開始した農家はほとんどない。環境影響を評価するための試験栽培や展示栽培を除くと、商業栽培を行っているのは今なおサントリーの青いバラのみである。

この夏、私は千葉県佐倉市にある佐倉草ぶえの丘に出かけた。ここは一九七九年に設立された佐倉市の公共施設で、豊かな自然に囲まれて子どもたちが農業体験をしたり、アスレチックで遊んだりできるようさまざまな工夫が凝らされている。

正門から一、二分ほど歩くとそこが草ぶえの丘バラ園である。開園は〇六年四月、一万三〇〇〇平米の敷地に原種やオールドローズなど一千五十種二千五百株のバラが植栽されている。ローズガーデン・アルバを運営していた鈴木の弟子、前原克彦が理事長を務めるNPO

法人バラ文化研究所が佐倉市に寄贈したものだ。

バラ園に入るとすぐ右手に鈴木省三コーナーがあり、孫の小林耕二郎が製作した省三・晴世夫妻のレリーフが飾られていた。鈴木が作出した百二十九品種のバラのうち現存するのは八十五品種。ここには〈聖火〉〈光彩〉〈芳純〉〈とどろき〉〈晴世〉〈天の川〉〈万葉〉〈羽衣〉など六十九品種のバラが植えられている。

鈴木のコーナーの先には品種改良の歴史を辿るコーナーが、その先には品種改良に大きな影響を与えた中国のバラや日本のバラのコーナーがある。春と秋のバラの季節には愛好家が続々と見学に訪れるという。

バラ園に併設された鈴木省三資料室で前原に会った。鈴木の葬儀の時以来だから十三年ぶりとなる。この間、前原は世界一の個人庭園といわれるフランス、リヨンのバラ園ラ・ボンヌ・メゾンのオーナーであるマダム・オディール・マスクリエと、チャイナローズやハイブリッド・ギガンティアの収集で知られるイタリアのヘルガ・ブリシェからヘリテージローズ（原種とオールドローズ）を譲り受けて草ぶえの丘バラ園に移植した。前原や野村和子ら研究所に登録された五十人のボランティアが、三百六十五日休みなく管理・運営にあたっている。六年がかりで行ってきた九千点にのぼる鈴木の蔵書やスライドの整理もまもなく終了する。

「毎日ですからね、盆も正月も木枯らしが吹く寒い日も関係ありません。尋常じゃないというか、知的好奇心がなければとても続かないです。みんなで世界を目指そう、一緒に夢を見ましょう、それが目標ですから」

二〇一二年には前原が中心となって国際ヘリテージローズ会議を開催、世界十五か国から百六十人のバラ愛好家たちがこの草ぶえの丘に集まった。鈴木の悲願だった国際会議の誘致がついに実現したのである。道案内から通訳まで、二百人のボランティアによって運営された手作りの会議は参加者から好評を得たという。

今年二月には、日本のバラ界にとって大きな栄誉となる朗報が届いた。草ぶえの丘バラ園がアメリカの財団法人ハンチントン図書館・美術館・植物園が主催するグレート・ロザリアン・オブ・ザ・ワールドの「殿堂入りバラ園」に選ばれたのである。アジア初の快挙だった。授賞理由は、バラの歴史の重要性を日本のバラ界に啓発するのに貢献したこと、そして、ボランティアの力を結集して貴重品種の収集と保存に尽力していることだ。

鈴木は生前、「バラの博物館のない国は文化国家とはいえないよ。必ずバラの博物館をつくるように」と弟子たちに口を酸っぱくしていっていた。前原の次の目標は博物館だ。

「所長(鈴木)と約束したことはやりました。ただミュージアムとしてはまだまだなので、これからも世界中の貴重品種を収集したいと思っています。当面の目標は北海道から西表島まで日本中の野バラを集めること。科学者や分類学者にも協力してもらって日本のバラのことならここですべてわかるようにしたい。これまでは世界からいただくばかりでしたからね、これからは日本からも発信できるよう知識も技術も世界に誇れるバラ園に育てていきたいと思っています」

遺伝子組換えの青いバラについては――。

「あれも科学技術の一つの成果です。神への冒瀆なんて決して思っていません。声をかけてくださるなら一緒に研究もしてみたい」

バラ園では秋の開花に向けてまもなく夏の剪定《せんてい》が始まる。今回は新しく五人のボランティアが参加する予定だ。この炎天下に大変な作業ですねというと、前原は、「いや、ぼくは全然へっちゃらですよ」と笑い、真っ黒に日焼けした右腕を左の指でポンと叩いた。

鈴木省三の遺志はたしかにこの地に受け継がれていた。

二〇一三年秋、「鈴木省三生誕一〇〇年祭」に参加したフランスの育種家アラン・メイヤンは鈴木の功績を称え、記念誌『ばらの夢を未来につないで』にメッセージを寄せた。

彼の願い――

世界の人々に日本で作られたバラを

バラを愛する日本の人々に世界の国々のバラを

その夢がかない、ひたむきな想いが満たされた今

そうです

あなたこそ、「ミスター・ローズ」の名がふさわしい

最後になりましたが、このたびの文庫復刊にあたっては岩波書店の平田賢一さん、そして編集担当の清水野亜さんに大変お世話になりました。単行本の刊行から十三年を経て、また新たな読者と出会える機会をいただき心より感謝申し上げます。草ぶえの丘バラ園の殿堂入りと同じ年に復刊できたことはとても偶然とは思えません。秋のバラの開花が待ち遠しい今日この頃です。

二〇一四年八月

最相葉月

本書は二〇〇一年五月、小学館より刊行された。
岩波現代文庫収録にあたっては、二〇〇四年六月
刊行の新潮文庫を底本とした。

バラ品種・系統名索引

品種・系統名とも，日本での一般的な呼び方に留意しながら，原音に忠実な表記を用いた．

さ 行

た 行

な 行

は 行

ま 行

や 行

ら 行

青いバラ

2014年9月17日　第1刷発行

著　者　最相《さいしょう》葉月《はづき》

発行者　岡本　厚

発行所　株式会社　岩波書店
〒101-8002 東京都千代田区一ツ橋 2-5-5

案内 03-5210-4000　販売部 03-5210-4111
現代文庫編集部 03-5210-4136
http://www.iwanami.co.jp/

印刷・精興社　製本・中永製本

ISBN 978-4-00-602246-4　Printed in Japan

岩波現代文庫の発足に際して

新しい世紀が目前に迫っている。しかし二〇世紀は、戦争、貧困、差別と抑圧、民族間の憎悪等に対して本質的な解決策を見いだすことができなかったばかりか、文明の名による自然破壊は人類の存続を脅かすまでに拡大した。一方、第二次大戦後より半世紀余の間、ひたすら追い求めてきた物質的豊かさが必ずしも真の幸福に直結せず、むしろ社会のありかたを歪め、人間精神の荒廃をもたらすという逆説を、われわれは人類史上はじめて痛切に体験した。

それゆえ先人たちが第二次世界大戦後の諸問題といかに取り組み、思考し、解決を模索したかの軌跡を読みとくことは、今日の緊急の課題であるにとどまらず、将来にわたって必須の知的営為となるはずである。幸いわれわれの前には、この時代の様ざまな葛藤から生まれた、人文、社会、自然諸科学をはじめ、文学作品、ヒューマン・ドキュメントにいたる広範な分野のすぐれた成果の蓄積が存在する。

岩波現代文庫は、これらの学問的、文芸的な達成を、日本人の思索に切実な影響を与えた諸外国の著作とともに、厳選して収録し、次代に手渡していこうという目的をもって発刊される。いまや、次々に生起する大小の悲喜劇に対してわれわれは傍観者であることは許されない。一人ひとりが生活と思想を再構築すべき時である。

岩波現代文庫は、戦後日本人の知的自叙伝ともいうべき書物群であり、現状に甘んずることなく困難な事態に正対して、持続的に思考し、未来を拓こうとする同時代人の糧となるであろう。

（二〇〇〇年一月）

岩波現代文庫［文芸］

B236
小林一茶　句による評伝
金子兜太

小林一茶が詠んだ句から、年次順に約90句を精選して、自由な口語訳と精細な評釈を付す。一茶の入門書としても最適な一冊となっている。

B237
私の記録映画人生
羽田澄子

古典芸能・美術から介護・福祉、近現代日本史など幅広いジャンルで記録映画を撮り続けてきた著者が、八十八年の人生をふり返る。

B238
「赤毛のアン」の秘密
小倉千加子

アンの成長物語が戦後日本の女性の内面と深く関わっていることを論証。批判的視点から分析した、新しい「赤毛のアン」像。

B239-240
俳諧志（上・下）
加藤郁乎

近世の代表的な俳人八十名の選りすぐりの句を、豊かな知見をもとに鑑賞して、俳句の奥深さと楽しさ、近世俳諧の醍醐味を味わう。〈解説〉黛まどか

B241
演劇のことば
平田オリザ

演劇特有の言葉（台詞）とは何か。この難問と取組んできた劇作家たちの苦闘を、実作者の立場に立った近代日本演劇史として語る。

2014. 9

岩波現代文庫[文芸]

B242-243
現代語訳 東海道中膝栗毛(上下)
伊馬春部訳

弥次郎兵衛と北八の江戸っ子二人組が、東海道で繰り広げる駄洒落、狂歌をまじえた滑稽談あふれる珍道中。ユーモア文学の傑作を現代語で楽しむ。〈解説〉奥本大三郎

B244
愛唱歌ものがたり
読売新聞文化部

世代をこえ歌い継がれてきた愛唱歌は、どのように生まれ、人々のこころの中で育まれたのか。『唱歌・童謡ものがたり』の続編。

B245
人はなぜ歌うのか
丸山圭三郎

言語哲学の第一人者にして、熱烈なカラオケ道の実践者である著者が、カラオケの奥深さ、上達法などを、楽しくかつ真摯に語る楽しい一冊。〈解説〉竹田青嗣

B246
青いバラ
最相葉月

〝青いバラ〟=この世にないもの。その不可能の実現に人をかき立てるものは、何か？バラと人間、科学、それぞれの存在の相克をたどるノンフィクション。

2014. 9